中国高级工商管理丛书

CEO
公司治理

（第三版）

李维安　牛建波　等编著

北京大学出版社
PEKING UNIVERSITY PRESS

图书在版编目(CIP)数据

CEO 公司治理/李维安等编著. —3 版. —北京：北京大学出版社,2023.8
(中国高级工商管理丛书)
ISBN 978-7-301-34294-7

Ⅰ. ①C… Ⅱ. ①李… Ⅲ. ①公司—企业管理 Ⅳ. ①F276.6

中国国家版本馆 CIP 数据核字(2023)第 147766 号

书　　　名	CEO 公司治理(第三版)
	CEO GONGSI ZHILI(DI-SAN BAN)
著作责任者	李维安　牛建波　等编著
策 划 编 辑	徐　冰
责 任 编 辑	王　晶
标 准 书 号	ISBN 978-7-301-34294-7
出 版 发 行	北京大学出版社
地　　　址	北京市海淀区成府路 205 号　100871
网　　　址	http://www.pup.cn
微信公众号	北京大学经管书苑（pupembook）
电 子 邮 箱	编辑部 em@pup.cn　总编室 zpup@pup.cn
电　　　话	邮购部 010-62752015　发行部 010-62750672　编辑部 010-62752926
印 刷 者	天津中印联印务有限公司
经 销 者	新华书店
	787 毫米×1092 毫米　16 开本　24 印张　566 千字
	2011 年 1 月第 1 版　2014 年 8 月第 2 版
	2023 年 8 月第 3 版　2023 年 8 月第 1 次印刷
定　　　价	72.00 元

未经许可，不得以任何方式复制或抄袭本书之部分或全部内容。
版权所有，侵权必究
举报电话：010-62752024　电子邮箱：fd@pup.cn
图书如有印装质量问题，请与出版部联系，电话：010-62756370

第三版序

作为最有效的经济组织形式之一,公司的出现是人类达成的重大成就。公司将作为生命个体的员工凝聚在一起,从而拥有了强大于任一员工个人的经济动力。公司治理是企业基础性制度安排,也是影响企业竞争和促进企业发展的决定性因素,是保证企业持续健康成长的关键所在。国内外众多企业的经营管理实践表明,企业竞争最终取决于公司治理。

公司治理在中国的发展经历了公司治理观念导入(1978—1992年)、公司治理结构构建(1993—1998年)、公司治理机制建立(1999—2012年)、公司治理有效性提高(2013年至今)四个阶段。在这一发展过程中,公司治理理念不断延伸,从营利组织治理研究,扩展到非营利组织治理,再到政府治理、国家治理及社会治理等的研究。我国公司治理研究的内容也在不断拓展:从治理结构到治理机制,从国内治理到跨国治理,从单法人治理到集团治理,从传统治理到网络治理,从治理原则到治理评价,从行政型治理到经济型治理,等等。

在公司治理实践行动方面,良好的公司治理是上市公司长期健康发展、资本市场高质量发展的基础条件,这已经成为大家的共识。近年来,因内部控制重大违规而受到证监会及各地证监局处罚(如市场禁入、公开谴责等)的A股上市公司数量逐年大幅增加。在新冠疫情的影响下,上市公司生产经营和高质量发展面临新的考验。国务院在2020年10月出台了《国务院关于进一步提高上市公司质量的意见》,对提高上市公司质量作出了系统性、有针对性的部署安排,把强化公司治理作为提高上市公司质量的一项重要工作。2020年12月,中国证监会发布《关于开展上市公司治理专项行动的公告》,要求再次开展上市公司治理专项行动。公司治理作为资本市场健康发展重要制度保障的地位越来越突出。党的二十大报告提出:"深化国资国企改革,加快国有经济布局优化和结构调整,推动国有资本和国有企业做强做优做大,提升企业核心竞争力""完善中国特色现代企业制度,弘扬企业家精神,加快建设世界一流企业"。

在公司治理理论研究方面,公司治理在国内外已经成为工商管理领域的一门重要新兴学科。公司治理以公司制度安排为研究对象,是保证公司健康有序成长的应用性学科。公司治理重点探讨公司及其各利益相关者之间的权、责、利关系,保证公司决策的科学化,实现公司价值最大化,形成维护公司各方面利益、促进承担社会责任的制度安排。随着大数据、移动互联网、人工智能的发展和应用,新技术对治理成本、治理风险、治理手段、治理模式产生了深刻影响,推动着公司治理的不断发展和创新。公司治理研究逐渐从某一方面的研究转向多学科交叉融合的知识体系研究。2020年,公司治理被列入国家自然科学基金工商管理二级学科(代码G0212),内容由15个研究方向和对应的255个关键词组成,这是公司治理理论研究迈上新台阶的重要标志。

在公司治理学科发展方面,公司治理已成为工商管理类本科必修课程、MBA/EMBA核心课程。2008年,中国管理现代化研究会设立"公司治理专业委员会",是我国首个公司治理的二级学会。它的设立表明公司治理在我国逐渐从一个实践问题,扩展为一个研究领域,进而成为一门新兴的学科。2015年,中国企业管理研究会网络治理专业委员会成立。同年,《中国大百科全书》(第三版)工商管理分卷的编委会决定设立包含100余个词条的公司治理分支。

近年来,资本市场涌现出许多新的公司治理实践,譬如万科的控制权争夺、海尔集团的平台治理、华为的治理机制、中国建材的集团治理、瑞幸的跨境治理、康美药业的财务舞弊等,这些案例展现了公司治理在不同方面的实践和发展。同时,我们也要认识到,公司治理质量的提升不能只是亡羊补牢般的"零敲碎打",而应是基于实践和趋势的"通盘考虑",从而推动我国公司治理的完善由以事件推动为主进入以"规则引领"为主的新阶段。

在数字经济走深向实、世界经济格局不断变化的发展背景下,为了更好地适应企业完善公司治理的需要,本书进行了再版,主要的修改内容如下:

第一,优化理论框架和内容体系。一方面,优化公司治理的理论架构,如新增第十章"股东与利益相关者",使书的理论体系更加完整;另一方面,丰富本书的内容体系,包括添加了国企混改、独立董事有效性、特殊目的收购公司(special purpose acquisition company,SPAC)上市、利益相关者治理、董事胜任力模型等内容。经修改后,本书结构更加合理,条理更加清晰,能够帮助读者更好地理解公司治理的理论体系和逻辑架构,从而更好地指导公司治理实践。

第二,更新相关法律法规的规定。近年来,随着资本市场改革不断深入,多个法律法规被修订。新版对相关法条进行了更新,比如2018年修订的《上市公司治理准则》,2019年修订、2020年施行的《证券法》,2020年修订的《上市公司收购管理办法》等。

第三,更新企业案例。为了便于读者掌握知识点,加深读者对各章内容的理解,本书不仅更新了部分企业的实践案例,还结合近年来治理研究的新成果和治理实践的新做法引入了许多全新案例,提升了时效性,期望这些新案例能够帮助实现公司治理实践与学术研究成果之间的对接与平衡。

本书已在国内众多兄弟院校得到广泛应用,譬如用于MBA和EMBA的"公司治理"课程、本科和研究生的公司治理相关课程等。感谢南开大学武立东教授、天津财经大学彭正银教授、南开大学周建教授、山东大学李建标教授、武汉大学严若森教授、东北大学王世权教授、吉林大学王旭教授、内蒙古财经大学姜涛教授、重庆工商大学邓莉教授、浙江工商大学李元祯老师等对本次改版给予的宝贵意见。感谢"2021年公司治理核心课程教学高级研讨会"和"首届全国 MBA 培养院校《公司治理》核心课程师资研讨会(2021年)"各位参会教师提出的宝贵修改建议。感谢南开大学的顾桐、吴岱蔚、周家宝、舒佳琳、尹雅琪和天津大学的李志强、杨安琪、王宇婷和杨肖等为本书修订再版付出的辛勤劳动。还要感谢北京大学出版社对本书出版一直以来的大力支持,特别是林君秀、徐冰、王晶编辑等。

我们的目标是为读者提供一本公司治理方面的专业读物,以帮助他们树立经营企业的治理思维,掌握治理制度的设计之道!由于自身水平有限,书中的错讹在所难免,衷心希望学界同仁和实业界朋友、广大读者提出宝贵的意见。

作者

2023 年 5 月

目　　录

第一章　公司治理导论 ... 1
 篇首语 ... 3
 引导案例　南海泡沫与安然事件 ... 3
 第一节　公司治理与"两个上帝" ... 7
 第二节　出现治理危机,公司怎么办 ... 9
 第三节　公司治理三要素:规则、合规和问责 ... 10
 第四节　公司治理内涵 ... 14
 本章思考题 ... 15
 综合案例　中国式并购与整合——中国建材联合重组、混改的
     成长故事 ... 15

第二章　企业活力与公司治理模式 ... 21
 篇首语 ... 23
 引导案例　公司治理与企业竞争力:日本钛产业的发展启示 ... 23
 第一节　企业活力 ... 25
 第二节　公司治理模式 ... 29
 本章思考题 ... 34
 综合案例　劳燕分飞为哪般?——WX公司创始人与职业经理人的
     交融与冲突 ... 34
 延伸阅读　非营利组织治理 ... 40

第三章　董事会的有效运作 ... 47
 篇首语 ... 49
 引导案例　奢侈品电商尊酷网人事动荡:CEO被董事会辞退 ... 49
 第一节　董事会的起源、职能与特征 ... 50
 第二节　董事制度及董事的权利和义务 ... 56
 第三节　董事会的专业委员会 ... 68
 第四节　董事会的高效运作 ... 77
 本章思考题 ... 82
 综合案例　中国企业走出去不能靠"中式董事会" ... 83

第四章　独立董事的角色和作用 ... 85
篇首语 ... 87
引导案例　康美药业：独立董事的"天价"连带赔偿责任 ... 87
第一节　独立董事制度简介 ... 88
第二节　独立董事的任职资格、义务及权利 ... 92
第三节　中国独立董事制度的发展历程和现状 ... 107
第四节　独立董事的激励约束机制和有效参与条件 ... 119
本章思考题 ... 127
综合案例　独立董事四宗罪，长期"不独不懂"原因何在？ ... 127

第五章　董事会的战略性参与 ... 133
篇首语 ... 135
引导案例　美的集团董事会的战略性参与 ... 135
第一节　董事会与公司战略 ... 136
第二节　董事战略性参与的要素 ... 147
第三节　董事的能力及其平衡 ... 151
第四节　董事和董事会培训 ... 155
本章思考题 ... 161
综合案例　家族企业与董事会战略性参与——李锦记 ... 162

第六章　激励与约束制度 ... 167
篇首语 ... 169
引导案例　辽宁成大：股权激励还是高管福利？ ... 169
第一节　公司治理中激励问题的产生 ... 171
第二节　我国企业实行的激励机制及其存在的问题 ... 175
第三节　激励机制设计的依据与原则 ... 180
第四节　激励机制的结构与类型 ... 188
本章思考题 ... 194
综合案例　腾讯：授予员工每人100股腾讯股票 ... 194

第七章　企业集团与跨国公司治理 ... 197
篇首语 ... 199
引导案例　中国铝业公司多元化战略转型与企业集团治理结构变革 ... 199
第一节　企业集团治理 ... 200
第二节　跨国公司治理 ... 216
本章思考题 ... 231
综合案例　中国跨国公司崛起、华为模式与世界格局演化 ... 231

第八章　公司治理评价和方法 ... 235
  篇首语 ... 237
  第一节　为什么需要公司治理评价？ ... 237
  第二节　世界主要公司治理评价系统的设计与应用 ... 241
  第三节　中国上市公司治理指数研发历程与构成 ... 250
  第四节　中国上市公司治理评价指标体系 ... 252
  第五节　中国上市公司治理总体状况 ... 263
  本章思考题 ... 269
  综合案例　日本与韩国的公司治理状况：亚洲公司治理协会的观察 ... 269

第九章　外部治理机制 ... 275
  篇首语 ... 277
  引导案例　宝能通过二级市场争夺万科控制权 ... 277
  第一节　市场竞争性治理机制 ... 279
  第二节　银行相机治理机制 ... 305
  第三节　政府及监管部门的监管 ... 314
  第四节　中介机构与社会舆论监督 ... 327
  本章思考题 ... 331
  综合案例　京东的控制权保卫战 ... 332

第十章　股东与利益相关者 ... 337
  篇首语 ... 339
  引导案例 ... 339
  第一节　股东权益及其特征 ... 340
  第二节　股东会及中小股东权益保护 ... 345
  第三节　公司治理主体的选择 ... 358
  本章思考题 ... 363
  综合案例　雷士公司控制权争夺 ... 363

参考文献 ... 365

第一章 公司治理导论

【篇首语】

公司治理是管理学教育中的核心课程,主要解决公司决策科学化的制度设计问题。工商管理中的管理学、战略管理、财务管理、市场营销、人力资源管理、运营管理等内容从企业的不同角度讲授了企业管理的思想、理论和方法,是关于"如何做好管理"的学问。随着企业规模的扩大、国际化经营的深化以及新兴平台企业(譬如腾讯、亚马逊、京东、海尔)的迅速发展,企业经营的复杂性和挑战性大幅提升,如何保障决策制定的科学性成为企业经营需要解决的首要难题,这实际是关于"如何做好治理"的学问。本教材密切结合中国企业面临的实际治理问题,在深度研究并整合国际治理研究和实践前沿的基础上,深入浅出地系统讲解中国企业的治理思维、治理理论和治理方法。

公司治理通过一套正式或非正式的、内部或外部的制度和机制来协调公司与所有利益相关者之间的利益关系,以保证公司决策的科学化,从而最终维护公司各方面的利益。公司治理是一个多角度、多层次的概念。狭义的公司治理,是指所有者通过一种制度安排来合理地配置所有者与经营者之间的权力与责任关系,目标是保证股东利益的最大化,防止经营者对所有者利益的背离,其主要是通过股东大会、董事会、监事会及管理层所构成的公司治理结构的内部治理实现。广义的公司治理则涉及广泛的利益相关者,包括股东、债权人、供应商、雇员、政府和社区等与公司有利害关系的群体或组织。

本章内容以南海泡沫和安然事件这两个经典案例切入,阐述了公司治理的发展、公司治理与管理的联系与区别,并重点讲解了公司治理的三大核心要素:规则、合规和问责,这三大要素是完善公司治理结构和机制的方向标。

【引导案例】

南海泡沫与安然事件

一、南海泡沫:内幕交易及虚假信息所引发的灾难

1711年,英国政府为了向南美洲进行贸易扩张,专门成立了一家公司——南海公司。然而,南海公司在成立后的8年间,除了无休止地向南美洲贩运黑奴,几乎没干过一件能够盈利的事情。1718年,英国的国家债务已累积到了3 100万英镑,不堪重负的政府为迅速筹集还债资金,与南海公司达成债券重组协议,由后者认购总价值近1 000万英镑的政府债券。作为回报,政府对南海公司经营的酒、醋、烟草等商品实行永久性退税,并给予其在南美洲的贸易垄断权。

1719年,英国政府允许中奖债券与南海公司股票进行转换,后来又允许所有债券转换为股票。随着南美贸易障碍的清除,加之公众对股价上扬的预期,债券向股票的转换得到促进,进而又带动股价的上升。次年,南海公司承诺接收全部国债。为了刺激股票的发行,南海公司允许投资者以分期付款的方式购买新股票。

南海公司拿到南美洲的贸易特许权之后开始造势,对外宣称在这个地区发现了大储量的金矿、银矿,或是香料贸易隐含暴利等,于是南海公司的股价猛涨。在英国政府的默许下,公司管理层为南海公司编造了一个又一个美妙的故事。很快,南海公司海市蜃楼般的利润前景,唤起了全体英国人超乎寻常的狂热,就连国王也禁不住诱惑,认购了10万英镑的股票。在狂热的投机行为之下,南海公司股价迅速飙升,1720年上半年涨幅高达700%。

当人们为南海公司的股票而狂热的时候,英国还发生了一件鲜为人知的事情。1720年年初,南海公司股价迅速上涨。但是,要想进一步推高股价,就需要更多的社会资金涌向南海公司。然而,此时的英国正处在第一次工业革命前夕,大量民间企业同样需要筹集资本,于是它们纷纷组织公司,开始背着政府偷偷地发行股票。民间企业扩容太快的话股价就会下降,就会损害像南海公司这样的特权公司的利益。于是,特殊利益集团就开始对政府进行游说,用不正当手段买通议员,使议会通过了《反金融诈骗和投机法》,禁止民间发起设立股份公司。

《反金融诈骗和投机法》的颁布进一步推高了南海公司的股价。但虚假的繁荣毕竟掩盖不了事实,在南海事件中存在的大量腐败行为很快便击破了南海泡沫。当时的政府成员也许可以被称为最早的内幕交易者,在股价越涨越高的时候,许多知晓内幕的官员,如当时的财政部部长,卖掉了所持的股票,为自己赚取了90万英镑的巨额利润。内幕人士与政府官员的大举抛售,引发了南海泡沫的破灭。

南海泡沫的破灭让神圣的政府信用也随之破灭了,英国没人再敢问津股票。从那以后,这条著名的交易街清静了整整100年。此间,英国没有发行过一张股票,从而为英国股市历史留下一段耐人寻味的空白。

南海泡沫事件是近代世界经济史中具有深远影响的事件。事件的几个关键要素,如政府政策、行业垄断、金融工具创新、管理层的贪婪、内幕交易及虚假信息对公众的误导等,在时隔300年后,又在一家被誉为美国最具创新精神的大企业会聚并耦合,从而导致了美国历史上最大的破产事件。

二、安然事件:关联交易与财务舞弊引发史上最大破产案

(一)安然公司的神话

安然公司成立于1985年,由休斯敦天然气公司和北方内陆天然气公司合并而成,总部设在得克萨斯州的休斯敦。首任董事长兼首席执行官肯尼斯·莱既是公司的主要创立者,也是缔造安然神话并使之破灭的关键人物。安然公司在肯尼斯·莱的领导下,通过开创新的天然气现货交易模式、大举进入发电领域、开创能源及原材料的衍生产品交易、创建因特网交易平台四大步跨越,从一家名不见经传的天然气管道运营商,迅速发展成为世界上最大的天然气采购商和出售商、最大的电力交易商、世界领先的能源批发做市商,拥有世界最大的电子商务交易平台,一步一个高潮,步步走向辉煌。1990年到2000年,安然公司的销售收入从59亿美元上升到1008亿美元,净利润从2.02亿美元上升到9.79亿美元,其股票成为众多投资者的追捧对象,最高曾至每股90.56美元。2000年,安然在美国《财富》杂志的"美国500强"排行中位列第7,在"世界500强"排行中位

列第16,并在《财富》杂志的调查中连续6年荣获"最具创新精神的公司"称号。

(二) 安然事件是如何发生的

安然公司的成功,即使是在美国这样敢于冒险、富有创新精神、奇迹频生的国家,也绝对称得上是个商业神话。然而,这一切是如此短暂。安然公司2001年10月16日发表年度第三季度亏损6.18亿美元的财务报表,成为安然帝国崩塌的导火索。进而,2001年10月22日,The Street.com网站发表文章进一步披露安然与另外两个关联企业Marlin2信托基金和Osprey信托基金的复杂交易,安然通过这两个基金举债34亿美元,但这些债务从未在安然季报和年报中披露。也就是在这一天,美国证券交易委员会(United States Securites and Exchange Commission, SEC)盯上了安然,要求安然公司主动提交某些交易的细节内容,并于10月31日开始对安然公司进行正式调查,至此,安然事件终于爆发。

在政府监管部门、媒体和市场的强大压力下,2001年11月8日,安然向SEC递交文件,承认进行了财务造假:从1997年到2001年,共虚报利润5.86亿美元,并且未将巨额债务入账。就在安然向SEC承认造假以后,又犯下了一次重大决策错误,在国债和原油市场上遭受双重损失,同时还遭受了一次并购失败的重大打击。就在其奄奄一息之际,证券评级公司大幅调低了对安然的评级,银行也拒绝提供新的贷款并催还旧债,令安然公司雪上加霜。在接二连三的坏消息中,2001年11月30日,安然股价跌至0.26美元,市值由峰值时的800亿美元跌至2亿美元。2001年12月2日,安然正式向破产法院申请破产保护,破产清单中所列资产价值高达498亿美元,成为当时美国历史上最大的破产企业。

2002年1月15日,纽约证券交易所宣布,由于安然股票交易价格在过去30个交易日中持续低于1美元,决定将其从道琼斯工业平均指数成分股中除名,并停止安然股票的相关交易。至此,这个辉煌一时的能源巨人已完全倒下。

(三) 安然公司是如何造假的

安然公司通过政府放松能源管制获得了发展机会,通过大力发展衍生产品交易和电子商务使公司规模得以迅速扩大。然而,当20世纪90年代末美国能源价格下降、网络经济泡沫破裂、股市下跌时,安然各项业务都遭受重创。面对这种情况,安然面临重大抉择:是实话实说,承认面临困境,还是通过不正当手段,继续维持高增长的神话?在当时普遍浮躁的气氛中,安然选择了后者。安然采取的方式是:利用资本重组,形成庞大而复杂的企业组织,通过错综复杂的关联交易虚构利润,利用财务制度上的漏洞隐藏债务。这一切都经过精心策划,看上去似乎环环相扣,无懈可击,可一旦某一个环节出现问题,造假链条就会中断,问题就会彻底暴露。这里重点介绍安然复杂的企业结构和编制财务报表的方法。

1. 安然复杂的组织结构与关联交易

20世纪90年代中期以后,安然通过资本重组,建立起复杂的公司体系,其各类子公司和合伙公司数量达到3 000多个,形成了错综复杂的关联业务链条。其具体做法是,利用纵向和横向持股编织"金字塔"式多层控股链,来实现以最少资金控制大量公司的目的。安然通过建立关联企业大量融资,边融资边建立新的关联企业,这样,关联企业越来越多,从事关联交易的空间越来越大,融资的杠杆效应就越来越大,越是下层的关联企业离总公司的距离越远,其负债在总公司的财务报表上根本反映不出来。那些层级较低的公司实际上成为处于最高端的安然上市公司的财务处理工具,所有的利润都集中表现在上市公司的财务报表上,而所有的债务则通过不同层次和渠道化整为零,分散隐藏到被其控制的各层级的公司上,环环相扣,但只要一个环节出现问题,整个安然大厦就有崩塌的危险。

安然的关联交易方式复杂多样,最典型的有四种:一是大量使用股票提供担保来进行融资;二是以出卖资产的收入作为业务收入,虚构利润,而出卖资产多在关联企业中进行,价格明显高于市场正常价格;三是不断制造新的业务模式概念,使投资者相信公司已经进入高增长、高利润的领域(如宽带通信等);四是很多交易是在关联企业中进行"对倒",通过"对倒"创造交易量,创造利润。但复杂的关联交易在造就了安然辉煌的同时,也埋下了隐患。由于安然与关联企业签订了许多复杂的担保合同,这些合同常含有关于公司信用评级或资产价值如何与安然股价联动的条款。这些合同及条款看似各异,但实际上相关性极高,一旦某项条款触发,其他合同及条款就会发生连锁反应。

采取复杂的公司结构和关联交易,在美国并不少见。问题是,安然公司的一些高级管理人员在下属的子公司中兼职,子公司之间的管理人员也相互兼职,这使得公司的关联交易与个人利益交织在一起,如财务总监法斯托在好几个下属公司有兼职,他从这些公司得到的好处高达6 000多万美元。一旦涉及个人利益,造假的动机会更加强烈。

2. 安然编制财务报表的方法

安然在财务方面存在的问题主要体现在四个方面:第一,安然以复杂的财务结构掩盖存在的问题。为支持爆炸般的增长速度,与复杂的公司网络和关联交易一样,安然的管理层创造出一套非常复杂的财务结构,不仅一般投资者无法看懂,就连华尔街的分析师和商学院的会计学教授都难以解读。安然利用复杂的财务结构,肆无忌惮地虚构利润,隐匿债务。第二,在会计处理上,安然率先采用了一些技术,使公司能够记录尚未创造收入的长期合同的盈亏资料。例如,安然采用了一种叫"盯市"(mark-to-market)的会计制度,这种会计制度允许安然和其他能源类公司从账面上提高其当期净收益,而这些合同在10年或更长的时间内不一定能够实现。同时,这种会计制度还规定,公司可以不披露如何对订单进行估价的细节,也可以不披露收益中有多少是这样的非现金收益。有会计专家认为,由于能源类产品订单变化很大,因此没有一种确定的方法对其进行估价,这给安然公司造假提供了很大的空间。第三,安然公司自定会计条目。为了降低其财务报表的负债额,安然通过所谓的特殊目的实体(special purpose entity, SPE)等方式,增加了不记入资产负债表的交易业务。第四,安然钻了美国通用会计准则的空子,在财务报表中避免如实反映负债。根据美国通用会计准则的规定,对于股权不超过50%的子公司,无须合并其会计报表。安然的结构非常复杂,层级很多,对很多层级较低的公司,安然拥有的股权比例很低,但实际上都受其控制,而这些子公司的负债在安然本身的资产负债表中体现不出来。这种做法便大大降低了安然的资产负债率。

安然事件连同美国"9·11"事件、世界通信公司会计造假案和安达信解体,被美国证券交易委员会前主席哈维·皮特称为美国金融证券市场遭遇的"四大危机",可见安然事件对美国经济的影响之大。总之,安然事件对美国经济和社会的影响是多方面的,既有直接的,也有间接的,有些影响现在还难以估量。

资料来源:作者根据相关资料整理。

【案例讨论】

1. 为什么时隔300年南海公司和安然公司会上演惊人相似的一幕?怎样的制度体系才能使企业走向长治久安?
2. 在这些公司丑闻中,监督机制为什么没有发挥作用?

第一节　公司治理与"两个上帝"

企业的管理者在工作中接触比较多的是相关的职能工作,譬如销售、技术、研发、生产等,因此"如何做好管理"的学问受到了企业和管理人员的高度重视。随着管理职位的提升,以及数字经济对社会带来的新机遇和新挑战,企业的管理者,特别是优秀的管理人员就需要把握另外一门学问——"如何做好治理"的学问。公司治理到底是怎么回事呢?这里先给大家讲讲"两个上帝"的概念。

2007年,始于美国次级贷款危机的国际金融风暴开始席卷全球,对美国以及世界上很多国家的银行业都造成了非常沉重的打击。许多活跃的国际银行陷入危机,部分宣布破产或者被政府救援。两年后,2009年的诺贝尔经济学奖颁给了两位美国的经济学家,很多人对此表示不满:美国的金融危机将全世界拖进经济危机的深渊,美国的学者怎么能获诺奖呢?甚至还有人说,这次金融危机主要是哈佛大学培养的搞金融的人引起的,结果引发几百名学界的学者联名抗议,他们认为导致金融危机出现的原因有很多,包括人的贪婪本性、衍生品的泛滥、监管的失控等,而哈佛大学培养的金融人才不是唯一的原因。但为何这次诺贝尔奖还授予了美国学者呢?这次颁奖实际是有其他考虑的,以前的主流经济学家认为价格和市场是万能的,价格会自动回归、自动调节,但这次诺奖颁给了研究治理的经济学家,颁奖的理由是他们对经济治理的贡献。研究治理的经济学家获得诺贝尔奖一方面是对经济治理研究的认可,另一方面启发我们一定要从治理的角度挖掘这次金融危机深层的原因。关于具体应该怎么考虑,本书后面的内容会进行详细探讨。

这次金融危机掀起了公司治理研究的新高潮。安然、安达信、世通等世界知名企业为什么一夜之间垮掉?很大原因是治理出了问题。当时,欧洲的一些公司也接连爆出问题,譬如帕玛拉特。帕玛拉特问题的导火索是一起治理事件。帕玛拉特的一家子公司为表明其财务状况好,号称在美国银行有20多亿美元的存款,美国银行后来对此予以否认,因此帕玛拉特受到证券监管机构的调查。调查结果发现帕玛拉特的创始人未经董事会同意私自赞助支持意大利的一支足球队,而帕玛拉特所谓的"金融创新",是公司与银行合谋将银行的资金列为投资资金,而不是贷款,在资产负债表上不进行确认。

从本质上讲,公司是什么?英文的"corporate"被翻译为"公司",而不是"私司",这是因为公司的"公"代表产权多元化,出资人多元化,企业不再是一个人的。由于公司使用了其他出资人的资金,因此公司就有一部分属于这些投资人。上市的公司都是公众公司,无论是上市国有企业还是上市民营企业。一旦上市,其他投资者即使再小也有其相应的份额,公司不再是大股东的私有财产,大股东要按照公司治理规则和制度来行使自己的权利,交易必须经过合法的程序。

我国发展市场经济四十多年,企业家在管理中逐渐认识到顾客的重要性,所以管理目标是使商品市场的"上帝",即顾客满意。随着我国资本市场和企业的发展,当大家认识到公司治理的重要性后,开始关注另一个"上帝",即投资者,企业家在经营的过程中还需要让投资者满意。越来越多的企业家和管理人员意识到,做好企业需要两手抓,一手对顾客,一手对投资者,并且两手都要硬。

从2005年开始,我国上市公司陆续进行了重大公司治理改革,即股权分置改革。虽然股权分置改革后期还有很多后遗症,如大小非减持的压力等,但总体来说比较成功。大股东为了流通需要给原有的流通股进行对价补偿,可以使用现金和股票等方式。最后的处理方案是,大股东提出补偿方案,中小股东投票进行分类表决,通过之后才能实施。股权分置改革属于投资者保护的重要举措,改变了法人股不流通的局面,使上市公司控股股东与中小股东的股价保持一致,实现了大股东与小股东的利益关联,提高了中小股东的话语权。

最早进行股改的两家企业是上市公司A和上市公司B,最后结果截然相反,A公司顺利通过,而B公司被投票否决。原因何在?为了开好股东大会,B公司负责人宣读报告的时间较多,这就导致股东提问交流的时间偏少,最终各方对方案内容存在较大的意见分歧,改革方案被投票否决。对于A公司的股改方案,负责人的报告内容则简洁得多,与会投资者沟通的时间较为充分,最终股改方案投票通过。两个公司的不同做法体现了明显不同的投资者关系管理(IRM)意识和水平。企业管理强调客户关系管理(CRM),公司治理则强调还要重视投资者关系管理。上市公司为什么要到海外路演?就是要推销企业。每股净资产都是1元的企业,为什么股票价格差异很大?一部分原因就是向企业投资者营销的程度不同。以上这些现象都说明投资者关系管理也能够提升企业的价值。现在很多上市公司制定的投资者管理办法都只停留于形式,应该在如何处理好与投资者的关系上多下些功夫。服务另一个上帝也同样重要,且不能像对待自己的员工那样去对待投资者,这是另一门技术,另一门学问,需要另一种智慧。

2010年8月5日,国美电器宣布对公司间接持股股东及前任执行董事黄光裕进行法律起诉,针对其于2008年1月及2月前后回购公司股份时违反公司董事信托责任及信任的行为寻求赔偿。国美的控制权事件是大股东与其他公司利益相关者按照公司治理规则在阳光下维护自身权利的良好开端,标志着我国公司治理理论和实践的新发展。

2017年6月14日,ST行悦公告称,前任董事长徐某将2500万股股份质押出去,用于个人借款,质押股份占其持股总数的93%。不久之后,徐某失联。虽然人找不到了,但对公司的影响并没有消失。一个月后,徐某通过遥控选举了新一届的董事会,继续着对公司的操控。董事长股权质押并跑路的行为,使ST行悦的股票大跌,中小股东损失惨重,董事长人影无踪,新任董事也并不代表中小股东的利益。经过两个月的斗争,ST 行悦的董事全部被罢免,原监事会 3 人中的 2 人被罢免,小股东提交的 12 项和人事变动有关的议案获得全票通过,由中小股东一方推举的 7 名董事、监事获得任命,中小股东一方获得了 ST 行悦董事会的控制权。在 ST 行悦的中小股东成功接手董事会后,新三板中小股东的这次维权得以成功。此次维权的胜利标志着中小股东维权意识的觉醒,对市场中的大股东掏空行为起到了警示作用。

瑞幸咖啡从创立到上市仅用了 18 个月,刷新了 IPO 全球最快纪录。但是,上市不足一年,2020 年 4 月,瑞幸咖啡发布公告,承认虚假交易 22 亿元人民币。6 月 29 日,瑞幸咖啡从纳斯达克退市。12 月 17 日,美国证券交易委员会宣布,因瑞幸咖啡在财务业绩上欺骗投资者而对其处以 1.8 亿美元罚款。当日,瑞幸咖啡虽并未承认或否认美国证券交易委员会的指控,但同意向美国证券交易委员会支付 1.8 亿美元的民事罚款。

瑞幸财务造假被曝光后,一方面,在资本市场上,瑞幸由于存在财务造假欺骗投资者而被退市,被投资者所抛弃;另一方面,在公司内部,鉴于高管在财务造假事件中的作为,瑞幸咖啡退市后对控制权配置进行了重新调整:在 2020 年 7 月 5 日举行的临时股东大会上,陆正耀、黎辉、刘二海、邵孝恒被罢免,新董事会上,郭谨一被任命为董事长兼 CEO。同月,英属维尔京群岛法院宣判清算陆正耀持有的瑞幸股份,陆正耀失去控制权。瑞幸咖啡通过公司治理结构的调整重塑合规性,并重获投资者的信任。2021 年 4 月 15 日,瑞幸咖啡发布公告,宣布已与公司股东大钲资本和愉悦资本达成总额 2.5 亿美元的一项新的融资协议。此外,在产品市场上,在财务造假爆出后,瑞幸咖啡在产品运营上加大差异化、创新化、精细化,在 2020 年推出 77 款新品,2021 年上半年推出 50 多款新品。截至 2021 年第三季度末,瑞幸咖啡门店总数 5 671 家,自营门店同比增长 6.4% 至 4 206 家,加盟店同比增加 66.7% 至 1465 家。同时,瑞幸 2021 年第三季报显示,净营业收入 23.502 亿元人民币(3.647 亿美元),同比增长 105.6%;当季净亏 2 350 万元人民币(360 万美元),同比减少 98.6%;门店运营利润率增加到 25% 以上。可见,公司在经营中需要同时关注"两个上帝"——投资者和顾客,才能在资本市场和产品市场获得好的表现。

第二节 出现治理危机,公司怎么办

要正确处理好危机情境下的公司治理问题,需要明晰治理和管理之间的区别。第一,针对的对象不同。管理针对客户,治理针对投资者。第二,使用的工具和手段也不相同,一个是客户关系管理,一个是投资者关系管理。此外,治理在某种意义上比管理更困难。管理面对的是实体市场,治理面对的是虚拟市场,例如上市改制面临资本市场,几万亿的资产可能在很短时间内消失,而在商品市场上赚几亿的利润却很难。很多国有企业成立了改制上市、资本运作办公室,但是只将公司治理看成一次性的行为,一旦上市改制完成,则撤销或者虚置这些部门。其实公司治理是一个过程,和管理一样伴随着企业的始终。在公司面临危机的情况下,治理方式的选择更是关系到公司的存续和成长。

2020年中国银行经历的"原油宝事件"遭受了舆论的抨击,但其成功的危机公关防止了过多的损失。事件发生后,中国银行方面先后进行了四轮回应。第一轮,主要对"原油宝"出现的情况进行定性,并表明态度。原油期货出现负价前所未有,这是疫情期间全球原油市场剧烈动荡下的极端表现,客户和中行都蒙受了损失。中行对"原油宝"产品多头客户发生亏损深表歉意,对客户的理解和支持表示衷心感谢。第二轮,提出了解决问题的路径选择。中行会在法律框架下承担应有的责任,自愿平等协商和解。如无法达成和解,可通过诉讼方式解决民事纠纷,中行将尊重最终司法判决。同时,保留依法向外部相关机构追索的权利。第三轮,把提出的解决方案与实施进展情况进行公布。启动和解工作以来,通过多种途径与绝大多数客户进行沟通联系、诚挚协商,了解客户诉求、回应市场关切,经过共同努力,已与超过80%的客户完成了和解签约。第四轮,表明此前所提出的解决方案得到了有关部门的肯定,因此,这轮回应也包括了对有关部门"尊重契约精神"要求的响应。中行将继续深入沟通,坚持市场化、法治化原则,尊重契约精神,推动和解,尽最大努力维护客户利益;不断加强全面风险管理,提升服务实体经济能力和质效,切实承担社会责任,保护金融消费者合法权益。整体来看,中国银行的处置,既有态度也有行动,从治理的角度而言是值得肯定的。

第三节　公司治理三要素:规则、合规和问责

公司治理的称谓很多,像公司治理结构、法人治理结构等,但英文都是"corporate governance"。可为什么有这么多的中文称谓呢? corporate 有公司和法人的意思,公司出现以后,形成了不同于自然人的法人人格,所以称为公司治理结构或法人治理结构都有一定的道理。为什么英文中没有结构,而中文加上了结构一词? 因为中国多少年来没有股份公司,要改制建立公司制,必须先建立治理的架构,因此叫公司治理结构、法人治理结构。例如,国务院办公厅印发《中央企业公司制改制工作实施方案》,要求在2017年年底前将按照《全民所有制工业企业法》登记的中央"企业"全部改制为按照《公司法》注册的"公司"。中央企业公司制改制需要建立法人治理结构,建立股东会、董事会等。但是,公司治理不只是一个结构问题,而是要靠科学和健全的运作机制,中央企业在完成改制后,还要不断完善公司治理,就如何建立有效和高效的治理机制进行探索和实践。

公司治理的核心要素有什么呢? 主要包括三个要素:规则、合规和问责。

一、规则

公司治理作为保证公司有效运行和科学决策的一种机制,其基础就是治理机制赖以运行的一系列规则。纵观中国公司治理以及其他方面治理的发展过程,缺乏合理化规则是治理有效性实现的瓶颈。因此,公司治理必须要有规则意识,要制定和明确公司运行

需要遵循的规则。

对于股份公司来说,公司治理中最基础的规则是股权设计和公司章程。举一个例子来说,20世纪90年代末期,证券市场走势比较好,一个投资者做了一个股票市场分析的软件,取得了不错的业绩,后来与弟弟共同成立了一家新公司,新成立公司的股权设计如下:哥哥持有50%的股权,弟弟持有30%的股权,剩下的20%股权由财务负责人持有。由于市场较好,公司经营状况不错,同时,弟弟和财务负责人相恋并结婚,因此,哥哥跟弟弟说,修改一下公司章程,将董事长、总经理的任免"由多数股东决定"改为"由多数股份决定"。弟弟与财务负责人商量之后,表示不同意修改。原来的多数股东是哥哥和弟弟的联合,现在弟弟和财务负责人联合变成了多数股东,考虑到哥哥是董事长兼任总经理,因此如果修改公司章程则难以有效制约哥哥。由此可以看出,股权安排和公司章程对于公司治理具有重要意义。另一个例子则是雷士照明。创始人吴长江在成立雷士照明之初,将股权的45%分配给自己,将剩下的股权分给两位同学,每人27.5%。当公司盈利时,合伙人要分红,而吴长江想留更多的钱给公司经营,由此出现了分歧,最终吴长江为了公司的发展,将自己的一部分股份给了其他两个合伙人,此时三人的股权各占33.3%。随后,三人的决策分歧加剧,吴长江支付了巨额的现金使其他两个合伙人退出,而现金流问题也使得雷士照明不得不引入外来资本,进一步稀释了股权,最终使得吴长江丧失了控制权。

股权到底怎么设计才合理呢?为什么30%和35%的股权差别会那么大?例如,国内某大型公司集团A到内蒙古办企业,为了获得当地税收优惠,与当地企业联合创办企业,当地企业占35%的股权,A集团占65%,重要事项需要三分之二以上的股份同意,对方为了让A先满足自己的条件,对A集团的意见全部投反对票,A集团虽然控股,但如果当地企业对重要事项不投赞成票,就无法获得三分之二以上的股份同意。控股与不控股、控股多少都存在底线,所以公司章程与股权设置有重要的关系。中国企业往往对此重视不够。

在1999年启动的债转股改革中,银行把企业的债权转成股权,从拨改贷以后,国家就没有向国有企业投资,而是允许国有企业贷款,贷款对于企业的压力很大,因此改为债转股,不用归还贷款而成为企业股权。而法律规定银行不能持有企业的股份,于是成立四大资产管理公司。时任总理朱镕基亲自修改了对资产管理公司的要求,其中要求不准干预所在企业的经营。当资产管理公司向企业提要求时,被指违反了相关的要求。但人们在真正了解了公司治理后发现,资产管理公司提出的要求不是干预公司的经营,而是从投资人角度提出了治理的要求,要做到"到位而不越位"。另外,资产管理公司不是永远持有企业的股份,而应该在企业经营好转后适时退出,但是却没有退出通道。例如,有一家债转股的企业由于包袱减轻,经营绩效得到增长,因此有民营企业出资1.8亿元想从资产管理公司手中购买该企业的股权,但是原《公司法》规定,为了保持原有股东的稳定性,原有股东有优先购买权,因此资产管理公司询问原有股东是否使用优先权购买股票,而原有股东声明不放弃优先权,但是半年都没有就受让股权进行答复。因此,资产管理公司把股权卖给了民营企业,而原有股东向法院就股权转让提起了诉讼。法院宣判,优先权有效,转让合同无效,资产管理公司赔偿所有损失。这是由于原《公司法》规定有优先权,但是没有规定优先权的期限,这就必须在公司章程中设置细化,而企业对于公司章程的不重视可能会造成企业的损失。海外战略投资者也经常利用这一点在公司章程中设置陷阱,并把自己的意图写进公司章程。公司章程中问题的体现不是立竿见影的,而是在多年以后才显现的。不过2005年修订后的《公司法》对优先权期限有了新规定。

另外,应注意规则不是一成不变的,应根据公司治理实践经验不断完善。从制度变迁的一般规律来看,规则建立通常滞后于实践,这就需要在规则不能适应实践发展要求时对其进行修订完善。在中国公司治理发展过程中,"国美控制权之争"引发人们对提升董事会治理能力的思考,"阿里巴巴赴海外上市"引发对境内外治理规则差异与创新的探讨,"万科控制权争夺战"推动对外部治理能力、公司章程建设等的关注,"首单特别代表人诉讼康美药业一审判决"引发对独立董事责任认定、问责机制等的讨论。这些热点事件无一不是推动制度创新、催生公司治理变革的典型事件,同时也暴露出我国治理规则在指引治理实践上的时滞、与规则体系的脱节以及与国际接轨时的落后。因此,我国公司在总结治理经验的同时,应基于实践和趋势的"通盘考虑",找准公司治理改革深化路径的新方向,推动我国公司治理完善应从事件推动进入"规则引领"为主的新阶段。

二、合规

公司治理合规是指在特定监管环境下,被监管企业根据监管规定和自身实际状况作出的行为反应,这种反应从被动到主动,形成了差异化的合规行为。因此,公司治理合规行为可划分为强制性治理合规行为和自主性治理合规行为。

长期以来,为快速推进公司治理改革,防范治理风险,形成较为统一的治理结构,监管部门推行了大量的强制性监管规定。与此相对应,企业的强制性治理合规本质上是迫于监管压力采取的行为,是通过实施相对统一的治理标准推进公司治理改革,这种合规行为并未充分考虑企业自身的特点。而自主性治理合规多是源自市场压力和公司内部需要实施的自愿改进,其大致的影响路径是:公司在合规基础上设立章程→实施个性化条款→信息披露→外部监督→降低代理成本→提升治理有效性。强制性治理合规与自主性治理合规相互补充,强制性治理合规是自主性治理合规的基础和前提,而自主性治理合规是在满足强制性治理合规基础上实施的制度创新,是对强制性治理合规的有效补充和超越。

总体来看,公司治理合规包括四个层面的内容:一是公司章程、股权和"三会"运作等决策体系及监督制衡机制符合监管规定;二是董事、监事、高管、关键岗位人员的资质管理以及考核激励机制符合监管规定;三是内审、合规、风险管理、财务、投资、精算、信息技术等内控体系符合监管规定;四是信息披露管理和关联交易控制等相关内容符合监管规定。

2020年新《证券法》实施,相关条款加大了对违规的处罚成本。对于发行人的控股股东、实际控制人组织、指使从事虚假陈述行为,或者隐瞒相关事项导致虚假陈述的,规定最高可处以1 000万元罚款;同时,包括保荐人、会计师事务所、律师事务所以及从事资产评估、资信评级、财务顾问、信息技术系统服务的机构都将承担连带责任,处罚幅度也由原来最高可处以业务收入五倍的罚款,提高到十倍;对于上市公司信息披露违法行为,从原来最高可处以60万元罚款,提高至1 000万元。同时,新《证券法》中提出了具有中国特色的集体诉讼制度——特别代表人诉讼。康美药业作为首单特别代表人诉讼案件被一审判决赔偿投资者损失24.59亿元,是迄今为止原告人数最多、赔偿金额最高的上市公司虚假陈述民事赔偿案件。

在资本市场日益全球化的今天,到海外上市融资是中国公司在国际化道路上必须迈出的步伐。而近些年出现的中国海外上市公司因"违规"导致的"集体触礁"现象,严重影响了中国公司的海外声誉,引发中概股企业在全球的信任危机,也凸显了治理风险爆发的灾难性后果。曾创造从创立到上市最短IPO纪录的瑞幸咖啡因财务造假,在上市不足一年的时间被退市,并最终向美国证券交易委员会支付1.8亿美元的民事罚款。中国企业在"走出去"时面临的跨国治理风险源于制度落差带来的治理风险。因此,对于赴海外上市的中国公司而言,当务之急是练好公司治理内功,熟悉并遵守相关国际规则,做到从形式治理向实质治理、从被动合规向主动合规的转变,只有这样才能取信投资者,防范治理风险累积而触礁。

因此,在制度环境由"破"到"立"并逐步改善的情况下,中国公司治理必须实现从"违规"到合规的转型,这是中国企业改革及国际化对公司治理的必然要求。

三、问责

如果违规,就需要进行问责。问责是治理效率和效果实现的关键。公司治理问责强调个人问责,通行做法是集体决策、个人负责。但是我国企业通常是集体决策、集体问责,这就导致了责任的不明确。例如,某上市公司董事会开会审议中期报告,但是董事长和总经理都在国外,授权一名董事代为主持会议,并写了授权委托书。在即将召开董事会时,有其他股东董事提出有紧急事务要求上会,即临时增加会议议题。但董事会为保证决策的科学,需要准备时间,因此临时增加会议议题是不允许的。因此,各方就是否增加议题发生了争议,并将董事会推迟到了第二天。第二天即将开会时,要求增加议题的董事提出该代理董事没有权力主持董事会,因为其授权委托书已经过期失效。该代理董事气愤之下当即离会,出席会议的董事达不到法定人数,董事会会议无效。这一系列事件最终导致该公司的中期报告没有在截止披露的最后一天前审议,因此公司不能披露中期报告,股票停牌,证交所谴责董事会,并处罚了董事长(原因:没有对董事会予以特别关注)、代理董事和要求临时增加会议议题的董事。

问责制的初衷一般是从狭义的角度理解的,特别是从会计意义上理解并不困难。但是,作为一种逐渐风靡全球的影响企业绩效的重要因素甚至是决定性因素,公司治理的内涵日益丰富,以往主要体现为披露财务绩效的公司问责也随之发生变化。狭义的公司问责来自公司代理人对法人出资者或者投资者如何负责的问题,即股东资本主义背景下公司管理层如何为股东负责的问题。但是这种代理理论框架下股东价值最大化的治理目标并不能涵盖出资者日益宽泛的范畴。作为狭义公司治理和问责基础的代理理论正在逐步得到利益相关者理论的补充，从而公司问责的内涵也发生了质的变化。总结而言，以披露财务信息和重大战略决策为形式的公司问责，正在逐步体现为企业承担范围更广的社会责任的问责体系，因此，公司问责事关公司管理层对公司内外利益相关者负责，并且公司管理层负有向公司所有利益相关者披露非财务风险的义务。公司问责的范畴从财务绩效的信息披露延伸到公司社会责任和环境问题，并以此为基础进一步将这种利益相关者导向的问责体系推广到披露包括社会、伦理、环境以及可持续发展这样范围更宽、深度更深的领域。

第四节 公司治理内涵

公司治理是一个多角度多层次的概念，很难用简单的术语来表达。但从公司治理这一问题的产生与发展来看，可以从狭义和广义两方面去理解。狭义的公司治理，是指所有者，主要是股东对经营者的一种监督与制衡机制，即通过一种制度安排来合理地配置所有者与经营者之间的权力与责任关系。公司治理的目标是保证股东利益的最大化，防止经营者对所有者利益的背离，其主要是通过股东大会、董事会、监事会及管理层所构成的公司治理结构的内部治理。广义的公司治理则不局限于股东对经营者的制衡，而是涉及广泛的利益相关者，包括股东、债权人、供应商、雇员、政府和社区等与公司有利害关系的集团。公司治理是通过一套包括正式的或非正式的、内部的或外部的制度或机制来协调公司与所有利益相关者之间的利益关系，以保证公司决策的科学化，从而最终维护公司各方面的利益。因为在广义上，公司已不仅仅是股东的公司，而是一个利益共同体；公司的治理机制也不仅限于以治理结构为基础的内部治理，而是利益相关者通过一系列的内部、外部机制来实施共同治理；治理的目标不仅是股东利益的最大化，而且要保证公司决策的科学性，从而保证公司各方面的利益相关者的利益最大化。因此，要理解公司治理的概念，需要转变以下两个方面的观念。

第一，从权力制衡到决策科学。

传统的公司治理所要解决的主要问题是所有权和经营权分离条件下的代理问题。通过建立一套既分权又能相互制衡的制度来降低代理成本和代理风险，防止经营者背离所有者的利益，从而达到保护所有者的目的。这一制度通常被称为公司治理结构，它主要由公司股东大会、董事会、监事会等公司机关所构成。这一制度或治理结构建立的基础是公司的权力配置，即无论是所有者还是经营者都以其法律赋予的权力承担相应的责任。股东以其投入公司的财产对公司拥有终极所有权并承担有限责任，因此，在法律意义上，公司是股东的，股东对公司拥有无可争议的剩余索取权。经营者则作为代理人拥有公司的法人财产权而非所有权，但他直接控制着公司，控制着公司的剩余。法人财产权和终极所有权的不一致导致经营者和所有者在公司的利益不一致。因此以权力配置为基础的公司治理制度对于维护各方权力的存在和实施是十分必要的。但是，公司治理并不是为制衡而制衡,而且制衡并不是保证各方利益最大化的最有效途径。衡量一个治理制度或治理结构的标准应该是如何使公司最有效地运行,如何保证各方面的公司参与人的利益得到维护和满足。因此,科学的公司决策不仅是公司管理的核心而且是公司治理的核心。因为公司各方的利益都体现在公司实体之中,只有理顺各方面的权责关系,才能保证公司的有效运行,而公司有效运行的前提是决策科学化。因此,公司治理的目的不是相互制衡,至少最终目的不是制衡,而是保证公司科学决策。

第二,从治理结构到治理机制。

传统的公司治理大多基于分权与制衡,从而停留在公司治理结构的层面上,较多地注重对公司股东大会、董事会、监事会和高层经营者之间的制衡关系的研究。因此,公司治理可以说是侧重于公司的内部治理结构方面。但从科学决策的角度来看,治理结构远不能解决公司治理的所有问题,建立在决策科学观念上的公司治理不仅需要一套完备有效的公司治理结构,更需要若干具体的超越结构的治理机制。公司的有效运行和决策科学不仅需要通过股东大会、董事会和监事会发挥作用的内部监控机制,而且需要一系列通过证券市场、产品市场和经理市场来发挥作用的外部治理机制,如公司法、证券法、信息披露、会计准则、社会审计和社会舆论等。

【本章思考题】

1. 结合案例谈谈什么是公司?什么是公司治理?
2. 怎样通过公司治理来挽救公司危机?
3. 详细解释公司治理三要素。
4. 什么是科学的公司治理内涵?

【综合案例】

中国式并购与整合——中国建材联合重组、混改的成长故事

大企业整合市场,整合的核心是提高行业集中度、稳定价格。通过与市场资源整合,与社会资本混合,企业插上了腾飞的翅膀,在改变自身命运的同时促进了行业的健康发展。大企业进行联合重组并不是传统意义上的简单的企业并购,而是有组织的战略性市场安排。混合所有制解决了国企与市场接轨的难题,实现了"央企的实力+民企的活力=企业的竞争力"。

一、汪庄会谈

我国水泥行业处于充分竞争领域,基本是民营企业的天下,中国建材虽是国有企业,但既没有享受国家补贴,也没有享受什么特别的政策,要想联合重组成功,就必须面对与民营企业共同合作、分享利益、协调关系的现实问题。通过与市场资源的联合、与社会资本的混合这两大改革,中国建材改变了自身命运,实现了持续快速发展。

中国建材依靠大企业这只"看得见的手",在水泥行业为解决过剩问题发起了全国范围内的水泥企业重组。2006年3月,中国建材如愿在香港联合交易所挂牌上市。同年7月,中国建材拿出上市募集到的一半资金收购了徐州海螺,实现了"蛇吞象"式的收购。收购徐州海螺之后,中国建材开始了组建南方水泥的战略规划。

水泥是一种区域性产品,要做水泥业务,应按照区域组建不同的水泥企业。中国建材最早是在浙江开展重组。当时浙江的水泥企业群龙无首,市场陷入恶性竞争,几乎所有的水泥企业都在亏损,哀鸿遍野。宋志平觉得机会来了,浙江那么多的水泥企业,得先把几家大企业找来。

2007年春季的一天,宋志平在西湖边上找了个好地方——汪庄。在汪庄的茶馆里,宋志平请浙江水泥行业的"四大天王"——浙江水泥、三狮水泥、虎山水泥、尖峰水泥的老总喝茶详谈。这四家企业占了浙江水泥市场的半壁江山,是组建南方水泥必须谈下的对象,但当时它们都已经有了合作对象。喝茶时宋志平就对他们说:"即使你们引入了外资,也只是聘请了雇佣军帮着你们继续打仗,解决不了问题。只有大家联合起来才能达到市场健康化的目的,我来让你们都联合起来,以后就不打仗了,恢复价格,理性竞争。"要想变革就要有显而易见的好处,在谈判桌上,宋志平端出了"三盘牛肉":

- 公平合理定价,给予被收购者一定的优惠,不欺负民营企业。
- 给民营企业创业者保留30%的股份。
- 留人留心,吸引民营企业创业者成为职业经理人,工厂还由他们来管,同时解决了管理人才来源的问题。

这三点一下子说到了四位民营企业老总的心坎上,最终四家企业全部同意加入中国建材,为后面整合浙江水泥奠定了基础。对于这次联合重组,银行也很支持,因为银行很担心价格战最终导致企业倒闭,银行的借款就无法收回了。关键的一点是宋志平给创业者保留了30%的股份,过去他们虽然拥有100%的股权,但是每吨水泥的价格不到200元,企业不赚钱,处于亏损状态;现在他们拥有30%的股权,每吨水泥价格能恢复到400元,仅分红就可以分到不少钱。大家都明白还是按照宋志平的想法做更好。中国建材原先在苏浙沪地区一家水泥厂都没有,经此会谈后重组了150家水泥企业。

二、"老母鸡理论"

虽然中国建材以盈利为出发点,总是选择在最佳时机进行联合重组,但是在与被联合重组的企业谈判时从不算计对方。所以,在讨论价格的时候,宋志平的原则是公允,在公允的基础上,还会给予对方适当的优惠。宋志平把这套理论称为"老母鸡理论"——如果老母鸡能下蛋,我们就多给它一两个月的鸡蛋钱,过两个月,鸡蛋不就都是我们的了吗?归根结底,对方得到的是公允的价格,中国建材买到的是重组后的利润。

联合重组从根本上是要盈利的,重组的故事本身就是一个取得效益的故事。那么,中国建材在联合重组的实际操作中是怎么实现盈利的呢?宋志平认为有以下几条经验:

第一,中国建材是在行业产能严重过剩的情况下实行联合重组的,重组成本比较低,相当于抄底,这就奠定了获利的基础,也是实现盈利的第一个关键点。

第二,在重组其他水泥企业之后,中国建材着重建设核心利润区,增强在区域市场的话语权,使水泥价格合理回升,这是实现盈利的第二个关键点。

第三,后续管理整合、集中结算、集中采购、集中销售、降本增效、科技创新等措施的实施,可以形成并提高企业的规模效益,这是实现盈利的第三个关键点。

可见,企业要想赚钱,除了把握好市场机遇,还要在成本和价格上下功夫。这些年,中国建材的联合重组从来不是为大而大、为多而多,而是紧紧围绕赚钱这个目的。每一次重组能不能赚钱?盈利点在哪里?盈利模式是什么?这些问题都必须搞清楚,至少能大致算出来。不仅如此,宋志平主张只有在明显能赚钱的前提下才行动,如果赚钱的过程说起来和做起来都很复杂或模糊,就应该放弃重组。

三、既要有"道",又要有"术"

全球失败的重组案例有不少,问题出在哪里呢?往往不是因为重组战略错了,而是因为操作层面出了问题。这也提醒人们,联合重组既要有"道",又要有"术",既要符合产业政策、行业和企业的发展规律,又要格外重视重组的方式方法,否则多收购一家企业就等于多一道枷锁,很容易被规模拖垮。中国建材在联合重组过程中明确了五项原则。

第一,坚持重组区域战略选择原则。选择标准有三个:一是这些区域符合国家产业政策和中国建材的整体发展战略目标,地方政府和行业协会也大力支持中国建材通过重组推动地方产业结构调整;二是这些区域内均无领军企业,市场竞争激烈;三是这些区域恶性竞争的行业现状使得区域内企业联合重组的愿望非常迫切。

第二,坚持重组企业选择原则。联合重组不是"拉郎配",不是见企业就收。选择标准有四个:

- 被重组企业符合中国建材的战略要求,在中国建材战略区域内,并满足重组的资源、装备条件和标准。
- 被重组企业具有一定的规模、效益和潜在价值,原来亏损的企业在被收购后要能产生利润。
- 被重组企业能与现有企业产生协同效应,不仅能保证新收购项目盈利,也能带动原有业务,产生 $1+1>2$ 的效果。
- 重组风险可控且可承受。要把风险降到最小,即使有风险,也要可控且可承受,而不是火烧连营。

第三,坚持竞业禁止原则。被重组企业的股东在重组后,在中国建材的市场区域内不能从事与现有企业相竞争的业务,在非竞争区域内从事相同业务,要优先考虑将中国建材作为合作伙伴。

第四,坚持专业化操作原则。要求被重组企业资产边界清晰,人员边界清晰,价格公允;选择专业能力强、有高度责任心的人员进入联合重组工作小组;充分发挥中介机构的专长,对重组项目逐一进行详尽的市场分析、专业的法律与财务尽职调查,实施规范的审计评估与严格的审批程序。在具体执行层面,建立一整套详尽的联合重组工作指引。

第五,坚持以人为本原则。尽量保留被重组企业的管理团队,给予被重组企业人员足够的尊重,充分发挥他们的特长,调动各方积极性,优势互补,实现共赢。

四、不是简单组合,而是一种化合反应

联合重组不是简单组合,而是一种化合反应。正确的思想理念是联合重组成功的前提,共同的战略愿景是联合重组成功的动力,恰当的操作方式是联合重组成功的保证。只有这三个方面都做好了,大规模的联合重组才能平稳快速地推进。

那么联合重组后的企业如何才能融入大集团,与其他企业形成合力呢?世界上许多大的并购案之所以失败,就是因为没有做到文化融合。中国建材作为一家靠联合重组成长起来的企业,是如何让新加盟者迅速融入集团的呢?要怎样处理好各种利益关系?宋志平提出了"三宽三力"的文化,努力营造"中建材一家"的浓厚氛围,企业由此被植入了强大的融合基因。"三宽三力"特别适应联合重组的特点和要求。

所谓"三宽",就是待人宽厚、处事宽容、环境宽松,通过对个人行为和企业环境的约束,来奠定文化融合的基础。"宽"不是没有原则,而是"宽而有度,和而不同",要实现个性与共性的统一、和谐与规范的统一。

所谓"三力",就是向心力、亲和力、凝聚力。向心力是指子公司对母公司要有向心力。亲和力是指单位之间、员工之间要和睦相处,团结一心。凝聚力是指母公司对子公司的感召力、吸引力与引领力。

"三宽"强调行为与途径,"三力"强调状态与结果。中国建材依靠"三宽"吸引加盟者,依靠"三力"使新进入的企业迅速融入集团,为联合重组奠定了牢固的文化根基。

五、"央企市营"

中国建材走的是市场化经营道路,用市场化方式参与竞争,把产品做到精益求精、童叟无欺,为客户提供高质量的产品和高品质的服务,在行业里创造出了顶尖品牌。中国建材这些年之所以能够迅速发展壮大,从市场中脱颖而出,最重要的原因就在于大胆地走入市场,不断破解发展难题,用市场机制改造自己,遵循市场规律做大做强,开辟了一条央企市场化经营的新路——我们称之为"央企市营"模式。

"央企市营"既不是"央企私营",也不是"央企民营",而是央企市场化经营。按照"央企市营"理念,中国建材不断深化改革,逐步建立起适应社会主义市场经济的体制机制。"央企市营",即在坚持央企、国企属性的同时,建立适应社会主义市场经济要求的管理体制与经营机制。"市营"是市场化属性,包括五个要点:

第一,股权多元化。股权多元化是企业保持活力和竞争力的有效保证,不仅能把民营资本和社会资本吸引进来,还能使企业决策体系、管理体制和经营机制发生深刻变化。

第二,规范的公司制和法人治理结构。国企过去大部分是按《中华人民共和国全民所有制工业企业法》注册的,董事会没有法定地位,现在应根据我国的《公司法》重新注册,成为真正的市场主体和法人主体,建立规范的治理结构,拥有真正的董事会。国资委推行的董事会试点不简单,外部董事在公司董事中占多数,包括一些社会精英人士,而且外部董事担任专业委员会主任,这是很了不起的改革。

第三,职业经理人制度。现代企业经营重要的理论基础是委托代理制,逐级委托,股东会委托董事会,董事会委托经理层,高效的委托代理可以让企业降低经营成本,提高效

益。完善的董事会制度只解决了国企规范治理问题中的一半,只有把职业经理人制度建立起来,才能构成企业委托代理的完整闭环。

第四,内部市场化机制。在用人及分配机制等方面与市场接轨,干部能上能下、员工能进能出、收入能增能减,这三项改革是国企改革的出发点,直到今天仍是国企改革实践过程中的难点。

第五,按照市场化机制开展运营。国企完全遵守市场的统一规则,只享受正常的待遇,不享受特别待遇,不吃偏饭,不要额外保护,与民营及外资企业同台竞技、合作共生,追求包容性成长。

资料来源:宋志平. 中国式并购与整合——中国建材联合重组、混改的成长故事[J]. 董事会,2021,4:32—39。

【案例讨论】

1. 中国建材联合重组的经济价值和社会价值是什么?
2. 公司治理对企业发展的重要性体现在哪些方面?
3. 国有企业与民营企业的经营优势分别是什么?你认为实现混合所有制改革成功的关键是什么?

第二章 企业活力与公司治理模式

【篇首语】

对于工商企业而言,活力体现了其自我造血能力,决定了企业发展的速度和高度。本章在讲解企业活力、企业生命周期的基础上,阐述了企业保持活力的三个要素。公司治理是关于指导和控制公司的一系列制度安排,良好的治理是保持和激发企业活力的基础性制度。本章讲述了公司治理不同模式的内涵、结构和机能,体现了公司治理在企业存续和成长中的关键作用,旨在树立起"治理是企业健康可持续发展的一种重要制度保障而不是负担或限制"的科学治理理念。

【引导案例】

公司治理与企业竞争力:日本钛产业的发展启示

公司治理制度或惯例有时会对企业的产业竞争力产生重要影响,日本钛产业的发展就是一个典型事例。

钛产业的核心是金属钛的精炼,即从矿石中精炼出海绵钛这种制造金属钛的原料。海绵钛的提取需要将钛矿石进行电解加工,其过程要消耗大量的电力,比铝的精炼还要费电。而众所周知日本是世界上电价最高的国家之一,而且原材料矿石也不是取自日本而是来自澳大利亚和挪威。尽管存在如此多的不利条件,日本却成了西方国家金属钛的主要供应源,大阪钛和东邦钛这两家公司几乎垄断了对西方国家钛的供应。

更不可思议的是,20世纪50年代之前日本几乎不存在钛的消费市场。钛像铁一样坚硬,像铝一样轻,而且有很高的耐高温性和抗腐蚀性,对海水则具有类似于白金的抗腐蚀性,因此相当昂贵。由于钛具有上述优异特性,因此主要应用于航空发动机和军用飞机的结构制造材料的制造,被称为空中的金属。在日本,由于各种原因的限制,民用和军用飞机主要靠进口,因此钛的消费市场几乎是不存在的。

为什么这样的产业会在日本存续并发展?钛的精炼技术并不是日本独有的技术,同时这一产业也没有得到通产省政策的支持,反而由于是公害较大的产业,通产省还有敬而远之的倾向。追根溯源,真正支撑日本这一产业国际竞争力的是日本型公司治理的模式和证券市场的结构。

如前所述,钛的消费市场是飞机制造业。在生产方面,飞机制造业很大程度上随着各国政府的国防政策和航空器材采购的周期性变化而变化,因此不仅钛的需求量变动较大,同时市场的供给状况也很不稳定。在20世纪80年代,当时世界上钛供给能力最大的是苏联,其通过向西方国家出售钛来换取外汇。但由于钛的销售很大程度上受其军事政策所左右,因此苏联的供给活动反复无常,有时大量抛售,有时又突然宣布停止出口。

因供需两方均极不稳定,钛的价格总是上下剧烈波动。上涨时每吨可达200万日元以上,下跌时会跌落到几十万日元的水平,结果导致钛制造商的利润起伏较大。美国和欧洲也有钛的精炼企业,但这些公司最终都难以经营下去。在追求短期利益的经营环境下，钛的制造企业很难维持下去。

与欧美相比，日本钛制造企业的治理环境是非常有利的。大阪钛公司是住友金属持有过半股份的子公司，社长是住友金属派遣的。一方面，住友金属理解钛的重要性，同时也深知钛市场的不稳定性，因此不会单纯因经营利润的减少而解雇经营层。另一方面，钛生产商的股价上下动荡的特性对一些投机的投资者来说正是极好的机遇，他们可以利用股价的动荡来获取投机利益。因此在钛公司股价上涨时，生产企业往往会增资扩股，用以扩充设备增加生产能力，其结果是造成过剩的供给能力，这使得欧美的钛制造企业的经营更加困难。

上述事例充分显示出某一国家的公司治理制度是产业竞争力的重要源泉。经过冷静的考虑就会发现，日本型公司治理制度，在多个产业中成为日本企业竞争力的源泉。因为在日本型公司治理制度和证券市场结构下，企业经营者所受到的追求股东短期利益的压力较小，所以企业能够进行长期持续的投资。如在钢铁和半导体这样要获取长期利益就必须进行巨额投资的产业，日本型治理制度为强化日本企业的竞争力作出了贡献。日本企业在经济萧条的状况下能够舍弃暂时的利益，坚持在研究开发上进行投资，主要是因为来自短期收益的压力较小。因此，日本型治理制度是支撑其在多个产业上具有较高国际竞争力的要因之一。

钛产业并不是极端特殊的例子。在家电产业，日本企业能占据绝对竞争的优势，几乎使美国、英国的家电产业濒于消亡的缘由之一，也可以认为是治理制度的不同。对于英美企业来说，在低收益率下展开激烈的新产品开发竞争这种经营模式，是支撑它们的企业治理体制所不容许的。不过，在硅谷涌现出的大批快速成长的风险企业，也具有其独特的治理体系。美国的大型企业一般通过大胆的裁员、结构调整和赛道探寻来不断修正经营方向，这也是美国型治理体系发挥作用的结果。

日本型公司治理的基本思想，是委托与企业具有长期安定关系的成员(安定法人股东、主银行、内部晋升的经营者、正式员工)对公司进行治理，可以称之为基于长期协同主义的治理模式，与所谓作为国际标准的盎格鲁-萨克森型治理模式有很大不同。日本型公司治理模式的形成，是与日本第二次世界大战后的历史、经济、政治和社会文化传统密切相关的。这种模式可以视为是一种克服亚当·斯密指出的股份公司局限性的替代方案，也是日本企业在某些产业形成国际竞争力的源泉所在。从企业自身发展的角度看，公司治理制度或惯例是企业为了有利于自身的发展而创造出来的。实际上，在竞争条件不同的产业，公司治理的规则也是不同的，并没有一种唯一的、普遍可以遵循的模式。

资料来源:作者根据相关资料整理。

【案例讨论】

1. 为什么钛产业在日本取得持续且成功的发展？
2. 日本型公司治理的基本思想是什么？

第一节　企业活力

一、企业竞争力

公司治理如何与企业成长、企业战略发展结合？人们普遍认为企业应该做大做强。做大要基于3M战略——人、财、物（man，money，material），这是基于资源的成长。如果企业做不大，便难以形成规模效益。但是，究竟什么是真正的大？有人说500强就是500大，以销售指标规模为目标。这种传统意义上的大是加法式的大，它使得中国的企业进入500强十分容易，但拼凑起来的大在这个竞争的市场中是不行的。中国企业之所以做不大是因为不会做小。企业是怎么垮的？许多案例中都是因为子公司出现问题。一个个有活力的子公司才会使得企业做大做强，这就涉及了集团治理。

有效率、有机制的做大是做强。做强是什么？做强是基于能力的成长，2M战略——管理、机制（management，mechanism），与做大结合起来就是5M战略，讲管理要效益，通过改制求发展，并不是越大越好，还要做强。

例如物业公司雅生活，近年来不断通过并购"跑马圈地"，规模的持续扩张也在不断拉升雅生活的市值，然而并购之后的管理整合才是重中之重，随着在管面积的增加，雅生活的外延增值服务收入陷入瓶颈期，由此可见做大之后进行管理整合颇为重要。再以房屋租赁社区Airbnb为例，这家公司经历了爆炸式增长，但并非通过收购或建设更多物业这类传统方式，而是果断地创建了一种新模式来满足传统需求——这种模式也是通过规模化来实现竞争优势，但并非传统意义上的实际控制物业（没有大量有形资产）。Airbnb不仅清楚对于预订酒店房间的人来说真正重要的是什么，而且认真研究了共享经济的崛起。事实上，Airbnb不仅创建了一种新模式，也创造了一个新市场。

做大做强是最高目标吗？什么是真正的强？以前的外贸企业以及现在的许多垄断企业，是真正的强吗？企业真正追求的阶段是第三个阶段——做活，基业长青或百年老店指的就是这个阶段。做活是基于理念（mind）的成长，而做大做强就是企业竞争的基础。

如今，中国企业的竞争力基点也逐渐由做大向做强，甚至向更高的目标——做活转变。在如今这样一个全天候运转的全球化市场上，传统的准入壁垒正在消失，传统的增长观念，即扩大规模和控制范围，正在失去其效能。鉴于这些变化，《财富》500强公司纷纷采取新方法来推动增长，这并不令人意外。例如，一些传统的强势公司最近纷纷选择瘦身，其中包括摩托罗拉（Motorola）、卡夫食品（Kraft）和雅培（Abbott）。这些公司的CEO之所以选择将公司规模（与控制范围）缩小一半，就是为了提高专注度，加快增长。出于同样的理由，产品组合合理化也变得非常普遍，这样做的公司包括宝洁（Procter&Gamble）、ITW集团和联合利华（Unilever）。就在最近，包括伊顿（Eaton）和艾伯维(Abbvie)在内的一些公司甚至开始频频采用昂贵的税收倒置策略。

实际上,这些巨无霸公司的 CEO 们正在分割和彻底变革各自的组织,以推动这些公司的发展。他们不得不这么做,因为 Airbnb 和网络出行公司 Uber 的成功证明,规模更小、基础设施更简单、更灵活的公司可以取得成功——看看这些资产几乎可忽略不计的公司的市值,你就会恍然大悟。当然,这并不意味着扩大规模和并购不再是推动增长的重要因素。随着"更大总是更好"这种理念不再是主流意识,公司必须更加慎重地考虑规模化和并购这些传统策略。

通过以上介绍我们可以看出,目前,企业组织的基本要素为 6M 模式——人,财,物,管理,机制,理念,这些因素互为结果、互为基础。组织的性质也不断改变:做大——机械组织;做强——一般系统;做活——有机体/生命,如表 2-1 所示。

表 2-1 企业竞争力基与"6M 模式"

	成长导向	竞争基础	核心要素	组织性质	
企业竞争力基的转移 ↓	做大	基于资源	man(人)	机械组织	组织活性度 ↓
			money(财)		
			material(物)		
	做强	基于能力	management(管理)	一般系统	
			mechanism(机制)		
	做活	基于价值	mind(理念)	有机体/生命	

二、企业生命特征

(一) 生命周期

到底什么是真正有活力的企业?这要与竞争基础战略(基于资源、基于能力、基于价值)结合起来。这里引入生命周期理论,产品有生命周期,企业也有。企业虽然千差万别,但成长的不同阶段所出现的问题大同小异。由于研究的基点、焦点以及目标、方法等的不同,理论上对企业生命周期的具体描绘也是多种多样的。Adizes(1988)对企业生命周期做过极为细致的分析研究,他曾将企业生命周期分为孕育期、婴儿期、学步期、青春期、盛年期、稳定期、贵族期、官僚化早期、官僚期和死亡期十个阶段(见图 2-1);Churchill 和 Lewis(1983)将企业成长周期分为存在阶段、生存阶段、成功摆脱束缚阶段/成功成长阶段、腾飞阶段以及资源成熟阶段。当然,无论怎样具体细分,构成企业正常生命周期的不外乎起步期、成长期、成熟期和衰退期这几个基本阶段。

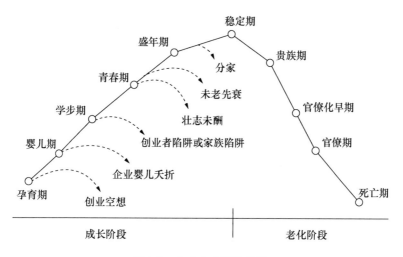

图 2-1 企业生命周期曲线

资料来源：Adizes, I. *Corporate Lifecycles: How and Why Corporations Grow and Die and What to Do about It*. Prentice Hall, 1988.

在不同阶段，企业通常容易产生不同的问题。孕育期容易形成创业空想；之后的阶段易出现创业者陷阱、家族陷阱，导致企业夭折；再接下来的阶段，企业做大了以后容易导致分家，大伤元气；度过这些阶段的企业成熟稳定后，又容易出现大企业病，走下坡路，因为企业成功后，经验丰富，章程规则完善，但是缺乏创新。例如，摩托罗拉员工如果主动离职要向企业赔偿，但如果被企业开除，企业会赔偿员工，造成许多想离职的经理为让公司开除而不尽职。怎么办？这就要求企业形成新的周期，这里涉及企业活力三要素：生存力，成长力，再生力。

（二）企业活力三要素

企业活力在任何一个时刻都表现为生存力、成长力、再生力三个方面，这三种能力综合体现为企业的活力。

生存力、成长力和再生力三者相互依赖，又形成一定的层次，它们都是企业活力的体现和有机组成部分：没有生存力企业活力就无从谈起，生存力既是保证企业"生"的基础，又是企业成长和再生的前提，只有企业生存着，具有一定的底线生存能力（高于生存门槛），考虑企业生命质量才有意义；成长力是企业保持永续生存的条件，环境是变化的，它会给企业的生存带来挑战，企业只有不断成长，才能使企业保持动态生存，也只有不断成长，企业才能不断改善生存质量，为其再生奠定基础；再生力可以促进企业另一个生命周期的开始，它可能源于企业环境的剧烈变化而使企业生存、成长受到威胁而变革，也可能因为企业为了提升其在商业生态系统中的地位，或预见到企业环境带来的新的发展机遇，而主动寻求变革与之适应，在预见环境发展走向、识别环境发展机会的基础上实现企业自我超越、自我否定、自我发展。与其让别人打败，不如自己寻求超越，赢得主动权，这是企业"长寿"的途径，也是企业生存发展的最高境界，是企业层次的自我实现和自我超越。因此,企业组织的生存力、成长力、再生力集中体现了企业活力。

(1) 生存力。这是企业最基础、最根本的能力,是成长力和再生力的基础。如果没有生存的自然资源,企业是不是就不能够生存了呢?答案显然不是,即使没有基础资源,企业同样能够依靠其他要素维持生存,这在一定程度上考察了企业真正的生存能力。企业间的贫富差别也不在于它们的自然资源,日本的企业就是一个例证:日本的国土面积很小,而且80%是既不宜农也不宜牧的山区,它却是世界第三经济大国,因为它把整个国土建成了一个巨大的工厂,从世界各地运来原材料,生产出成品之后又出口到世界各国,因此在全世界获得财富。另外,瑞士是一个没有海洋的国家,它的远洋船队却是世界上最大的船队之一;它不出产可可豆,却有世界上最好吃的巧克力;它的国土面积没有多少平方公里,一年只有4个月可以放牧和耕种,其余时间都是冬天,却拥有欧洲质量最佳的乳制品。瑞士企业和日本企业一样,没有什么自然资源,可是它提供出口服务,而且服务质量是其他国家望尘莫及的,这些国家的企业出售的是它安全可靠、井然有序和勤劳刻苦的形象,因此成为世界的"钱柜"。这才是一个企业真正的生存能力。

(2) 成长力。企业的决策不出现大失误并且企业持续成长应该靠治理机制的保证,而通常我国企业的周期都和经营者结合在一起,外国依靠制度机制而不是依靠某个人。企业怎么保证持续发展?比较典型的例子是福特公司。福特汽车创始人亨利·福特树立了一个目标——要让消费者用上质量高、价格低的汽车,为了这个目标,创造了第一条自动生产线。但是随着企业年龄的增大,问题出现了——汽车颜色永远是黑色,马力一致,座椅不舒服,但是老福特仍然认为没有必要让所有人都用上汽车,所以坚持不改变目标,不生产比较奢侈的汽车。通用汽车这时出现了,生产高档、舒适、颜色鲜艳的汽车,导致福特有一年出现巨额亏损,在这个背景下,董事会发挥了重要作用,果断决策让老福特退休,福特汽车才重新焕发出活力。章程要提前设计,换代的机制要提前设计,不应以哪个人为基准。公司也一样,公司怎样成长、持续靠什么保证,要强调制度建设,用制度设计解决问题。企业如果没有"缰绳"的管控,也必会失去方向。如果想要做好公司的管理,就必须有一套适应公司情况的制度,并且保证它能够公平公正地实施。在好的制度环境下,懒惰的员工可以变得勤奋;在坏的制度环境下,即使是最优秀的员工,也容易产生惰性。建立起完善的制度,为公司立好规矩,是一个公司是否完善的一种标志。令必行,禁必止,团队的竞争力和战斗力也由此产生。没有制度的保证,团队就会像一盘散沙。

(3) 再生力。在剧烈变革的环境中,再生力开启了企业新的生命周期,彰显了企业自我突破的能力。资源型的企业因为资源耗竭走向溃败,例如大庆油田,最开始油量充足,经常出现井喷,后来资源减少,相继通过注水、化学试剂、微生物等方法来继续开发,但最后管理者计算盈亏点不得不作出减产决定。此外,我国许多煤炭集团实行多产业经营,但最后都失败了,问及原因,管理者说只学过煤炭,做不好别的行业,根本问题在于管理不过关。在企业濒临溃败的情况下,可以通过以下两条路径实现再生。第一条路径是并购,因为并购的不仅是企业,还有被并购企业的各种人力资本。在上一章的综合案例中,中国建材通过并购对相关企业进行重组,即帮助相关企业脱离经营困境,获得新生。第二条路径是"走出去"战略,获取再生资源的同时开辟新市场。例如,由于国内焦化不景气,近年来开滦集团坚持以科学发展观为指导,大力实施"走出去"战略,在积极开发省外煤炭资源的同时,主动融入加拿大太平洋门户战略,率先挺进加拿大进行煤炭资源开发,获得了国外优质炼焦煤资源,保证了煤炭产能的稳步提升,增加了资源战略储备。再如兖矿收购澳大利亚煤矿的例子,兖矿是中国唯一一家拥有境内外四地上市平台的煤炭公司,是中国国际化程度最高的煤炭公司,早已在澳洲深深扎根,并发展成为澳大利亚最大的独立煤炭上市公司,业绩实现逆势赶超。不过,我国目前可持续发展最大的局限在于高管的短期任命、短期考核,这也与公司治理有关。

企业无论是上市,还是准备上市,甚至不想上市,都应着重发展企业的自我造血能力。充满活力的企业运作机制和完善的公司治理机制是企业长治久安、可持续发展的"两只轮子"。

第二节 公司治理模式

一、公司治理模式分类

对于公司治理一般模式的构筑,应遵循以下三个原则:第一,可以对公司治理不同类别的制度安排作出描述和分析;第二,应能说明特定公司治理安排产生的条件;第三,必须说明一种公司治理安排的不同构成之间的联系,它们与金融体系以及经济系统的其他部分之间的相互关系。

一般来讲,由于政治、经济、法律、文化和历史等因素不同,公司治理模式大致可以分为以下四种类型。

(一) 英美外部治理模式

英美等国企业的特点是股份相当分散,个别股东发挥的作用相当有限。银行不能持有公司股份,也不允许代理小股东行使股东权利。机构投资者虽然在一些公司占有较大股份,但由于其持股的投机性和短期性,一般没有积极参与公司内部监控的动机。这样,公众公司控制权就掌握在管理者手中,外部监控机制发挥着主要的监控作用,资本市场和经理市场自然相当发达。经理市场的隐性激励和以高收入为特征的显性激励对经营者的激励约束作用也很明显。公开的流动性很强的股票市场、健全的经理市场等对持股企业有直接影响。这种治理模式被称为"外部治理模式",也被称为"外部人系统"。虽然在英美公司治理模式中,经理层有较大的自由和独立性,但股票市场对他们的压力很大,因此股东的意志也能得到较多的体现。这种模式也被称为英美股东主导型公司治理模式,如图2-2所示。

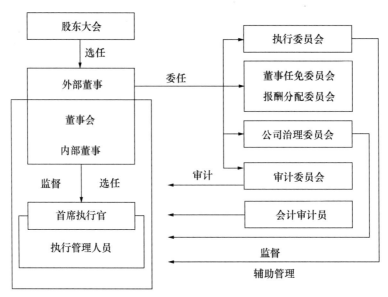

图 2-2 英美股东主导型公司治理模式

英美股东主导型公司治理模式属于单层制：股东大会选任董事会，没有独立的监事会，因此其突出的特点是独立董事制度。

（二）德日内部治理模式

日本和德国虽有发达的股票市场，但企业从中筹资的数量有限，企业的负债率较高，一般在60%左右，股权相对集中且主要由企业法人股东持有（企业间交叉持股现象普遍），银行也是企业的股东，日德金融机构在持有企业股权方面具有很大的自由度，这是日德公司治理模式产生的关键因素。在这些企业里，银行、供应商、客户和职工都积极通过公司的董事会、监事会等参与公司治理事务，发挥监督作用。这些银行和主要的法人股东所组成的力量被称为"内部人集团"。日本和德国的企业与企业之间、企业与银行之间形成了长期稳定的资本关系和贸易关系，其所构成的一种内在机制对经营者的监控和制约被称为内部治理模式。相比较而言，日本公司的治理模式更体现出一种经营阶层主导型模式，因为在正常情况下，经营者的决策独立性很强，很少直接受股东的影响；经营者的决策不仅覆盖公司的一般问题，还决定公司的战略问题，且将公司的长远发展置于优先考虑地位。而德国的治理模式更体现出一种共同决定模式，在公司运行中，股东、经理阶层、职工共同决定公司的重大政策、目标、战略等。图2-3即为德国公司的典型治理模式，图2-4为日本公司的典型治理模式。

德日模式是双层制：在德国，监事会由股东和职工组成，是上位机构；在日本，股东大会选任董事会同时选任监事会。

德国模式包括以下特征：德国企业一般自成立60多年才上市（我国规定改制3年以后可上市），上市后把股权寄托（寄存）在银行，银行签署委托书，今后所有委托投票、行使

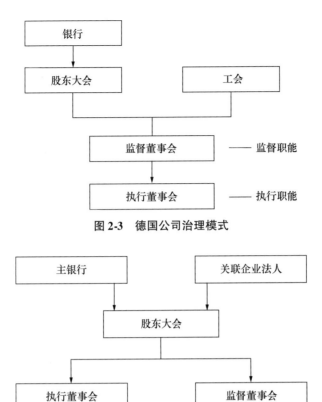

图 2-3 德国公司治理模式

图 2-4 日本公司治理模式

股权全由银行负责,形成作用巨大的主银行。不同的法律背景也决定了公司治理模式的形成和完善。例如,大陆法系与英美法系的一个区别在于控方和被控方谁举证(大陆法系控方举证,英美法系被控方举证),这就导致大陆法系股东诉讼困难,成为影响治理机制的因素。

日本模式包括以下特征:相互持股,主银行制度(贷款银行同时也是股东,益处在于银行平常对公司比较了解,在公司遇到危机时可以起到风向标的作用)。例如,日本八佰伴撇开主银行,自己去证券市场融资,时值泡沫经济,股价上涨,可转债不考虑兑换,泡沫经济崩溃后,公司经营状况不好,主银行这时不注资,别的银行也不敢进,其他公司把八佰伴看成异己(纳税地在香港),这一系列的因素导致八佰伴最后破产。

(三) 东南亚的家族式治理模式

在东南亚等地区,许多大型公众公司都是由家族控制的,表现为家族占有公司相当的股份并控制董事会,家族成为公司治理系统中的主要影响力量。形成这种模式的原因至少有两个方面。一是儒家思想文化和观念的影响;二是在 30 多年前这些地区经济落后的情况下,政府推动经济发展的过程中,为家族式企业给出了鼓励其发展的政策。这种家族式治理模式体现了主要所有者对公司的控制,主要股东的意志能得到直接体现,这种模式也可以被称为东南亚家族控制型公司治理模式。但其缺点是很明显的,即企业发展过程中需要的大量资金是难以从家族那里得到满足的。而在保持家族控制的情况下,资金必然大量来自借款,从而使企业受债务市场的影响很大,始于1997年7月的东南亚金融危机也反映出家族式治理模式的弊病。图2-5为东南亚家族控制型公司治理模式。

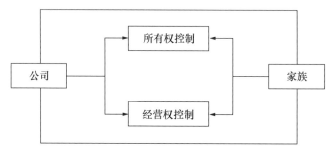

图2-5　东南亚家族控制型公司治理模式

东南亚家族式治理模式包括以下特征:所有权主要由家族控制、企业决策家长化、经营者激励约束双重化、企业员工管理家庭化、来自银行的外部监督弱、家族继承的风险较大、家族企业社会化、公开化程度低等。现在民营企业公司治理的最大问题是职业经理人不被信任。有时公司和经理人之间出现问题,但是没有合同,就解决不了问题。因此信任问题要靠制度说话。

(四) 我国公司治理模式

我国公司治理模式为混合制:股东大会同时选任董事会和监事会(日本模式),监事会里要有员工代表参加(德国模式),决策层和执行层分开(英美模式),见图2-6。我国治理模式融合了各种类型的优点,但是收效甚微,究其原因大概如下:一是能否实际执行;二是各模式有自己的逻辑形式,都糅合在一起能否系统地完美融合。

为了完善公司治理制度,针对监事会改革有人提出几个方案,一是(像德国一样)坐实监事会,监事会成为上位机构;二是(像英美一样)取消监事会,完善独立董事制度;三是保留监事会,但是引进外部监事;四是监事会和独立董事制度二者选一(日本)。党的十九届四中全会明确提出"完善中国特色现代企业制度"。首先,中国特色公司治理结构中的"特"是指党的领导,尤其是在国有公司中,要明确国有企业党组织在法人治理结构中的法定地位,发挥国有企业党组织的领导核心和政治核心作用,保证党组织把方向、管大局、保落实。要依法确立企业党组织与股东会、董事会、监事会之间的权责关系,将党的领导与公司治理结构有机协调起来。其次,中国特色现代公司治理机制应在追求公司经济利益最大化中兼顾利益相关者权益,为共同富裕创造条件。中国的公司不应固化自身营利色彩,而应在保障自身业务发展增进股东利益的同时,对内要为员工提供更好的发展平台,对外多从事促进社会福祉的商业活动,形成公司发展和社会发展"同构共益"的良好局面。再次,中国特色现代公司治理机制应更为强调社会责任,确保公司高质量

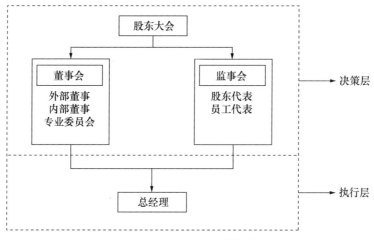

图 2-6　中国公司治理模式

发展。我国必须实现创新成为第一动力、协调成为内生特点、绿色成为普遍形态、开放成为必由之路、共享成为根本目的的高质量发展。最后,中国特色现代公司治理机制应构建更为科学、民主的权力分配制度和议决程序,在注重短期效率的同时兼顾公司发展的可持续性和长期效率。

二、公司治理模式的趋同化

(一) 公司治理模式趋同化的引发机制

随着经济的发展,几种公司治理模式发展具有趋同性。趋同化的引发机制主要是面对新的经济环境,旧治理模式弊端日显。英美治理模式的弊端包括:① 股权高度分散化弱化了股东对公司经营的监控;② 高度分散的股权结构造成了经营者的短期行为;③ 机构投资者的消极行为。德日治理模式的弊端包括:① 法人相互持股使得证券市场疲软;② "主银行"导致"泡沫经济"的产生;③ 利益相关者的冲突有增无减。

(二) 公司治理模式变革的推动因素

市场全球化以及知识经济推动了公司治理模式的变革,全球化包括产品市场的全球化和金融市场的全球化。产品市场的全球化包括:① 全球经济一体化的发展,市场边界的概念日益淡化;② 跨国公司的快速发展对产品市场全球化起到了推波助澜的作用;③ 产品的高科技化。金融市场的全球化包括:① 全球金融自由化;② 全球资本流动达到了空前的规模;③ 全球金融业相互渗透;④ 股权日益全球化。

(三) 公司治理模式的变化趋势

在知识经济中,创新和服务将替代控制和管理成为新的增长点。这就要求企业的结构作如下改变:① 减少管理层次;② 使企业的金字塔形的管理转变为网络形的管理。发展过程中,各模式各有优缺点,但是持股变化都是这样的大趋势——日本从个人股东为主体逐渐变为法人股东为主体,美国从个人股东为主转变为机构股东为主。机构投资者与个人投资者相比,具有以下几个特点:① 管理专业化。机构投资者一般具有较为雄厚的资金实力,在投资决策运作、信息搜集分析、上市公司研究、投资理财方式等方面都配备有专门部门,由证券投资专家进行管理。② 结构组合化。证券市场是一个风险较高的市场,机构投资者入市资金越多,承受的风险就越大。机构投资者庞大的资金、专业化的管理和多方位的市场研究,也为建立有效的投资组合提供了可能。③ 行为规范化。机构投资者是一个具有独立法人地位的经济实体,投资行为受到多方面的监管,相对来说,也就较为规范。一方面,为了保证证券交易的"公开、公平、公正"原则,维护社会稳定,保障资金安全,国家和政府制定了一系列的法律、法规来规范和监督机构投资者的投资行为。另一方面,投资机构本身通过自律管理,从各个方面规范自己的投资行为,保护客户的利益,维护自己在社会上的信誉。

(四) 公司治理模式趋同化的影响

公司治理模式趋同化的影响如下:全球化的公司并购更加频繁;市场竞争更加激烈;推动了公司治理理论的发展(不同的公司将有不同的公司治理结构;治理公司的要素资源由单一转向复合化;职工民主治理的地位有所提高);诱发全球经济危机的可能性增大;为转轨经济国家公司的治理提供了宝贵经验。

【本章思考题】

1. 如何理解企业的做大做强做活?
2. 企业生命周期理论对公司治理有哪些启示?
3. 什么是企业活力三要素?
4. 公司治理有哪些模式?我国模式的特点是什么?
5. 请谈谈公司治理模式趋同化的引发因素和变化趋势。

【综合案例】

劳燕分飞为哪般?——WX 公司创始人与职业经理人的交融与冲突

2018 年 10 月末的一天下午,天气格外地阴冷。李栋曾经自认为眼光很好,半生从商的他2009年才创立WX公司进入房地产行业,就赶上房地产市场迅速升温,首个项目即销售形势大好。性格上,李栋自认为讲情分、重义气,WX公司的创始股东都是多年的同学、朋友,就是想事业大家一起干,钱财大家一起赚。另外,李栋自认为颇有自知之明,专业的事情交给专业的人,公司早早引入了职业经理人团队负责经营。作为WX地产公司的创始人、董事长,李栋一心就想着怎样通过自己的努力使公司成为行业中的佼佼者,他怎么都不会想到有一天自己创立的公司会因为自己与职业经理人的矛盾而分崩离析,甚至落到从自己创立的公司被扫地出门的境地!想到这里,李栋的心中不禁隐隐作痛。

从把握机遇,梦想起航,到引入职业经理人团队,再到公司迅猛发展,李栋与WX地产公司品尝到成功的喜悦和成长的快乐。从嫌隙初生,到矛盾激化,再到公司分崩离析,李栋与WX地产公司又走过了一段充满纷争和痛苦的历程。

一、机会总是给有准备的人

李栋和郭齐二人是同学关系,交情颇深。毕业以后,二人又都在商界中打拼,成了互相扶持的伙伴。早在2005年,已在商界中拼搏了20多年的李栋敏锐地察觉到,中国的城镇化率仍然在进一步提升,大量进城务工的人员需要安家置业,中国房地产市场最少还有20年的黄金发展期。但是当时的李栋处于另一行业,未能抽身进入房地产行业。2008年金融危机以后,商场嗅觉敏锐的李栋认为新的一波房地产"涨潮期"要到了。2008年年末的一个晚上,他找到郭齐进行了一次深谈。翌日,二人决定倾注自己前半生的积蓄,开办一家房地产公司。

李栋在性格上讲情义、重义气。他和郭齐的三位朋友听说二人打算筹办一家房地产公司,亦有意愿入股,二人欣然同意。于是李栋、郭齐与其朋友等一共五人,在2009年3月筹集3 000万元的启动资金成立了WX公司,其中李栋出资1 600万元,占股53%,成为WX公司的控股股东,任公司总经理;郭齐出资1 200万元,占股40%,为第二大股东;其余三人共出资200万元,为WX公司小股东,五人组成董事会,分别在公司的各个部门担任职务。

2009年8月,WX公司获得了第一块开发土地。尽管WX公司的第一块土地面积不大,但是手续齐备,所以WX公司的第一个项目很快步入正轨。2010年6月,项目顺利开盘,时值房地产持续升温的一年,为了打造这个项目,WX公司倾注了全部的精力。功夫不负有心人,项目取得了非常好的销售成绩,在结项盘点中,仅凭这一个小项目的运营,公司就获得纯利润约3 000多万元。庆功的聚餐上,五位伙伴齐聚一堂,在欢声笑语中一起共进晚餐。同桌的众人推杯换盏、称兄道弟,刚刚步入不惑之年的李栋醉眼惺忪、心旷神怡,朦胧之中仿佛看到自己的事业犹如一只振翅欲飞的雄鹰,在未来,有一个更广阔的天地在等待着他。

二、不期而至的成长烦恼

公司的成长是令人喜悦的,但烦恼也总不期而至。很快,WX公司就感受到了发展的瓶颈。第一个项目进入尾声后,雄心勃勃的WX公司打算同时购入两块土地,以确保公司发展的劲头。但资金却成了大问题,尽管在李栋和郭齐提议下,暂不进行股东分红,然而6 000万元的资金额度,面对两个项目开工建设的资金需求,仍显得捉襟见肘。在那个房子"开盘即清盘"的岁月里,房地产公司第一时间想到的,都是如何漂亮地利用财务杠杆,快速在金融市场里获取资金,从而快速圈地,拓展规模。但是,WX公司成立不久,在融资的渠道方面严重缺乏经验,渠道过窄,需要进一步拓宽现有的融资渠道,同时尽量拓展其他的融资渠道。

另外一方面,WX公司的"产品"也急需提升品质。半生从商的李栋有这样一个商业理念:不论一个市场多么火爆,对于一家企业来讲,产品质量是它最根本的市场立足点。而且WX公司作为初创企业,社会美誉度与信誉度不足,更是急需通过提升产品质量和产品形象来打造企业品牌形象。李栋意识到,现在两个项目同步上马,资金要获取融通,工程建设也要全面铺开,快速发展的WX公司急需一批具有丰富经验的管理人才来控制成本、提升质量、塑造品牌形象。

纵观我国一些成熟的房地产企业,在其公司成立的初期,企业中的管理人员多是以企业内部培养为主。企业内部培养的管理者有三点优势。第一,企业内部的员工已经充分了解企业的特点,已经认同了企业的价值观,理解企业的发展节奏,能够很好地贯彻企业的意图;第二,在企业发展初期,企业积极培养内部管理人才能够很好地调动员工积极性,这对企业的发展是十分重要的;第三,企业内部培养的员工往往忠诚度很高。在发展早期,企业往往不太有动力从其他企业挖来高级管理人员,一方面是担心外来的"空降兵"与企业本身"血型不匹配";另一方面,在企业早期的发展阶段,从外部挖来高级管理人才的成本过高,企业无法承担。所以,在企业发展的早期,即使是从外部招聘人才,也多以聘任中层管理者为主。

然而,李栋和郭齐的心头始终萦绕着一种不安感。这两位企业创始人都认为,土地是稀缺资源,房地产企业要想做大做强,就需要在合适的时机快速进行原始积累,囤积优势土地,一旦掌握优质的土地资源,就具备了创造财富的能力。并且随我国房地产市场加速发展,市场会很快成熟,未来的房地产市场集中度迟早会像美国、日本这些发达国家一样,成为一个寡头市场。WX公司作为一家各方面都不具备优势的企业,会在这样的市场里很快失去生存的空间。总的来说,两位股东认为:按照现有的人员配置和能力,WX公司发展速度太慢了。WX公司急切需要的是更加专业的人才,给企业带来新的活力,盘活企业的资金链条,快速发展、快速扩张,使企业迅速达到一定规模,这样才有可能与那些大型的房地产企业在未来的市场中一较高下。

三、专业的事情寻找专业的人做

在不安感的驱使与尽快做大做强企业的急切心理的共同作用下,李栋和郭齐计划从一家成熟的公司挖来一个经验丰富的专业管理团队,以谋求打通WX公司的"任督二脉",使企业迅速成长。也就在这个时候,2014年9月,在一次同行业的交流会上,一个叫孙毅的人进入了二人的视野。

年少成名、营销奇才、资本运作高手、天才演说家,有太多的标签同时印在孙毅这个年轻人身上。当时刚过37岁生日的孙毅已经在本地的另一家房地产企业任执行总裁,这家房地产企业在本地发展已有10余年,各方面均已经成熟,特别是近年来与国内一家一线房地产公司开展了紧密的合作,在当地的房地产市场中有着举足轻重的地位。而WX公司作为本次行业交流会的新秀,如一颗冉冉升起的新星,散发着朝气蓬勃的魅力和光芒,特别是气质儒雅、没有任何暴发户气质的公司老板李栋,也给孙毅留下了深刻的印象。接下来的几次会晤后,李栋和孙毅二人惺惺相惜,竟成了忘年之交。紧接着,WX公司开始与孙毅进行沟通,希望孙毅能够加入WX公司。

与大多数企业家不同的是,李栋自认为在性格上并不是一个非常适合于参与公司实际管理的人。李栋与普通的商人不同,他气质儒雅、做事沉稳、颇具人格魅力,但是在关键的重大决策时刻,却总会顾虑颇多,易犹豫不决,这在"商场如战场"的市场竞争中有些时候是致命的弱点。可能李栋主观上希望拥有一个"副手",既能够像他一样对WX公司倾注所有的热情,又能够拥有丰富的管理经验来弥补他的"弱点"。在当时看来,孙毅正好完全符合要求。

经过漫长而充分的接触和沟通之后,WX公司给孙毅及其团队开出了优厚的待遇,无责任年薪120万元,李栋让渡12%的WX公司股权、郭齐让渡4%的WX公司股权,共计16%的股权给孙毅及其团队,并给予孙毅充分的公司管理权限,希望孙毅加入WX公司,任公司总裁。半年后,2015年年初,孙毅入主WX公司,WX公司随即完成股权变更,变更完毕以后,股东人数增加为9人。公司正式成立董事会,李栋任董事长,董事会成员由9名股东成员组成。同时成立监事会,由公司财务负责人任监事。

四、狂飙突进的市场黑马

"新婚"的日子总是快乐的。WX公司的股东们按照最初的承诺,给予了孙毅充分的信任。年富力强、精力充沛的孙毅也充分展现了自身的才能。在孙毅入主WX公司的最初两年里,WX公司取得了骄人的业绩。2015年,公司四盘同开,销售业绩从3亿元蹿升至9亿元;2016年,房地产市场更为火爆,WX公司马不停蹄地圈地、建房、开盘,至年底,全面销售业绩突破25亿元大关。WX公司在当地的市场中俨然已经成为一匹迅速崛起的黑马,路人无不为之侧目。

如今,WX公司的老员工在回忆起那两年的日子时,无不语带感慨:在那两年的时间里,公司上下所有人就仿佛癫狂了一般拼命地工作,两年中公司总是有新的项目开盘,而我们,不是在开盘的现场,就是在支援项目开盘的路上。那一年,孙总裁的每一次讲话、每一次对公司的展望,都会使公司上下热血沸腾,仿佛一个年销售百亿的房地产企业马上就会在这片土地上崛起。也确如孙总裁向股东们所承诺的,WX公司在那两年无论是销售方面还是管理方面都逐步进入了正轨,建立了新的公司管理架构、薪酬体系、培训体系等一系列体系,公司的高层、中层和基层员工都仿佛看到了一个美好的未来。

然而,快乐的日子总是短暂的。

五、危机渐显,嫌隙初生

正如伊查克·爱迪斯在其《企业生命周期》一书中所提出的:"如果一个公司的年销售增长提高了35%或者更多的话,那它想依靠内部资源来解决企业资金增长的问题就会遇到麻烦。"WX公司发展势头迅猛,但是短时间内动用这么多的资金去圈地,只依靠现有的销售回款资金是难以为继的,只能大量依靠外部融资。特别在 2016 年,WX 公司的管理团队为了突破年初设定的 23 亿元年销售指标,开始不计成本地融资,WX 公司的负债率开始高涨。按照当时公司的融资政策,年利率 24% 的资金对于 WX 公司来说已经算是低息融资,而从各种民间投资担保公司融来的资金,月息竟高达 4%~5%,2016 年 WX 公司的综合融资成本竟高达 30%。

实际上,在 WX 公司实现 9 亿元的年销售额的 2015 年,除去工程成本、设计成本、运营费用、融资成本等费用支出,公司全年净利润仅有 1 500 万元,竟不如最初经营一个小项目的利润。2016 年,公司的销售一路高奏凯歌,然而经过年终测算,公司在经营方面却是亏损的。同时,WX 公司的工程质量开始出现了问题,WX 公司把大量的精力花费在圈地和销售上,对于工程质量的把控难免疏忽。2016 年年底交付业主的两个项目均出现了不同程度的工程质量问题,有大面积返工维修的情况,不但对公司造成了不小的经济损失,也对公司的口碑造成了很大影响。

在这两年之中,李栋却基本上成了一名"甩手掌柜"。他在这两年里主要掌控 WX 公司的财务,具体负责的工作只有公司的大笔融资计划,以及房地产周边的衍生产业,比如商业配套运营、酒店运营等。实际上,这两年间,李栋对公司的财务数据并未过多关注,也未就公司的财务状况与其他股东做太多的披露和沟通。直到 2016 年年底,WX 公司出现种种问题,才引起了李栋的警觉。

李栋与孙毅初步沟通后,孙毅告诉他这是正常现象,因为公司要追求发展速度,要做大做强,必须有阶段性的妥协,比如融资成本升高、工程质量下降等,公司只需要在这个"涨潮期"时刻关注资金链,避免资金链断裂,度过发展瓶颈期,等到公司具备了一定的规模和市场影响力,公司短时间内就能够大量盈利。但对这个问题,两人的意见有分歧,最终李栋和孙毅谁也没有能够说服对方。李栋认为孙毅的这种运作手段太过于冒险。房地产的市场潜力固然巨大,囤积的土地也确实有上涨潜质,但是房地产行业资本集中度高,受金融环境、政策环境影响巨大,属投资高风险行业。WX 公司的资金链条如此紧张,一旦市场下行,届时整个公司将何去何从?

"公司是需要快速发展,但是公司的发展速度不可以失控。"李栋下定主意,要求孙毅接下来采取保守的策略,把融资成本、公司负债率维持在他设定的红线之下。2017 年元旦节过后,李栋和孙毅在李栋豪华的董事长办公室进行了一次长达 3 个小时的谈话,没有人知道二人这次谈话的内容,但是人们所知道的谈话结果是:李栋认为孙毅过于激进,孙毅认为李栋过于保守,谈话不欢而散。此时的李栋才突然明白,自己对 WX 公司似乎是失控了。两年的调整下来,他虽然仍占有公司 41.3% 的股份,是公司的最大股东,然而引进孙毅团队以后,他已然失去了绝对控股股东的地位。孙毅两年间在公司建立了极高的威信,公司在他的带领下以"坐火箭式"的速度发展,董事会赋予他的权限使其在公司接近于实际控制人。在公司取得的成绩面前,几乎所有中层、基层员工都认为,在未来跟随着孙毅总裁会有发大财的机会。

李栋思量再三,决定重新调整工作重心,回到地产业务中来,以求斧正 WX 公司的发展,使 WX 公司回到他认为正确的轨道上来。然而匆忙回归的李栋,还未来得及仔细思考当前局势,事情的发展就逼着他在"棋盘"上落子。

六、矛盾激化，劳燕分飞

过去两年，李栋本身并未过多参与企业的日常工作，但是在公司的新地块拓展方面仍然有部分是亲力亲为。就在2017年4月初，李栋一直亲自与某地区政府接洽的开发项目被WX公司的董事会否决。关于这个项目，股东们给出的理由是：地块处于价值洼地、体量过大、投入资金链条过长、开发风险不可控。然而做事一向沉稳的李栋却执意启动这个项目，他仅仅就此事知会了第二股东郭齐，并于次日直接与政府签订了开发协议，公司财务接下来按照李栋的授意向政府支付了一亿元土地保证金。这一事件导致公司内部的矛盾彻底激化了。

事实上，在私下里，其他股东对于李栋平时在企业中的作风已颇有微词。如同其他企业创始人一样，李栋在WX公司身上倾注了全部的心血，他在内心是把WX公司当成了自己的家。事实上对于一家初创企业来说，WX公司的股权已然非常分散，股权结构较为复杂。但是在董事会决策层面，李栋依然保有"一言堂"的工作习惯，长期忽视其他股东的话语权。虽然受制于李栋大股东和企业创始人的位置，其他股东并未曾公开提出抗议，但是私下已然有所不满。

在接下来的一个星期里，WX公司就这一亿元资金拨付的事宜开始频繁地召开股东会和董事会。同一批人在会议上争论不休，主要的议题看似在讨论怎么运作"新项目"，但实质是在讨论更为敏感的内容，即如何就公司治理问题形成一致性的决议，尽快完善公司的法人治理结构。问题的根源不言自明：限制大股东李栋的权力。而孙毅是何等聪明之人，此时的他深知纵使WX公司的各位股东能够就公司治理的相关问题形成统一决议，但是经过这些事情以后，自己与李栋的裂痕已再难修复。李栋是持有公司41%股份的大股东，如果其继续留在公司，那么孙毅在WX公司就无法立足，对孙毅来说，此时此刻争取郭齐和其他股东的支持无比重要。

于是，在最后的几天里，本来是讨论公司如何建立合理合法的法人治理结构和公司发展战略的会议，竟渐渐演变成了支持李栋或者支持孙毅某一方的"站队"游戏。在两天的彻夜会议以后，会议上的争论内容从公司的发展方向、权限约束，探讨到建立合理的法人治理结构，却仍未能获得一致，这时，一位股东突然提出："既然大家的主张都不一致，在一个锅里不好吃饭，那就分家吧。"

这下李栋才明白了事态的严重性，他在之前根本未曾预想到孙毅竟然在公司会有这样的能量，因此也根本未能预料事情会在短短时间内向着完全失控的方向发展。接下来的几天里，李栋分别与各位股东做了沟通，明处和暗处都作出了妥协和让步。因为李栋深知，WX公司成立仅仅四年，根基尚浅，本身就难以经受大风大浪，如果强行进行拆分，几年创建下来的基业恐怕难以保存。

然而身为李栋老友的几位股东竟倾向于随孙毅而去。公司第二大股东的郭齐亦迟迟不予表态，而讨论公司"分家"的方案却在有条不紊地进行。一个月的时间里，李栋苦苦支撑，希望能够维系现有的股东会，可谓是"身心憔悴"。但是，随着时间的推移，一次次的会议之后，股东们"分家"竟成为唯一可以解决这次争端的方案。

最终，2017年4月末，WX公司召开最后一次全体股东会议，股东们用自己持有的股份投票,选择性"站队",大多数股东选择相信孙毅,追随孙毅,包括第二大股东郭齐。而愿意站在李栋这边的,在9位股东中仅有1人。

2017年10月,WX公司终于完成了拆分。但由于房地产增速过热,政府开始收紧房地产金融政策。孙毅团队仍旧秉持不计成本、拼命扩张的发展战略,资金问题很快显现出来,不得不凭借利息更加高昂的民间借贷来苦苦支撑,公司融资成本远高于毛利润。公司为了尽快回笼资金,便将存量房屋降价促销,出现了"卖得愈多,亏损愈多"的局面,从财务管理的视角来看这无异于饮鸩止渴。

李栋带领一批员工离开了WX公司之后,想要再创一番事业,然而一方面受制于市场环境,另一方面房地产市场经过几年的快速发展,已经愈加成熟,像WX公司这样规模的房地市企业已经面临很大的市场压力,更小规模的企业更是步履维艰。在接下来的时间里,两家公司的经营均每况愈下,都再未能恢复到创业早期的那种活力。

资料来源:雷昊等. 劳燕分飞为哪般?——WX地产公司职业经理人引入之殇. 中国管理案例共享中心,2018。

【案例讨论】

1. 李栋和郭齐为什么力邀孙毅加盟公司?如何把握引入职业经理人的时机?
2. 孙毅入主公司2年,为WX地产公司带来了什么?
3. 李栋和孙毅为何会产生矛盾冲突?
4. 矛盾冲突中,孙毅强势、李栋出局,公司分崩离析的原因何在?从公司治理制度层面如何化解二者的矛盾冲突,保障企业平稳发展?
5. WX地产公司创立后经历了哪几个成长阶段?每个阶段面对的经营问题与秉承的经营逻辑有何不同?

【延伸阅读】

非营利组织治理

当前,"治理"一词频现,从营利性组织的公司治理、金融机构治理、集团治理、跨国公司治理,到非营利组织的大学治理、慈善机构治理、社区治理,再到宏观层面的环境治理、国家治理、全球治理,等等,似乎不谈治理就不时髦。所谓"治理",即用规则和制度来约束和重塑利益相关者之间的关系,以达到决策科学化的目的。公司治理要求通过正式及非正式的制度来协调各利益相关者与公司的关系,在权衡各方利益的基础上实现公司决策科学化。宏观治理层面(包括环境治理、国家治理和全球治理等),关键在于识别各类利益相关者及其在治理中的相应角色,以明确其在实现治理有效性中的权责和义务。营利性组织治理、非营利性组织治理以及宏观治理的需求表明了"治理思维"的重要性及普适性。因此,"治理思维"要求从系统观的角度出发,识别治理系统中各主体的关联性,从整体角度综合考虑各方利益和诉求,构建适应性的治理结构和机制,从而实现治理目标。

一、非营利组织概述

对于非营利组织,由于其非营利性和公益性特征,除了要正确处理与社会公众的关系,尤其要重视处理与营利性企业的关系,以保持其独立性和服务形象。

（一）非营利组织的界定

非营利组织是指不以营利为目的的组织,它的目标通常是支持或处理个人关心或者公众关注的议题或事件。非营利组织所涉及的领域非常广,包括艺术、慈善、教育、政治、宗教、学术、环保等。非营利组织的运作并不是为了产生利益,这一点通常被视为这类组织的主要特性。然而,某些专家认为将非营利组织和企业区分开来的最主要差异是非营利组织受到法律或道德约束,不能将盈余分配给拥有者或股东。非营利组织必须产生收益,以提供其活动的资金,但是,其收入和支出都是受到限制的。非营利组织因此往往由公共或私人部门捐赠来获得经费,而且经常是免税的状态。私人对非营利组织的捐款有时还可以扣税。

慈善团体是非营利组织的一种,而非政府组织（NGO）也可能同时是非营利组织。非营利组织在不同国家和地区有不同的称谓。非营利组织是美国广泛采用的概念,美国财务会计准则委员会（Financial Accounting Standards Board, FASB）将其定义为:"符合以下特征的实体:① 该实体从捐赠者处获得大量的资源,但捐赠者并不因此而要求得到同等或成比例的资金回报;② 该实体经营的目的不是获取利润;③ 该实体不存在营利组织中的所有者权益问题。"在 FASB 对非营利组织描述的特征中,①和③基本上说的是非营利组织的"志愿性"和"公益性",当然特征①中的捐赠者绝大多数是民间个人和机构,因此 FASB 描述的非营利组织也具有"民间性"特征,特征②说的即是"非营利性"。

在我国,非营利组织基本没有作为一个独立的概念在正式文件中出现过。从经营目的来说,我国的事业单位应属于非营利组织的范畴,但其具有国有属性,且多是由财政拨款的。因此,不宜将事业单位与非营利组织混为一谈。根据财政部制定并发布的《民间非营利组织会计制度》,民间非营利组织包括依照国家法律、行政法规登记的社会团体、基金会、民办非企业单位和寺院、宫观、清真寺、教堂等。这些民间非营利组织应当同时具备以下特征:① 该组织不以营利为目的和宗旨;② 资源提供者向该组织投入资源并不得以取得经济回报为目的;③ 资源提供者不享有该组织的所有权。

（二）非营利组织的分类

根据服务对象和功能结构,大致可以将非营利组织分为以下四类:

（1）动员资源型。非营利组织为了能够生存和发展,必须动员各种社会资源,包括慈善捐赠和志愿服务。随着这种社会功能日益发展和成熟,动员资源在少数非营利组织身上会逐渐专业化,这种类型的非营利组织可能数量很少,但专业化程度很高,有相当高的社会公信度和影响力,对各种类型的非营利组织形成强有力的资源支持平台,因而在公益认定和评估以及社会监督和监管方面都应有很高的要求与相应的约束。

（2）公益服务型。非营利组织提供的公益服务遍及社会的各个方面,例如公益慈善、救灾救济、扶贫济困、环境保护、公共卫生、文化教育、科学研究、科技推广、农村和城市的社会发展以及社区建设等许多领域都是非营利组织开展公益服务较为集中的领域。

这种类型的非营利组织数量巨大,分布广泛,但是单体规模可能不大。它们的共同特点是面对受益者的各种需求,致力于为公众提供各种形式的公益服务并谋求社会公益;它们与各级政府和各个相关领域的政府公共服务部门相辅相成,在很大程度上成为政府公共服务的有益补充。

(3) 社会协调型。在社会转型期,各种形式的非营利组织越来越成为公民表达意愿、维护权益、协调关系、化解矛盾、实现价值的最为广泛和直接的形式,这是中国的非营利组织近年来在数量上急剧膨胀的重要原因之一。这种类型的非营利组织一般采取会员制的社团形式,注重关系资本,在会员的共同利益基础上形成一定的共益空间并为会员提供服务,同时强调对所在社区或社群的代表性,积极参与社会公共事务。它们数量很大,种类繁杂,其共同特点是具有较强的自我稳定性。

(4) 政策倡导型。非营利组织不仅积极参与各级相关立法和公共政策的制定过程,以各种努力倡导和影响政策结果的公益性与普惠性,而且往往作为特定群体特别是弱势群体的代言人,表达其利益诉求和政策主张。随着这种社会功能的发展,政策倡导成为一些非营利组织的主要功能,其中一部分成为专门从事相关政策研究并积极影响政策过程的思想库,另一部分成为积极参与社会博弈的弱势群体或者利益集团的代言人,还有的发展成为对社会政治过程有影响的压力集团。这种类型的非营利组织虽然数量不多,但影响很大,它们的共同特点是有明确的政策主张,较多关注社会公正,并通过积极的倡导活动影响政策制定过程。

(三) 非营利组织的特点

现代公司制企业的重要特征在于所有权与控制权分离,一切公司治理问题的产生都是以所有权与控制权的分离为前提的。而在非营利组织的治理中,剩余控制权、剩余索取权与控制权分别属于不同的三方:委托人、受益人和受托人。如在公益信托制度中,委托人设立信托后,便失去了对信托财产的占有、使用、收益、处分以及管理、经营的权利,从这个意义上讲,委托人只有有限的剩余控制权。因此许多学者认为对非营利组织,特别是公益性非会员制组织,如财团法人或信托型组织来说,并不存在"所有者",委托人所拥有的权利理解成"委托权"更为贴切。受益人不占有信托财产,名义上也不享有所有权,但收益权归其享有,受益人被视为剩余索取权的享有者。受托人取得信托财产后可占有、处分以及经营、管理这些财产,但财产处分后或经营管理中取得的利益应交付受益人,受托人享有的只是控制权。因此,非营利组织存在剩余控制权、剩余索取权与控制权"三权分离"的产权结构特征。这种产权结构需要一种新型治理模式,才能进行有效的监管,从而促进非营利组织的发展。

二、非营利组织治理

(一) 非营利组织治理的理论基础

利益相关者理论与非营利组织有着相同的价值取向。利益相关者理论对企业的认识拉近了企业与非营利组织、经济领域与社会领域的距离,倡导企业关注除股东之外其他利益相关者和社会的需求,注重伦理和社会责任,而这些正是非营利组织存在的意义所在。利益相关者理论为非营利组织治理找到了方向。非营利组织特殊的产权结构,使其不能像企业那样可在内部建立起权力制衡的治理机制,非营利组织必须引入外部利益相关者,才能使治理机制更有效。由于非营利组织的先天不足,即缺乏企业所具有的三种责任机制:个人利益的激励、提高效率的竞争机制、显示企业最终业绩的晴雨表——利润和相应的业绩评估指标,因此,非营利组织尤其要强调内部治理与外部治理的结合。利益相关者理论有效结合了内部治理与外部治理机制。

对于非营利组织而言,对利益相关者的理解可以分为三种层次:第一层次,即从最狭义的角度来考察,非营利组织的直接利益相关者是捐助人、受益人(狭义)及内部利益相关者;第二层次的利益相关者的定义的外延稍窄,是指与组织有直接关系的人或团体,主要包括捐助者、受益人(广义)、政府主管部门、志愿人员及内部利益相关者;第三层次的利益相关者是所有能够影响或被非营利组织的宗旨、决策、活动所影响的人或团体,包括捐助者、政府主管部门及其官员、受益人、评估组织、专业协会、社区、组织所在城市或地区、媒体及公众等外部利益相关者,也包括理事会(或董事会)、监事会、管理层、员工及志愿人员等内部利益相关者。非营利组织被认为对上述这些利益相关者负有责任。

(1) 来自捐助人的监督。捐助人有两类:一类是财团法人的设立人,通过捐助行为设立财团法人;另一类是向业已成立的非营利组织捐赠财产的人或组织。就作为财团法人的设立人而言,其捐助行为是以设立财团法人为目的,订立捐助章程,捐出一定财产的无偿行为。财团法人的捐助人对于具有人格的组织本身并不拥有成员的身份及相关的权利,其所捐助的资产,在捐助行为完成时,即脱离捐助人的财产控制,也不能以任何形式成为捐助人财产的延伸。捐助人除非经由捐助章程获得介入组织管理事务的一定权限,例如选任董事及担任监事(监察人)等,否则,组织一旦成立,捐助人就不再享有任何正当权利介入财团法人的任何内部事务。当然,在实践中,捐助人一般会通过捐助章程成为理事会(或董事会)的成员而参与组织的治理。"与企业一样,基金会的决策权力机构是理事会(或董事会)。最初一届董事的产生多半就是注册人,也就是捐款人及其家人或极少数亲密朋友。"[①]此时,捐助人已不再以捐助人的身份行事,而是在行使组织决策者的职能,而该职能的行使也应遵照章程的有关规定。

(2) 来自社会公众的监督。由于非营利组织承担的是社会公益和社会服务的任务,本质上说属于民间的行为、私人的行动,但谋求的却是公共的利益,如前所述,从最广泛的意义上说,非营利组织行为的受益人可以是整个社会或全体公众。从这一意义上讲,非营利组织就需要面临社会公众的监督,这里的社会公众主要是指评估组织、专业协会、社区、组织所在城市或地区、媒体及公众等外部利益相关者。正是对社会公众的依赖性决定了非营利组织对环境资源的依赖形态,以维系组织的运作。社会公众不仅是非营利组织的监督者,更是非营利组织资源的提供者。

(二) 非营利组织治理的运作措施

(1) 强化内部治理结构。非营利组织要规范内部决策人、执行人、监督人的相互分离制衡的有效机制。理事会要明确其权利和义务,建立合理的理事会规模,聘请专业知识水平较高以及管理经验丰富且对非营利组织的活动较为熟悉的管理人员。内部可划

---

① 资中筠. 散财之道:美国现代公益基金会述评[M]. 上海:上海人民出版社,2003.

分成不同的小组:专业小组包括规划与发展小组、财务与资产小组、公共关系小组。执行小组负责理事会的日常工作,包括筹备理事会会议,确定会议程序和议题;编制并执行理事会工作预算;落实新理事的聘请工作;等等。专业小组主抓组织的各项重点项目,营造组织的公信力,拓宽筹资领域。

(2) 明晰决策机制。非营利组织要保证机构行为符合法律法规和道德规范,具有透明度和公信力。建立持续稳定的资源网络,保证机构有足够的资源实现战略目标地位,创新宣传手段,扩大机构在国内外的影响;准确定位方向,制定严谨政策,做好财务管理,清晰理事会决策程序等。

(3) 完善监督机制。非营利组织的利益相关者对组织的经营结果、行为或决策进行一系列的监督、审核和督导。从内部监督与外部监督入手,内部监督主要是规范章程制度,由监事会、理事会履行职责。外部监督包括政府监督、独立第三方监督、行业监督、媒体监督、捐赠人监督、公众监督等,需要大家更关注非营利组织的运营。政府应建立相应的监督检查部门、公众反映部门,让人们来约束非营利组织合法合理运行,并且完善相关的法律法规,用法律的准绳来约束组织。

(4) 建立激励机制。非营利组织是一个公益性的组织,有很多志愿者的参与,激励机制的建立能在组织繁杂劳累的工作中给成员以鼓励,促使成员高效地完成任务,处理好代理人与受理人之间的关系。当然对于正式的工作者,也应建立相应的激励机制,尤其是薪酬激励可以在很大程度上提升正式人员工作的积极性,但对于非营利组织来说,这在财政上就是一个难题,所以就需要政府的财政支持。非营利组织要善于运用政府的公信力来拓宽筹资领域,呼吁更多的公众参与到非营利组织的公益性事业中去。

(5) 加强信息披露机制。非营利组织要想获得持续不断的社会捐赠,其组织必须符合公共利益、服务于社会发展,而良好的公信力是非营利组织发展的关键。因此,非营利组织具有对其所做的各项公益活动进行信息披露的义务,通过信息披露来接受外部相关利益群体的监督有利于加强自律机制,减少不诚信行为,进而提高非营利组织的公信力,促进非营利组织的健康发展。

(6) 完善信息化治理机制,加强非营利机构的竞争力。非营利组织要广泛应用现代信息技术。构建非营利组织的业务流水线和治理流水线,完善非营利组织的结构和治理政策等,有助于加强非营利组织的应变能力;建立非营利组织的总体数据库,提高非营利组织对信息的采集、治理、剖析的频率和准确性,有助于实现非营利组织治理决策的科学化,使非营利组织和合作伙伴、顾客或消费者之间实现信息共享。非营利组织可以对所获得的信息进行全面、系统性的剖析,以明确合作的效益和障碍。在经济不景气的时期,非营利组织之间不得不就捐款和财政拨款展开竞争。假如非营利组织治理者能够更多地获得其竞争对手的信息,就能够更好地配置其各种资源,从而使非营利组织受益。

(三) 非营利组织治理:国外经验

非营利组织发展至今,在许多国家都取得了法人地位。法人型非营利组织在大陆法系下有财团法人和社团法人,在英美法系下是非营利公司,因此公司治理的有关理论与实践在很大程度上也适用于非营利组织的治理。现代公司治理有两大价值取向:一是强调股东至上主义,公司治理的目标是实现股东价值的最大化;二是关注企业利益相关者的价值诉求。显然,对非营利组织而言,不存在拥有剩余控制权与剩余索取权合一的股东,因此,股东至上主义的治理价值观并不适合非营利组织,而在公司治理中并不占主流的利益相关者理论却大有用武之地。

(1) 对非营利组织治理进行立法。在西方,无论是大陆法系还是英美法系国家都通过立法对非营利组织给予明确的法人地位。例如对基金会,大陆法系主要将其归为财团法人,即法律上为特定目的财产集合赋予民事权利能力而形成的法人。英美法系中,政府、公司和非营利组织在法律形式上都可注册为"公司"。英美法系中非营利组织主要的法律形式包括非营利公司、协会和信托,许多基金会都采取公益信托的形式。明晰的立法使非营利组织的治理有章可循,并明确规定了委托人、受托人和受益人的权利与义务。

(2) 强调信息公开。美国对非营利组织进行监督的一个重要手段就是实施所谓的"公开原则",联邦法律规定任何人都有权向非营利组织要求查看它们的原始申请文件及前三年的税表;同时,人们也可以写信给税务部门以了解某非营利组织的财务情况和内部结构。1992年英国的慈善法也明确规定:只要交付"合理的费用",公众中的任何成员都有权获得慈善组织的年度账目和财务报告。对那些公益性非营利组织来说,信息披露的要求不亚于上市公司。

(3) 政府的积极介入。美国联邦或中央政府对非营利组织的建立、解散及职能规范有着重要的影响。立法部门即国会负责有关非营利组织法律的起草工作;司法部门主要对各种法律上的争议及对被指控违法的行为进行裁定;而行政部门则对非营利组织的登记和减免税待遇,特别是对非营利组织的管理与监督起着重要的作用。

(4) 引入外部独立董事。非营利组织特别是其中的公益性非会员制组织,在国外主要由独立、志愿的董事组成,不仅独立于内部管理层,也独立于原始捐助人,以克服非营利组织可能存在的"内部人控制"问题。独立董事来源于有关的社会知名人士、咨询公司、律师事务所、会计师事务所等。较大的非营利组织还允许理事会(或董事会)设立专业委员会,如财务审计委员会、工薪委员会等,并由独立董事组成,承担额外的责任。

(5) 建立民间评估和监督组织。美国有许多监督机构本身即是非营利组织,如全国慈善信息局(National Charities Information Bureau,NICB)和公益咨询服务部(Philanthropic Advisory Services,PAS)等。全国慈善信息局是美国最早成立的民间评估机构之一,其最主要的工作是对慈善组织的非营利性进行评估,帮助捐款人掌握慈善组织的全面信息,使公司、公司基金会、小企业、个人等捐赠者更明智地捐款。它同时也对慈善组织的理事会(或董事会)制度、资金筹集与使用制度、信息披露制度、公共责任等多方面制定了详细的行为标准。

(6) 强调社会公众和舆论监督。社会公众监督是实现基金会社会责任的重要保障机制。其机制是社会公众均享有监督权,使每一个对该组织关心或有疑问的人都可以对其进行检查、监督,一旦发现问题,则会对其进行严格的处罚,相当于给非营利组织一个强烈的自律激励。此外,媒体的舆论监督也是一种重要模式。综上可见,国外对非营利组织的治理是多层次、多主体、全方位的治理,是典型的利益相关者治理的模式。

（四）中国非营利组织治理的发展方向

在国内行政色彩浓厚、"政非不分"（类似部分营利组织的"政企不分"）的环境下，大多数非营利组织显现出行政型治理的特征，由此衍生出一系列难以有效发挥其作为非营利组织职能的问题。鉴于此，治理问题首次作为中国红十字会未来改革的重点和发展方向被提上议事日程，从而凸显出当前非营利组织进行实质性治理改革的紧迫性。实际上，我国其他非营利组织也面临着同样的问题，改革的出路就是建立现代非营利组织制度，即实现非营利组织决策科学化的现代红十字会制度、现代大学制度、现代基金会制度等，而这就要求非营利组织首先建设现代的治理结构和机制，进入治理改革的新阶段。

从我国治理改革的历程看，营利性组织的治理改革先行，公司治理经历了从单体公司治理到集团治理、网络治理乃至跨国治理的过程。时下治理改革从营利性组织扩展到非营利性组织，一方面让我们看到了改革的复杂性在加大，另一方面也提醒我们应该借鉴营利性组织治理改革中的路径和经验。

目前，我国的非营利组织主要集中在社会团体、基金会、事业单位和民办非企业单位几类，由于上述非营利组织的类型和环境差别较大，这就使得我国非营利组织的治理改革必然要走分类改革之路。一是具有营利性质和能力的非营利组织，要从非营利组织改制为营利组织，如当前我国的证券和商品期货等交易所采用的是会员制，要通过改制为公司甚至上市公司实现向经济型治理的转型；二是对于其他大量的非营利组织则需要在保持原有非营利性的同时，实现组织治理的优化。从借鉴公司治理改革的经验来看，非营利组织治理改革也要经历建立治理结构、完善治理机制、实现治理有效性等阶段。

市场化改革多年来，我国企业正在逐步实现从行政型治理向经济型治理的转型。可以看出，良好的公司治理必须遵循一些最基本的治理理念，这些理念对于非营利组织治理亦有借鉴意义。其一，治理基础多元化。非营利组织在明晰所有权结构的同时引入多元利益相关者，并使其真正参与到非营利组织的治理中来，让多元利益相关者自愿选择参与治理的程度，实现非营利组织的"治理民主性"。其二，注重非营利组织的顶层设计。通过治理顶层设计区分治理和管理职能的界限，避免"治理倒置"，使得真正意义上的"治理者拉动"在非营利组织的治理中起到作用。其三，注重治理的"疏""统"并举。由于存在广泛的利益相关者，非营利组织治理更应强调通过利益等激励约束关系来疏通引导，疏通与控制并用，且以软权力为主提高非营利组织治理的有效性。从宏观层面看，非营利组织的发展，要在保持营利组织和非营利组织并存竞争的同时，通过外部产品服务市场竞争来完善治理，如非营利医院和营利医院间的互补竞争关系。从微观层面看，非营利组织的发展必须正视自身治理问题。在复杂多变的环境中，突破阻碍自身发展的瓶颈，在树立正确的治理理念的前提下，通过非营利组织治理改革，实现非营利组织决策的科学化，从而实现非营利组织的宗旨和各类主体整体利益的最大化。

资料来源：李维安，王世权．大学治理[M]．北京：机械工业出版社，2013；程昔武，朱小平．非营利组织治理结构：特征分析与框架构建[J]．审计与经济研究，2008，3：87—91；李维安．非营利组织管理学[M]．北京：高等教育出版社，2008．

第三章　董事会的有效运作

【篇首语】

董事会是公司治理的核心,董事会组织结构的设计是否合理以及董事会是否能够有效地运作成为公司治理中最为重要的问题。目前不同国家的公司治理实践中存在两种截然不同的董事会结构,即一元制董事会和二元制董事会。但是,这只是董事会形式上的差别,其治理机制从本质上而言是一致的,都必须有决策、执行、监督、评价、奖惩等一系列相互制约的机制存在。此外,为了保证董事会发挥作用,董事会必须具有科学、合理、完善的运作程序,保证董事会内部以及内外部之间有效的信息沟通以及各项董事会职能的贯彻。

本章阐述了董事会的目标及其承担的责任;董事所承担的权利、义务和责任;在清晰介绍了董事会的角色定位的基础上,分析了董事会的专业委员会及其职责;最后,以董事会会议为核心,探讨了董事会的运作问题。

【引导案例】

奢侈品电商尊酷网人事动荡:CEO 被董事会辞退

2012 年 3 月,国内奢侈品电商网站尊酷网发生重大人事变动,原尊酷网董事长兼 CEO 侯煜疆被董事会正式辞退。公司暂由副总裁文颐任 CEO 并进行管理,同时进行裁员减薪,并主力发展线下业务。

尊酷网于 2011 年 4 月 25 日上线,获得盛世巨龙创始人闫志峰的天使投资,同年 8 月,好望角宣布投资尊酷网 3 000 万元。在上线不到 4 个月的时间内,数据显示 20% 的用户在尊酷上有重复购买行为,平均客单价为 3 300 元,这也成为当时好望角对外宣布看好尊酷网发展的原因。而不到半年的时间,投资方的态度发生 180 度大转弯,甚至辞退公司创始人侯煜疆,这是什么缘故呢?

好望角合伙人黄峥嵘在解释辞退侯煜疆的原因时,称侯煜疆的经营管理存在三大问题:第一,财务制度迟迟不规范,每月报表均拖延很久,且报表质量粗劣。其提供的年度报表财务逻辑无法勾稽,造假痕迹明显。第二,公司内部整个管理制度不健全。第三,(侯煜疆)不遵守董事会决议,擅自增加广告投放。实际上此次矛盾的焦点主要集中在投资方好望角对尊酷网在广告投放费用上的质疑。侯煜疆也称被辞退是因为投资方认为其在互联网广告方面的投放费用过大,并没有给企业带来相对应的收益,并且主张调整发展战略,拓展线下业务。

董事会曾给过侯煜疆两个选择,一是让他继续担任董事长,但必须按董事会作出的决议,调整公司目前的发展战略,主力发展线下业务,进行规范经营;二是让其辞职,但侯煜疆拒不辞职,于是董事会提出罢免。尊酷网曾希望回购侯煜疆持有的股份,侯煜疆的开价是 10 倍以上的投资回报,遭到拒绝。

在 2012 年 2 月 24 日的董事会会议上,侯煜疆被宣布"出局"。随后公司的动作比想象中更迅速,尊酷网试用期员工要在2月29日陆续离开公司,公司其他转正员工整体降薪20%—50%。原主要负责线上推广部分的市场部和所有衣橱顾问合并为销售组的大客户销售组,与各大会所、银行等展开线下合作。

　　董事会上午通知召开董事会会议决定辞退侯煜疆后,同时要求召开股东会。侯煜疆对董事会决议提出疑问,不予签字,同时查看章程发现股东会需提前五天通知召开,所以当天没有开成。当周星期五股东会同意辞退侯煜疆,要求他下个星期一进行交接。事态发展之快,令许多员工都是在侯煜疆离开数日后才知晓这个消息。

　　资料来源:作者根据相关资料整理。

【案例讨论】

1. 从案例中可以看出董事会的职能有哪些?
2. 尊酷网董事会为什么要辞退CEO?

第一节　董事会的起源、职能与特征

　　董事会是现代企业制度发展到一定阶段的产物。本节在阐述董事会起源的基础上,首先从董事最初产生的缘由出发,结合现代企业经营和环境发展的需要,对董事会应当承担的职能进行了归纳和剖析。接着对董事会中的董事长、非执行董事、执行董事的含义和特征等进行了分析。此外,本章也对连锁董事这类特殊的公司治理现象进行了分析。

一、董事会制度的起源

　　董事会制度的产生和现代企业制度的建立与发展密不可分,董事会是现代企业制度发展到一定阶段的产物。企业制度是指以产权制度为基础的企业组织和管理制度,其实质是企业内在运行规律的外在形式。企业制度主要经历了业主制企业、合伙制企业和公司制企业三种形式。

　　业主制企业是最早出现的企业制度形式。这种企业是由业主个人投资兴办的,一般由业主自己经营,也可以委托或雇用他人经营。业主对债务须承担无限连带责任。这类企业的规模一般都不大,只有少数企业能使资本迅速扩张。

　　为了解决个人财产有限的问题,由任何两个或两个以上的个人合资共同创办企业的形式——合伙制企业就应运而生了。合伙制企业是共同投资、合伙经营、共享利润、共担风险、共负责任的,其投资规模和经营规模一般比业主制企业大,但企业成员须以他们的全部财产承担公司债务。

为了克服业主制企业和合伙制企业大规模投资及现代化生产经营的局限性,人们逐渐探寻到一种新的企业制度形式——公司制企业。在 19 世纪初期,以资本为核心、具有现代意义的股份有限公司制度开始在英美等国家发展起来。由于其特有的优势,股份有限公司的制度形式在出现后得到了广泛的采用,并迅速成为最普遍的企业组织形式,它与有限责任公司一起构成现代公司的主要形式。与业主制企业和合伙制企业相比,公司制企业具有以下几个明显的特点:

(1) 公司是一个独立于出资人的法律虚拟体,公司的生命在理论上可以永续;
(2) 股份可以自由转让;
(3) 出资人承担有限责任。

随着公司规模的不断扩张,公司的股东越来越多,业务日益复杂。企业制度发展到 20 世纪初也产生了一个深刻的变化,即高度分散的公司股权导致了公司的所有权与经营权的高度分离。由于股东人数众多,加之股东的管理能力、管理经验、时间、精力等种种客观条件的限制,所有股东共同参与公司日常经营管理不太现实。随着市场的扩大以及生产、经营技术的复杂化,在企业大规模从事多方面经营活动的情况下,企业的经营管理只能由专业经营人员(即管理层)来负责。这就使企业的所有权与经营权产生分离。企业所有权归全体股东所有,经营权则归管理层所有。随之而来的一个问题在于,股东能够放心地将企业交给管理层经营吗?股东怎么能够知道管理层是否损害了他们的利益呢?由于股东人数众多,受管理成本的限制,只能每年举行为数不多的几次股东会,而无法对企业的日常经营作出决策,因此公司需要一个常设机构来执行股东会的决议,并在股东会休会期间代表股东对公司的重要经营作出决策。这个机构就是董事会。

从委托-代理的角度看,在股东与董事的关系中,股东是委托人,董事是代理人;在董事与经理的关系中,董事是委托人,经理是代理人。而股东与经理之间是双层的委托-代理关系。显然,董事会就成为这种双层委托代理关系的"中枢",同时承接了股东和管理层。

二、董事会的职能和定位

综合而言,董事会的职能就是公司的战略决策与管理层监督。各国立法机构对董事会职能的界定多是采用描述性的任务分析,尽管这种任务描述的详尽程度有所不同,措辞也有所不同,但是仍然可以从中清晰地总结为战略决策和管理层监督这两大职能。

我国《公司法》第四十六条对董事会的职权有如下相应的规定。股份有限公司设董事会,董事会对股东会负责,行使下列职权:

(1) 召集股东会会议,并向股东会报告工作;
(2) 执行股东会的决议;
(3) 决定公司的经营计划和投资方案;
(4) 制订公司的年度财务预算方案、决算方案;

（5）制订公司的利润分配方案和弥补亏损方案；

（6）制订公司增加或者减少注册资本以及发行公司债券的方案；

（7）制订公司合并、分立、变更公司形式、解散的方案；

（8）决定公司内部管理机构的设置；

（9）决定聘任或者解聘公司经理及其报酬事项，并根据经理的提名决定聘任或者解聘公司副经理、财务负责人及其报酬事项；

（10）制定公司的基本管理制度；

（11）公司章程规定的其他职权。

而美国的商业圆桌会议（The Business Roundtable，企业总裁协会之一）代表美国大公司对董事会职责的描述如下[①]：

（1）挑选并定期评估、更换首席执行官（如果需要的话）；决定管理层的报酬；评价权力交接计划。

建立科学、公正、合理的人才选聘机制，为公司选择经理等高级管理人员是董事会的一项重要职责。董事会还对高级管理人员的工作作出评估，以决定其报酬及奖惩。

（2）审查、审批财务目标、公司的主要战略以及发展规划。

董事会掌握着公司战略决策与控制的实际权力，并且要审查公司财务状况，审批公司财务目标。这是董事会的一项重要职责。

（3）为高层管理者提供建议与咨询。

董事会的职能就是公司的战略决策与监督管理。它通过向公司高层管理者提供建议来影响公司的具体经营业务。董事会决定公司高层管理者的任免、报酬与奖惩。公司高层管理者对董事会负责。

（4）挑选董事候选人并向股东会推荐候选人名单；评估董事会的工作绩效。

董事会负责召集股东会，向股东会报告工作。如果董事会人员需要增减，要向股东会报告增减董事名单，由股东会决定。

（5）评估公司制度与法律、法规的适应性。

董事会要确保公司章程与制度符合国家的法律、法规；监督公司的活动，确保其遵守国家的法律、法规。同时，要不断熟悉国家新的法律、法规，以法律手段回避不利于本公司的法律、法规，使用有利于本公司的法律、法规，如合理避税问题。

中美两国对董事会的职能界定尽管各有侧重，但总的来说已经涵盖了董事会的基本职责。在这些董事会的职责定义之中，还包含了董事会要关注的无数细节问题，包括季度报告和下一季度的经营计划；公司长期战略目标；资本结构；债务融资；资源分配；买卖资产的要求；股息政策；等等。

股东为了有效地将他们的公司托管给董事会，会赋予董事会相当大的权力。就公司而言，董事会应当对公司的事务和公司发展负有终极责任，同时要对股东负责。股东授权董事会代表他们对公司经营进行指导，董事会应就公司绩效和其他必要的方面向股东

---

① 〔美〕罗伯特·蒙克斯，尼尔·米诺. 公司治理[M]. 李维安，周建等译，北京：中国财政经济出版社，2004：145—146.

作出解释。因此,从这个意义上而言,董事就是公司合法的管家,他们要为股东的利益服务。

董事会的重要职能之一在于战略决策,尤其对于公众公司而言,董事会不应该卷入到公司日常的经营管理中去,这些事务应由公司的高级管理人员负责。董事会应该关注那些影响公司发展的重大方面,应该注意更广范围内的公司战略目标。董事会负责指导公司,它是风险承担的主要代理人。这意味着董事会对公司应该有着整体的领导、判断和计划并且能够制定公司的核心决策。

三、董事会的成员和规模

下面对董事会中的董事长、执行董事、非执行董事和连锁董事的含义与特征等进行一些简要阐述。

(一) 董事长

尽管各国的法律实践并没有一致规定公司必须设置董事会主席或者董事长,但是大多数公司都会设置这个职位。

董事长是董事会任命的,通常由较高等级的董事担任。董事会可以决定他们认为适合的董事长的义务和责任。当然,董事长的角色可能存在很大的差异,它可能仅仅是一个名誉的职位,也可能是董事会中最重要的人物,负责整个董事会的运作。

我国《公司法》第一百零九条规定,公司的董事会必须设立董事长一人,没有强制规定必须设立副董事长。董事长和副董事长要由董事会以全体董事的过半数选举产生。董事长负责召集和主持董事会会议,检查董事会决议的实施情况。副董事长协助董事长工作,董事长不能履行职务或者不履行职务的,由副董事长履行职务;副董事长不能履行职务或者不履行职务的,由半数以上董事共同推举一名董事履行职务。

(二) 执行董事和非执行董事

董事是公司内部治理的主要力量,对内管理公司事务,对外代表公司进行经济活动。一般而言,所有董事只要是由股东在股东会上根据法律程序和公司章程任命的,就对股东负有相同的责任和义务。尽管世界上没有哪个国家的公司法对董事的身份进行分类,但在实践和理论研究中,却有着执行董事与非执行董事(独立非执行董事是它的一种特殊形式)的区分。

执行董事一般指的是同时担任董事和高级管理人员职务的人,以 CEO(首席执行董事,也可认为是总经理)为代表,他们最大的特征是与公司订立雇佣合同,按合同规定提供劳务、获取报酬。这类董事又被称为"内部董事"。作为董事会成员,执行董事要对其所管理的公司业务的业绩负责,对公司整体发展负责,同时作为管理层,执行董事也要对公司各个方面的经营情况有充分了解并且管理公司。

非执行董事主要是指那些不参与公司日常经营管理同时又不是公司职员的董事,其责任仅限于准备并参与董事会会议。但是,除了不参与公司的日常经营管理,非执行董事承担着跟执行董事相同的法律义务和责任。非执行董事大都具有丰富的专业知识、其他行业或公司的经验和相对独立的判断力,能够促进公司从整体和更加长远的角度考虑问题。独立非执行董事简称独立董事。对于独立董事,各国实践中的解释相当自由,其共同点是:独立董事应该具有超然独立的地位、独立的态度和判断。独立性其实意味着在董事会审议过程中,非执行董事应该保持足够的客观或者不偏不倚的态度。非执行董事和独立董事又统称"外部董事"。

董事会人员结构的优化要求非执行董事占有适当的比例,这样才能更好地约束公司董事会中"内部人"的行为,提高董事会的运行绩效。如果非执行董事比例过低,则其只能充当配角,起不到应有的监督、制衡作用。一般认为,董事会中至少应该有 1/3 的董事为非执行董事。公司规模越大、股权越集中,则非执行董事比例也应越大。

(三) 连锁董事

连锁董事是一类比较特殊的董事,该类董事同时在两家或两家以上公司出任董事职务。从理论上而言,连锁董事的产生有如下四种解释:互惠理论、资源依赖理论、金融控制理论和管理控制理论。

互惠理论的主要观点是:两家或两家以上的公司通过连锁董事连接起来会给双方或多方带来利益。显然,支持互惠理论的学者们把连锁董事作为关联公司之间互惠交易的一种制度安排。

资源依赖理论认为,资源是约束企业生存与发展的重要因素,某些稀缺资源甚至决定了企业有无核心竞争能力。公司为了避免获得资源的不确定性和限制才与其他公司结成连锁董事关系,即把连锁董事视为联系环境与外部资源的重要渠道。通过连锁董事,企业之间可以互相利用资源、协调关系。

金融控制理论则从企业和金融机构这两个层面来解释。从企业层面看,货币资金通用性比较强,可以较容易地转化为任何形态的物质资本或生产要素。因此。当资金成本低于投资收益率时,企业乐于通过银行或其他金融机构获得长期贷款。但企业与金融机构之间的借贷信息是不对称的,为校正这种信息失衡的格局,经常向银行融资的企业欢迎银行或其他金融机构向本单位派驻董事。对企业而言,接受银行派驻的董事其实是一种信号显示机制——只有让金融机构洞悉企业真实的投资及生产经营状况,获得贷款才能变得相对容易。从银行和金融机构层面看,向企业派驻董事也符合自身的利益。

管理控制理论认为,尽管董事成员拥有决策权,但由于股东极为分散,个体股东的实际影响力非常弱小,致使企业高管人员可以左右董事成员的投票,甚至可以随意地指定和更换董事成员。该理论认为,连锁董事缺乏职权和管理经验,对任何企业生产经营问题都不过问,是公司高管人员的附属品(Koening 等,1979)。在所有权和经营权相分离的情况下,CEO 和高管人员往往对连锁董事的加盟持欢迎态度。因为聘任、解雇首席执行官和企业高管人员是董事会的一项重要职责,连锁董事多为兼职的独立董事,容易使监督流于形式,也容易看 CEO 的风向而转舵(卢昌崇,1999)。

在企业生产经营过程中,所有者关注股东利益最大化,而职业经理人因其工资收入取决于企业规模而在意企业规模扩张,所以职业经理人倾向于聘用连锁董事。但在所有权与经营权合一的情况下,企业"政权"基础稳定,企业"易主"或被敌意接管的概率小。因此,当企业由股东出任 CEO 或高管时将倾向于较少聘用连锁董事(卢昌崇等,2006)。

(四) 董事会的规模

不同的公司中董事会规模差别很大,有些国家的法律法规对此有严格的标准,有些则没有严格的限制。但是毫无疑问,董事会成员的数目会对其有效性产生重大影响。因为董事会职能的有效发挥需要集体制定决策,如果人员太少,可能会导致缺乏必要的才能和阅历,从而不能制定出较优的决策;如果人员太多,又会增加决策制定的成本。

一般认为,董事会的规模取决于公司规模、公司所在的行业、公司的财务状况和所有权等因素。一般而言,初成立的公司和规模较小的公司只有较小规模的董事会,随着公司的发展壮大,董事会能力的增强就变得重要,这时需要聘任新的具有特殊专业知识和能够满足公司变化之需的新的董事。影响董事会规模的其他因素包括:

(1) 行业性质。比如在美国,属于银行和教育机构的公司中董事会人数较多。

(2) 业务模式的差异。一般而言,相对于业务简单的公司而言,业务复杂的公司中董事会人数较多。

(3) 是否发生兼并事件。当兼并刚刚发生时,一般不会大规模解雇董事,此时两个公司的董事合在一起组成董事会,董事会规模达到最大。随着一方渐渐控制了公司,另一方的董事将不得不离开董事会,董事会规模趋于缩小。

(4) 董事会内部结构设置。设置多个下属专业委员会的董事会要比单一执行职能的董事会规模大。因为每一个下属专业委员会要行使职能,组成人数必须达到一定数量(法律规定),因此下属专业委员会越多,职能划分越细,董事会人数越多。

(5) 外部压力。随着要求增加外部董事、少数民族董事、妇女董事的社会呼声日渐提高,董事会呈扩展之势。

我国《公司法》第一百零八条和第四十四条对董事会规模的上下限作出了明确规定:股份有限公司的董事会成员为 5 人到 19 人,有限责任公司的董事会成员为 3 人到 13 人。南开大学中国公司治理研究院自 2003 年以来进行的我国上市公司治理指数评价中,发现董事会的平均规模为 11 人。我国上市公司董事会的规模跟行业、控股股东性质等都有一定的关系。需要注意的是,并不是所有的公司都设董事会。我国《公司法》第五十条规定:股东人数较少或者规模较小的有限责任公司,可以设一名执行董事,不设董事会。执行董事可以兼任公司经理。执行董事的职权由公司章程规定。

第二节 董事制度及董事的权利和义务

董事的权利和义务是董事履行其职责的重要基础和依据。本节随后按照我国有关法律法规的规定,讲述董事所承担的权利和义务等。最后,对董事所应该承担的法律责任和免责进行阐述。

一、董事制度

首先我们对董事的任免、董事资格、持股规定、董事报酬制定和董事责任保险制度等内容进行分析。

(一) 董事任免制度

1. 董事的资格

对于董事资格的描述可以分为积极资格和消极资格,积极资格是担任董事必须具备的条件,消极资格是担任董事不得具备的情形。不同国家的法律可能倾向于采取不同的资格描述方式。我国《公司法》采用消极资格的描述方式,在第一百四十六条规定了如下五种不得担任公司董事的情形:

① 无民事行为能力或者限制民事行为能力;

② 因贪污、贿赂、侵占财产、挪用财产或者破坏社会主义市场经济秩序,被判处刑罚,执行期满未逾五年,或者因犯罪被剥夺政治权利,执行期满未逾五年;

③ 担任破产清算的公司、企业的董事或者厂长、经理,对该公司、企业的破产负有个人责任的,自该公司、企业破产清算完结之日起未逾三年;

④ 担任因违法被吊销营业执照、责令关闭的公司、企业的法定代表人,并负有个人责任的,自该公司、企业被吊销营业执照之日起未逾三年;

⑤ 个人所负数额较大的债务到期未清偿。

公司违反前款规定选举、委派董事、监事或者聘任高级管理人员的,该选举、委派或者聘任无效。董事、监事、高级管理人员在任职期间出现本条第一款所列情形的,公司应当解除其职务。

另外,我国《公司法》还规定了国家公务员不得兼任公司的董事、监事、经理。当然,尽管在形式上,我国《公司法》与大陆法系国家一样,对董事的消极资格作了规定,但是这一规定实际上并不严格。比如,对什么是"负有个人责任"的定义并不十分明确,究竟个人所负债务达到多少才是"所负较大债务到期未清偿"也未给出说明。

英国董事协会(Institute of Directors, IOD)在一系列调查的基础上,提出了董事应该具备的个人品质和知识,这是一种积极资格的描述。尽管这是一个指导性的意见,但对于实践中董事的选择却有着非常明确的标准。这些特征包括战略洞察、决策制定、信息分析和利用、与他人互动和实现目标的能力,以及勇气、坚韧等品质。这主要是因为尽管董事会负责指导整个公司,但是董事会是否优秀在很大程度上取决于董事会成员的个人特征。在理想的董事会中,董事会成员应该在技能和个性方面有着很好的互补。

2. 持股规定

随着公司股东的分散化,以及对董事专业技能的要求越来越高,对董事担任职务必须持有股份的规定已经并不十分严格,持有股份也不再是董事忠实履行义务的保证。英美公司法中都没有对董事持股的最低数量要求,但是承认董事持股的重要性。美国《示范商业公司法》(Model Business Corporate Act)等都承认,除非公司章程另有规定,董事不必是股东且不必持有资格股。英国虽然在公司法中规定董事不必是股东,但是实际上公司章程中一般都对董事持有资格股作出规定。法国的《商事公司法》对采用单层制董事会的公司规定:"每个董事必须拥有章程确定数量的公司股份。为使股东有权参加普通股东会,这一数量不得低于章程要求的数量。一个董事在被任命当天不拥有要求数量的股份的,或在其任职期间停止拥有这一数量的股份的,如未在3个月的期限内依法纠正该情况,视为依职权辞职。"我国香港特别行政区的《公司条例》中也作了类似规定,只是将要求持股的3个月期限改为2个月。

董事持股的确有利于提高董事的履职积极性,但是,由于董事的科学角色定位、董事的胜任力特征以及外部董事如何促进公司的价值创造等问题尚待进一步探索,董事是否持股仍然是公司治理中的一个棘手问题。我国《公司法》没有规定董事必须持有本公司股份。

3. 罢免和补选董事

在我国《公司法》中,只是规定如果董事在任职期间出现上述五种不得担任公司董事的任何一种情形的,公司应当解除其职务。美国纽约州《公司法》和特拉华州《公司法》规定,如果董事不尽职或不称职,只要半数以上股东投不信任票就可以罢免董事。在股东会闭会期间,董事可能因为辞职、死亡、罢免和其他无法履行职责的原因而离职,对于这类情况,在董事会席位总数不变的情况下,美国《示范商业公司法》允许董事会任命董事,补缺董事离职后的剩余任职期限。无论补缺董事的席位期限有多长,都必须在下次股东会上重新选举。

(二) 董事的报酬制度

从美英等国的实践来看,董事的报酬可以分为以下几类:一是董事出席董事会议,可以按惯例获得公司给予的车马费,董事如果兼任公司的高级职员,则从公司领取薪酬。二是除了固定报酬,越来越多的公司以认股权方式给予董事额外的报酬,从而使董事的报酬和公司的经营业绩及市场价值挂钩,促使董事更加努力地为公司服务。三是签订特别的报酬协议,一种常见的形式称为"金降落伞",就是公司与董事之间签订的离职补偿协议,一般来说在协议中规定,当公司被竞争对手收购或兼并时,如果公司的董事自愿或被迫离职,公司应当给离职的董事以数量可观的补偿费。这些离职补偿费数额惊人,往往使竞争对手望而却步,是公司防御收购和兼并的重要武器。

各国公司法对董事报酬由董事会还是股东会来决定有不同的规定。美国的《示范商业公司法》以及一些州的公司法如特拉华州《公司法》中规定,除非公司章程另有规定,由董事会决定董事报酬。而英国则规定,除非公司章程另有规定,由股东会决定董事报酬。如果由股东会决定董事报酬,从形式上看似乎是股东直接监督了董事的绩效,而在实际上并非如此。单层制董事会制度下,即使由股东会决定董事报酬,也只是形式上的。有关的报酬具体数量一般由董事会下的薪酬委员会来核定。报酬标准主要参考:① 董事对公司的服务价值,包括董事的工作量、责任大小、经验等。② 企业内部薪酬标准,与公司雇员平均报酬水平的差距。③ 参照同行业的薪酬标准,主要与类似公司的董事报酬标准相比。④ 公司的盈利状况。⑤ 从税收角度来衡量董事报酬的合理性。由董事会下的薪酬委员会来核定董事报酬的做法,在一定程度上存在是否客观公正的问题。但即使将报酬决定权授予全体董事,实际上也很难做到完全的客观公正。为此,必须有相应的机制来约束董事会的报酬决定。一个最主要的机制是通过强制披露来规范报酬。我国香港特别行政区的《公司条例》规定以下资料必须在年度财务报告中予以公开披露:① 董事的报酬总额,包括董事袍金、佣金、各种形式的津贴、为董事支付的退休金计划供款以及非现金收益。② 董事会或前任董事退休金的总额。③ 向离职董事支付的补偿金。香港联交所在此基础上更要求公司按照董事报酬级别进行分类并披露,以及公开报酬最高的5人的额外资料。在实行双层制委员会的国家中,其《公司法》一般将董事报酬决定视为监督董事的重要工具,并将决定权赋予监事会,如德国、奥地利。法国的《公司法》规定,单一委员会制度下,董事报酬由股东会决定,双层委员会制度下则由监事会决定。

我国《公司法》中规定,股东会的职权包括选举和更换董事,决定有关董事的报酬事项;董事会决定公司经理、副经理和财务负责人的报酬事项。由股东会决定董事的报酬,在我国实际上也是徒具形式。监事会作为监督机构,对董事报酬的决定没有发言权。此外,我国《公司法》还规定公司应当定期向股东披露董事从公司获得报酬的情况。

(三) 董事的责任保险制度

董事与高级职员责任保险是西方发达国家职业责任保险的主要险种之一,最早起源于美国,主要是为企业的董事和高级管理人员对第三方的经济损失应负的责任所提供的保险。

企业的经营管理是一项复杂的职业活动,由于董事的自身能力和经验有限,加之外部经营环境日趋复杂动荡,董事难免会出现过失行为,比如言行误导、信息披露失真、经营决策不当,等等。这些行为无疑会给其所在企业造成经济上的损失,比如错失投资机会、伤害到第三方利益公司甚至公司股票市值下降,等等。这些事件有可能引发受害人针对董事个人或者组织的索赔。从理论上而言,这种索赔应由董事承担,而不应由所在组织承担。随着经济环境的发展,董事的利益日益受到重视,一些公司开始通过内部协议建立对董事的补偿机制。但由于单个企业财力有限,且风险集中,补偿范围较小,董事的自主行为所造成的损失一般不在补偿之列,这就远远不能满足其合理的补偿要求。因此,需要在企业之外建立一种对董事和高级职员的职业责任进行保障的机制,于是董事责任保险便应运而生。

董事责任保险制度的意义在于以下几个方面:

第一,董事责任保险有利于充分发挥董事的经营潜力。在现代企业制度下,董事承担股东的受托责任,需要董事们对公司做到谨慎、勤勉和诚信。但是在竞争激烈的市场环境中,董事们仅仅做到忠诚谨慎地经营是不够的,董事们更需要具有开拓创新的精神,积极寻找可能的发展机会,从而为公司创造更大的价值,这一过程需要他们能够承担一定的风险。显然董事责任保险有利于提高董事的风险承担能力,从而更好地发挥他们的经营才能。

第二,董事责任保险有助于促使更多的优秀人才充实到公司董事会中,从而使董事们成为更加职业化的群体。目前,从世界范围而言,各种针对公司董事或者高级职员的索赔诉讼案件层出不穷。董事责任保险制度发挥了保险业分散和管理风险的优势,从而使得企业的董事会对社会精英具有强大的吸引力。

第三,董事责任保险对董事行为具有一种无形的约束作用。董事责任保险是一种新型的约束机制,它通过保险合同条款约束董事的行为,发挥间接监督董事会运作的有效作用。保险公司往往可以通过多种渠道及时了解被保险人所在企业的经营管理状况,甚至包括以往该公司董事和高级职员曾发生的索赔情况,从而及时调整保险合同条款,这成为对公司董事监督的补充。

近年来,我国已有一些法律法规涉及利用保险的方式为董事和高级职员的权益提供保护,而且一些公司中也出现了为公司董事购买责任保险的实践。在 2002 年,证监会在《上市公司治理准则》中指出企业可以为董事购买责任保险,责任保险范围由合同约定,但董事违反法律法规和公司章程的除外。2018 年修订的《上市公司治理准则》中仍保留了上述规定。2002 年 1 月 23 日,中国平安保险公司与全球最大的董事和高管人员保险承保人之一美国丘博保险集团联合推出了我国第一份董事和高管人员责任保险的保单,向被保险人提供抗辩诉讼费用的保障。2002 年 1 月 24 日,在平安保险公司的董事责任险险种发布会上,万科企业股份有限公司与平安保险公司签订首份保单,成为"董事及高级职员责任保险"的第一买主。之后,北大高科、中国石化、中国移动、宝钢、康佳、云南铜业、南纸股份、云南白药集团等相继向不同的保险公司购买了董事责任保险。

二、董事的权利和义务

董事在公司权力结构中具有特定的法律地位和权利,同时需要承担特定的法律责任和义务。

(一) 董事权利

董事的权利是其履行职责的基础和法律保障。下面我们从董事的一般权利和董事长的特有权利两个方面展开分析。

1. 董事的一般权利

董事权利是指公司董事基于法律、公司章程的规定和委任契约的约定而享有的受托处理公司事务的各种权利或权力。我国《公司法》对董事会的职权有集中的规定，但对董事的权利并没有集中的规定。此类内容可散见于《公司法》《上市公司治理准则》《上市公司章程指引》《关于在上市公司建立独立董事制度的指导意见》等中有关董事的条款。

公司董事的一般权利主要包括以下几个方面：

（1）出席董事会会议。我国《公司法》第一百一十二条规定："董事会会议，应由董事本人出席。"但是，董事因故不能出席董事会会议的，可以书面委托其他董事代为出席，委托书中应载明授权范围。受托董事行为的法律后果由委托董事独立承担，受托董事不负连带责任，我国《上市公司治理准则》第二十二条对此作了明确规定。关于受托董事能够接受几名董事的委托问题，我国法律并无规定。有的国家或地区的公司法明文规定，受托董事以受一人委托为限，以防止董事会由少数董事把持。

出席董事会会议，是董事的权利，同时也是其应尽的义务。因此，我国一些部门规章，如《上市公司治理准则》《上市公司章程指引》《关于在上市公司建立独立董事制度的指导意见》等进一步规定：董事应当以认真负责的态度出席董事会，对所议事项表达明确的意见；董事会的决议违反法律、行政法规和公司章程，未出席也未委托他人出席董事会会议的董事不得免除责任；如董事连续二次未能亲自出席，也不委托其他董事出席董事会会议，视为不能履行职责，董事会应当建议股东大会予以撤换；独立董事连续三次未亲自出席董事会会议的，由董事会提请股东大会予以撤换。

（2）表决权。董事在董事会会议上，有就所议事项进行表决的权利。我国《公司法》第一百一十一条规定，股份有限公司董事会会议应由1/2以上的董事出席方可举行。董事会作出决议，必须经全体董事的过半数通过。可见，董事在董事会会议上，有就所议事项进行表决的权利。

董事在董事会会议上的表决事关董事会决议，进而影响到公司和国家的利益，也关系到董事对公司损害赔偿责任的承担，因此董事必须以高度负责的态度对待所议事项的表决。为了促使董事谨慎决策，各国公司法通常都规定董事应对董事会的决议承担责任。我国《公司法》第一百一十二条规定："董事应当对董事会的决议承担责任。董事会的决议违反法律、行政法规或者公司章程、股东大会决议，致使公司遭受严重损失的，参与决议的董事对公司负赔偿责任。但经证明在表决时曾表明异议并记载于会议记录的，该董事可以免除责任。"

（3）董事会临时会议召集的提议权。《公司法》只规定董事会可以召开临时会议，而未规定如何召集。当然，董事长可视情况主动召集，也可以根据一定人数的董事的提议而召集，由后者产生了董事对召集董事临时会议的提议权。《公司法》第一百一十条规定,代表十分之一以上表决权的股东、三分之一以上董事或者监事,可以提议召开董事会会议,而对于股份有限公司未作相似的规定。2019年4月修订发布的《上市公司章程指引》第一百一十五条规定,上市公司1/3以上董事联名提议时,董事长应当在公司章程规定的工作日内召集临时董事会会议。

(4) 参与行使董事会职权的权利。董事会的职权显然不是董事个人的职权,因而不能由董事分别行使。但是没有董事的参与,董事会无法行使其职权,并且,董事作为董事会的成员,可以通过行使决议权而影响董事会的决定。

2. 董事长的特有权利

董事长除了享有一般董事的权利,还享有自己独特的权利。董事长所享有的权利的范围和大小,各国立法并不完全一样。在法国,董事会授权董事长行使董事会几乎全部权利,在不违反法律法规授予董事会权利的前提下,董事长享有代表公司进行活动的充分权利,并且董事长对公司的管理事务承担完全责任。在德国,董事长仅为董事会议的召集和主持人,除此没有优于一般董事的其他权利。

对股份有限公司董事长的职权,我国《公司法》明确规定:"董事长召集和主持董事会会议,检查董事会决议的实施情况。"除此之外,并没有明确规定董事长和一般董事权利的差别。《上市公司章程指引》规定上市公司的董事长行使下列职权:

(1) 主持出资人大会和召集、主持董事会会议;

(2) 检查董事会决议的实施情况;

(3) 签署公司股票、公司债券等;

(4) 实行发行代表人的职权;等等。

对于上市公司而言,以上权利可归纳为两大类:第一类为对外代表权,即除另有规定外(如由执行董事或经理担任法定代表人),由董事长对外代表公司;第二类为对内业务执行权,主要包括董事会召集并主持权、检查董事会决议实施权、董事会赋予的其他职权,等等。

(二) 董事义务

董事所应当承担的义务可分为勤勉义务和诚信义务两大类。

1. 董事的勤勉义务

所谓勤勉义务,是指董事有义务对公司事务付出适当的时间和精力,关注公司的经营,并按照股东和公司的最佳利益谨慎行事。勤勉义务具体包括:

(1) 保证时间和关注。要求董事作为受托人,对公司事务付出一定的时间和精力,参加董事会会议,关注公司的经营。早期在判例法上认为"董事不必持续地关注公司事务,他的义务具有间歇性,在定期召开的董事会和他所任职的委员会会议上履行。但是,他不一定要参加所有这些会议。当然,如果参会要求在合理范围内,他应该参加"。这样的判例,对董事勤勉义务的要求在实践中并不严格,董事总可以为缺席会议找到合法的理由,缺席的董事也不对董事会会议的决议负责。为此,现代法律规定的倾向是,缺席和出席不存在区别,除非缺席者的反对意见记录在案,否则视为缺席董事同意董事会所通过的决议。

（2）董事不作为与依赖他人。一般而言，董事并不具体负责公司的业务，因此为了高效地开展公司业务，董事必须将一些层次上的业务进行授权。董事据以决策的信息来自公司的高级管理人员，并依赖于高级管理人员检查公司财务、对公司事项提出质询等。由于董事履行义务通常需要公司的管理人员或审计师的协助，如果就董事本身而言履行了勤勉义务，而公司管理人员或审计师在向董事提供有关材料方面存在过错，则董事不应承担责任。但是，在某些方面依赖于其他人的专门技能和董事应保持应有的作为是两件不同的事情，董事可以把一些任务进行委派，但是他们仍然对已委派任务的完成情况负有监督责任。

（3）谨慎行事是勤勉义务的核心内容。如何判别董事谨慎行事是一个十分复杂的问题，谨慎的标准具有很大的弹性。不少国家在公司立法方面都强调谨慎标准的客观性。美国的《示范公司法》要求董事"以一个在相似环境中处于相同位置的普通的谨慎的人行事"。英国的法律要求董事按一个合理的勤勉的人的标准了解事务，采取行动，具有① 一个执行与该董事所执行的公司职能相同的人所具有的一般知识、技能和经验，② 该董事所具有的一般知识、技能和经验。

我国的《上市公司章程指引》中要求公众公司的董事谨慎、认真、勤勉地行使公司所赋予的权利，同时规定董事如果连续两次无故缺席董事会会议，应当予以免职。这些对公司勤勉义务的规定，没有列入董事未履行或不恰当履行勤勉义务时公司招致损失后董事的赔偿责任，因此并不具有很强的约束力。

实际上，具备勤勉责任是董事的最低门槛。对于执行董事而言，由于契约往往规定他们必须把全部时间都投入公司中，因此相对于非执行董事而言，这个门槛的水平较高。非执行董事在掌握公司的及时信息方面明显弱于执行董事，但是作为非执行董事，也必须认真履行作为董事所应当承担的勤勉义务。

2. 董事的诚信义务

诚信义务是要求董事在决策时必须诚实善意且合理地相信其行为符合公司（而非其个人）的最佳利益。从这个定义中可以看出董事的诚信义务包括两个方面：从主观上而言，董事在履行职责时必须保持对公司的忠诚；从客观上而言，当董事的个人利益和公司利益发生冲突时，必须以公司利益为重。显然，董事的诚信义务与董事的品德有关，其本质含义要求董事依公司最佳利益诚实行事，不能将自己置于与公司利益相冲突的境地。

具体而言，董事的诚信义务大致有以下几个方面的内容：

（1）董事必须真诚地为公司利益行事，他们必须真诚地工作，而不应在制定公司决策时掺杂任何私人动机。

董事在作出决策时，必须以公司利益的最大化作为出发点。董事不得因考虑了自身的利害关系，而作出影响公司利益的决策。

（2）董事不得因自己身份而受益。

我国《公司法》规定，董事不能利用职位便利谋取个人利益。

（3）不得侵占和擅自处理公司的财产。

我国《公司法》明确规定了董事不能私自挪用公司资金。董事的非法借贷、侵占、挪用公款、受贿等行为,已经属于高管犯罪行为的范畴,将受到法律的制裁。当董事个人利益与公司的集体利益相违背时,董事应该做好协调工作,始终以公司利益为先,必要时牺牲个人利益。

(4) 董事不得同公司开展非法竞争。

董事作为公司的管理人员,应当用自己的才智为公司服务,不得为自己或第三人的利益而同公司开展非法竞争。在我国《公司法》中,这种义务也称为竞业禁止义务。在股份有限公司中,董事是具有特定地位的人之一。依《公司法》规定,董事不得自营或者为他人经营与其所任职公司同类的业务。董事如果违反上述竞业禁止义务,公司可以依法行使归入权。《公司法》之所以作出这些规定,主要是基于这种行为对公司的危害性。董事从事上述竞业行为,极有可能夺取公司的交易机会,还可能利用对公司秘密的了解,对公司造成损害。但是法律所禁止的并非董事的任何与公司有竞争性的行为,而是董事有恶意的、对公司具有损害性的竞争性行为。当然,即使是此种行为,如果取得了股东会或股东大会的同意,董事对公司的责任亦可被免除。

(5) 董事不得与公司从事自我交易。

我国《公司法》规定,董事不能违反公司规定或者没有经过股东的同意,便与本公司进行交易活动。

(6) 董事不得泄露公司秘密。

董事在公司的经营管理中享有经营权,掌握着公司信息,董事的诚信义务要求公司董事必须对公司忠诚,不得为了谋求自身利益而泄露公司秘密。在经营决策时,董事也需要时刻秉持谨慎原则,严守公司机密。

(7) 董事不得篡夺公司机会。

公司机会理论是英美法系公司法中的一个重要理论。这一原则是指禁止公司董事、高级职员或管理人员把属于公司的商业机会转给自己利用而从中谋取利益。董事基于其特殊地位,可以接触到大量的商业信息,董事应当把这些商业机会提供给公司,不得篡夺自用。

一般而言,董事代表公司与没有关联关系的第三方作交易时,能够比较容易地履行诚信义务,也能比较清楚地予以证明。但是当董事代表公司和自己有关的一方进行交易,甚至和自己进行交易时,就存在利益冲突。诚信义务要求董事在发生利益冲突时保持公正性。除了董事在利益冲突的交易中自觉地保持公正,公司法和公司章程等也建立了相应的机制来保障董事履行诚信义务。

三、董事的法律责任和免责

如果董事没有尽到其所应当承担的义务,并给公司带来损失的,要承担法律责任。本部分在对董事的法律责任进行阐述的基础上,对派生诉讼和集团诉讼两种董事民事义务的强制执行制度进行了分析,最后专门对董事责任的免除问题进行了探索。

(一) 董事的法律责任

如果董事因没有履行勤勉义务和诚信义务而导致股东和公司利益遭受损失，一方面股东在获知董事违反义务时，可以向法院提出诉讼，禁止董事不当地行使权力，公司也可以在发现董事签订不适当合同或以公司名义从事与其有利益关系的交易时，撤销有关合同或交易；另一方面，对董事应违反义务而造成的损失、获得的收益和流出的资产等，公司可以要求返回或恢复原状。比如，董事因其受贿，在未获公司知情和同意的情况下向公司出售资产，或以其他方式给公司造成损害的，应负赔偿责任；接受贿赂或秘密佣金的董事要向公司交出不当得利；董事挪用公司资产，应当予以填补，或赔偿相应的价值损失。

一些国家对董事承担的责任作了强制性规定。如英国规定，董事作为公司受托人，只要参与甚至指导引致渎职、疏忽或违反信托的行为，即使公司章程规定可以免责也要承担责任。日本对董事必须负有赔偿责任的情形作了规定，包括：

(1) 违反法律和章程规定给公司造成损失时，应对公司负有连带赔偿责任；

(2) 违反规定分配盈余或公司资产时，应负有偿还全部违法分配额责任；

(3) 贷款给其他董事时，应对未偿还金额负有偿还责任；

(4) 即使是得到董事会许可的私人交易，只要给公司带来损失也要赔偿。另外，董事还有对公司负有使资本充实的责任。

我国《公司法》对董事责任也作了明确的原则规定。除规定董事在违反法律的情况下承担刑事责任，还规定董事会决议违反法律、行政法规或者公司章程，致使公司遭受严重损失的，参与决议的董事对公司负有赔偿责任。但是，对于董事未能真正履行勤勉义务和诚信义务，疏忽或进行关联交易而形成的损失，《公司法》和《上市公司章程指引》中均未明确规定董事的赔偿责任。

(二) 董事民事义务的强制执行——派生诉讼制度

派生诉讼(derivative action)是指公司的合法权益受到他人的侵害，特别是受到有控制权的股东、董事或其他管理人员的侵害，而公司怠于或者客观不能追究侵害人的责任时，符合法定条件的股东或者利益相关者为了公司的利益，依照法定程序，以自己的名义提起诉讼，追究侵害人民事法律责任的诉讼制度。此项诉讼制度的诉因源于公司利益遭受的损害而不是由于股东或其他利益相关者自身的利益遭受的损害，诉讼权利并不源于名义原告而源于公司，名义原告并不代表自己而是代表公司以强制执行公司的义务，诉讼结果归属于公司而不归属于名义原告，因而被称为派生诉讼。

19世纪初，英美两国为了加强对股东权的保护，制约公司管理层滥用其管理权，牺牲公司利益为自己牟取非法利益，以达到股东与董事之间的权利平衡，在衡平法上首创了股东派生诉讼制度，随后其影响力逐步扩大，相继被英美法系国家和大陆法系国家的公司法所借鉴，如英国、美国、澳大利亚、加拿大、日本等地的公司法都作了相应的规定，提起派生诉讼成为股东的一项重要权利,也成为现代公司法的一项重要制度。

我国《公司法》第一百五十一条第一款规定,董事、高级管理人员有第一百四十九条规定的情形的,有限责任公司的股东、股份有限公司连续一百八十日以上单独或者合计持有公司百分之一以上股份的股东,可以书面请求监事会向人民法院提起诉讼;监事有第一百四十九条规定的情形的,前述股东可以书面请求董事会向人民法院提起诉讼。第二款规定,监事会或者董事会收到前款规定的股东书面请求后拒绝提起诉讼,或者自收到请求之日起三十日内未提起诉讼,或者情况紧急、不立即提起诉讼将会使公司利益受到难以弥补的损害的,前款规定的股东有权为公司利益以自己的名义直接向人民法院提起诉讼。第三款规定,他人侵犯公司合法权益,给公司造成损失的,本条第一款规定的股东可以依照前两款的规定向人民法院提起诉讼。上述法条中所引用到的第一百四十九条内容是:"董事、监事、高级管理人员执行公司职务时违反法律、行政法规或公司章程的规定,给公司造成损失的,应当承担赔偿责任。"

从字面分析这些法条,第一百四十九条规定明确了董事、监事、高级管理人员对公司应尽的诚信、忠实及善管义务,而第一百五十一条则规定了符合一定条件的股东对违反上述义务的上述公司高管人员所行使的诉讼权利。其中第二款规定股东有权为了公司的利益以自己的名义直接向人民法院提起诉讼,这标志着我国新《公司法》明确规定了股东派生诉讼制度。而第一款则是对股东派生制度中前置程序的规定。

【案例3-1】

"阿阿熊"股东派生诉讼案

2014年,北京市二中院审结了一起知识产权股东派生诉讼案。案件的三方是中国科技出版传媒公司(以下简称"科技出版公司")、黑白熊公司及其股东冯晓。其中黑白熊公司是冯晓与北京龙腾八方文化有限责任公司共同出资成立的,冯晓享有49%的股权,龙腾八方公司享有51%的股权。黑白熊公司在2009年经核准取得了"阿阿熊"文字及图形注册商标专用权。后冯晓发现科技出版公司将上述商标使用在《阿阿熊》期刊上。

对于科技出版公司的侵权行为,冯晓要求黑白熊公司向科技出版公司主张权利,但公司监事在收到冯晓要求就侵权行为提起诉讼的函件后,未在法定期限内提起诉讼。根据我国《公司法》第一百五十一条的规定,当公司的合法权益受到他人的侵害,而公司怠于或者客观不能追究侵害人的责任时,符合法定条件的股东或者利益相关者可以为了公司的利益,以自己的名义提起诉讼,追究侵害人民事法律责任。于是,冯晓启动了股东派生诉讼,请求法院判令科技出版公司立即停止侵权,并赔偿黑白熊公司经济损失50万元。

科技出版公司辩称,公司作为《阿阿熊》杂志的出版单位和主办方是经新闻出版总署批准的;黑白熊公司不具备期刊出版资质,不能创办任何刊物;科技出版公司对"阿阿熊"文字和卡通熊图形使用在先,拥有在先使用权;科技出版公司使用涉案注册商标经过了黑白熊公司的许可。因此科技出版公司的行为不构成侵权,不同意冯晓的诉讼请求。

一审时黑白熊公司在法庭上申明,科技出版公司使用涉案商标在先,黑白熊公司注册涉案商标在后。涉案商标被注册后,黑白熊公司于2011年召开董事会并作出决议,同意科技出版公司使用涉案注册商标。综上,冯晓起诉系其个人行为,与黑白熊公司无关,黑白熊公司不认为科技出版公司的行为构成侵权。

北京市二中院认为科技出版公司使用"阿阿熊"作为涉案出版物的刊名经过新闻出版总署批准,并从2009年7月起就一直在《阿阿熊》刊物上使用,一般不会引起相关公众混淆,其行为并未侵害黑白熊公司的涉案注册商标专用权,最终否决了冯晓的主张。

资料来源:作者根据相关资料整理。

(三) 董事民事义务的强制执行——集团诉讼制度

集团诉讼是指一个或数个代表人,为了集团成员全体的共同利益,代表全体集团成员提起的诉讼。集团诉讼是从英美衡平法上发展而来的一种独特的诉讼制度,用于处理大量产生于同一事件的类似诉讼请求。集体诉讼分两大类,一类是诉讼请求较小的诉讼,这类诉讼通常无法比较经济地通过分散诉讼加以处理,因而采用集团诉讼的方式;另一类是由于受害于同一不法行为而产生的诉讼,比如,某一雇主针对一群雇员的种族歧视、由于公司的经营不当而使公司股东遭受的共同损害、环境污染对一群居民所造成的损害,等等。法院对集团所作的判决,不仅对直接参加诉讼的集团具有约束力,而且对那些没有参加诉讼的主体,甚至对那些没有预料到的相关主体,也具有约束力。

集团诉讼的作用范围限于大量小额的被害请求诉讼案件,在具有极大危害的集团被害事件频频发生的今天,充分体现了民事诉讼法对公民权利的保障和救济。集团诉讼制度的显著优点在于:其一,集团诉讼打破了行政机关对共同性的独占,将实现法律的任务分担给个人,从机制上丰富和完善了公民维护自身权益的途径。目前,投资者集团诉讼制度形成了对美国证券违法行为的一股强大的监督力量,该制度是投资者权益保护的极其有效的法律制度。其二,投资者集团诉讼制度将众多纠纷一次性纳入法制轨道予以解决,避免了重复诉讼以及可能出现的相互矛盾的判决,有利于判决和执行上的一致性;对于单个诉讼参与人而言,还节约了诉讼成本。

但是集团诉讼自身也存在许多问题:一是结案率低,美国集团诉讼一年内能结案的仅8%,二年内能结案的只有26%,三年内能结案的则为39%;二是能否选出真正代表所有集团成员的代表人或首席律师在现实中是一个难题;三是巨额律师费用往往诱使律师出于其他动机联合被告律师与其客户和解;四是巨额赔偿和大量人力、资源及金钱的投入往往使得被告无法运营甚至破产;等等。

集团诉讼制度是证券市场民事诉讼的形式之一,其他民事诉讼制度还有股东代表诉讼、投资者个人诉讼、投资者社会团体诉讼和政府诉讼等,其中投资者集团诉讼和股东代表诉讼是主要的诉讼形式。我国证券市场设立的是代表人诉讼制度,虽然同样是为了解

决群体性纠纷而设立,但它与美国的集团诉讼有着显著的区别:

① 代表人的产生方式不同。我国的代表人诉讼是由其他当事人明确授权产生或由人民法院与多数人一方商定;而美国的集团诉讼则是以默示方法消极认可诉讼代表人的代表地位。

② 诉讼参加人确定的方式不同。我国的代表人诉讼明确了将不确定人数转化为确定人数的程序,即权利登记程序。通过向法院登记,使群体成员人数确定下来。对于法院公告期未明示参加诉讼的,不作为群体成员。而美国的集体诉讼则采用相反的做法,规定法院公告期间没有明确申请排除于集团之外的,视为参加诉讼。

③ 判决扩张的方法不同。这一差异是由诉讼参加人确定方式的不同决定的。我国代表人诉讼判决是对未作登记的权利人间接有扩张力,即在权利人独立提起诉讼后,人民法院裁定适用对群体诉讼的判决和裁定,而美国的集团诉讼判决是直接扩张于未明示把自己排除于集团之外的成员。

我国的代表人诉讼制度与美国的集团诉讼制度各有特点,具有各自相应的功能。集团诉讼在美国的施行有其独特的社会文化和政治经济背景,它在实际运行中虽然也存在着自身缺陷,但是其在制度设计上的一些特点值得我国借鉴。我国的代表人诉讼在诉讼标的"共同利益关系"上限制十分严格,远不如英美国家中集团诉讼制度"同一利益"的相关规定灵活,后者更有利于人们在群体性纠纷中利用诉讼来维护自己的权益,而我国过于严格的规定在实践中出现了一些弊端,应考虑适当放宽。代表人诉讼判决的诉讼参加人范围比较明确,即申请加入诉讼然后受到拘束,而集团诉讼相反,判决是对不确定的集团成员生效,除非申请退出,这导致两种制度解决纠纷所发挥的功能有很大差异,显然集团诉讼对参加人的确定会使更多的受害人受益。因此,有学者建议,我国的代表人诉讼是否可以将现在的权利登记程序视为一种过渡,而将来也考虑在立法上作出相应修正。

在一些具体领域,如证券、环境权益等纠纷中,也一直有人呼吁直接引入集团诉讼制度。但由于我国已有代表人诉讼制度,因而在我国现有制度的基础上,适当借鉴集团诉讼的优点,予以改进,使之更好地发挥解决群体性纠纷的功能,加强对董事义务履行程度的监督,应该是更为可行、稳妥的办法。

(四) 董事的责任免除

董事作为股东的受托人,在决定公司经营方针或进行资产的处分时,并不是完全理性地来考虑问题的。尽管在选举董事时,股东可以对候选董事的能力、专业背景进行选择,但是董事在履行职责时,不可能对其提出超过常人太多的要求。特别是随着公司业务发展的多样化,董事的专业背景也不可能完全适合任职公司的要求。所以,美国的《示范商业公司法》和州公司法规定了董事义务的一般条款,作为对董事履行义务的基本要求。而且《示范商业公司法》还规定,只要董事的行为是在高级雇员、独立会计师和其他人员的帮助下为公司最高利益而忠诚地进行的,则可免除个人责任。英法等国则在公司法中没有规定董事免除责任,在公司章程中可以规定由股东会免除董事在某些事务上的个人责任。

在我国的立法中,《公司法》第一百一十二条规定:"董事会应当对会议所议事项的决定做成会议记录,出席会议的董事应当在会议记录上签名,董事应当对董事会的决议承担责任。董事会的决议违反法律、行政法规或者公司章程、股东大会决议,致使公司遭受严重损失的,参与决议的董事对公司负有赔偿责任。但经证明在表决时曾表明异议并记载于会议记录的,该董事可以免除责任。"《上市公司章程指引》中也有类似的规定。除了董事在相关会议中对违法行为有事先和有记录的证明这种情况,对于其他的董事可以免责的情况,我国法律和法规并没有明确的规定。

第三节 董事会的专业委员会

本节将对董事委员会设置的政策指引、主要委员会的职责以及如何评价董事设置特定专业委员会等内容进行分析。

一、董事会专业委员会的设置及政策指引

董事会处于公司委托代理链条中承上启下的中心环节,因此董事会治理成为公司治理的核心。然而,董事会是由股东大会选举的若干名董事所组成的公司经营决策机关,是集体决定公司业务执行的机构。董事会作为公司的业务执行和决策机关存在其内生性缺陷,一方面,其功能的发挥主要表现为对已经形成的议案进行讨论和表决,而专业有效的议案的形成和提出往往需要进行广泛调查和深入研究;另一方面,部分董事会职能的履行,如财务审计和业绩评估等,也需要监督主体在被监督对象日常履行职务的过程中对其加以考察和评估,这些都是每年仅仅数次的董事会会议力所不能及的。而董事会专业委员会的设立恰恰可以弥补董事会所存在的上述缺陷。通过这样的安排,原本需要董事会所作的初步工作可以在低于董事会的层次上展开,从而使董事会的工作更具有可操作性,同时也使董事会更加集中于那些战略性的事务决策。

专业委员会的设置依公司的规模、性质而有所差异,但在大部分英美公司中,下述委员会是经常设置的:执行委员会、审计委员会、提名委员会、薪酬委员会、公共政策委员会等。

2002年7月30日,距安然公司会计造假案件事发仅9个月、世通公司倒闭才几个星期,布什总统签署了旨在通过引入新的规则和修改原有规则来提升投资者对财务报告的程序和金融市场信任的《2002年公众公司会计改革和投资者保护法》,该法案的重要内容之一就是授权美国证券交易委员会发布规则要求上市公司建立符合该法要求的审计委员会,并对审计委员会的权力、审计委员会成员的独立性、工作程序以及经费来源作出了详细的规定。

与之相呼应,美国纽约证券交易所(NYSE)在2003年11月经SEC批准的上市规则中,也要求公司必须设立提名委员会、薪酬委员会以及审计委员会,并且对这些委员会的组成、目的和权力作出了严格规定。[①] 另外,1999年OECD发布的《公司治理准则》在董事会的职责部分并未涉及董事会专业委员会的问题,但至2004年修订该准则时,却将董事会专业委员会的内容纳入其中。该文件指出,如果董事会设置专业委员会,那么董事会应该清楚界定专业委员会的权力、组成、工作程序并给予披露。同时,还对设置专业委员会可能产生的问题和应采取的措施作出说明。[②]

与此同时,我国的政策规制者和部分中介组织也开始重视董事会专业委员会在促进良好公司治理方面的作用。2018年9月,中国证监会修订并正式发布的《上市公司治理准则》第五十二条规定,上市公司董事会可以按照股东大会的有关决议,设立战略、审计、提名、薪酬与考核等专业委员会。专业委员会成员全部由董事组成,其中审计委员会、提名委员会、薪酬与考核委员会中独立董事应占多数并担任召集人,审计委员会中至少应有一名独立董事是会计专业人士。上海证监会董事会秘书协会也于2002年发布了《董事会专业委员会实施细则》。该细则对董事会战略委员会、提名委员会、审计委员会、薪酬委员会的人员组成、职责权限、决策程序、议事规则等提出了意见和建议。这些规定为上市公司实施《上市公司治理准则》,建立董事会专业委员会,从而规范董事会运作,提高董事会会议质量和效率提供了可操作的参考。

我国上市公司董事会专业委员会在2010—2020年的设置情况如表3-1所示。可以看出,整体而言,设立提名、薪酬、战略和审计委员会的上市公司的比例是逐年增加的。这一方面可能是由于政策导向发挥了作用,另一方面也可能是由于更多的上市公司认识到专业委员会的设置和有效运行有利于保持董事会的独立性和运作效果,进而维护公司股东(特别是中小股东)和其他利益相关者的利益。

表3-1 中国上市公司董事会专业委员会的设置状况　　　　　　(单位:%)

年度	提名委员会	薪酬委员会	战略委员会	审计委员会
2010	78.75	77.52	69.46	86.35
2011	74.04	74.84	64.89	84.27
2012	73.52	73.23	73.52	81.07
2013	76.76	76.51	69.13	83.82
2014	77.31	77.52	77.31	82.88
2015	74.67	75.46	65.25	80.24
2016	75.98	76.15	67.78	81.12
2017	77.22	77.43	70.05	83.11
2018	74.57	74.21	68.87	80.57
2019	74.92	74.42	69.99	81.45
2020	75.74	74.63	69.48	81.77

---

① 参见 Section 303A, NYSE's Listed Company Manual, November, 2003。
② 参见 OECD. *OECD Principles of Corporate Governance*, OECD Publications, 2004:65。

二、专业委员会的主要职责

专业委员会的职责划分一般是由公司章程规定的,不过有的委员会,如审计委员会的职责是由公司法律框架体系规制的。关于各个专业委员会的设置、作用以及主要职责简要介绍如下。

(一) 审计委员会

1938 年,美国证券交易委员会针对 Mckession & Robbins 公司丑闻案的调查结果,首次提出应在公司中设置独立的审计委员会的建议,但在当时并未引起注意。1968 年,纽约州法庭在审理 E. Scott & V. Barchris 建筑公司案件时,强调董事会应该对误导和错误性的财务信息负责任,这使审计委员会的设置问题再次引起了注意。其后,美国注册会计师协会提出,上市公司董事会应该设置全部由独立董事组成的审计委员会。据调查,1970—1980 年这十年间,有 400 多家美国公司涉嫌财务犯罪,其直接的后果是 1977 年美国国会通过了《反海外腐败法案》(FCPA)。① 1978 年纽约证券交易所正式要求在该交易所上市的 1 600 家公司必须在董事会中设置审计委员会,并规定审计委员会至少有 3 名成员,独立董事应该占多数。审计委员会的建立主要是进一步确保董事会所使用的财务信息以及公司公布的财务报表是真实可靠的。

随着我国经济的发展,审计委员会制度逐步受到重视并逐渐被引入我国。中国证监会发布的《上市公司治理准则》第五十四条规定审计委员会的主要职责是:① 提议聘请或更换外部审计机构;② 监督公司的内部审计制度及其实施;③ 负责内部审计与外部审计之间的沟通;④ 审核公司的财务信息及其披露;⑤ 审查公司的内控制度。

审计委员会作为董事会的一个专业委员会,其作用体现在多个方面。从公司内部的角度看,审计委员会通过对公司财务控制和其审计程序进行检查,从而帮助董事会履行保证公开发行财务报告的真实性的义务,同时避免董事会花费太多的时间处理所有与审计有关的问题,保证董事会集中力量于关键审计、会计和内部控制问题。从公司外部的角度看,审计委员会的设立也对外传递了一个积极的信号,即公司内部存在专业和规范的机构对会计报告和内部控制负责,从而增强公众对公司财务报告的信任程度。此外,审计委员会的设立还有一个重要的作用,它为外部审计人员和董事之间建立了一个常规交流渠道,这种交流的正式性程度显然低于外部审计人员和董事会的直接沟通。

考察各个国家关于审计委员会职责的界定,可以看出其主要责任在于,在公司内部控制系统及财务报告过程的有效性方面协助公司董事会规范运作。具体而言,这些责任主要集中在如下几个方面:① 监督及评估外部审计工作,提议聘请或者更换外部审计机

---

① Schnitzer, E. M. Foreign Corrupt Practices Act, *Board Practices Monograph*. National Association of Corporate Directors, No.14, April 1981.

构;② 监督及评估公司的内部审计工作;③ 负责内部审计与外部审计之间的协调;④ 审核公司的财务信息及其披露;⑤ 监督及评估公司的内部控制;⑥ 负责法律法规、公司章程和公司董事会授权的其他事宜。

审计委员会监督及评估外部审计机构工作的职责一般包括以下方面:① 评估外部审计机构的独立性和专业性,特别是由外部审计机构提供非审计服务对其独立性的影响;② 向董事会提出聘请或更换外部审计机构的建议;③ 审核外部审计机构的审计费用及聘用条款;④ 与外部审计机构讨论和沟通审计范围、审计计划、审计方法及在审计中发现的重大事项;⑤ 监督和评估外部审计机构是否勤勉尽责。审计委员会须每年至少召开一次无管理层参加的与外部审计机构的单独沟通会议。董事会秘书可以列席会议。

审计委员会指导内部审计工作的职责一般包括以下方面:① 审阅公司年度内部审计工作计划;② 督促公司内部审计计划的实施;③ 审阅内部审计工作报告,评估内部审计工作的结果,督促重大问题的整改;④ 指导内部审计部门的有效运作。公司内部审计部门须向审计委员会报告工作。内部审计部门提交给管理层的各类审计报告、审计问题的整改计划和整改情况须同时报送审计委员会。

审计委员会审阅公司的财务报告并对其发表意见的职责一般包括以下方面:① 审阅公司的财务报告,对财务报告的真实性、完整性和准确性提出意见;② 重点关注公司财务报告的重大会计和审计问题,包括重大会计差错调整、重大会计政策及估计变更、涉及重要会计判断的事项、导致非标准无保留意见审计报告的事项等;③ 特别关注是否存在与财务报告相关的欺诈、舞弊行为及重大错报的可能性;④ 监督财务报告问题的整改情况。

审计委员会评估内部控制的有效性的职责一般包括以下方面:① 评估公司内部控制制度设计的适当性;② 审阅内部控制自我评价报告;③ 审阅外部审计机构出具的内部控制审计报告,与外部审计机构沟通发现的问题与改进方法;④ 评估内部控制评价和审计的结果,督促内控缺陷的整改。

审计委员会协调管理层、内部审计部门及相关部门与外部审计机构的沟通的职责一般包括:① 协调管理层就重大审计问题与外部审计机构的沟通;② 协调内部审计部门与外部审计机构的沟通及对外部审计工作的配合。

另外,审计委员会应当就认为必须采取的措施或改善的事项向董事会报告,并提出建议。

(二) 薪酬委员会

目前,薪酬的确定,尤其是执行董事薪酬的确定越来越复杂。设计薪酬方案需要考虑的因素众多,譬如,董事所花费的时间、公司的业绩、公司未来的成长潜力等。确定执行董事的薪酬方案可能需要作大量的调查、分析和判断。正因影响薪酬的因素如此之多,设计出使各方都信服的薪酬方案非常困难。所以,有关董事报酬的争论目前也越来越成为公众注意的焦点问题,一些与此有关的外部规制体系开始建立。在美国,1985年美国证券交易委员会要求所有公司都要公布其5个最高管理人员的报酬,而且要分基本薪金、股票期权、股票升值收入、年金等细目列出。事实上,为了避免潜在的利益冲突,执行董事不应该负责确定自己的薪酬。在英国,1992年《凯德伯里报告》①提出的《示范行为准则》明确提出,公司高级管理人员的报酬应该由独立董事组成的薪酬委员会来确定。

薪酬委员会的主要职能是对公司高级管理人员(主要是执行董事)的报酬设计薪酬方案。薪酬委员会的建议将提交给董事会进行讨论决定。实际上,薪酬委员会的成员不可避免地会面临一些困难。最大的困难是薪酬的确定缺乏一个一致公认的标准,因此所制订的薪酬方案即使能够通过董事会的批准,可能也要面临公司内部和外部的质疑。减少董事会会议上的争论以至于减少公司内外部的质疑,还是有一定的原则可以遵循:第一,薪酬委员会确定执行董事报酬的标准有很多,公司业绩无疑是最主要的标准,这是股东和管理层都可以接受的一个标准。第二,一个公司所取得的成就毕竟是公司全体人员共同努力的结果,绝不仅仅是执行董事努力的结果,因此薪酬委员会在设计执行董事薪酬时应该考虑到执行董事的报酬水平和整个公司的报酬框架的吻合性,要充分地考虑到执行董事、高级管理人员以及员工三者之间的平均薪酬应该保持一种可以接受的联系。

从广义上看,薪酬委员会除了为执行董事设计薪酬方案,还要对以下内容负责:分析关于执行董事薪酬的内外部信息;检查付给非执行董事的费用;制定合适的报酬政策,保证能够招聘到高质量的员工;等等。当然,某一家公司中薪酬委员会的具体职责包括哪些需要该公司董事会进行明确的授权。

(三)提名委员会

按照法律规定,董事由股东会选举产生。现实中,有些公司试图通过股东选举的形式产生董事人选,以加强股东对公司管理层的制衡。比如,TIAA & CRFF公司(美国的一个教师养老基金公司)曾经做过这样的尝试。在任命董事前,将某一董事职位的多个候选人的详细信息用邮件寄给股东,听取股东的意见后再进行选择。这种实践并不很成功,一是因为股东人数太多,进行选举的成本可能很高;二是股东中不同利益集团可能就董事的人选产生冲突,而协调他们之间的矛盾是十分费时费力的事情;三是若股东自己提名人选,可能存在良莠不齐的情况。例如1978年,美国ICC(国际控制公司)公司的董事选举就发生了这样的情况,由股东提名并经通过的两名董事是曾被法庭判决不宜担任董事的人。显然,如果有提名委员会进行事前的资格认定的话,这种事情是不会发生的。

现实的情况是,往往是董事选董事,由此董事会成了一个自我永续的组织。而且提名董事的权利涉及公司控制权的争夺,公司股东都会非常重视,并利用其影响安排亲信进入董事会,以实现控制公司的目的。

就董事的具体人选而言,社会等级传统有着非常重要的影响。在英国,即使是在20世纪70年代,还有许多大公司的董事由具有贵族称号的人担任。1966年,美国进行的一

---

① 20世纪90年代是英国公司治理问题研究的高峰期,1992年的凯德伯利报告(Cadbury Report)、1998年的哈姆佩尔报告(Hampel Report)以及作为公司治理委员会综合准则(Combined Code of the Committee on Corporate Governance)指南的1990年的特恩布尔报告(Turnbull Report)堪称是英国公司治理和内部控制研究历史上的三大里程碑。这三个报告在英国公司治理改革过程中有着举足轻重的作用,英国的上市规则在一定程度上吸收了这些报告的建议,而且这些报告的观点也影响了其他国家的公司实践。

项调查表明,在《财富》500 强公司中,董事人员的学历背景与他们获得董事职位有着很强的关联性。毕业于哈佛、耶鲁、宾夕法尼亚等著名大学商学院的学生有 1/49 的机会成为大公司的董事;毕业于其他私立名校的学生有 1/456 的机会成为大公司的董事;毕业于公立名牌大学的学生有 1/818 的机会成为大公司的董事;而一般大学的毕业生仅有 1/18 750 的机会成为大公司的董事。

不仅学历、性别、种族,甚至社会习俗都影响着董事的选择。例如在日本企业的董事会中,女性董事、外籍董事较少。1990 年《日经产业新闻》的一项调查显示,在 100 家日本优秀企业的 3 069 名董事中,女性仅有 2 人,1 人为孤和兴业(商社)的社内董事,还有 1 人是凸版印刷的社外董事。而外籍董事仅有 21 人,其中社内董事 6 人,社外董事 15 人,而且这些外籍董事大部分又集中在像石油公司这样和外国企业的合作业务特别多的企业中。日本内阁府的资料显示,2017 年,在日本上市企业中,包括监事等在内的女性"董事"所占比例仅为 3.7%,与 2015 年法国的 34.4%、英国的 23.2% 和美国的 17.9% 等相比,明显很少。研究表明,女性董事参与公司治理,可以有效防止管理层出于自身利益而粉饰报表,能够显著提高信息披露质量,促进公司绩效,美国加利福尼亚州甚至规定,到 2019 年年底以前,总部位于该州的上市企业(包括外资企业)必须至少任用 1 名女性董事;并且要求在 2021 年年底以前,对于董事人数为 5 人的企业,其中的女性董事要增至 2 人,董事为 6 人以上的企业,女性董事的人数要增至 3 人。瑞信研究院(Credit Suisse Research Institute,CSRI)2016 年发布的 CS Gender 3000 报告进一步显示,在全球大型企业的决策层中,女性董事人数比例占 14.7%,相对于 2013 年的 12.7%,三年间升幅为 16%,相对于 2010 年则上升了 54%。全球女性董事数量比例排名前五的国家依次为挪威(46.7%)、法国(34.0%)、瑞典(33.6%)、意大利(30.8%)及芬兰(30.8%)。就中国而言,从 2010—2016 年,虽然女性董事的增长不算显著,但是,中国以高达 22% 的女性财务总监比例领先全球,高于 14.1% 的全球平均水平。

提名委员会的职责是向董事会提出有能力担任董事的人选,同时也包括对现有董事会的组成、结构、成员资格进行考察,以及进行董事会的业绩评价,具体包括:

(1) 对担任董事的资格条件进行说明;
(2) 对董事会下属各专业委员会的组成人员提出方案;
(3) 对空缺的董事职位提出候选人名单;
(4) 评价董事会业绩,包括评价 CEO,评价董事个人及评价董事会全体;
(5) 对执行董事与外部董事的人选提出方案;
(6) 处理出资人提出的董事人选提案。

1978 年 12 月,美国证券交易委员会就提名委员会的工作程序提出规范意见,它建议董事的任命应遵循下列程序:提名委员会提出人选→董事会集体通过→股东会批准任命。工人董事的提名一般不涉及提名委员会。全美公司中的第一个工人董事,克莱斯勒公司的 Douglas Fraser 是由工会提名的。其后,大多数具有工人董事的美国公司都仿照了这一做法。德国公司监督董事会中的工人代表也是由工会提名的。而在我国,公司中的工人董事名义上是由职代会提名的。

(四) 战略委员会

战略委员会是公司董事会的下设专门机构,主要负责对公司长期发展战略规划、重大战略性投资进行可行性研究,向董事会报告工作并对董事会负责。战略委员会由三至七名董事组成,其中至少包括一名独立董事。战略委员会委员由董事长、二分之一以上独立董事或者全体董事的三分之一以上提名,并由公司董事会选举产生。

在每一个会计年度内,战略委员会应至少召开一次定期会议。定期会议应在上一会计年度结束后的四个月内召开。战略委员会定期会议对公司未来的发展规划、发展目标、经营战略、经营方针等关系公司发展方向的重大问题进行讨论和审议。公司董事长、战略委员会召集人或三名以上(含三名)委员联名可要求召开战略委员会临时会议。战略委员会召集人负责召集和主持战略委员会会议,当战略委员会召集人不能或无法履行职责时,由其指定一名其他委员代行职责;战略委员会召集人既不履行职责,也不指定其他委员代行其职责时,半数以上委员可选举出一名委员代行战略委员会召集人职责,并将有关情况及时向公司董事会报告。

战略委员会的主要职责是对公司长期发展战略和重大投资决策进行研究,并提出建议,具体包括:

(1) 组织开展公司重大战略问题的研究,就发展战略、资源战略、创新战略、营销战略、投资战略等问题,为公司决策提供参考意见;

(2) 组织研究国家宏观经济政策、结构调整对公司的影响,跟踪国内外大公司发展动向,结合公司发展需要,向公司提出有关体制改革、发展战略、方针政策等方面的意见和建议;

(3) 调查和分析有关重大战略与措施的执行情况,向公司提出改进和调整的建议;

(4) 对公司职能部门拟定的有关长远规划、重大项目方案或战略性建议等,在董事会审议前先行研究论证,为公司正式审议提供参考意见。

三、公司对董事会内部结构的选择

除了上面提到的审计委员会、薪酬委员会和提名委员会,在现有的公司实践中,还有执行委员会、计划委员会等。从广泛的意义上而言,如果董事会认为有必要,可能也可以成立其他的委员会,比如对于人力资源、知识产权、环境保护等事宜,董事会可以考虑将这些方面的职责授予一个次级的委员会来处理。

在公司选择董事会内部结构的问题上,有一些委员会的设立必须遵守监管法规的规定,比如审计委员会;但是公司对于一些委员会是否设立仍然具有选择的权利。此时,我们必须明确知道设立这些委员会的利弊究竟是什么。总体而言,设立一个专业委员会的优势可能包括:使董事会有更多的时间集中于特定问题;减轻董事会全体会议的负担;使董事会的专业知识和能力得到发展和利用;更为专业地讨论某个领域的问题,从而提出对策建议,等等。而设立专业委员会的弊端主要在于:专业委员会的运营成本;增加了相互合作和沟通的任务;某些董事不得不投入更多的时间,因为他们不仅要出席全体董事参加的董事会会议,还要出席所在的专业委员会的会议;等等。

公司选择建立何种职能的专业委员会必须深入考虑其利弊。如果建立某个专业委员会无法提高董事会整体的有效性,进而不能给公司带来价值的话,那么此种行为完全没有意义,而且维持专业委员会的运行可能花费大量的时间和精力。总之,公司不能单纯地追求拥有精巧的董事会结构,要确保所选择的这种结构能够对公司产生好的影响。此外,如果确定建立一个专业委员会,一定要给其明确的职责界定以及授权。一个责任界定不清楚和授权不明确的次级委员会,不可能为公司创造价值,甚至可能会发展成为董事会的竞争性机构,产生不必要的内耗。

【案例3-2】

康得新的122亿元存款去哪儿了?

2019年6月,康得新上市公司的银行账户122亿元存款消失之谜,引发了资本市场的轩然大波。事件起初是康得新存在北京银行的122亿元存款,虽写在公司年报中,公司网银账户也能看得到这笔钱,但实际上"账户余额为0",即这笔钱并不存在。那么,122亿元存款跑去了哪里?根据北京银行和康得新的解释,"账户余额为0"是因为"子账户归集到大股东康得投资集团的账户"。原来,康得新的大股东康得投资集团,与北京银行签订了一个现金管理协议,根据该协议,康得投资集团与康得新的账户可以实现上拨下划功能,简而言之,康得新的122亿元存款可能被归集到了大股东康德投资集团的账户中。按照相关法律,上市公司财务管理应当独立,不能把上市公司资金交由大股东随意支配,况且,大股东康得投资集团对康得新的持股比例只有24%,资金归集也会损害到其他股东的利益。

深入分析,此次案件和董事会职能缺失、内部机制不完善有很大的关系。在康得新一案中,钟玉不仅是上市公司康得新的董事长,也是大股东康德投资集团的董事长。根据目前可公开查到的信息,签订所谓现金管理协议应该是经过钟玉的同意。作为上市公司的董事长、董事会的一员,钟玉同意签署现金管理协议的行为违反了其对公司负有的诚信义务。诚信义务要求董事在决策时必须诚实善意且合理地相信其行为符合公司(而非其个人)的最佳利益,从这个定义中可以看出董事的诚信义务包括两个方面:从主观上而言,董事在履行职责时必须保持对公司的忠诚;从客观上而言,当董事的个人利益和公司利益发生冲突时,必须以公司利益为重。而钟玉既是康得新的董事长,又是康得新大股东康得投资集团的董事长,通过签订现金管理协议,将康得新的资金归集到大股东康得投资集团账户,无疑会损害到公司利益,钟玉的行为明显违反了诚信义务,由此对公司及其股东造成的损失,钟玉个人应该承担赔偿责任。

同时,康得新董事会也有着不可推卸的责任。在该案中,康得新董事会对122亿元存款去向表示不知情,在对深圳证券交易所的问询函回复中说道:"北京银行西单支行隐瞒了货币资金存放的问题,并未提示公司。直至公司无法按期兑付本息,公司收到法院财产保全文书后,才发现康得新及康得新西单支行账户的实际余额为0。"而董事会的重要职能之一是监督公司的运营管理,包括监督公司重要资产的使用流转情况,对此职责的懈怠可能违反董事的勤勉义务,即没有尽到关注公司运营管理、谨慎监管公司事务的责任。康得新董事会不了解122亿元存款的去向,表明其没有及时监管公司对外签订重要协议的决策信息,没有及时掌握公司资产的流转情况,可能违反了勤勉义务,从侧面揭示了康得新董事会职能的缺失和内部机制的不健全。

巅峰时期的康得新曾达到近千亿的市值,吸引了不少投资者,而如今康得新处于退市边缘,市值仅剩下不到百亿。康得新122亿元存款事件给上市公司的治理敲响了警钟,在中国的特定情景下,上市公司董事会亟须构建高效运作的内部机制,布局广泛而科学的战略决策,掌握、监管公司对外签订重要协议的决策信息,合理发挥董事会战略决策和管理层监督的职能,避免董事会职能的缺失。一些尚处于发展期的中国公司,特别是民营企业更是需要引起重视。在发展初期就应构建良好的治理机制,为未来的持续发展提供坚实的决策支撑。

资料来源:作者根据相关资料整理。

【延伸阅读】

董事的胜任力模型

1973年,McClelland教授首次提出胜任力的概念,经过十几年的发展,胜任力方面的研究成果丰硕。关于董事胜任力的研究成果则相对匮乏,仅有少数学者和组织进行了一些探索性研究。例如,瑞士洛桑国际商学院的全球董事会研究中心主任Cossin认为董事会有效性的四大支柱是人的素质、专注力、奉献精神;内部和外部、正式和非正式的信息架构;结构和流程;团队动态和治理文化。南部非洲董事协会从董事需要具备的职业能力、个人能力和社会能力三个方面分别列举了董事应掌握的知识和技能,并提出良心、包容、能力、奉献和勇气五个基本价值观,认为能够以价值观为依托,将知识、技能和经验有效结合的董事才是合格的董事会成员。新西兰董事学会提出的董事能力框架包括董事特征和董事能力两个方面,其中董事能力分为战略和治理领导、知情决策、商业头脑、沟通四个部分。英国董事协会从知识、技能和思维模式三个维度构建了董事胜任力框架。

我们兼顾企业内部和外部两个层面从董事义务、知识、技能和董事会基础设施四个维度来构建董事的履职胜任力模型(如图3-1所示)。首先,从企业外部来看,相关法律法规和监管制度明确规定了董事的义务和行为准则,这是董事履职时所必须严格遵守的;其次,从企业内部来看,董事的自身条件和董事会的基础设施是影响董事胜任力的两个主要因素。董事的知识、技能是软实力,董事会基础设施是硬实力,良好的董事会基础设施是董事有效发挥作用的重要支撑和保障。该董事胜任力模型为董事的有效履职和董事会的有效运作提供了重要参考和方向。

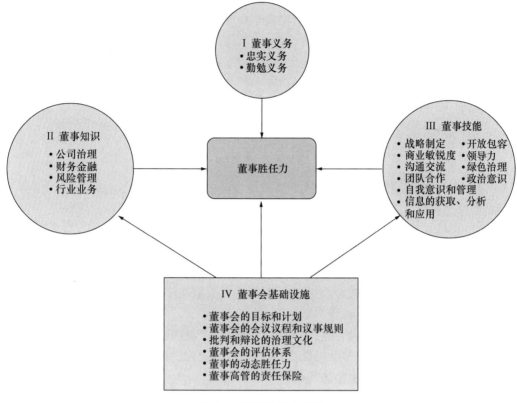

图 3-1 董事胜任力模型
资料来源:牛建波,尹雅琪. 中国董事胜任力模型的建构[J]. 董事会,2021,11:88—97。

第四节 董事会的高效运作

董事会是公司的最高决策主体,董事会运作的核心问题在于举行董事会会议。董事会会议使得所有董事可以聚集起来就某个重要问题进行集中的讨论和决策。除了例行的年度董事会会议,日常的董事会层次的决策可以由董事会内部发起,也可以由董事会外部发起。无论事件发生在公司内部还是公司外部,如果董事会认为这些事件将会影响公司未来的发展,那么就会由董事会内部提出讨论,然后在适当的时间作出决策。显然,在由董事会内部发起的决策中,董事会主席通常起着非常关键的作用。在更多的公司实践中,董事会是由董事会的外部,尤其是经理层发起并促使董事会作出相关决策。

在董事会会议上,如果董事的观点不统一,那么这种意见的不一致性通常用投票的方式来解决。董事会是讨论和形成一致性观点的重要机制。在运作良好的董事会中,很少需要进行投票决策。实际上,如果董事在关键问题上存在严重分歧的话,最好推迟决策,以进行更多的咨询和收集更丰富的信息,而不是利用投票来决定。

董事会的模式不同,其运作的机制也就不尽相同。但是无论在何种模式中,举行董事会会议都是董事会运作的核心问题,因此本节围绕董事会会议,着重介绍董事会会议的规划和召开以及对董事会专业委员会的利用,其中包含一些公认的高效董事会运作的良好实践。①

一、规划董事会会议

董事会会议的成功召开首先取决于事前是否对会议作出了成功的规划,如制定会议机制,会议之前的各项准备,确定、收集并深入理解会议决策所需要的各种信息等。

(一) 会议机制

董事会会议的召开次数因公司而异,具体而言,要取决于该公司所处的环境、公司的规模、所要面对的问题、竞争环境的变化等。

出席董事会的成员必须达到法定人数,以确保事务处理的有效性。一个被正式任命的董事有权也有责任出席董事会会议,如果他经常不出席的话,就可能会失去这个职位。在实践中,尽管董事并不必须参加所有的董事会会议,因为他可以委托其他董事代为出席,但是,他必须尽可能地多参加会议。董事的出席和贡献是决策制定程序的重要组成部分,尤其是在他们拥有一些特殊技能的情况下,譬如财务董事。

董事的地理分布也是影响董事会会议召开频率的因素之一。如果绝大多数董事分布在公司总部附近,那么董事会会议的召开次数会更频繁,开会的时间会更短。与此相反,如果董事要经过长途跋涉才能见面,董事会会议一般召开的次数会更少,开会的时间会更长一些。现在出现了一种发展趋向,那就是通过远程电话会议召开董事会会议,有的时候也借助视频方式,弥补了董事在长途跋涉上花费的时间与费用。这种安排常常看起来是高效的,但是事实上却不如把每一位董事都集中到同一个房间有效。

年度董事会会议的时间选择应该预先加以考虑。一般而言,董事会在年度会议上会听取关于公司年度财务状况和经营成果的报告,并且新年度的战略规划和预算也应该在此时被批准。很多董事会使用这些事件作为董事会会议时间选择的标志,并且在介于其间的董事会日程中规划一些其他事务,以使下一个年度的所有董事会会议的日程内容达

---

① 本部分内容主要参考以下三本著作,某些地方作者作了适当调整。〔英〕托尼·兰顿,约翰·瓦特肯森. 公司董事指南:职责、责任和法律义务[M]. 李维安,牛建波等译,北京:中国财政经济出版社,2004:74—75;〔英〕约翰·哈珀. 董事会运作手册[M]. 李维安,李胜楠,牛建波译,北京:中国财政经济出版社,2006:135—163;〔美〕小约翰·科利,华莱士·斯科蒂纽斯,乔治·洛根,等. 公司治理[M]. 李维安,周建等译,北京:中国财政经济出版社,2004:92—96。

到一个较好的平衡。

(二) 会议准备

只有经过精心的准备,才有可能召开有效的董事会会议。董事会会议的日程安排是一个有用的工具。应该用一种清晰和明确的方式制定出董事会会议的日程安排,以便所有的董事有个明确的参考,要确保这些日程在董事会会议召开之前就很好地被制定出来。一般而言,在董事会会议召开之前,很多公司的董事长会首先要求公司秘书起草一份会议日程,它应该包括这次董事会会议的所有重要事项。

需要注意的是,拟定这样一份议事日程,不仅仅是董事长和公司秘书两人的事情。作为董事长,应该对会议日程上的事务负责,但是要明确这是董事会的会议日程,它应该开放地吸收来自其他董事以及首席执行官的建议,因为他们可能都会有实践性的洞见和建议,因此在日程最终确定之前,最好与其他董事和首席执行官进行讨论并获得认同。

作为董事长应该最终审查会议议程上的事项,并要确保这次董事会需要考虑的所有事务都包括在董事会会议议程中。在一个会议议程中尽量不要安排太多的主题,因为每一个主题都可能需要相当长的时间来考虑和讨论。这样有利于避免董事会会议被拖延或被敷衍。一般认为,一个高效的董事会会议往往召开2—4个小时。因为在任何一个会议上,经过数小时的倾听、思考和讨论之后,大部分人的兴趣、注意力以及能力都会明显地下降,董事也不例外,而董事会会议上,尤其需要董事在对重要事情发表观点或者决策时保持清醒的思维,因此董事会会议不宜过长。

(三) 所需信息

向董事会提交的信息是非常重要的,并且与董事的技能和勤勉义务的履行相关。董事需要也有权获得公司内所有可以获得的完全、准确和合适的信息,以保证他们职能的正常发挥。因此,董事有权检查公司的会议记录,例如,他们应该有权查看所有相关的记录,以确定公司是否成功履行了其法律义务,因为董事要为公司的违规行为承担责任。如果没有持续的信息提供,董事应该主动把它们找出来。只有采用这种方式,董事才可能保证公司的最大利益,并履行他们作为董事的责任。缺少信息不应被当作董事没能对公司尽责的充分理由。

提交给董事会的信息应该结构合理,并且包括了趋势分析和判断基准等内容。另外,董事需要在会议之前就能获取资料,并且保证他们有充分的时间阅读。遗憾的是,提交给董事会的信息经常难以达到这个要求。

董事长应该意识到执行董事与非执行董事在关于公司经营和相关问题上的知识存在着较大的差距。非执行董事掌握相关和及时的信息对于他们的正常工作是至关重要的。因此,董事会主席应该特别关注非执行董事的信息需求。否则,非执行董事就会处于不利地位,董事会也不能从他们的才干和经验中获益。

倘若董事没有合理的理由来认定经理层所提供的信息是有误导性或错误的,他们可以依靠这些信息进行决策。但是,他们不能自动认为这些信息是正确无误的。对这些信息的来源和出处进行调查,以检验是否存在可疑之处,通常是一种合适的做法。对向董事提供的关于董事会会议的财务信息进行抽样检查也是正当合理的。

每个董事都应坚持要求的基本信息(通常由董事会秘书负责分发)包括:

(1) 会议议程:虽然法律上没有规定必须把董事会将要讨论的事项提前通知,但是,向董事提供一份会议议程是一项好的实践。

(2) 备忘录:董事有权收到前一次董事会会议的备忘录,这样他们可以在下一次会议召开之前对有关情况进行仔细考虑,并检查备忘录,以核实是否对至少包括上一次董事会会议所作出的决定等内容进行了正确的记录。

(3) 财务信息:在董事会会议之前,董事应该从财务董事(或者公司财务负责人)那里收到财务信息,借此对公司的绩效进行监督。

(4) 非财务信息:有关任何质量问题、顾客满意和员工短缺等情况,这类信息可能会非常重要,但经常被淹没在提交给董事会的大量财务数据中。

(5) 政策信息:与董事会会议上将要讨论的事项有关的任何文件的复印件,同时,执行董事的定期报告,这些材料能够使董事注意到公司的一些主要特征或问题。

二、召开董事会会议

为了保障董事会能够高效有序地运作,对董事会会议召开过程中的各种条件和因素应当给予足够的关注。例如,会议召开的环境因素、会议召开过程中董事的行动举止、会议备忘录,等等。

(一) 会议召开的环境因素

召开高效的董事会会议需要良好的外界环境因素,例如安静的会议室、适当的温度、舒适的座椅等,否则这些因素可能会成为会议拖沓和没有效率的原因。比如说,当七个或者更多的人围坐在一个细长型的会议桌周围时,很容易产生分离而不是凝聚的感觉;当人数更多时,这种分离的气氛就会更加浓厚,这时一个椭圆形的会议桌可能效果会更好一些。如果一些"拥有权力"的董事坐在会议桌的一端,那么坐在另一端的董事就会感觉被孤立甚至是排斥。因此,要注意拥有不同权力的董事的座次问题,这可以由董事会秘书事先用桌牌来决定他们的位置,而不是由董事自己选择座位来解决。这些都是非常细致的问题,但是它们却会不知不觉地影响到董事会会议的气氛。

董事应该能够集中他们所有的精力考虑董事会会议上的事务。如果外部环境很差的话,他们的这种精力集中将很难维持。因此必须注意会议召开的外界环境因素。

(二) 会议室的举止规定

每一位董事可能都非常有才干和有能力,但是董事会会议绝不能成为某个董事或者某些董事炫耀其才能的场所。所有董事应该团结成为一个团体,从而发挥他们作为董事会的全部潜能。因此董事会会议上每位董事的举止非常重要,当然归根结底这取决于他们的操行。但是,事先对于董事会会议上的举止作出一些规定将有助于发挥每位董事的作用,从而形成集体决策的优势。

有时在董事会会议上,某位董事可能用一刻钟甚至更长的时间描述问题本身和发表自己的观点,这会将董事会拖入拖沓和低效率的泥潭之中。针对这种情况,可以事先制定以下的规则:

(1) 对于事先已经提供详细信息的问题的描述不要超过 5 分钟;
(2) 表述问题本身而不是炫耀个性;
(3) 讨论过程中表明自己的观点用时不能超过 3 分钟;
(4) 讨论时要切中题目,不要远离主题;
(5) 要尽可能使用大家都知道的专业术语;等等。

这些规则有助于引导董事全面和高效地研究问题,积极地引导董事的情绪和智慧,同时也有助于缩减会议持续的时间并使会议更加集中。

董事长在整个会议举行过程中发挥着不可替代的重要作用。董事长主要应该关注董事会的凝聚力、会议过程的完整性、董事会目标以及公司整体目标是否达成。董事长不应该将自己的观点强加给他人,而应该引导董事表明他们的观点。在会议举行期间,董事长应该尽量保持中立,如果在某些事务上董事长坚持其立场,那么他将很难关注对整个会议过程的指导。董事长在主持会议过程中应尽可能使大家畅所欲言,积极地促进沟通,鼓励那些相对沉默寡言的人表达他们的看法,从而使他们的知识和经验也能够融入讨论中。此外,董事长还必须能够对讨论保持控制,以防止董事的错误理解和解释,从而节省时间和减少争论。对于那些不断重复其观点或者喋喋不休的董事,董事长必须适时地阻止他们,从而保证所讨论问题的相关性和集中度。

(三) 会议备忘录与集体责任

董事会秘书应该就每一次会议过程准备好详细的备忘录。备忘录记录了董事会的全部正式活动,包括投票表决中投反对票或者弃权票的董事的名字等。备忘录应该是关于在会议上所作出决策的真实记载,在一些情况下,董事可能会希望对他们作出决策的原因进行记录。对备忘录的记录应该做到简明扼要、准确、客观,并且没有丝毫的模糊和不确定。在两次董事会会议之间,应该誊写备忘录,并使之成为正式文件。在董事会召开下一次常规会议的时候,可以通过信件或者传真方式对备忘录进行表决通过,抑或把备忘录保存起来以备说明和获得董事会的批准。董事应该仔细阅读备忘录,并认识到一旦备忘录获得通过,那就成了董事会所有审议与活动的正式记录。如果有人对董事会活动或其监督的有效性表示密切关注或者产生不同意见,这些备忘录就变得异常重要了。原因很简单,如果董事以某种方式批准了董事会的备忘录,那么董事就很难推卸掉他们对所作出的任何决定而应承担的集体责任。与会议备忘录意见不一致时,董事应该把他的意见在第一可能的时机提出以免除个人责任。如果反对意见没有被记录的话,持有不同意见的董事,应根据事情的严重程度,寻求其他一些可能的文件方式以记录他的观点,他也可能需要寻求一些专业性的建议。在极端情况下,如果一个董事认为董事会批准的一些行动事项是违法的或者不道德的,他应该拒绝同意这个集体决策并辞职。董事是对公司而不是对董事会负有诚信义务,辞职可能是解除这种义务或免除个人承担决策责任的最佳方式。

1985年英国《公司法》规定,必须保存所有董事会会议的备忘录。保存备忘录通常是董事会秘书的职责,但这不是法律所作出的规定。我国也是由董事会秘书负责董事会会议的记录与保存,《公司法》第一百二十三条规定,上市公司设董事会秘书,负责公司股东大会和董事会会议的筹备、文件保管以及公司股东资料的管理,办理信息披露事务等事宜。

三、利用董事会的专业委员会

由于董事会开会的时间有限,因此董事会的大量工作都是由各个专业委员会来完成的。基于每位董事的个人专长,董事被委派到各个董事会专业委员会来深入地考虑某些问题。这一做法可以使董事会有最佳的能力来应对决策中某些更为宏观和重要的问题。董事会各个专业委员会必须能够在其职责范围之内,接触公司的主要管理人员,同样在需要的时候也能接触外部专家。因为各个专业委员会只是董事会较小的组成部分,因此其成员全面参与富有成效的董事会讨论是比较容易实现的。所有董事的这种积极参与,加强了董事会的凝聚力与有效性。

专业委员会是董事会的下属团体,它们要向董事会汇报详细的建议。对于董事会可以将哪些事务授权给专业委员会处理并没有限制,但是董事会必须对专业委员会的行为负责并且必须保留最终决策的权力。

【本章思考题】

1. 董事会的职能与定位是什么?
2. 董事的任职资格有哪些?
3. 如何评价董事责任保险制度的价值?
4. 如何确定董事会中应设立或取消何种专业委员会?
5. 董事会会议的召开有什么重要意义和价值?
6. 如何提高董事会会议的效率和效果?

【综合案例】

中国企业走出去不能靠"中式董事会"

从富士康生产 iPad 到吉利并购沃尔沃,中国企业逐步走向国际舞台,扎根全球商业领域。但出人意料的是,各大公司董事会中的外籍面孔却仍旧少见。近日心腹公司对中国 100 强私营企业和品牌的研究表明,只有 14 家公司的董事会有外籍成员。而且,中国企业董事会中的非管理类外籍成员还不足 5%。那么这种董事会结构对中国企业的影响何在?

首先,外籍董事的缺乏可能会导致管理层无法向投资者传递完整准确的信息。很多中国企业在纽约首次公开发行上市后,由于受到证券交易委员会上市规则的限制,它们在信息披露上要么违反规则,要么透露敏感信息,后果常常置公司于不利的境地,甚至有可能被退市。据《国际金融报》2022 年 5 月 27 日的报道,截至 2022 年 5 月 20 日,中概股经历了两波大型退市浪潮,共有超过 170 家中概股企业退市。而对董事会的结构、经验和专业性的担忧则是造成这种结果的重要因素。如果董事会缺乏独立性或没有足够应对危机的经验,公司风险也会高出很多。纽约企业管理研究公司 GMI 在 2011 年的数据显示,"只有三分之一中国上市公司的主管是独立的,而在美国这个数字是 75%。"

2011 年在加拿大上市的嘉汉林业就是个很好的例子,卡尔森-布洛克创办的浑水公司(Muddy Waters)指控嘉汉林业夸大销售额及其森林用地的价值。《福布斯》撰稿人纳撒尼尔-帕里什-弗兰纳里说,"该公司也没有任何 1 位执行官具备风险管理经验。考虑到公司商业运营的复杂性,这将是一个令人担忧的隐患。"标准人寿中国合资公司恒安标准人寿保险公司董事长杰瑞-格林斯通表示,"显而易见,较之拥有完善管理经验的成熟西方企业来说,中国企业仍旧处在发展的早期阶段。金融危机出现时,西方企业董事会也会犯错,但他们能够依靠高素质的董事和良好的管理体系去平衡管理团队的职能分工并帮助他们建立更为持久的业务线。"恒安标准人寿也是外国人出任董事长的最大规模的中国企业之一。那么没有外籍董事会成员是否意味着中国企业会失去一些潜在的机会?

在中国面孔占多数的董事会里,董事都有着强烈的商业欲望,却也都继承着明显的本土特性及中国式的思维方式,这会导致运营上的盲点或缺陷。埃森哲近期的一项研究已经发出了警告:中国企业明显存在"经验不足,创新不够和文化影响力贫弱的问题,而这将使他们的全球化道路充满荆棘"。当然,一些较为进步的中国企业也发出了鼓舞人心的信号。2011 年 5 月在纽约证券交易所上市的社交网络人人网董事会引入外籍董事后,分设了审计委员会、薪酬委员会、企业管理委员会和提名委员会,每个委员会都由完全独立的董事组成。杰瑞-格林斯通进一步强调说,"我认为董事会里中外成员的混合是至关重要的,标准人寿的最好成长机会综合了各个管理者的想法与经验。而独立的非管理型主管和顾问则可以给企业带来更多的附加值。"

中国企业可能还没有完全领会优秀的外籍主管能为企业带来的无形价值:一是雷达

作用,对全球同行业发展的实时监控;二是建造一个服务于企业寻找伙伴和合作机会的网络;三是带来敏锐的文化嗅觉、全球化的思维和在国际范围内商业运营的经验;四是引领本行业的最佳国际实践,如人才、创新和领导力等,这也是中国的首席执行官望尘莫及的;五是最佳的西式管理实践。

由于西方企业和市场困境重重,谋求发展的西方式管理人才逐渐将眼光转向东方。对于中国的企业来说,好消息是一流的非管理型主管越来越渴望与中国企业合作。其实寻找合适的非管理型主管并不需要花费太多时间。心腹公司的经验表明,对于一家社交网络公司,鉴定、寻找、选择并聘请一名西方式的非管理型主管只需6—8周的时间。不过,一定要保证非管理型主管与企业有足够的时间磨合与适应。优秀的中国企业面临的更大挑战在于磨合过渡。董事会成员在思维方式、工作做法和文化上的差异都可以渐渐规范化,这样才能为外籍董事会成员打造一个良好的工作环境,理解他们并实现他们对企业的价值最大化。在日益国际化、互联化的商业世界中,要有一位独立的外籍董事会成员已经成为中国企业必然的选择。

资料来源:作者根据相关资料整理。

第四章　独立董事的角色和作用

【篇首语】

董事会是公司治理的核心,独立董事制度则是保证董事会决策科学与独立的关键因素之一。独立董事制度在受到广泛关注的同时,也引起众多的质疑与责难。本章将在对独立董事制度的演进展开分析的基础上,详细阐述独立董事的作用及其在公司治理中的定位,并论述独立董事的义务和权利,分析比较独立董事的任职资格条件,最后就独立董事制度真正发挥作用的重要前提和环境保障进行探讨。

【引导案例】

康美药业:独立董事的"天价"连带赔偿责任

2021年11月12日,广州市中级人民法院对我国A股集体诉讼第一案康美药业证券集体诉讼案作出一审判决。本次判决作为首单特别代表人诉讼,赔偿金额较高,实现了惩首恶目标。此外,5名涉案独立董事还因承受上亿元的连带赔偿责任而备受市场关注。

根据一审判决,5名时任独立董事郭崇慧、张平、江镇平、李定安、张弘需承担5%~10%连带赔偿责任,合计赔偿金额最高约3.69亿元。其中,江镇平、李定安、张弘三人因在康美药业2016年年报、2017年年报、2018年半年报中签字,被判承担10%的连带赔偿责任,对应金额2.46亿元;郭崇慧、张平两人只在2018年半年报中签字,被判承担5%的连带赔偿责任,对应金额1.23亿元。而上述5位独立董事在康美药业任职时所获年薪均在10万元左右。

康美药业案的判决让上市公司独董感受到了空前的压力。于是,有些上市公司的独董开始离职,掀起一轮独董"离职潮"。根据在Wind查询的结果,自2021年11月12日至2022年3月24日,全部AB股上市公司共发布315个独立董事辞职公告(涉及公司包括基础化工30家、计算机23家、医药22家、机械22家、电子19家、电力设备及新能源17家、电力及公用事业16家、传媒13家等),而在2020年11月12日至2021年3月24日(去年同期)则有253个,同比增加了24.5%。

而为了留住独董,部分上市公司纷纷给独董涨薪,因此掀起一波独董"涨薪潮"。2022年2月21日,亚钾国际发布《关于调整独立董事津贴的公告》,拟将独立董事津贴由每人12万元人民币/年调整为每人50万元人民币/年,提高幅度之大,受到市场多方的关注。实际上,还有一些上市公司也公布了独立董事津贴调整的方案,譬如:陕西建工拟由每人每年4万元调整为6万元、东方通信拟由每人每年5万元调整为9万元、派能科技拟由每人每年10万元调整为12万元、威腾电气拟由每人每年4.8万元调整为9.6万元、美吉姆拟由每人每年6万元调整为12万元、太极集团拟由每人每年6万元调整为16万元、保利发展拟由每人每年20万元调整为40万元。

康美药业案的判决意味着独董责任的重大。而要让独董认真履行职责,承担独董的责任,也需要增加独董的薪酬收入。但上市公司在给独董加薪的同时,也要将独董的职责落实到位。让独董制度变成一种有责任的制度,让每一个不能履行职责的独董都将受到制度的处罚,甚至受到法律的制裁。

资料来源:史蒂夫·塔平. 中国企业走出去不能靠"中式董事会"[J]. 重庆与世界,2013,9:38—39。

【案例讨论】

1. 康美药业案中独董的赔偿责任是否过大?
2. 独立董事在该案例中需要承担的责任有哪些?
3. 独立董事制度亟待作出哪些变革?

第一节 独立董事制度简介

一、独立董事制度的产生与发展

独立董事(independent directors)是独立非执行董事的简称。与其相近的两个概念是外部董事(outside directors)和非执行董事(non-executive directors),外部董事、非执行董事不一定是独立董事,但独立董事一定是外部董事、非执行董事。

独立董事制度首创于美国。美国证券交易委员会早在1930年就开始建议公开发行公司采用独立董事制度。1940年《投资公司法》规定至少40%的董事必须为独立人士。在一般公众公司中推行独立董事制度的背景可归于美国20世纪60年代的政治混乱、越南战争以及"水门事件"等政治和经济丑闻使人们对一些大公司失去了信心。尤其是"水门事件"之后,随着对尼克松政府的不当行为的调查逐步深入,一些大公司董事被卷入行贿的丑闻当中,如在国内政治选举中非法捐款、在国际贸易中向外国官员行贿等,引起美国广大中小投资者对董事会监督职责的怀疑,要求公司改革组织结构。随后的法院判决中,要求公司改变董事会成员结构,即要求董事会成员中的大部分应由外部人担任,同时也促使美国证券交易委员会强制要求所有上市公司设立由独立董事组成的审计委员会,以审查财务报告,控制公司内部违法行为。1977年经美国证券交易委员会批准,纽约证券交易所引入一条新规定,要求每家上市的本国公司在"1978年6月30日以前设立并维持一个专门由独立董事组成的监督委员会,这些独立于管理层的董事不得有任何会影响他们作为委员会成员独立判断的关系"。1982年,英国建立了"非执行董事促进协会",其目的是促进英国的公司更广泛和更有效地使用独立的非执行董事。此后,纽约证券交易所、全美证券商协会、美国证券交易所也纷纷要求上市公司的董事会多数成员为独立董事,并逐渐为大陆法系国家所引进、吸收。美国密歇根州的《公司法》更是率先确立了独立董事制度,该法不仅规定了独立董事的标准,而且同时规定了独立董事的任命方法以及独立董事拥有的特殊权力。1991年5月,英国伦敦证券交易所成立了公司财务治理委员会,并发表了著名的《凯德伯瑞报告》,该报告除明确指出董事长和总经理应由二人分任外,特别提倡要更广泛地吸收独立非执行董事进入董事会。科恩-费瑞国际公司2000年5月22日发表的研究结果显示,《财富》美国公司1 000强中,董事会平均规模为11人,其中外部董事9人,占董事会总人数的81.8%。独立董事制度建立的主要目的是完善公司治理结构,防止内部执行董事与高级管理人员相互勾结形成"内部人控制",从而损害股东的利益。

2019年,《财富》(中文版)和怡安翰威特管理咨询首次联合开展"中国最佳董事会50强"评选。本次评选以2018年中国最大的500家上市公司(即《财富》中国500强中上市满一年的公司)为候选池,通过不同维度的公开披露数据建立定量分析模型。评价依据包括公司年报、交易所网站、公司网页、公司公告以及其他公开的数据库等。评价模型中的董事会构成质量维度主要用来评价董事会的"状态";作为对比和平衡,公司业绩维度主要用来评价"结果"。在2018年《财富》中国500强上榜公司中,独立董事占董事会人数比例的中位数为36%,略高于中国证监会和香港联交所规定的独立董事占比不少于1/3。最佳董事会50强的独董占比中位数为40%,高于全榜单,其中中国建筑股份有限公司的独立董事占比最高,达到了67%。

目前中国公司的独立董事占比仍然远低于很多西方国家,以美国为例,美国标普500公司的独立董事占比约在85%(见图4-1),这一比例也远高于美国纽约证券交易所和纳斯达克证券交易所独立董事占比必须高于50%的政策规定。

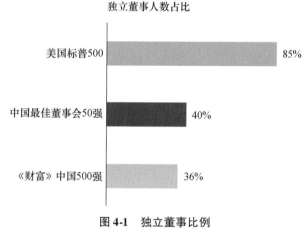

图4-1 独立董事比例

董事会性别多样性也愈加受到股东们的关注。女性董事可以带来多样化的观点,促使董事会以不同的视角看问题,从而更审慎、更全面地作出决定。同时,女性的人际关系技巧可以缓解冲突与矛盾,有效推进董事会的进程。

如图4-2,从《财富》美国500强榜单来看,有女性董事的企业从2008年的86%上升到2018年的97%。而2018年《财富》中国500强中,有女性董事的企业占比为64%。在最佳董事会50强中,达利食品和大华股份两家公司以高达38%的女性董事占比(8个席位中有3名女性董事)并列第一。

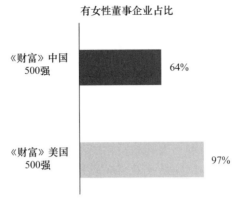

图 4-2　有女性董事企业占比

董事会的职责不仅是管控、监督,更是为股东和企业创造价值。董事会的构成没有标准公式,在跨界、创新、融合的今天,专业、经验、影响力、全球化视野是董事背景考量的基础,具有国际背景的年轻新生代也能为董事会带来前瞻的视野、创新的视角,让董事会立足现在,放眼未来。①

二、独立董事的内涵

何谓独立董事？是否满足独立董事界定条件的董事就是真正的独立董事？②

(一) 独立董事的三种界定方法

对于独立董事的界定,一般有概括式、列举式、概括式与列举式相结合三种界定方法。概括式简洁,具有稳定性,但不太容易操作;列举式方法简便,容易操作,但对各种情况的列举很难穷尽;概括式与列举式相结合兼有两种方法的优点。③

"独立董事"最早是从 20 世纪三四十年代的非雇员董事(non-employee directors)和无利害关系董事(disinterested directors)发展而来的。关于独立董事的概念,各国均有不同的界定。"独立性"是独立董事制度的基石。界定独立董事的概念之前需要明确一个非常重要的问题,即独立董事的"独立"对象是谁。一般认为,独立董事独立的对象主体应该包括两类:一是股东尤其是大股东,二是经营管理团队。为了判断独立董事是否独立于这两类主体,各国的相关法律法规都提出了独立董事的任职资格。

1. 独立董事的概括式界定

在英国的《凯德伯瑞报告》中,独立董事是指独立于公司经营者,没有实质性影响其

---

① 资料来源:张宏,朱超琦. 第一份"中国最佳董事会 50 强"榜单是如何诞生的？[EB/OL].(2018-07-17)[2023-08-14]. https://www.fortunechina.com/rankings/c/2018-07/17/content_311475.htm.
② 李维安. 公司治理学(第四版)[M]. 北京:高等教育出版社,2020:129—135.
③ 朱弈锟,陈一勤. 我国股份公司独立董事制度探索[J]. 财贸经济,2001,7:75—79.

行使独立判断的人、商业或其他关系的董事。

美国纽约证券交易所规定,独立董事不得与管理层有任何会影响他们作为委员会成员独立判断的关系,本公司及其附属机构的雇员均无资格担任独立董事。

美国律师公会对独立董事"独立性"的界定非常简明:只有董事不参与经营管理,与公司或经营管理者没有任何重要的业务或专业联系即可以被认为是独立的。

全美券商联合会(NASD)认为,独立董事是指该公司或其分支机构的官员或雇员以及按董事会的观点与公司有着在履行董事职责时将影响独立判断关系的个人之外的人。

根据1990年3月商业圆桌会议(Business Roundtable)公布的《公司治理和美国的竞争力》报告,独立董事是指在公司中不担任管理职责的人。

法国1999年《维也纳特报告》(Vienot Report)指出,独立董事应与该公司或其集团没有任何损害其自由判断的关系。

马来西亚的高层金融委员会在《公司治理报告》中提出,独立董事不担任上市公司的高层管理职务,不应和上市公司的管理层具有联系,也不代表大股东和控股家族;独立董事应当代表社会公众股东的利益,因此不应和影响其行使独立判断权的人士有关联。

2. 独立董事的列举式界定

美国证券交易委员会同样将独立董事界定为与公司没有"重要关系"的董事。美国证券交易委员会认为,如果一名董事在上市公司召开年度股东大会时存在以下情形,则被视为与上市公司存在重要关系:① 他是上市公司的雇员,或者在此之前两年内曾经是上市公司的雇员;② 他是公司业务主管的直系亲属;③ 他直接或间接地与公司之间存在金额超过20万美元的交易关系;④ 他与过去两年内曾经担任过上市公司法律顾问的律师事务所具有职业关系。

全美公司董事联合会规定,一位董事如果被视为独立,则必须具备以下5个条件:① 从未被该公司或其任何一家子公司雇用;② 非公司任何雇员的亲属;③ 不向公司提供服务;④ 未受雇于向该公司提供主要服务的任何企业;⑤ 除董事劳务费外,不从公司获取任何报酬。

英国《公司法》规定,独立董事应该为整个公司的利益,忠诚而善意地工作,并合理运用授予他们的权力。独立董事不应使自己处于职责与个人利益有冲突的地位,可能的利益冲突发生在:① 独立董事直接和公司签订交易合约;② 独立董事代表公司和他们在其中享有权益的公司签订交易合约;③ 与公司建立债权债务关系或担保关系;④ 如果一个独立董事发现公司在与其他方所签订的合约中,涉及他个人利害关系,无论是直接的还是间接的利害关系,都有责任在董事会会议上公开声明,说明其个人利害关系的性质;⑤ 独立董事不能参与买卖公司的上市股票或债券的选择性交易。如果独立董事不违反上述各个方面的规定,则认为保持了"独立性",这样的董事才是独立董事。

香港联交所《证券上市规则》关于独立董事的"独立性"有如下判定:① 持有公司已发行股本总额不足1%的股权一般不会妨碍其独立性,但如果该董事从关联人士处以馈赠形式或其他财务资助方式得到这些股份,即趋向显示其并非独立;② 为显示其独立,该董事一般不应在该公司或其附属公司的业务中拥有任何财产或其他权益(不论过去或现在），但第①条所载范围以内的股权或作为董事或专业顾问而收取的利益除外，而且该董事一般不应与公司的关联人士有任何联系（不论过去或现在），但出任专业顾问则除外；③ 不允许独立董事在集团内担任任何管理职务。

3. 独立董事的概括式与列举式相结合的界定

美国机构投资者委员会（Council of Institutional Investors，CII）认为独立董事就是除董事资格外与公司无重大关系的人，并且必须具备以下几个条件：① 不曾受雇于该公司或在其分支机构担任执行性职务；② 在过去的两年中不是该公司或其分支机构付偿顾问公司雇员或所有者；③ 不是该公司主要客户或供应商的雇员；④ 在过去的两年中与公司或其分支机构没有个人服务合同关系；⑤ 不是接受该公司或其分支机构重大捐赠的基金会或大学雇员；⑥ 不是该公司或其分支机构经营管理者的亲属；⑦ 不是互兼董事的组成部分，即该公司的CEO或其他经营管理者不能在雇用该董事的公司的董事会中任职。

英国Hermes养老基金管理公司对独立董事的规定如下：① 不是或不曾是公司或集团的雇员；② 担任董事的年限在10年以内，年龄不超过70岁；③ 不代表大股东或者某个利益团体，例如供应商、债权人等；④ 未从公司获得除独立董事费外的其他收入；⑤ 未参与公司股东的期权计划；⑥ 无利益冲突或者交叉担任董事；⑦ 与公司及其高层管理人员之间不存在其他重大的会妨碍其对股东忠诚的财务关系或者个人关系。

加拿大多伦多证券交易所规定，独立董事应独立于经营者，除了持股关系，没有可能被合理地认为会实质性影响其为公司最佳利益行事能力的任何利益或者其他关系。独立董事应该满足的条件是：独立董事不能是向该公司提供法律或者金融咨询服务的律师、金融顾问、前总裁、向该公司提供贷款的公司高层经营者。

中国证监会于2001年8月发布了《关于在上市公司建立独立董事制度的指导意见》，其中规定，上市公司独立董事是指不在上市公司担任除董事外的其他职务，并与其所受聘的上市公司及其主要股东不存在可能妨碍其进行独立客观判断的关系的董事。只有当董事不为下列任何一类人时方可被认定为独立董事：① 在上市公司或者其附属企业任职的人员及其直系亲属、主要社会关系（直系亲属是指配偶、父母、子女等；主要社会关系是指兄弟姐妹、岳父母、儿媳女婿、兄弟姐妹的配偶、配偶的兄弟姐妹等）；② 直接或间接持有上市公司已发行股份1%以上或者是上市公司前十名股东中的自然人股东及其直系亲属；③ 在直接或间接持有上市公司已发行股份5%以上的股东单位或者在上市公司前五名股东单位任职的人员及其直系亲属；④ 最近一年内曾经具有前三项所列举情形的人员；⑤ 为上市公司或者其附属企业提供财务、法律、咨询等服务的人员；⑥ 公司章程规定的其他人员；⑦ 中国证监会认定的其他人员。

第二节 独立董事的任职资格、义务及权利

本节介绍了国内外关于独立董事的任职资格要求，在此基础上，分析了独立董事的义务和权利，并和一般董事进行了比较。

一、独立董事的任职资格

独立董事的任职资格即担任独立董事需要具备的条件。为了使独立董事制度能够切实发挥作用,必须对独立董事候选人进行严格的筛选。毫无疑问,独立性应该是选择独立董事的首要条件。但是除此之外,选择独立董事还要结合行业发展趋势、公司长短期发展战略、董事会内部的平衡等多方面内容。具有扎实的专业知识和丰富的管理经验、确实符合公司需要的独立董事可以为公司作出显著贡献;反之,如果独立董事的经验与能力不足,徒具形式上的独立性但却无力发挥应有的作用,则独立董事制度将形同虚设。

按规定的主体不同,独立董事的任职资格包括法定资格和章程规定资格。法定资格指所有独立董事必须满足的条件,这是通过法律规定的独立董事任职条件的底线。除此之外,各个公司还可以根据公司的具体情况在公司章程中拟订相关的独立董事任职标准。公司在拟订这些任职资格时,不得违背法律的强制性规定和立法的精神。

按任职资格的性质不同,可以将独立董事的任职资格分为积极资格和消极资格。积极资格指作为独立董事应当具备的与其行使职权相适合的任职条件,即具备何种条件的人员方可选为独立董事。消极资格指独立董事不得具备的条件,即指法律、法规对不可选为独立董事的限制性条件。

(一) 国内外对独立董事任职资格的相关规定和要求

关于独立董事的任职资格,各国立法相差较大,有的国家没有独立董事(包括董事)积极资格方面的规定,而只有消极资格方面的规定;有的国家对这两方面均有规定,以确保独立董事能真正起到其独立职能,使真正具有经营管理经验和能力的人员入选。表4-1 列示了不同国家和地区的不同法律法规对独立董事任职资格的规定。

表4-1 不同国家和地区对独立董事任职资格的规定

法律法规名称	具体规定	类型
英国《公司法》	如果某人是未履行债务的破产人,他便自动失去做独立董事的资格;独立董事违反公司法和其他有关法规的要求,持续地怠于履行法定义务,法院可应申请人的要求,取消其董事资格;若独立董事犯有欺诈等与公司经营有关的罪行,法院可取消该人的董事资格;一个公司陷于破产,在造成公司破产的原因中该独立董事有失职行为,法院可取消其董事资格;大法院认定某当事人不适合做独立董事,可以下令取消其董事资格。	消极资格
美国证券交易委员会	与上市公司有重要关系的人士不得担任该公司独立董事。[①]	消极资格

---

① 美国证券交易委员会对于"和公司有重要关系"的董事有明确的规定,参见本章第一节中有关"独立董事的内涵"的内容。

(续表)

法律法规名称	具体规定	类型
纳斯达克证券交易所	独立董事应该能够阅读和理解公司财务报表。此外,发行人应保证审计委员会中至少有一名成员具有财务会计的专业背景,精通公司财务会计及财务信息披露的有关要求。	积极资格
	在过去三年内曾担任该公司及其附属机构的高级管理人员的近亲,包括配偶、父母、子女、兄弟姐妹、岳父母、儿媳女婿、兄弟姐妹的配偶或者配偶的兄弟姐妹,以及任何其他在一个家庭内共同生活的人,不得担任独立董事。	消极资格
美国密歇根州《公司法》	为保证独立董事有足够能力履行职责,独立董事必须具有5年以上的企业、法律或者财务工作经验。	积极资格
马来西亚高级金融委员会	独立董事应该具有较高的素质、信用和必需的专业技能,能为公司战略、绩效、重要职位的任命行为标准的制定等提供独立的判断。	积极资格
泰国证券交易所	独立董事不应是本公司及其子公司或关联企业获取固定收益的雇员或者咨询顾问。	消极资格
香港联交所创业板	在过去5年未曾承担过公司的任何管理职责。	消极资格

资料来源:廖理. 公司治理与独立董事[M]. 北京:中国计划出版社,2002:314—317。

(二) 担任独立董事需要具备的其他条件

在实践中,公司选择独立董事除了必须符合法律法规的强制性要求,还必须考虑其他一些更为细致的因素,从而使独立董事真正发挥其作用。由于不同公司的发展和面临的挑战各不相同,对独立董事的具体要求也不一样,这里无法全部罗列,而仅讨论其共同的一些考虑因素。①

1. 独立董事应具备的基本管理知识和能力

一般而言,大多数公司都希望独立董事具有企业管理与商业运作的背景,最好还有董事会运作的经验。某些公司出于其自身的特殊需要,可能还会要求独立董事具备某种特殊才能,如财务与会计、法律、风险管理、政府关系或公共关系等。这些要根据公司的具体情况以及董事会中独立董事和非独立董事之间的平衡来考虑。但是,一般而言,独立董事为有效地履行其职责,还应具备如下的基本知识和能力,比如能够阅读、理解与初步分析财务报表;对《公司法》及独立董事的法律责任有充分的理解;具备较强的战略意识和管理能力;等等。

2. 独立董事的创造性思维和交流、沟通能力

公司引入独立董事制度的一个重要目的是希望独立董事能够为董事会带来新的观点与思想。因此,独立董事还应具有创造性思维和批判精神,同时要有直抒己见的勇气和魄力。当然,这种创造性思维、批判精神和直抒己见只有在满足董事会成员团结合作

---

① 孙敬水. 独立董事制度:公司治理的创新与革命[M]. 合肥:安徽大学出版社,2003:188—192.

的前提下才能发挥积极作用,这需要独立董事和其他董事的共同努力。另外,独立董事作为公司董事会成员,应具有较强的口头和书面表达能力,善于交流和沟通,能够简洁明了地表达自己的意见和建议,尤其当传播一些新的观点和思想时更应如此。因此,并不是任何人都适合担任独立董事,即使是满足独立性要求的候选人,也未必能成为一名出色的、能够对公司真正有所贡献的独立董事。

3. 独立董事用于公司事务时间的充足性

独立董事时间的充足性与其经验和能力之间可能存在一定的矛盾,因为独立董事本人很可能也是一名其他公司的忙碌的管理人员或社会知名的学者,这些人的知识和经验非常丰富,但时间却相当有限;而反过来,一名无所事事的公司管理人员或默默无闻的专业人员,其能力可能也非常有限。所以,公司能聘任到经验丰富、能力超群而时间充裕的独立董事的概率是很小的,大多数公司在选择独立董事时会遇到这一对矛盾。在这种情况下,公司在独立董事候选人的经验和能力这一首要条件符合要求之后,还应从候选人的个人品格以及担任独立董事职务的其他公司数量等角度来进行考察。首先,一个严谨认真、高效率的管理人员或专业人员一般总是能够安排出时间来参加重要的活动,如果他们将担任独立董事看作一件对自身发展非常重要或自己非常感兴趣的事情,他们一定会妥善安排时间来将独立董事的工作做好。其次,若公司独立董事兼任其他多家公司的独立董事,虽说他可以通过不同平台借鉴其他企业的经验教训,但独立董事用于本公司事务时间的充足性必定会受到影响,对公司的关心程度和理解程度会下降,进而影响到独立董事对公司决策的有效性和及时性。

二、独立董事的义务

作为董事会的一员,独立董事享有其他董事享有的一切权利,同时承担其他董事应承担的一切义务。但是,和一般的董事相比,独立董事还拥有一些特殊的权利,并且在所承担的义务的程度方面也有差别。明确独立董事的权利与义务,对于完善独立董事制度、切实发挥独立董事的作用和改善公司治理结构具有积极的意义。

独立董事的勤勉义务的核心是独立董事作为董事会的成员负有积极的作为义务,独立董事有义务对公司事务付出适当的时间和精力,关注公司的经营,并按照股东和公司的最佳利益谨慎行事。独立董事诚信义务的核心是要求独立董事在决策时其行为必须符合公司的最佳利益,当自己的利益和公司的利益发生冲突的时候,必须把公司的利益放在第一位。独立董事作为董事会成员,当然要承担勤勉义务和诚信义务。

实际上,在独立董事履行诚信义务方面应该和其他董事完全一样,对公司负有完全的诚信义务。比如,独立董事不能同公司从事交易、独立董事不能泄露公司机密、独立董事不得同公司进行非法竞争,这些其他董事必须承担的义务独立董事也必须承担。

在勤勉义务方面,独立董事和其他董事还是有所差异。这种差异主要来自独立董事履行其职责时的一些现实障碍。首先,信息不对称。尽管所有的董事对于公司的实际情况都存在一定程度的信息不对称,但是和执行董事相比,独立董事所面临的信息不对称程度要更高一些。因为来自公司的董事尽管地位各不相同,但是他们仍然切身参与到公司的经营中去,切身感受到公司的现状,而这恰恰是独立董事的劣势。独立董事对公司的了解基本上依靠第二手的信息,这些信息大部分由公司的管理层提供,一方面信息的数量有限;另一方面信息的真实可靠性难以确定。其次,独立董事工作时间的有限性。独立董事本身就是一位事务繁忙的管理者、学者或者金融家,让独立董事花费和内部董事一样多的时间了解公司事务和财务信息在实践上几乎是不可能的。尤其是上市公司的事务较非上市公司更为繁杂,不可能寄希望于独立董事花费较少的时间就能够理清事情的来龙去脉。

基于上述原因,很多学者认为,在一般的情况下,独立董事的勤勉义务应该比执行董事稍轻一点更为合适。但是这绝不意味着对独立董事勤勉义务的规制可以无限地放松,独立董事应该至少能够履行具有同类专业水平或经验的人员应该履行的勤勉程度。

2013年,证监会公布了深圳上市公司独立董事最佳实践案例,共包括21家上市公司:国民技术、平安银行、雷曼光电、达实智能、招商银行、招商证券、深高速、万科、海能达、莱宝高科、南玻、兆驰股份、广田股份、中信证券、腾邦国际、华侨城、科陆电子、天虹商场、中集集团、中国平安、美盈森。评选的主要标准包括独立董事多元化程度、参与董事会各类会议的积极性、决策参与度、独立董事报告情况、独立董事薪酬等。

【案例4-1】

深圳上市公司独立董事最佳实践案例——招商银行

根据中国证监会2001年6月发布的《关于在上市公司建立独立董事制度的指导意见》,招商银行引进了独立董事制度,在董事会中设立了2个独立董事席位,并很快增加至6名,独立董事占全部董事成员的三分之一,符合监管要求。6名独立董事中,有2名财会方面的专家,有3名金融、管理方面的专家,有1名具有国际视野的律师。独立董事中一人来自香港,熟悉国际会计准则和香港资本市场规则。多元化的独立董事结构不仅保持了董事会内应有的独立元素,也为董事会带来了广泛的视野,促进招行董事会在研究和审议重大事项时能够有效地作出独立判断和科学决策。

- **积极参加董事会各类会议,为招行发展建言献策**

2006—2011年期间,独立董事亲自出席董事会会议的平均出席率为95.30%,亲自出席董事会专业委员会会议的平均出席率为97.45%,均保持在较高水平,且呈不断上升的趋势。会议上,独立董事坚持独立、客观发表个人意见,充分发挥专业所长,为公司的发展建言献策。

通过参加董事会会议和专业委员会会议并在会上积极发表意见,独立董事对招行决策的影响力不断增强。例如,在招行中期发展战略规划(2011—2015年)制定过程中,独立董事积极参与,发挥了较大作用。中期战略规划初稿形成后,管理者向董事会战略委员会委员和全体独立董事书面征求意见,得到了独立董事的积极反馈。2012年8月,应董事会战略委员会主任委员傅育宁董事长的邀请,招行全部6位独立董事列席了战略委员会第八届五次会议,与战略委员会委员一起对中期战略规划进行了现场讨论,提出了很多具有建设性的意见。行内根据战略委员会及独立董事提出的意见,对战略规划进行了修订和完善。

- **通过多种渠道参与招行决策,关注中小股东利益**

1. 参加非执行董事会议,积极发表意见。根据香港联交所2011年10月对《企业管治守则》及相关《上市规则》的修订要求,招行2012年8月召开了第一次非执行董事会议,非执行董事和独立董事参加了会议并审阅了《银行同业公司治理情况和最新监管政策解读的汇报》,并对招行管理层梯队培养、预算执行、会议审议效率等问题进行了讨论。非执行董事会议为非执行董事尤其是独立董事提供了更多的发表意见的渠道,进一步加强了独立董事对公司事务发表独立、公正意见的力度,提升了独立董事对公司决策的影响力和制衡力。

2. 出席股东大会,关注中小股东利益。从2012年开始,招行独立董事、非执行董事及所有董事会专业委员会主任委员均根据监管要求出席股东大会。通过积极参加股东大会,独立董事能够更多地倾听股东尤其是中小股东意见,加强与股东的沟通,关注股东需求,最大化维护中小股东的利益。

3. 参与监管机构与招行的沟通,独立客观地评价招行。自2011年以来,独立董事每年均参加银监会对招行的年度审慎监管会议和并表管理检查情况反馈会议,就银监会对招行的监管意见和建议独立客观地进行评价和回应;在银监会对招行实施新资本协议评审过程中,部分独立董事参加银监会关于新资本协议实施评估意见的访谈,并就银监会对招行新资本协议实施评估意见反馈了书面意见,为监管机构对招行进行客观公正的评价提供了独立和公正的参考意见。

- **参加调研培训,提高履职积极性和决策有效性**

独立董事调研考察和培训工作的主要形式有:独立董事不定期考察调研总行部门或分支机构,了解招行业务部门及分支机构经营情况、风险管理、合规经营情况,直接体验和感受日常运营、硬件设施、服务质量和业务流程等,获取银行经营的第一手信息;独立董事参加银行和证券监管机构组织的相关培训,及时和深入地了解境内外最新的监管政策动态和董事应履行的职责;利用董事会及专业委员会现场会议机会,行内对独立董事进行有针对性的业务专题培训,根据不同时期监管重点和招行发展重点,加强独立董事对招商银行重点业务领域的全方位了解。

- **制定独立董事年报工作制度,充分发挥监督作用**

根据《招商银行独立董事年报工作制度》,招行独立董事每年在会计师事务所进场审计前,与会计师沟通审计工作小组的人员构成、审计计划、风险判断、风险及舞弊的测试和评价方法、审计重点等年度审计的重要问题。独立董事每年召开会议,现场听取管理层就年度经营情况、财务状况、经营成果和投融资活动等重大事项的情况汇报,听取会计师事务所关于年度财务报告审计工作的总结报告,并进行充分讨论,认真发表意见和建议。如在2011年报工作会议上,独立董事重点关注了2012年利率走势、中小企业业务风险定价策略、资本充足率、配股进展情况、房地产贷款和地方政府融资平台贷款等方面的情况,并就审计工作中的有关问题如拨备计提模型、内部控制审计发现、关联交易审计等提出意见和建议,得到了管理层的一一回应。

- 建立对独立董事履职的评价机制

从2006年开始,招行开展了独立董事年度述职和相互评价、监事会对独立董事的年度履职情况评价,主要包括独立董事对招行上年度董事任免、高管聘任、高管薪酬、利润分配、重大关联交易、持续关联交易等重大事项发表意见的情况、出席董事会会议情况、出席董事会专业委员会会议情况、独立董事对公司有关事项提出异议的情况等进行述职和相互评价,并向股东大会报告。

《上市公司治理准则》(2018修订版)第三十七条规定:"独立董事应当依法履行董事义务,充分了解公司经营运作情况和董事会议题内容,维护上市公司和全体股东的利益,尤其关注中小股东的合法权益保护。独立董事应当按年度向股东大会报告工作。上市公司股东间或董事间发生冲突,对上市公司经营管理造成重大影响的,独立董事应当主动履行职责,维护上市公司整体利益。"

实际操作过程中,独立董事的诚信、勤勉义务如何体现呢?是否因为"花瓶董事"就可以免责?案例4-2或许可以引发我们进一步的思考。

【案例4-2】

康美药业独董的集体沉沦

自2018年第四季度以来,千亿医药"白马股"康美药业股份有限公司(以下简称"康美药业")风波不断,饱受高频率和高额融资、存款和有息负债双高、涉嫌信息披露违规、受证监会调查等诸多负面消息困扰。根据康美药业2018年半年报披露,公司货币资金余额为399亿元,有息负债高达347亿元,占净资产的比例分别为119%和104%。因公司存在货币现金过高、大股东股票质押比例过高以及存贷双高等问题,被质疑存在财务造假嫌疑。

2019年4月29日凌晨时分,康美药业披露年报显示,公司2018年营收193.56亿元,同比增长10.11%;实现净利润11.35亿元,同比下滑47.20%。在发布2018年年报的同时,康美药业还发布了一份《前期会计差错更正公告》,称有299亿元的"错误"会计处理。也就是说,康美药业直接承认了2017年多计入货币资金299亿元,存货少计入195亿元,坐实财务造假质疑。

康美药业自2002年3月起建立独立董事制度,独立董事候选人由董事会提名,股东大会审议通过,每三年为一任期。先后有11名专家、教授出任独立董事,最长的任职11年,截至2020年的18年来未出现过任期内更换独立董事的情形,各独立董事均任职至期满。

王金南,履历不详,第二届、第三届独立董事,任职5年,薪酬1.2万元—4.8万元/年。

李定安,华南理工大学工商管理学院教授,第二、三、六、七届独立董事,任职11年,薪酬1.2万元—7.39万元/年,现任公司监事。

赖卓平,履历不详,第三届独立董事,任职3年,薪酬4.8万元/年。

王锦春,广东省揭阳市药品监督局局长,第四届独立董事,任职3年,薪酬4.8万元/年。

张弘,西南政法大学管理学院副教授,第四、五、七届独立董事,任职9年,薪酬分别为2.8万元/年、7.2万元/年、7.39万元/年。

韩中伟,华南理工大学出版社社长兼总经理,第五、六届独立董事,任职6年,薪酬分别为5.4万元/年、7.39万元/年,现任公司副总经理。

赵一平,科技部信息中心副主任,第六届独立董事,任职3年,薪酬4万元/年。

江镇平,汕头中瑞会计师事务所所长,第四、五、七、八届独立董事,任职11年,薪酬分别为2.8万元/年、3.68万元/年、7.2万元/年、10.08万元/年。

郭崇慧,大连理工大学经济管理学院教授,第八届独立董事,任职2年,薪酬7万元/年。

张平,华南理工大学工商管理学院副教授,第八届独立董事,任职2年,薪酬7万元/年。

查阅康美药业各期的年度报告、董事会报告及独立董事述职报告,各届独立董事均未对公司的任何议案提出过反对意见或否定意见,对于各期财务报告、各年度的审计报告都无异议,并承诺真实、完整和无遗漏。

三位独立董事(江镇平、郭崇慧、张平)在2018年度的述职报告中如此评价自己:

"作为独立董事,我们对董事会决策和披露的重大事项主动阅研资料,审阅会计师事务所审计报告的审计意见,积极沟通情况,对提交董事会审议的全部议案进行了客观审慎的思考,并在出席公司董事会会议时积极参与对议案的讨论、审议,依法、客观地发表独立意见,审慎表决,并向董事会提出合理化建议。""根据证券监管机构和公司规章制度的要求,2018年度,我们对公司提供的关联交易材料进行了审查。公司发生的日常关联交易合法合规。"

对于各自的履职情况,他们给出这样的总体评价:

"2018年度,作为公司独立董事,我们本着客观独立、勤勉尽责的工作态度,积极参与公司重大事项的决策,充分发挥各自在公司经营管理、财务等方面的经验和专长,向公司董事会提出具有建设性的意见,在董事会及董事会各专业委员会的工作中发挥了重要作用,但存在未能及时发现公司内部控制执行存在重大缺陷的情况。"

康美药业的独立董事,和大多数上市公司的独立董事一样,在履行监督大股东和实际控制人以及保护中小投资者权益的法定职责方面显得中规中矩,对康美药业的各项重大经营决策和治理活动未表示过反对或否定意见。

然而,面对康美药业如今的百亿级财务造假事件,他们该如何向证监会的稽查人员证明自己的勤勉尽责,作为独立董事又该承担什么样的行政责任呢?

资料来源:作者根据相关资料整理。

【案例讨论】

1. 为何"花瓶董事"(比喻只有董事头衔、不履行董事职能的董事)频现?
2. 如何培养独立董事的义务感?
3. 独立董事在履职的过程中是否可以免责?
4. 独立董事通过何种途径免责?

三、独立董事的权利

独立董事除了具有董事的一般权利,还具有特别的权利,可以对重大事项发表独立意见。

(一) 独立董事享有的特别权利

独立董事应该享有董事的一般权利,比如出席董事会会议的权利、表决权、董事会临时会议召集的提议权以及参与行使董事会职权的权利等。除此之外,独立董事还享有其他特别的权利,这在各个国家的立法中均有所体现。比如,美国密歇根州《公司法》规定独立董事的特别权利包括:① 由独立董事批准的"自我交易",法院可以从宽审查;② 独立董事有权批准公司对执行董事因遭到指控所付出的费用给予补偿;③ 独立董事有权撤销一项由股东提请的派生诉讼;④ 如果独立董事不同意董事会大多数董事的决定,他有权直接与股东联系,其费用由公司支付。

2001年,我国证监会正式发布了《关于在上市公司建立独立董事制度的指导意见》(以下简称《指导意见》),其中明确规定了独立董事应该享有的六项特别权利。

1. 重大关联交易的提前认可权

我国上市公司的控股股东及其关联公司与上市公司之间存在着大量的关联交易。上市公司控股股东通过对股东大会和董事会的控制,向控股股东进行利益输送。目前在我国上市公司中,控股股东利益输送的方式有多种,比如直接占用上市公司的资产、通过上市公司为关联企业提供担保等。这些行为严重损害了上市公司及其中小股东的利益。

《指导意见》指出,"重大关联交易"是指上市公司拟与关联人达成的总额高于300万元或高于上市公司最近经审计净资产值的5%的关联交易。独立董事在决定关联交易中起着关键的作用。他们要对交易条件是否公平、中小股东的利益是否受到损害发表意见,并在有关资产出售、收购兼并等重大交易中保护中小股东的利益。上市公司的重大关联交易首先应由独立董事认可,然后才能提交董事会讨论。

2. 向董事会提议聘用或解聘会计师事务所

在独立董事作出判断以前,可以聘请独立的咨询机构出具咨询报告,独立董事依据专业的咨询报告作出独立的判断。如果独立董事发现关联交易损害公司整体利益,有义务向交易所报告。《指导意见》中赋予了独立董事向董事会提议聘用或解聘会计师事务所的职权。当独立董事就聘任会计师事务所这一问题向董事会提出建议时,应注意其所聘请的事务所和上市公司之间的独立性。此外,只要独立董事或主要由独立董事构成的审计委员会认为有增进公司或所有股东利益的必要时,就可以用公司的资金聘请专家,获得有专业知识技能的专家的意见。

3. 向董事会提请召开临时股东大会

《指导意见》中规定:独立董事有权向董事会提请召开临时股东大会,就有可能损害公司或中小股东利益的事项提交临时股东大会讨论。

4. 提议召开董事会

参与行使董事会职权也是独立董事享有的重要权利之一。独立董事作为董事会组成人员,可以通过提议召开董事会行使决策权而影响董事会的决定。独立董事认为有维护上市公司及全体股东利益的必要时,可以提议召开临时董事会,就一些突发事项作出决议。

5. 独立聘请外部审计机构和咨询机构

注册会计师是"经济警察",上市公司的年度财务报告在披露之前都应该经过会计师事务所的审计,注册会计师应该就该公司财务信息的真实性和公允性发表独立的意见。如果由控股股东选择会计师事务所,很难保证会计师事务所不屈从于控股股东的意愿。当独立董事遇到特别问题时,会计师事务所无疑是获得专家意见的一个重要渠道。因此,保证会计师事务所的独立性至关重要。《指导意见》赋予了独立董事独立聘请外部审计机构和咨询机构的职权。

6. 在股东大会召开前公开向股东征集投票权

上市公司的独立董事可向股东征集其在股东大会上的投票权。投票权征集应向被征集人充分披露信息,比如征集投票权的必要性、征集的目的、行动安排、与股东决策相关的信息、公司的利益冲突、独立董事希望在股东大会上提议表决的主要事项;此外,独立董事也有必要披露其身份、背景及其与公司的利益关系等。通过这些信息的披露,独立董事才可以向股东充分传达征集投票权的意图,从而有助于充分发挥股东大会对董事会的制衡作用。

上述这六项特别权利必须取得全体独立董事二分之一以上同意。在行使过程中,如果独立董事的提议未被采纳或上述职权不能正常行使,公司有义务将有关情况向社会公众予以披露。

(二) 独立董事对重大事项的独立意见

独立董事可以就公司的重大事项向董事会或者股东大会发表独立的意见,这也是其独立性的外在表现形式。比如《指导意见》中规定,独立董事可以就以下重要事项发表意见:提名、任免董事;聘任或解聘高级管理人员;公司董事、高级管理人员的薪酬;与重要关联方的资金往来;独立董事认为可能损害中小股东权益的事项。当然,上市公司还可以根据自身的特点,在公司章程中规定其他应由独立董事发表独立意见的事项。

《指导意见》还特别规定了独立董事发表独立意见的类型,独立董事应基于自己的专业知识和经验,对其应发表独立意见的事项进行审查,独立董事应当就上述事项发表以下几类意见之一:同意;保留意见及其理由;反对意见及其理由;无法发表意见及其障碍。如有关事项属于需要披露的事项,上市公司应当将独立董事的意见予以公告,独立董事出现意见分歧无法达成一致时,董事会应将各独立董事的意见分别披露。

在公司实践中,独立董事为了保持其独立董事的地位往往不愿意过多地发表不同的意见。除非公司出现非常明显的违规和违法行为时,独立董事才会发表不同的见解。所以独立董事的监督作用并未真正地发挥,"花瓶董事"成为独立董事的真实写照。因此,从立法上要求独立董事对特定事件必须发表独立意见,并且规定发表意见的类型及其披露机制,这对独立董事切实发挥监督作用具有积极意义。因为这迫使独立董事去充分了解上市公司的状况、审慎地对重大事项进行思考并发表自己独立的见解。实际上,这在一定程度上也降低了独立董事的责任风险。

我们可以通过案例 4-3 清晰地了解中兴通讯股份有限公司的独立董事在 2021 年度的职责履行具体情况。

【案例 4-3】

中兴通讯 2021 年度独立非执行董事述职报告

作为中兴通讯股份有限公司(简称"中兴通讯"或"公司")的独立非执行董事(简称"独立董事"),我们遵照《中华人民共和国公司法》《上市公司独立董事制度》等法律法规以及《公司章程》《中兴通讯股份有限公司独立董事制度》《中兴通讯股份有限公司独立董事年报工作制度》的规定,诚信勤勉,忠实履行职责,积极发挥独立董事的作用,注重维护公司利益、维护全体股东特别是中小股东的利益。现将我们在 2021 年度履行独立董事职责情况报告如下:

一、出席会议情况

2021 年度,我们认真参加了公司的董事会、董事会专业委员会以及股东大会,履行了独立非执行董事诚信、勤勉义务。凡须经董事会及董事会专业委员会决策的事项,公司都提前通知我们并提供足够的资料。在召开董事会及董事会专业委员会会议前,我们详细审阅会议文件及相关材料,为董事会及董事会专业委员会的重要决策做了充分的准备工作。董事会及董事会专业委员会会议上,我们客观、公正地对各项议题进行分析判断,发表独立意见,积极参与讨论并对公司股票期权激励计划、内部控制、关联交易等相关事项提出建议。

(一)出席董事会、股东大会情况

2021 年,公司共计召开 14 次董事会(其中 7 次以电视电话会议的方式召开,7 次以通讯表决的方式召开),以现场投票与网络投票相结合的方式召开股东大会 1 次。公司董事会、股东大会的召集召开符合法定程序。我们对 2021 年度公司董事会各项议案均没有提出反对或弃权。我们于 2021 年度具体出席董事会、股东大会的情况如下:

独立非执行董事姓名	董事会				股东大会	
	应参加董事会次数	亲自出席次数	委托出席次数	缺席次数	应出席股东大会次数	实际出席次数
蔡曼莉	14	14	0	0	1	1
吴君栋	14	14	0	0	1	1
庄坚胜	14	14	0	0	1	1

(二)出席专业委员会情况

2021 年,公司共计召开薪酬与考核委员会会议 6 次、提名委员会会议 1 次、审计委员会会议 7 次、出口合规委员会会议 4 次,我们出席专业委员会会议情况如下:

独立非执行董事姓名	薪酬与考核委员会			
	应参加会议次数	亲自出席次数	委托出席次数	缺席次数
蔡曼莉	6	6	0	0
吴君栋	6	6	0	0
庄坚胜	6	6	0	0

独立非执行董事姓名	提名委员会			
	应参加会议次数	亲自出席次数	委托出席次数	缺席次数
蔡曼莉	1	1	0	0
吴君栋	1	1	0	0
庄坚胜	1	1	0	0

独立非执行董事姓名	审计委员会			
	应参加会议次数	亲自出席次数	委托出席次数	缺席次数
蔡曼莉	7	7	0	0
吴君栋	7	7	0	0
庄坚胜	7	7	0	0

独立非执行董事姓名	出口合规委员会			
	应参加会议次数	亲自出席次数	委托出席次数	缺席次数
蔡曼莉	4	4	0	0
吴君栋	4	4	0	0
庄坚胜	4	4	0	0

二、发表独立意见情况

2021 年度,我们根据《中兴通讯股份有限公司独立董事制度》以及相关法律法规发

表了如下独立非执行董事意见:

(一) 2021 年 1 月 11 日,在公司第八届董事会第三十次会议上发表了:关于转让北京中兴高达通信技术有限公司 90％股权的独立意见。

(二) 2021 年 1 月 29 日,在公司第八届董事会第三十一次会议上发表了:

1. 关于使用募集资金置换已投入募集资金投资项目自筹资金的独立意见;

2. 关于非公开发行 A 股股票募投项目结项并将节余募集资金永久补充流动资金的独立意见。

(三) 2021 年 2 月 10 日,在公司第八届董事会第三十二次会议上发表了:《关于为附属公司中兴通讯印度尼西亚有限责任公司提供履约担保的议案》的独立意见。

(四) 2021 年 3 月 16 日,在公司第八届董事会第三十三次会议上发表了:

1. 关于二〇二〇年度关联方资金占用和对外担保情况的专项说明及独立意见;

2. 关于二〇二〇年度已开展衍生品交易情况的独立意见;

3. 关于二〇二一年度开展衍生品投资的可行性分析及申请投资额度的独立意见;

4. 关于二〇二一年度为海外附属公司提供履约担保额度的独立意见;

5. 关于二〇二〇年度财务公司关联存款、贷款等金融业务的独立意见;

6. 关于统一采用中国企业会计准则编制财务报表及终止续聘境外财务报告审计机构的独立意见;

7. 关于二〇二〇年度内部控制评价报告的独立意见;

8. 关于高级管理人员及董事长的薪酬的独立意见;

9. 关于二〇二〇年度证券投资情况的独立意见;

10. 关于二〇二〇年度利润分配预案的独立意见;

11. 关于股东分红回报规划(2021—2023 年)的独立意见;

12. 关于二〇二〇年度募集资金存放与使用情况的独立意见。

(五) 2021 年 4 月 28 日,在公司第八届董事会第三十四次会议上发表了:

1. 关于聘任二〇二一年度审计机构的议案的独立意见;

2.《关于与关联方中兴和泰签订〈房地产及设备设施租赁框架协议补充协议〉的关联交易议案》的事前独立意见及独立意见;

3. 关于 2021 年第一季度衍生品投资的独立意见。

(六) 2021 年 5 月 25 日,在公司第八届董事会第三十五次会议上发表了:

1.《关于增加经营范围并相应修改〈公司章程〉有关条款的议案》的独立意见;

2.《关于召开二零二零年度股东大会的议案》的独立意见。

(七) 2021 年 6 月 29 日,在公司第八届董事会第三十六次会议上发表了:

1. 关于对 2017 年股票期权激励计划激励对象和期权数量进行调整的独立意见;

2. 关于 2017 年股票期权激励计划第三个行权期行权条件成就的独立意见;

3. 关于公司注销部分股票期权的独立意见。

(八) 2021 年 8 月 2 日,在公司第八届董事会第三十七次会议上发表了:

1. 关于对 2020 年股票期权激励计划激励对象和期权数量进行调整的独立意见;

2. 关于公司注销部分股票期权的独立意见。

（九）2021 年 8 月 24 日,在公司第八届董事会第三十八次会议上发表了：关于按规则调整 2017 年股票期权激励计划行权价格的独立意见。

（十）2021 年 8 月 27 日,在公司第八届董事会第三十九次会议上发表了：

1. 关于 2021 年半年度关联方资金占用和对外担保情况的独立意见；

2. 关于 2021 年半年度衍生品投资的独立意见；

3. 关于 2021 年半年度募集资金存放与使用情况的独立意见。

（十一）2021 年 9 月 23 日,在公司第八届董事会第四十次会议上发表了：

1. 关于 2020 年股票期权激励计划预留股票期权授予相关事项的独立意见；

2. 关于继续购买"董事、监事及高级职员责任险"的独立意见。

（十二）2021 年 11 月 4 日,在公司第八届董事会第四十二次会议上发表了：

1. 关于对 2020 年股票期权激励计划首次授予激励对象和期权数量进行调整的独立意见；

2. 关于 2020 年股票期权激励计划首次授予的股票期权第一个行权期行权条件成就的独立意见；

3. 关于公司注销部分股票期权的独立意见。

（十三）2021 年 12 月 16 日,在公司第八届董事会第四十三次会议上发表了：

1.《关于与关联方中兴新签订〈2022 年采购框架协议〉的日常关联交易议案》的事前独立意见及独立意见；

2. 关于 2021 年度公司向关联方中兴新采购原材料日常关联交易实际发生情况与预计存在较大差异的独立核查意见；

3.《关于与关联方航天欧华签订〈2022 年中兴通讯渠道合作框架协议—总经销商〉的日常关联交易议案》的事前独立意见及独立意见；

4. 关于 2021 年度公司向关联方航天欧华销售产品日常关联交易实际发生情况与预计存在较大差异的独立核查意见；

5.《关于与关联方中兴和泰签订酒店服务〈2022—2023 年采购框架协议〉的日常关联交易议案》的事前独立意见及独立意见；

6. 关于 2021 年度公司向中兴和泰及其子公司采购酒店服务日常关联交易实际发生情况与预计存在较大差异的独立核查意见；

7.《关于与关联方中兴和泰签订〈2022—2023 年房地产及设备设施租赁框架协议〉的关联交易议案》的事前独立意见及独立意见。

三、对公司进行现场检查的情况

2021 年度,我们利用参加股东大会、董事会及其他机会,对公司进行了解。现场办公期间,我们对公司的生产经营状况、财务状况、内部控制情况、信息披露管理情况、董事会决议执行情况等进行检查；并通过电话和邮件等形式,与公司其他董事、高级管理人员、内审部门、负责公司审计的会计师事务所及相关工作人员保持密切联系,时刻关注公司的发展情况,切实履行独立非执行董事的责任和义务。

四、保护社会公众股东合法权益方面所做的工作

1. 持续关注公司信息披露工作,及时掌握公司信息披露情况,对公司信息披露进行有效的监督和核查。公司按照中国相关法律法规,真实、准确、完整、及时地披露相关信息。

2. 定期了解公司的日常经营发展动态以及财务管理、对外投资等相关事项,了解掌握公司的经营状况和公司治理情况,运用自身的知识背景,为公司的发展和规范化运作提供建议性的意见。在任职期间,我们都是事先对公司提供的资料进行认真审核,如有疑问主动向公司询问、了解具体情况,并在董事会上充分发表了独立意见。

3. 不断加强相关法律法规和规章制度的学习,以增强对公司和投资者利益的保护能力,形成自觉维护社会公众股东权益的思想意识。

五、履行独立非执行董事特别权利的情况

2021年度,我们作为独立非执行董事:
1. 未有经独立非执行董事提议召开董事会的情况;
2. 未有独立非执行董事向董事会提议聘用或解聘会计师事务所的情况;
3. 未有独立非执行董事独立聘请外部审计机构和咨询机构的情况;
4. 未有独立非执行董事向董事会提请召开临时股东大会的情况。

以上是我们2021年度履职情况的汇报。2021年度,各位独立董事积极主动、专业高效地履行独立董事职责,对重大事项进行独立的判断和决策,为公司治理优化、董事会建设等事项作出应有贡献。

2022年度,我们将继续本着诚信与勤勉的精神,独立公正地履行独立董事的职责,发挥独立董事作用,切实维护公司整体利益和股东尤其是中小股东的合法权益。

中兴通讯股份有限公司独立非执行董事:
蔡曼莉、吴君栋、庄坚胜
2022年3月8日

资料来源:中兴通讯公告。

【案例讨论】

1. 你认为中兴通讯的独立董事在2021年度主要发挥了什么作用?
2. 你如何看待独立董事现场检查的作用?
3. 你对中兴通讯的独立董事履职有什么建议?

第三节　中国独立董事制度的发展历程和现状

一、中国公司引入独立董事制度的历程

中国上市公司最主要的委托代理问题是大股东剥削小股东。大股东及其经理人员(大股东的代理人)控制董事会和公司的经营管理,导致公司治理结构严重失衡,缺少监督,损害中小股东利益的现象时有发生。大股东控制还直接导致了我国公司行为短期化以及公司与控股股东之间的不正常关联交易,甚至出现公司成为控股股东的"提款机"的情况。在这种情况下,独立董事的引入被寄予厚望,希望其能够部分解决公司内部缺乏制衡的问题,并弥补部分监事会的监督作用。

独立董事制度在我国股份公司的引入,首先是从赴境外证券交易所上市的公司中开始的。由于纽约证券交易所等境外证券交易市场都要求上市公司必须建立独立董事制度,因此,为达到境外证券交易所的上市标准,境外上市公司根据有关的要求聘请了独立董事。例如,1993年青岛啤酒发行H股,并按照香港联交所的有关规定设立了两名独立董事,从而成为第一家引进独立董事的H股公司。此后,《上市公司章程指引》《关于进一步促进境外上市公司规范化运作和深化改革的意见》《关于在上市公司建立独立董事制度的指导意见》《上海证券交易所上市公司治理指引》等一系列规章制度陆续出台,对于我国上市公司独立董事的任职资格、董事会中独立董事的比例等问题进行了明确的规定。

中国证监会于1997年12月16日发布了《上市公司章程指引》,其中第一百一十二条规定:"公司根据需要,可以设独立董事。独立董事不得由下列人员担任:公司股东或股东单位的任职人员;公司的内部人员(如公司的经理或公司雇员);与公司关联人或公司管理层有利益关系的人员。"该条特别注明"此条款为选择性条款",亦即并非强制性规定,公司可以自由选择。这是我国相关规范性文件中第一次对独立董事制度作出规定,是我国对引进独立董事制度的初步尝试。该指引虽不具有强制性,但却对上市公司与国际接轨起到了明确的指导作用。

国家经济贸易委员会和中国证监会于1999年3月29日联合发布了《关于进一步促进境外上市公司规范化运作和深化改革的意见》,对境外上市公司明确提出了逐步建立健全外部董事和独立董事制度的要求。该意见第六项规定:"公司应增加外部董事的比重;董事会换届时,外部董事应占董事会人数的1/2以上,并应有2名以上的独立董事;外部董事应有足够的时间和必要的知识能力以履行其职责;外部董事履行职责时,公司必须提供必要的信息资料;独立董事所发表的意见应在董事会决议中列明;公司的关联交易必须由独立董事签字后方能生效;2名以上的独立董事可提议召开临时股东大会;独立

董事可直接向股东大会、中国证监会和其他有关部门报告情况。"独立董事的权利在这一规定中得到了进一步的明确,但这一规定仅适用于境外上市公司,对境内的公司没有强制力。

2001年8月16日,中国证监会发布了《关于在上市公司建立独立董事制度的指导意见》,该意见要求境内每个上市公司应当建立独立董事制度,聘任适当人员担任独立董事,其中至少包括1名会计专业人士。在2002年6月30日前,董事会成员中应当至少包括2名独立董事;在2003年6月30日前,上市公司董事会成员中应当至少包括1/3的独立董事。另外,该意见还就独立董事的任职资格、选任程序、薪酬、职权行事等方面作了详细规定。该文件的出台是强化上市公司监督制约机制的重要举措,标志着我国上市公司正式全面执行独立董事制度。

2002年1月7日,中国证监会正式发布《上市公司治理准则》,其第三章第五节为独立董事制度,规定上市公司应按照有关规定建立独立董事制度。独立董事应独立于所受聘的公司及其主要股东。独立董事对公司及全体股东负有诚信和勤勉义务,独立董事应按相关法律、法规、公司章程的要求,认真履行职责,维护公司整体利益,尤其要关注中小股东的合法权益不受损害。该准则将独立董事的适用范围扩大到所有的上市公司。

为了进一步推进独立董事制度的实施,中国证监会又于2003年9月颁布了《关于进一步规范股票首次发行上市有关工作的通知》,规定公司在首次发行上市时,董事会成员应至少包括1/3的独立董事,在再融资审核中,独立董事配备情况也成为主要审核内容之一。

2005年10月27日,第十届全国人大第十八次会议通过新《公司法》。该法第一百二十三条规定:"上市公司设立独立董事,具体办法由国务院规定。"这样,聘任独立董事就成为上市公司的法定义务。

2014年9月,中国上市公司协会发布了包含四十八项条款的《上市公司独立董事履职指引》。该指引的发布,对于规范上市公司独立董事制度,充分发挥独立董事这一群体的治理作用具有重要意义。

2018年1月,为促进上市公司规范运作,中国证监会修订了《上市公司章程指引》,规定独立董事有权向董事会提议召开临时股东大会,且每名独立董事也应作出述职报告,提高独立董事的履职意识。

2022年1月5日,中国证监会公布《上市公司独立董事规则》,对《关于在上市公司建立独立董事制度的指导意见》的原有内容进行统一编排和改写,修改规则之间不一致的内容。该规则明确规定独立董事任期届满前,上市公司可以经法定程序解除其职务,以及重大关联交易、聘用或解聘会计师事务所,应由二分之一以上独立董事同意后,方可提交董事会讨论。《上市公司独立董事规则》对独立董事的任职条件、职权等作出了更加明晰的规定,并吸纳散落别处的规则内容,增强了规则的适用性。

二、中国上市公司独立董事的现状

(一) 上市公司聘任独立董事的数量分布

如图4-3,2015—2020年全部A股上市公司中,聘任2名及以下独立董事的分别有133、145、174、176、194、233家,分别占比5.03%、4.94%、5.26%、5.17%、5.37%、5.73%;3名的有2 008、2 267、2 593、2 649、2 841、3 221家,占比75.89%、77.27%、78.34%、77.8%、78.68%、79.22%;4名的有396、412、424、446、446、465家,占比14.97%、14.04%、12.81%、13.1%、12.35%、11.44%;5名及以上的有107、111、117、133、130、144家,占比4.05%、3.78%、3.53%、3.91%、3.6%、3.51%。平均来看,2015—2020年全部A股上市公司的独立董事人数分别平均为3.19、3.17、3.15、3.16、3.15、3.13名。

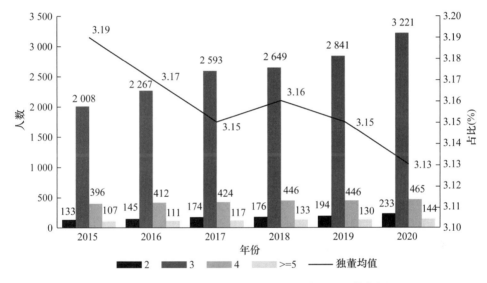

图4-3 2015—2020年所有A股上市公司聘任独立董事数量
资料来源:根据国泰安数据库披露的数据整理得出。

如图4-4,2015—2020年全部A股上市公司中,独立董事占董事会总人数比例仅仅满足强制1/3要求的公司分别有1 250、1 444、1 617、1 586、1 643和1 831家,分别占比47.21%、49.15%、48.87%、46.58%、45.50%和45.04%,总体来看,仍然有接近半数公司的独立董事比例刚刚达到证监会规定的比例。独董比例在1/3—1/2之间的上市公司有1 324、1 420、1 624、1 743、1 885和2 116家,分别占比50.00%、48.33%、49.08%、51.19%、52.20%和52.05%,整体来看,近三年独立董事比例在1/3—1/2的上市公司超过了50%。而独董比例超过1/2的公司分别仅有53、61、53、61、60、73家,占比仅2.00%、2.08%、1.60%、1.79%、1.66%和1.80%。平均来看,2015—2020年全部A股上市公司独董占董事会人数比例均值仍在37%—38%之间。

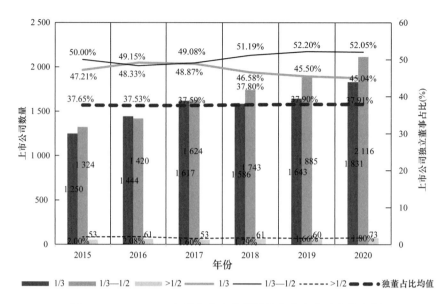

图 4-4　2015—2020 年所有上市公司独董占董事会总人数比例

资料来源:根据国泰安数据库披露的数据整理得出。

(二) 独立董事的兼职情况

如图 4-5,2015—2020 年全部 A 股上市公司在岗的独立董事中,分别有 1 408、1 671、1 909、1 952、2 131 和 2 475 名仅在 1 家上市公司任职,没有兼任,占全部在职独立董事的

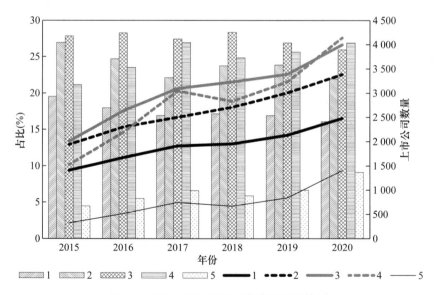

图 4-5　2015—2020 年独立董事的兼职情况

资料来源:根据国泰安数据库披露的数据整理得出。

分别占比 19.55%、17.97%、16.9%、17.14%、16.91% 和 16.07%;同时担任 2 家上市公司独立董事的有 1 940、2 298、2 500、2 706、3 008、3 382 名,分别占比 26.94%、24.71%、22.14%、23.76%、23.87% 和 21.97%;同时担任 3 家上市公司独立董事的有 2 007、2 631、3 096、3 231、3 390、3 996 名,分别占比 27.87%、28.29%、27.42%、28.37%、26.9% 和 25.95%;同时担任 4 家上市公司独立董事的有 1 524、2 188、3 044、2 832、3 232、4 140 人,分别占比 21.16%、23.52%、26.95%、24.86%、25.65%、26.89%;同时担任 5 家上市公司独立董事的有 322、513、744、669、839、1 404 人,分别占比 4.48%、5.52%、6.59%、5.88%、6.66%、9.12%。根据《关于在上市公司建立独立董事制度的指导意见》的规定:独立董事原则上最多在 5 家上市公司兼任独立董事。

(三) 独立董事的年龄分布

如图 4-6,2015—2020 年,全部 A 股上市公司独立董事的平均年龄为 54 岁左右,2020 年最大的 96 岁,最小的 28 岁。从年龄的区间分布来看,独立董事主要集中在 41—70 岁,该区间在 2020 年占比达到 92.06%,说明有一定工作经历和经验的人受到相当重视;从细分区间来看,在 2015—2020 年间,51—60 岁占比最高,2020 年共有 7 029 人,占 44.89%;41—50 岁占比第二,2020 年为 4 333 人,占 27.67%;再次是 61—70 岁,2020 年 3 053 人,占 19.50%;2020 年 71—80 岁和 31—40 岁分别有 457 人和 740 人,占比分别为 2.92% 和 4.73%。此外,2015—2020 年年龄低于 30 岁的独董仅为个位数,2020 年年龄高于 80 岁的独董为 41 人,独董年龄分布较为广泛。

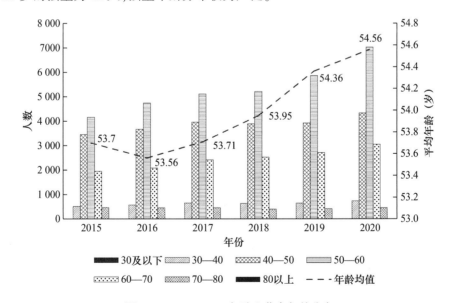

图 4-6　2015—2020 年独立董事年龄分布

资料来源:根据国泰安数据库披露的数据整理得出。

（四）独立董事的学历分布

如图4-7,2015—2020年,A股上市公司披露学历信息的独立董事中大多数具有本科及以上学历,占比达到97%以上,独立董事整体学历水平高。其中,学历为硕士研究生的独立董事有2 356、2 774、3 240、3 295、3 505和3 112人,占比分别为31.65%、32.98%、33.59%、33.25%、32.76%和32.46%;拥有博士学历的分别有2 916、3 349、3 794、4 061、4 539和4 225人,分别占39.17%、39.81%、39.33%、40.98%、42.42%和44.07%。此外,拥有大专学历的有191、202、244、225、235、202人,占比均在3%以下,学历为中专及以下的最多一年为10人,2020年仅为4人。

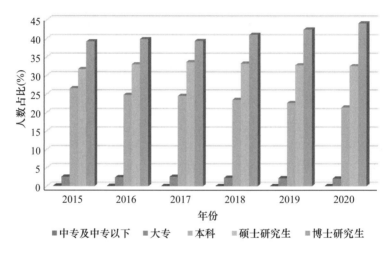

图4-7 2015—2020年独立董事的学历分布
资料来源:根据国泰安数据库披露的数据整理得出。

（五）独立董事的薪酬分布

图4-8统计了2015—2020年每位独立董事在每一家公司所拿薪酬,全部独立董事的平均年薪分别为6.04、6.50、7.02、7.57、7.86、7.79万元,年薪的中位数分别为5.95、6.00、6.00、6.32、7、6.75万元,2020年有一半的独立董事年薪在6.75万元以上。2020年独立董事的最高年薪为85.5万元,高于50万元的有42个。总体来看,2015—2020年独立董事薪酬大多集中在2万—10万元,分别占全体的73.11%、73.62%、74.70%、74.23%、72.45%、71.65%,也有许多独立董事不领取薪酬,在2015—2020年分别有1 094、1 001、769、613、766、886个,占全体的比例分别为10.53%、8.8%、6.11%、4.90%、5.44%、5.76%。

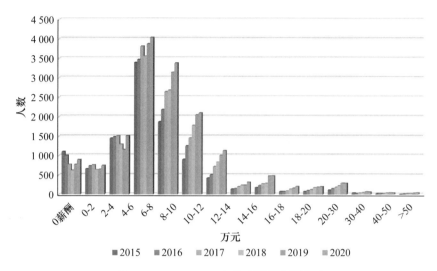

图 4-8　2015—2020 年独立董事薪酬分布
资料来源：根据国泰安数据库披露的数据整理得出。

（六）独立董事的工作地情况

图 4-9 统计了 2015—2020 年全部 A 股上市公司所在地与其独立董事工作地的一致性。从表中可以看出，整体上 2015—2020 年上市公司所在地与独立董事工作地的一致性在下降，异质性在上升。其中，2020 年，除不确定的 9 家上市公司外，有 1 018 家公司所聘任独立董事的工作地与公司所在地一致，方便了独立董事履职，占 25.04%；有 3 039 家

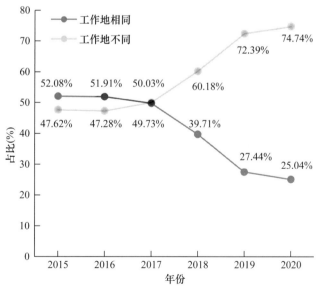

图 4-9　2015—2020 年独立董事工作地与上市公司所在地一致性
资料来源：根据国泰安数据库披露的数据整理得出。

公司所聘任独立董事的工作地与公司所在地不一致,占 74.74%。

三、中国上市公司独立董事履职情况

(一) 独立董事的提名与任免

中国上市公司协会的问卷调查结果①显示,仅有 1.29% 的公司存在由机构投资者提名产生的独立董事,有 1.32% 的公司存在由持股比例在 1% 以内的股东单独和共同提名产生的独立董事;现任独立董事中,由上市公司控股股东和实际控制人向董事会或提名委员会推荐或提名的占 29.82%,董事会(包括提名委员会)推荐的占 67.02%。2017—2020 年,有 26.19% 的公司独立董事主动辞职,辞职原因大部分为工作忙(57.14%)、身体原因(19.87%)、独立董事任职单位工作要求或是已经达到六年期限。此外,基本没有独立董事被免职(99.88%)。

关于独立董事的选聘,61.28% 的公司认为独立董事选聘不存在困难,34.15% 的公司认为独立董事选聘难度一般,4.57% 的公司认为独立董事选聘较难和很难。

(二) 独立董事的工作状况

有 99.94% 的调研上市公司设立了审计委员会(少数公司审计委员会和其他委员会合并设立),其中九成以上(90.51%)的审计委员会中独立董事占比在 1/2 以上;有 94.61% 的公司设立了提名委员会,其中 83.19% 的提名委员会中独立董事占比在 1/2 以上;有 98.71% 的公司设立了薪酬委员会,其中 86.76% 的公司薪酬委员会中独立董事占比在 1/2 以上;有 95.49% 的公司设立了战略委员会。另外一部分公司还设立了风险委员会、关联交易委员会、公司治理委员会、预算委员会、投资审议委员会、可持续发展委员会等,其中设立关联交易委员会、预算委员会的占多数。

(三) 独立董事的工作时间

问卷调查结果显示,87.37% 的独立董事每年为问卷主要关联公司工作的时间在 20 天以内,仅有 12.63% 的独立董事每年为上市公司平均工作的时间在 30 天以上。69.01% 的独立董事年平均现场办公时间为 5—15 天。

除参加董事会会议及股东大会,32.98% 的独立董事每年在公司的现场工作时间平均为 1—3 日,40.13% 的独立董事现场工作时间平均为 4—8 日,仅有 9.72% 的独立董事现场工作时间平均为 12 日以上。

---

① 独立董事的履职情况来自中国上市公司协会的调查。2021 年,中国上市公司协会在地方协会协助下,组织召开独立董事座谈会,并对沪深两市部分上市公司及其独立董事进行了问卷调查,上市公司调查问卷回收 1 707 份,独立董事调查问卷回收 2 003 份。

(四) 独立董事的意见及提出

2017—2020年,受调研上市公司仅有3.51%的独立董事对公司重大事项发表同意以外的意见(包括保留意见、反对意见、无法发表意见)。94.32%公司董事会提交给股东大会审议的议案均获批准;对于未获股东大会批准的议案,93.94%的独立董事都表示了同意。

(五) 独立董事实际定位与制度设计的落差

中国独立董事制度建立二十多年以来,经过不断的充实和完善,如今取得了明显的成绩和长足的进步,从早期的"花瓶独董""明星独董"到目前的"专才型独董"。这二十多年间,随着时代的进步和企业的发展,公众对独立董事的认知也在不断发生改变,更多地集中到他们的职业背景、专业能力等方面,进而期望作为专才的独立董事能够以其专业知识、工作经验为依托,在参与董事会相关议题的决策中发挥积极的作用。然而,"专才型独董"与独立董事制度设计的本意却存在着很大的不同,甚至在很大程度上导致了目前独立董事制度的悖论和发展窘境。

从证监会对上市公司董事会的总体要求和部分上市公司结合自身情况对独立董事的职责规定均可以看出,在享有参与公司重大事项经营决策、监督其他董事和经理层行为方面,独立董事不仅大权在握,而且被寄予厚望。公司的发展战略、重要经营策略、高管的薪酬激励政策、股东权益维护,无一例外,均需得到独立董事的认可和同意,才能提交股东大会或董事会审议,否则就不可能成为公司的制度。

根据上市公司治理准则以及公司自身制度的设定,独立董事应当是能够将相关专业知识与公司经营决策的信息融会贯通的通才。法规和准则对所有的独立董事是一视同仁的,他们行使的权利和承担的义务也是相同的,并不会因独立董事的专业和职业背景差异而区别对待。因此,只精通专长而不了解公司经营的其他方面,并不能成为独立董事逃脱职责和义务的"挡箭牌"。

通过观察独立董事在公司实践中的角色,可以发现尽管上市公司在章程和规则中作出了"通才型"独立董事的要求,然而现实中公司往往以专才的标准和期待来聘任独立董事,实际履职要求也根据独立董事的专长进行区分。由此导致独立董事在发挥决策专业化、科学化的作用时,往往局限在与专业领域相关的决策事项上。在这种现实情境下,独立董事的背景特征决定了其为公司提供的资源类型、咨询水平和监督能力,相关学术研究也通常依据职业背景的不同将独立董事区分开来,分类探究他们对公司经营发展的影响。

独立董事是"通才"还是"专才"的问题,反映了政策指引与企业实践运用、理想与现实的冲突,这种冲突需要重新审视独立董事的定位方能得以解决。因此,在公司内部或外部的相关专业人员进行资料收集、数据获取、计算分析和决策认证等具体事宜的基础上,掌握公司不同决策事项所适用的方法论和原则,能够对提交到董事会的议案进行科学评判的"通才型独董",将成为独立董事制度变革的新方向和新思路。[①]

[①] 牛建波,尹雅琪.通才型独董:制度变革的新方向和新思路[J].董事会,2021,8:39—43.

四、监督模式改革与治理的有效性

在公司治理有效性建设的新阶段,治理监督的有效性是其关键环节。由此,如何在现有结构和机制建设的基础上,重塑治理的监督模式,探索解决实践中独立董事和监事会间职能不协调甚至相互抵消可能潜伏的治理风险,就成为提升公司治理有效性的关键问题。

从国际上看,治理的监督模式设计主要有单层制下的独立董事制度和双层制下的监事会,其区别在于监督职能主要是放在董事会内部(外部董事、独立董事)还是外部(监事会),核心运作机制是依靠正式规则还是依靠非正式关系。而在中国企业改革初期,由于经济转型背景下经济型治理体系的缺失,为了防范企业改革陷入"一放就乱"的局面,在公司治理改革中特别注重监督机制(如改革中先派监事会)的建设,并借鉴其他国家在监督机制建设方面的经验和做法。具体而言,就是在公司治理改革的进程中,既借鉴了德国和日本的监事会制度,也引进了英美的独立董事制度。这种双重监督模式设计的目的是进一步强化公司的监督体系,以确保我国公司治理改革的顺利推进和决策科学化目标的实现。

理论上看,独立董事和监事会在监督职能分工上可能出现两种情况:第一,职能重叠,监事会充当第二道防线;第二,职责分工明确,相互协作,共同完成监督目标,即监事会分担部分董事会监督职能。不管哪种情况,要实现双重监督的协作效应,均需具备一些基本的前提条件:职责边界清晰、各自切实履职、双方协同运转、与外部治理环境匹配。只有具备相应条件且能发挥协同效应,才有可能实现 $1+1>2$ 的效果。

中国双重监督制度设计的初衷,是试图发挥独立董事和监事会的多重监督及协作效应。这种制度安排对于转型期我国企业改革的顺利推进发挥了重要作用。但在关系型治理发挥重要作用的转型实践中,正式制度设计功效的发挥很大程度上取决于关系型治理机制的重塑。由于与双重监督体系相配套的关系型治理机制的滞后,加上二者职能界定模糊交叉、履职保障和可操作性不强等因素,使得双重监督机制的作用受限甚至相互掣肘,协同效应更难以发挥。中国公司治理指数表明,在职能界定模糊且交叉的情况下,独立董事和监事会本身运行效率不高,甚至存在职能不协调而相互抵消并潜伏治理风险等问题。

此外,在全球化背景下,一批中国企业纷纷赴海外上市,部分企业同时实现多地上市。其中,单纯在境外上市(如H股、N股等)的公司按照当地规则不必设监事会,而境内外同时上市(如A股+H股等)的公司,则既有单层制下的独立董事制度,亦有双层制下的监事会制度。治理评价显示,相对而言,境内外同时上市比仅在境内上市公司治理质量高。这可能与境外监管规则对董事会监管严格、董事会职能明确,而境内上市公司董事会部分监督职能外移到监事会、二者职能边界模糊有关。这表明,只要职能边界清晰,独立董事和监事会的监督职能是可以相互替代的。

在公司治理进入提升有效性的新阶段,治理监督模式改革的关键,就在于切实协调好独立董事和监事会的关系,重塑与双重监督模式相协调的关系型治理机制。第一,对于改革中为强化监督而设立双重监督机制的公司,如已实施独立董事制度且运作良好的上市公司,是否保留监事会可由企业自主决定,公司监督机制建设的重点落在独立董事制度上;第二,对于一些仍有必要维持双重监督机制的公司,改革的关键在于进一步厘清二者的职责边界并增强履职的可操作性,在实现各自独立高效运作的同时发挥协同效应,提升公司治理的有效性;第三,对于未实施独立董事制度的非上市公司,则必须设立监事会,并不断提升其监督有效性。当然,不管采用何种方式,都要进一步完善外部治理环境,培育相应的关系型治理机制,强化监督机构(独立董事或监事会)的履职保障和问责机制,避免多重监督机制间的掣肘,最终提升公司治理的有效性。①

根据证监会《关于在上市公司建立独立董事制度的指导意见》,上海证券交易所于2016年9月30日发布了修订版的《上海证券交易所上市公司独立董事备案及培训工作指引》,以加强上市公司独立董事备案及培训工作。其中包括对独立董事候选人备案程序的规定。上市公司董事会、监事会或者具有独立董事提名权的上市公司股东拟提名独立董事候选人的,应自确定提名之日起两个交易日内,由上市公司在本所网站"上市公司专区"在线填报独立董事候选人个人履历,并向本所报送独立董事候选人的有关材料,包括《独立董事提名人声明》《独立董事候选人声明》《独立董事履历表》等书面文件。

关于独立董事的任职资格,《关于在上市公司建立独立董事制度的指导意见》也给出了明确规定。独立董事候选人任职资格应符合下列法律、行政法规和部门规章的要求:(一)《中华人民共和国公司法》关于董事任职资格的规定;(二)《中华人民共和国公务员法》关于公务员兼任职务的规定;(三)中央纪委、中央组织部《关于规范中管干部辞去公职或者退(离)休后担任上市公司、基金管理公司独立董事、独立监事的通知》的规定;(四)中央纪委、教育部、监察部《关于加强高等学校反腐倡廉建设的意见》关于高校领导班子成员兼任职务的规定;(五)中国保监会《保险公司独立董事管理暂行办法》的规定;(六)其他法律、行政法规和部门规章规定的情形。

另外,《关于在上市公司建立独立董事制度的指导意见》对独立董事的独立性作出了明确规定,独立董事候选人应具备独立性,不属于以下情形:(一)在上市公司或者其附属企业任职的人员及其直系亲属和主要社会关系;(二)直接或间接持有上市公司已发行股份1%以上或者是上市公司前十名股东中的自然人股东及其直系亲属;(三)在直接或间接持有上市公司已发行股份5%以上的股东单位或者在上市公司前五名股东单位任职的人员及其直系亲属;(四)在上市公司实际控制人及其附属企业任职的人员;(五)为上市公司及其控股股东或者其各自的附属企业提供财务、法律、咨询等服务的人员,包括提供服务的中介机构的项目组全体人员、各级复核人员、在报告上签字的人员、合伙人及主要负责人;(六)在与上市公司及其控股股东或者其各自的附属企业具有重大业务往来的单位担任董事、监事或者高级管理人员,或者在该业务往来单位的控股股东单位担任董事、监事或者高级管理人员;(七)近一年内曾经具有前六项所列举情形的人员;(八)其他上海证券交易所认定不具备独立性的情形。

《关于在上市公司建立独立董事制度的指导意见》还对独立董事的培训作出了规定,上市公司独立董事应参加任职资格培训,培训时间不得低于30课时,并应取得独立董事

---

① 李维安.监督模式改革与治理的有效性[J].南开管理评论,2013,1:1.

任职资格证书。上市公司独立董事任职后,原则上每两年应参加一次后续培训,培训时间不得低于 30 课时。上市公司独立董事培训由上海证券交易所或者上海证券交易所授权的单位组织,采取集中面授、网络培训、座谈讨论、经验交流和公司实地考察等多种方式进行。上市公司独立董事培训内容包括上市公司信息披露、上市公司治理基本原则、上市公司规范运作的法律框架、独立董事的权利、义务和法律责任、独立董事履职实践及案例分析、独立董事财务知识以及资本市场发展等主题。①

关于我国独立董事制度的建设和完善,可以从以下几个方面着手努力:

(1)提高独立董事的比例,建设以独立董事为主的专业委员会;

(2)采取累积投票、委托投票等方法限制大股东的提名权限,建立有利于中小股东的投票机制,提高独立董事选聘机制的独立性;

(3)进一步明确更严格的独立董事资格标准,以确保独立董事的独立性和胜任能力;

(4)完善独立董事问免责制度,增强独立董事的自我约束机制;

(5)为保证独立董事勤勉尽责,保证其在履行独立董事职责时投入必要甚至充分的时间和精力,适当减少独立董事兼任独立董事职务的公司家数;

(6)加强独立董事法治建设,协调并充分发挥独立董事与监事会不同的监督职能,如独立董事侧重于决策的科学性监督,而监事会则侧重于决策的合法性监督,使两者并驾齐驱,相得益彰;

(7)培育经理人市场和独立董事市场,成立独立董事协会或独立董事事务所,促使独立董事职业化,发挥声誉激励的重要长期激励作用;

(8)建立公司治理信息系统(Corporate Governance Information System,CGIS),如图 4-10 所示,建立有利于独立董事履行职责时获取相关信息的软件和硬件保障。

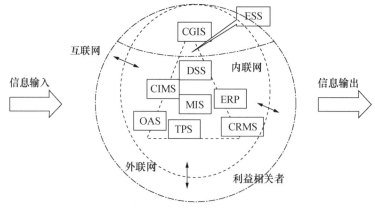

图 4-10 公司治理信息系统②

---

① 资料来源:上海证券交易所官网,《上海证券交易所上市公司独立董事备案及培训工作指引》,2016 年 9 月 30 日。

② 图中的英文缩写含义如下:ESS(Executive Support System),行政支持系统;DSS(Decision Support System),决策支持系统;MIS(Management Information System),管理信息系统;TPS(Transaction Processing System),事务处理系统;CIMS(Computer Integrated Management System),计算机集成管理系统;OAS(Office Automation System),办公自动化系统;ERP(Enterprise Resource Planning),企业资源计划;CRMS(Customer Relationship Management System),客户关系管理系统。

第四节　独立董事的激励约束机制和有效参与条件

引入独立董事制度的主要目的是解决上市公司存在的委托代理问题,实现股东价值最大化。然而,许多人对独立董事是否真正具有"独立性"持怀疑态度,甚至明确提出独立董事是"花瓶董事"。例如,美国安然(Enron)公司有多名独立董事,其中不乏财务专业人士,从董事会结构看,应该能够实现有效的公司治理。然而,安然公司的财务"丑闻"不仅导致自身破产清算,还使世界上最大的会计师事务所之一安达信倒闭。"德隆系""郑百文"等中国证券市场丑闻中也不乏对独立董事的抨击之声。独立董事能否在公司治理体系中发挥作用?发挥多大作用?这些问题都需要作出深入探讨。本节首先分析独立董事的激励和约束机制,然后探讨独立董事有效行使其职权的前提条件,包括当前中国上市公司中制约独立董事发挥作用的因素,最后探讨对独立董事作用的评价。

一、独立董事的薪酬激励与约束机制

尽管独立董事的激励机制存在较大的特殊性,但还是需要激励,而激励的另一个方面就是约束。在激励约束机制的作用下,独立董事才能更好地发挥其作用。

(一) 独立董事的薪酬激励机制

为了促使独立董事更好地为上市公司作出贡献,为独立董事设计一些激励机制非常有必要。这些激励机制主要包括独立董事在上市公司中的薪酬和股票期权。更高的报酬往往意味着更大的责任,这也激励独立董事不再无所事事,只担负象征性的工作,而是必须专注于他们的工作,必须为公司创造价值。

一般而言,独立董事的薪酬是由津贴和车马费构成,即一般以年薪和会议费的形式获得现金报酬。由于独立董事并不负责上市公司的日常经营管理,也不是上市公司的员工,因此他们的薪酬水平往往和公司的业绩没有任何关系。但是,对于作为理性"经济人"的独立董事,薪酬结构在调动其积极性的过程中扮演着重要的角色。而从实践上看,在独立董事制度较为成熟的英美等国家,公司不仅给予独立董事必要的津贴和会议费,而且很多公司还给予独立董事一定的股票期权。从理论上而言,对独立董事的激励机制应该兼顾短期激励和长期激励。短期激励可以根据独立董事参与董事会会议的次数发放,主要用于补偿独立董事参加董事会会议的机会成本,激励其每次按时参加董事会会议;而长期激励则一般不会因其参加会议的次数而变更,主要用于激励独立董事切实从公司的长远利益作出决策。

(二) 独立董事的约束机制

独立董事的约束机制主要包括外在约束和内在约束两种，前者主要是法律约束、公司章程约束、市场约束和社会约束；内在约束主要是职业道德约束和声誉约束。这些约束机制也将有形或者无形地促使独立董事作出客观和公正的决策。

法律约束是一种强制性的约束，如果独立董事违反了相关法律法规的规定，毫无疑问应该承担相应的责任，这是对独立董事进行约束的有效手段。我国《公司法》明确规定，如果公司董事会通过的议案给广大中小股东造成巨大损失，任何一位中小股东都可以起诉董事会。如果法院判定董事会要负经济或法律责任，则根据董事会的记录，凡是对该议案没有投反对票的董事，都对此负有连带责任，独立董事也不例外。但是从目前上市公司的实践而言，由于法律法规对实际操作层面界定太少以及案件的性质和受理等诸多方面仍然存在着很多障碍，因此很少发生股东个人诉讼公司董事的事件，这也使得法律对独立董事的约束作用实际上是有限的。公司章程对公司的组织机构和行为以及公司内部各主体的职责、权利和义务等作出了具体规定。尤其是上市公司，必须在公司章程中对独立董事的责权利等各方面作出相应的规定。

独立董事一般会用职业道德准则进行自我约束。独立董事作为一种特殊的职业，其职业性质决定了他所负担的是对公司全体股东，尤其是中小股东和社会公众的责任。人们对其独立性和公正性的要求较高。如果独立董事不能履行其应有的职责，发挥其应有的作用，不能有效保护中小股东的利益，甚至损害他们的利益，则必然会失去中小股东和社会公众的信赖。因此，为了在公众中树立起良好的职业形象，独立董事往往会用职业道德标准进行自我约束。另外一种无形的和内在的约束是声誉机制。担任企业独立董事的一般都是某个领域内的专家学者，因此他们对于成就感和荣誉感比较关注。一旦独立董事在上市公司中表现出应有的独立性和客观性，无形中将极大地保护和提升他们的声誉。

二、独立董事行使职权的前提条件

为了使独立董事顺利和切实地履行其职权，上市公司应该积极地予以配合，从各方面创造条件保证独立董事工作的开展。具体而言，上市公司应该提供的条件包括：

（1）上市公司应提供独立董事履行职责所必需的办公条件。

（2）上市公司承担独立董事行使职权的必要费用。除了独立董事的津贴和会议费，独立董事在履行其职责时，可能需要进行调查研究，上市公司应该提供必要的交通、通信和住宿的费用。如果独立董事认为需要就某些问题征求有关专业中介机构中专家的建议，公司应提供费用。

（3）独立董事行使职权时，上市公司有关人员应当积极配合，不得拒绝、阻碍或隐瞒，不得干预其独立行使职权。

（4）上市公司可以为独立董事主动地建立必要的责任保险制度。由于我们寄希望于独立董事能够客观公正地表达自己的见解，保护中小股东的利益，当独立董事真正地维护整个公司的利益时，可能会违背某个或者某些利益集团的利益，因此他们可能会担心自己的诉讼风险。上市公司可以建立必要的独立董事责任保险制度，以降低独立董事正常履行职责可能引致的风险。

（5）上市公司应该保证独立董事享有充分的信息，这是独立董事有效行使其职权最重要的前提条件。

如果不考虑其他的外界条件，从独立董事自身来考虑，要作出切实有效的决策需要三方面的保障。第一，独立董事自身的能力和素质。独立董事必须具备相关的经验、特有的知识和技能、良好的沟通能力、财务意识、分析判断和决策能力。第二，独立董事必须有一定的时间保障。尽管独立董事可能是某个领域内的知名专家，如果他不能投入必要的时间用于准备讨论董事会的决策，那么他作为独立董事的作用就不能发挥。第三，信息保障。即使和其他的内部执行董事相比，独立董事已经处于信息劣势的地位；和公司的高管人员相比，独立董事的信息劣势就更为明显。独立董事获得信息的渠道无疑有两种，一种是外部渠道，比如上市公司的主管部门和新闻媒体，但是这些渠道的信息对其决策职能只能起到辅助的作用；另一种则是内部渠道，即上市公司应该向独立董事提供必要的信息。上市公司提供的信息越及时、越充分，就越有利于独立董事吸收信息和作出有效决策。独立董事作出决策的依据在相当程度上依赖于公司内部向他所提供的信息。如果上市公司没有及时向独立董事提供信息或在所提供的信息中有所隐瞒，那么独立董事据此作出的判断就是片面的。

我国《关于在上市公司建立独立董事制度的指导意见》规定，上市公司应当保证独立董事享有与其他董事同等的知情权。凡须经董事会决策的事项，上市公司必须按法定的时间提前通知独立董事并同时提供足够的资料，独立董事认为资料不充分的，可以要求补充。当2名或2名以上独立董事认为资料不充分或论证不明确时，可联名书面向董事会提出延期召开董事会会议或延期审议该事项，董事会应予以采纳。

三、独立董事决策参与机制的设计

作为公司治理体系的重要组成部分，独立董事制度在解决"内部人控制"和"大股东剥削小股东"等委托代理问题方面可以起到一定作用。通过强化董事会，设计有效的决策参与机制，可以完善独立董事制度并促进其在公司治理体系中发挥更大作用。[①]

[①] 李维安.公司治理学(第四版)[M].北京:高等教育出版社,2020.

(一)强化董事会

强化董事会是指独立董事在监督公司管理层、参与公司战略决策方面发挥更大作用。强化董事会可以从三个方面增加公司价值,包括监督经理人员、参与公司战略规划、协调公司所有利益相关者。监督经理人员是为了防止公司管理层滥用权力而造成股东资产损失,确保股东资产的保值增值。参与公司战略规划有助于增强独立董事的荣誉感和参与精神,促进独立董事对公司所处的经营领域和行业状况进行了解,对经理层提出的建议及时检查、修正,推动公司战略计划的实施。

协调公司所有利益相关者与公司的社会责任有关。公司对与之相关的所有利益相关者都承担一定的责任,而利益相关者之间存在冲突,公司不可能同时满足所有利益相关者的要求,因此必须由这些利益相关者选出一些代表组成团队,它的任务是订立出能够为所有利益相关者所接受的、能够测度公司社会责任的标准,这个团队就是董事会。董事会所订立的价值判断标准界定了公司行动的范围,被称为"公司生存空间"。强化董事会能帮助公司迅速确立它的生存空间边界,当发生目标冲突时,帮助公司为目标重新设置权重,确定轻重缓急的处理顺序,有效调节利益相关者之间的冲突。

强化董事会的压力主要来自机构投资者。机构投资者希望独立董事成为其在董事会中的代言人,在公司治理中发挥更大作用,他们在强化董事会的过程中将给予独立董事强有力的支持。再者,许多市场中介机构(如评级机构)将公司治理和公司竞争优势联系在一起,督促公司在完善独立董事制度方面作出更大努力。最后,关于经理人员薪酬过高的争论也是促成强化董事会呼声日渐高涨的直接动因。投资者相信,解决这一问题的有效途径是使独立董事在经理人员报酬确定方面负更多责任。

强化的董事会具有如下特征:① 独立董事在董事会中占有数量优势。② 董事会具有合适的规模,标准是形成一个有效率的工作团队,所有成员都明白团队的目标,并愿意花费时间和精力实现它。同时独立董事也应该认识到,他们的基本职责是监督公司的管理和业绩,而不是直接管理公司。③ 董事会成员具有丰富的行业经验和领导经历,能用自身的专业知识为公司解决其所面临的问题提供帮助。④ 董事会成员能够在董事会会议上自由交流信息和观点。⑤ 独立董事应该推举一个召集人,这个召集人与董事长共同计划董事会的行动。⑥ 董事会中的重要次级专业委员会,如审计、报酬、提名等,应该由独立董事组成,或至少独立董事应该在数量上占有优势。独立董事既要与执行董事定期协商公司战略问题,也要进行没有执行董事参加的内部交流。⑦ 独立董事能够得到关于公司财务和经营状况的较全面的信息。

(二)独立董事战略参与

传统的公司战略决策过程是由经理人员控制的,因为他们是战略计划的主要实施者。独立董事由于缺乏必要的行业背景、专业知识和操作能力,在每个月工作仅有几个小时的情况下,不可能比全日制工作的经理人员更有能力处理战略实施过程中遇到的难题。

随着市场竞争的日益激烈,要求独立董事积极参与公司战略的呼声日渐高涨。独立董事战略参与是强化董事会的主要措施。不同公司独立董事战略参与的程度存在差别,有的公司将独立董事的职责限定为讨论、审议并通过经理人员的战略提案,有的公司则要求独立董事在战略规划的提出、制定、选择和实施等多个方面全面参与。这种差别是由董事会结构、内部工作程序以及独立董事的个性等多种因素所造成的,其中董事会结构起着至关重要的作用。随着公司外部环境不确定性的增加、规模扩张和投资分散化效应的加强,公司业绩不断提高,公司董事会结构相应发生变化,变化的趋势是董事会规模扩大,独立董事人数增加。这种变化导致独立董事对公司战略有了更多的参与,并最终提高了公司的业绩。

(三) 独立董事战略参与的具体措施:战略审计

虽然标准的战略规划程序是管理层将战略规划草案提交给董事会审议通过,但实际上仍然是管理层对公司战略制定起着决定性作用。为了使独立董事在公司战略参与方面发挥更大的作用,一项具体措施就是在董事会中设置战略审计机制,由独立董事对这一机制的设立和运作负主要责任。

公司管理层与独立董事在公司战略的制定上有着不同的目标。管理层的目标是将战略付诸实施;独立董事则是负责将股东的观点在公司战略中得到反映,并对战略实施过程提出质询。独立董事对现有战略进行评价的依据不仅仅是公司当前业绩与过去业绩的对比、当前业绩与行业竞争对手业绩的对比等,更重要的是,当前实行的战略可能带来的收益与其他可行的战略带来的收益的对比。

简言之,独立董事的责任是评价战略,确保公司战略符合股东的利益。管理层的责任是将战略目标转化成公司行动。战略的制定则是由独立董事和管理层共同完成的。战略审计包括如下基本要素:

1. 选取测度指标的原则

被测度的指标应该是常见的、容易理解的、广泛被接受的财务指标,要能反映出股东长期投资的回报率,要涵盖机会成本,要能使当前的收益与过去的收益进行对比,要反映经济学的基本原理,即股东对公司的忠诚来自公司对他们投资的回报率。

2. 备选测度指标

投资利润率(return on investment):销售利润率、资金利润率、每股净资产3个指标的合成指标。

投资现金流回报率(cash flow return on investment):反映净现金流状况的财务指标,它有助于进行多种投资机会成本的比较。

年度净经济附加值(net economic value added from year to year):反映股东投资收益超过投资成本绝对量的财务指标。

股东收益率(total of shareholders return on investment):测试股东投资于公司所获得

的全部收入(股息、红利、资本升水)的财务指标。它的主要缺陷在于短期波动较大,过分看重它容易产生短视行为,最好作为其他3个指标的补充指标。

3. 数据设计和保存

独立董事不仅要对战略审计的原则进行规定,而且要对数据的获取过程进行控制。传统的由经理人员提供数据的方法并不科学,因为经理人员可能对数据进行过滤,或者对数据进行加工,这些做法都会破坏审计过程的完整性和一致性。因此由谁来代表独立董事收集、保存数据就成了一个非常关键的问题。公司内部的雇员因为存在潜在的利益冲突(对总经理负责)而不适合担任这一角色。解决该问题的办法之一是由董事会聘请注册会计师进行数据设计、收集和保存,董事会通过雇佣合同对注册会计师进行控制;另一个处理办法是将公司内部审计部门划归董事会管辖,由其负责战略审计。

4. 指定负责的次级专业委员会

由独立董事控制的审计委员会具体对公司的战略审计负责,包括确定审计原则、监督财务数据的设计和保存、检查审计过程等。同时该委员会将负责把审计结果通知经理层,并安排例行的处理战略问题的董事会议。根据行业性质、技术条件、市场状况、竞争激烈程度等的不同,董事会可以在1—3年内召开一次有关战略审计的独立董事会议。

【案例4-4】

"花瓶"独立董事:被立案调查不应成稀罕事

目前,"独董不独""花瓶独董"等问题常遭到市场质疑。2018年8月,*ST华泽收到中国证监会对公司多名独立董事的《调查通知书》,因涉嫌信息披露违法违规,证监会决定对其进行立案调查。上市公司因涉嫌违规违法行为遭到证监会的立案调查,这在市场上很常见,但独立董事被立案调查却非常少见。

2015年11月和2016年2月,中国证监会先后对*ST华泽未按照规定披露关联交易、担保事项立案调查。2018年7月,公司涉嫌构成违规披露、不披露重要信息罪等违法犯罪行为,该案被中国证监会移送公安机关,股票亦因之存在暂停上市甚至终止上市的风险。二级市场上,该股连续26个交易日跌停,其投资者遭受了惨重的损失。

2001年,中国证监会发布《关于在上市公司建立独立董事制度的指导意见》,要求独立董事对上市公司及全体股东负有诚信与勤勉义务,独立董事应当按照相关法律法规等要求,认真履行职责,维护公司整体利益,尤其要关注中小股东的合法权益不受损害;并要求独立董事应当独立履行职责,不受上市公司主要股东、实际控制人或者其他与上市公司存在利益关系的单位或个人的影响。独立董事制度推出近20年,毫无疑问并未达到理想的效果。

*ST华泽的独立董事遭到证监会的立案调查也再一次为独立董事制度敲响了警钟。"花瓶独董""独董不独"的背后,与其说是上市公司独立董事的"形同虚设",倒不如说是

独立董事制度的形同虚设,这也是独立董事无法做到"关注中小股东的合法权益不受损害"的主要原因。因此,对现行独立董事制度进行改革是非常有必要的。

资料来源:曹中铭. 花瓶独董等问题遭质疑:独董被立案调查不应成稀罕事[N]. 新京报,2018 年 8 月 13 日。

四、独立董事问责与免责体系

(一) 建立独立董事有限责任制度

目前,我国立法并没有将独立董事与其他董事、监事和高管的法律责任加以区分,对于认定为其他直接责任人员的董事、监事和高管,在同等违法情况下受到的处罚相同。例如,对于康美药业的 5 名独立董事,相比于董事长、总经理和实际控制人马兴田,主管会计工作的负责人许冬瑾、董事会秘书邱锡伟,以及参与实施财务造假行为的其他董事和高管,尽管不参与日常经营管理且过失相对较小,但仍然被视为信息披露违法行为的其他直接责任人员。

对独立董事而言,因公司信息披露违规而受处罚的主要行为形式是参与董事会、审议并签字通过有关董事会决议事项。独立董事签字,即意味着对所披露信息的真实性、准确性和完整性负责,若这些信息存在虚假记载、误导性陈述或重大遗漏,必须承担法律责任。然而,仅基于公司董事、监事、高级管理人员未尽勤勉义务的签字行为来进行责任认定,把相关治理参与主体视为一个同质化群体而不加以细化和区分其职责类型、过错大小、参与日常经营程度,将会使独立董事承担的风险与其获得职务收益之间形成严重失衡。

由此可见,首先,应构建独立董事有限责任制度,对独立董事与其他董事、监事、高管实施违规分类处罚,并依据其过错大小以及津贴总额合理限定独立董事的赔偿数额。其次,在判断独立董事的损失责任承担时,不仅需要将其与执行董事相区分,也需要对不同的独立董事作区分处理。例如,在公司财务报表造假的情况下,具有财务和会计专业知识背景的独立董事应比其他董事负有更高的责任和义务。

(二) 落实独立董事问责机制

"康美案"因其清晰有力的"零容忍"信号和"惩首恶"的巨大震慑效应,成为资本市场法治建设的一起里程碑式的事件。"康美案"中独立董事提出的申辩理由均未得到认可。《证券法》(2019 年修订)规定,董事对虚假陈述导致的损失承担连带赔偿责任,但是能够证明自己没有过错的除外,而对于董事如何证明自己没有过错则缺少明确规定,对构成勤勉尽责义务标准的举证也存在很大困难。

勤勉义务判断标准尚不明确,成为独立董事问责难以真正落到实处的问题所在。因此,应进一步明确和细化勤勉义务的判断标准。

首先,通过事前考评体系完善独立董事履职约束机制,结合独立董事专业性等重构勤勉履职要求。尽管有"独立董事每年为所任职上市公司有效工作的时间原则上不少于15个工作日"的相关规定,但相较于执行董事,独立董事因兼任而投入的时间和精力十分有限,勤勉义务的边界仍有待明确,也缺乏具体的履职要求。对此,上市公司应完善董事考评问责制度,明确和细化独立董事无效监督的责任,在事前对独立董事不尽责监督起到警示和防范作用。

其次,引入商业判断规则,赋予独立董事合理信赖权。依据权责对等原则,独立董事在勤勉义务上的特殊性不宜要求其承担过于严格的法律责任。独立董事可以信赖其通过正当途径所获得的信息,尤其是由公司管理层、聘用的外部专家和会计审计事务所等独立机构所提供的信息。在合理信赖的基础上,应将商业判断规则纳入我国公司法中,依据是否出于善意作出相关决策、决策是否为了本公司最佳利益、作出决策时的信息基础是否适当、是否履行了其应有的专业水平等因素,完善独立董事免责条款。这既为独立董事履职提供了明确可循的参考标准,也为其维护自身权益提供了合法的免责条件,有利于提升独立董事勤勉尽责的积极性。

(三) 完善独立董事履职保障

《关于在上市公司建立独立董事制度的指导意见》规定,为了保证独立董事有效行使职权,上市公司应当为独立董事提供必要的条件,其中包括建立必要的独立董事责任保险制度,以降低独立董事正常履行职责可能引致的风险。2018年修订的《上市公司治理准则》也明确,经股东大会批准,上市公司可以为董事购买责任保险。随着近年来股东诉讼案件和索赔金额的不断攀升,独立董事的权责不匹配问题也愈加凸显,独立董事的履职积极性有所下降,在上市公司出现治理风险的情况下,多数独立董事会选择"用脚投票"。

伴随"强责任"时代的来临,董事高管责任险的市场需求会进一步增加,而目前董责险在我国市场上的应用仍十分有限。据统计,2021年1月至10月,有逾180家A股上市公司公告了其采购董责险的计划;截至2021年10月底,在A股上市公司中有超过650家公司投保了董责险,投保率仅为15.1%。而在美国,外部董事很少承担个人责任的一个重要原因是,集体诉讼判决的民事赔偿金、和解赔偿金都是董事责任险的承保范围,且多数证券违法行为都是通过和解结案的,保险公司对于非故意造假形成的民事赔偿通常都会给予赔付。

因此,上市公司应通过购买董责险等方式建立完善的董事容错免责机制,为独立董事积极履职提供重要保障,鼓励独立董事在公司董事会运作中积极作为,维护上市公司和全体股东的利益。与此同时,还需要针对我国资本市场现状,对董责险的相关保障范围、赔付标准和除外责任作进一步的调整和规范,设计合理的免赔额和赔偿限额。《上市公司治理准则》明确董责险的保险范围由合同约定,但董事因违反法律法规和公司章程规定而导致的责任除外。保险责任范围不加区分地排除任何违法行为,将影响独立董事投保董责险的必要性。保险市场标准的董责险条款均有如实告知及不法行为"可分性"设计,对于没有尽到勤勉义务但对违法行为不知情且未参与的独立董事而言,需承担的损失大部分可以由保险公司赔付。在此基础上,再结合勤勉尽责的判断标准,区分不同违法违规行为设计合理的免赔额及赔偿限额,由独立董事在一定范围内承担损失,既为独立董事履职提供有效激励,也有助于加强独立董事的监督职能,防范董责险沦为"超额保障"。

(四)强化独立董事声誉激励机制

结合目前我国独立董事知情权保障不足、履职要求不明确等客观情况,如果仅通过强调加强民事责任和行政监管的惩罚力度激励独立董事勤勉尽责,忽略或者低估声誉惩罚机制的有效性,则可能会引起独立董事人才的流失。我国大多数独立董事具有在高等院校及研究机构、金融行业、政府或其他公司工作并担任重要职务的良好工作背景,这意味着他们往往具有较高的社会声望。当这些群体成为独立董事时,他们就把声誉抵押给了公司。如果公司在经营过程中涉嫌违法违规,独立董事的社会声誉将会受到严重损害,社会地位也会大大降低。因此,声誉激励机制的形成与完善,也是独立董事制度发挥作用的重要保证。

在完善独立董事处罚机制时,应特别重视声誉机制的作用。首先,建立个人信誉及社会评价体系。在市场经济比较发达的国家,存在对独立董事独立评估的中介机构,定期对独立董事进行评估,将独立董事的声誉与公司业绩相结合,建立了一套比较完善的个人声誉体系。我国可借鉴国外经验,构建行业评估体系,成立独立董事协会,由协会对独立董事的履职能力、工作态度、信用具体状况等进行量化。其次,独立董事协会可根据独立董事评估结果设置不同级别的独立董事,并实施定期考核。在独立董事资格认证体系中,独立董事将在其获得独立董事资格后更加积极地参与公司治理。同时,在级别晋升激励与级别下调风险的奖惩机制作用下,独立董事将会更加看重自己的声誉从而勤勉尽责。

【本章思考题】

1. 独立董事制度是如何产生与发展的?我国引入独立董事制度的现实背景是否与英美国家相同?如果不同,有何区别?
2. 我国独立董事制度发展的现状如何?存在哪些突出的问题?
3. 独立董事有哪些权利与义务?

【综合案例】

独立董事四宗罪,长期"不独不懂"原因何在?

证监会内部发布的《独立董事信息披露违法诉辩与判决分析报告》(下称《报告》)显

示,自 2015 年 5 月至 2018 年 5 月期间,上市公司信息披露违法被处罚后,独立董事当中共有 4 宗 9 案 10 人对证监会提起了诉讼。其中包括近日刚刚二审结案的文峰股份原独立董事范某案。因范某为国内知名法学专家,该案在法学界也引发较大关注。

独立董事制度在 A 股上市公司确立已近 20 年,但是连著名法学教授都做不好独立董事,到底是"人"的问题,还是制度本身的问题?作为中小股东"守夜人"的独立董事,如何才能不做花瓶,积极履职?

四类独董难免责

独董不"独"、独董不"懂",是我国独立董事制度长期以来饱受诟病的主要原因。值得注意的是,随着近几年监管处罚从严,独立董事以不知情、未参与等为由来要求免责,恐怕已经越来越难以实现。

《报告》分析了 10 例独立董事被处罚并提起诉讼的案例,认为包含四种不作为类型。一是花瓶挂名型;二是放任不知情型;三是有主观履行职责意愿,也采取了部分如询问公司董秘、负责人等措施,但多为表面工作,实际上也未起到发现作用型;四是任职时间短,任职时间与签字定期报告期间不完全重合甚至分离型。

"这四种类型中,第一种与第四种是两种极端,表现数量均较少。但某些时候可能是重合的,即从当事人的询问笔录等证据来看为第四种,实际是第一种,只是当事人拒绝承认而已。"证监会分析发现,第二种和第三种则是目前最常见的申辩理由,但是最终法院都没有支持独董的主张。

引入独立董事制度,初衷是为了保护股东特别是中小股东的利益。因此,立法从一开始就赋予了独立董事相应的权力,其中就包括独立聘请外部审计机构和咨询机构的权力。立法同时要求,独立董事聘请中介机构的费用及其他行使职权所需的费用由上市公司承担。

但是,在大股东对独立董事人选上有绝对话语权的情况下,是否会有独立董事花费心力跟大股东对抗呢?从过往来看,虽然阻力重重,但还是出现过不少这样的案例,比如乐山电力案。

2004 年 2 月 16 日,乐山电力独立董事程某某、刘某某因乐山电力频繁的担保行为和巨大的担保金额,聘请深圳鹏城会计师事务所就公司关联交易或有负债情况进行专项审计。

证监会在《报告》中称,该事件作为当年资本市场独立董事质疑上市公司年报的重大事件,引起了市场与监管层的关注。上市公司也从最初的反对、抵制,转变为与独立董事达成一致意见。对此,《报告》给予了高度肯定。同时,对于可能遇到的阻力,证监会也有考虑。

"独立董事行使上述权力虽然存在困难,也曾发生过独立董事行使独立聘请中介机构职权而被迫辞职的案例,但法律也赋予独董更多的权力。事实上,独立董事在各国法律体系中均较一般董事有更多的权力,对应更强的责任和义务,独立董事之'独立'很大程度上即缘于此。同时,与因为信息披露违法被行政处罚相比,因行使独立聘请中介机构职权而被迫辞职所受到的声誉影响显然更加正面、积极。"《报告》认为,如果上市公司独立董事都有程某某、刘某某一样的履职决心,独立董事制度最初的功能也一定能够得到充分发挥。

独董四大坑:代持、质押、担保、诉讼

文峰、前锋、上海家化和匹凸匹四家公司的问题根源各有特色。文峰股份和前锋股份的问题都出在股份代持,上海家化的问题出在关联交易,匹凸匹的问题出在担保和诉讼。问题不同,独立董事的权责争议焦点也不同。

● 在文峰股份案中,对独立董事的处罚缘起于文峰集团向陆永敏转让文峰股份近15%股权,而陆永敏实际是为文峰集团代持。文峰股份在2014年、2015年中报当中都没有对代持事项进行披露,独立董事范某、江某等却在前述报告上签署了书面确认意见。

范某在听证及后续诉讼阶段,主要提出三方面理由:第一,独立董事对股权代持不知情;第二,已经询问了董事、高管但还是没有获知真相;第三,作为外部董事,是基于对审计报告的信赖、对相关法律文件的信赖基础上,才在年报及中报上签字的。

但值得关注的是,他的说法并未得到法院支持。北京市第一中级人民法院在一审阶段表示,大份额股份转让是公司经营的重要事项,如果公司董事能够仅以上述理由作为抗辩事由,则公司法上的董事勤勉义务将形同虚设。

北京市高级人民法院则在二审阶段提到了一个细节,即范某在审议2015年中报之前,监管机关的调查已经开始,并已经将股份代持的事项告知了范某。但他依然没有对中报提出有效异议及质询,没有作出独立判断,就签署了书面确认意见。

● 前锋股份案中对陶某、陈某某等独董的处罚,缘起于十多年前的股份代持。2003年,前锋股份与山东鑫融科技产业有限公司(下称"山东鑫融")签订协议,约定以前锋股份名义代山东鑫融出资8700万元入股五洲证券。孰料,五洲证券竟然破产清算,清算组于2010年向法院提起诉讼,请求前锋股份履行出资义务及相应利息,前锋股份一审败诉,此后,前锋股份提出上诉又败诉,案件审理经过了很长时间。

对于这起影响重大的诉讼案,前锋股份在2010至2014年各年年度报告中都未披露。同时,在2011年至2015年期间,前锋股份北京子公司为前锋股份总经理控制的公司申请贷款提供质押担保,前锋股份在2011年至2014年年报中也没有披露。

作为独立董事,陶某主张,其作为独立董事对上市公司信息披露违法行为"未参与、不知情、无过错",因此不应承担责任。

但北京市西城区人民法院认为,不知情不是信息披露违法处罚案件的免责理由,董事应当对上市公司的经营状况包括法律风险、财务状况持续关注,积极获取相应信息,独立董事应当知晓涉及公司的重大诉讼及担保事项,这是董事对公司承担"勤勉义务"的基本要求。法院还提出,独立董事应当主动调查、获取决策所需要的资料。

● 上海家化的问题更加清楚。2009年2月至2012年12月期间,上海家化与沪江日化构成关联关系并发生关联交易,关联交易金额已分别达到2009年至2012年年度报告的披露标准,但上海家化均未予以披露。

管某某、张某、周某某、苏某四位独立董事的理由主要集中在三个方面,但都未获得法院支持。其中,管某某提出,涉案事项发生期间,始终无相关人员向其提起关联关系及关联交易事项,其不可能知悉;张某和周某某提出,独立董事不亲自参与公司日常经营活动,在有关部门及个人未向董事会汇报的情况下,其不可能知悉前述关联交易;苏某则表示,其任职时间只有两周,且审计机构出具的审计报告明确沪江日化为非关联方,独立董事无从判断前述关联关系。

• 匹凸匹信息披露违法案被处罚后,独立董事曾某某、张某某不服处罚,向上海市浦东新区法院提起行政诉讼。二人提出,2014年才任职独立董事,对2013年期间上市公司对外担保和发生的诉讼并不知情。且其发现异常后,已经向法定代表人鲜某提出了合理的建议和监管措施,已经履行了独立董事的义务。上述说法也未获法院采信。

从上述判例来看,不知情、未参与等均不能构成免责的理由,除非能够举证证明已经履行了勤勉尽责义务。那么任职时间太短,或任职时间与报告时间不重合,独立董事是否就能免责呢？法院给出的答案也是否定的。

"背后的逻辑在于,公众基于对独立董事的能力、品行的信任而任命其为独立董事,独立董事应具备相应的能力,即使未在签字定期报告日期对应的经营期间任职,基于其自身的能力,其理应发现上市公司定期报告中存在的问题。"证监会在《报告》中表示,文峰股份案中的范某与江某属于第三种类型,即"主观履行职责意愿,也采取了部分如询问公司董秘、负责人等措施,但多是表面工作,实际上也未起到发现作用型";前锋股份案的两位独董属于第二种类型,即"放任不知情型"。

而独董是否能够因为信任中介机构出具的审计报告而降低或免除责任？从世界各国的案例来看,独董是独立承担相应责任的,不能因为所谓信赖中介机构而不予履职,这也是法律为什么在中介机构监督责任体系之外还建立独立董事制度的原因所在。

独董该如何"积极"？

从美国来看,上市公司的大股东大部分是基金等金融机构,它们支持独立董事制约公司管理层;而从中国来看,上市公司大股东与管理层往往利益一致,且对独立董事的人选几乎有决定权,在这种情况下,要求独董来对抗大股东及管理层,是很难实现的。

乐山电力案当中独董个人的积极表现广受赞誉,但仍然是少数案例。当前针对独立董事有两个最新争议,一是独董能不能发现代持,二是能不能发现股权质押。

代持一般是发生在股东之间,独立董事没办法知道;质押是股东与金融机构发生的交易,独立董事也很难得知。但这并不能成为免责理由。有学者认为,代持或质押本身并不危害公司治理,但若该披露不披露甚至涉及关联交易或者股权结构重大变化,那独立董事就应该关注。

客观来看,独立董事与内部董事义务相同,但权力要更大,比如独立董事可以聘请外部第三方审计机构对上市公司进行审计,这正是为了解决独立董事存在的一个最大劣势——信息劣势。

"独董主要有两个任务,一是对各项决议文件是否符合法律法规进行审查,二是从各类书面材料中看出问题。前者业内没有争议,问题主要出在后者,即独立董事有没有信息获得的能力。"

"上市公司的审计委员会大部分都由独立董事组成,委员会主任由独董担任。根据规定,审计机构需要就财报向审计委员会做单独汇报。"有学者表示,只要独董足够谨慎、"会问",是可以发现问题的,同时还可以要求审计机构进行解释及整改,来消除问题。

中国人民大学法学院刘俊海教授提出,独立董事薪酬过低,导致客观上难以激发勤勉尽责的积极性,建议提高薪酬。他还表示,应该建立独立董事秘书制度,在公司由秘书协助其搜集相关信息并向独董汇报经营和财务情况。

不过对于薪酬问题,也有不同声音,有学者就认为,独董薪酬低是市场因素造成的,如果行业对独董的要求越来越高,企业想聘到优秀的独董,自然会提高市场价格。

资料来源:新浪财经.证监会报告直指4类不尽责独董 长期"不独不懂"问题出在何处[EB/OL].（2018-08-03）[2023-08-14]. https://finance.sina.com.cn/stock/stocktalk/2018-08-02/doc-ihhehtqf9015376.shtml。

【案例讨论】

1. 独立董事的职责范围是什么？
2. 独立董事的胜任力需要包含哪些特质和技能？
3. 推动独立董事有效履职的关键是什么？
4. 《上市公司治理准则》规定,董事会"各专业委员会可以聘请中介机构提供专业意见,有关费用由公司承担。"当独立董事对审阅事项无法作出专业判断时,你认为是否要提议聘请中介机构提供专业意见？为什么？

第五章 董事会的战略性参与

【篇首语】

董事会的重要角色或者职能包括战略决策、监督管理层以及资源外取等,而战略决策是董事会最重要也最基本的职能。快速变化的社会环境以及日益复杂的商业活动需要公司的董事会更具效率,董事会必须能够判断和评估各种各样的有用信息,并对可能影响公司的一系列事件作出权衡和判断。

作为一个有效的董事会,要保证董事会成员将其能力和才智运用到真正需要董事会决策的事件上,并且能够得出正确的决策结论。

【引导案例】

美的集团董事会的战略性参与

美的集团(000333)的主营业务涵盖智能家居、楼宇科技、工业技术、机器人与自动化、数字化创新五大板块。1968年,何享健带领23位顺德北滘居民出资创立美的前身——北滘街办塑料生产组。1980年,抓住改革开放的政策机会,生产组开始制造风扇,进入家电行业。1981年,注册"美的"商标,美的品牌诞生。1985年,进入空调行业,开始探索家电行业新品类。1993年,完成股份制改革,以美的电器(000257)在深交所上市,成为第一家由乡镇企业改组而成并拥有现代管理体制的上市公司。2001年,完成公司管理层融资收购,顺德政府出让所有股份,以何享健为核心的管理层成为第一大股东。2013年,美的集团实现整体上市。

1997年,何享健决定引入事业部制,逐步放权,建立股东、董事会、经营团队"三权分立"的经营模式。2012年8月,创始人退居幕后,何享健卸任美的集团董事长,方洪波接任为新董事长。方洪波上任之后,董事会决策权力进一步扩大,开始了一系列大刀阔斧的战略布局。

在家电行业竞争日益激烈的局面下,美的集团董事会推出了"产品领先、效率驱动、全球经营"三大战略主轴。通过技术驱动、结构升级和品质提升三个方面,系统提升产品的竞争力;通过业务、管理和资产效率的提升,降低企业运行成本、费用率与经营风险,建立可持续的系统成本优势;通过继续加大海外合资合作项目的拓展力度,提升自有品牌比例与盈利能力。

自2011年转型改革以来,美的集团相继收购了日本东芝的白色家电业务、意大利中央空调企业,进一步扩大在家电领域的市场;收购德国库卡机器人公司、以色列高创公司,正式进入机器人与自动化行业;与广药集团等进行战略合作,积极进军医药领域。面对基本饱和的家电市场,美的集团董事会在进行市场调查之后,明确成为全球化科技集团的定位,在主业之外积极寻找新的增长点,从"家电企业"向"家电和科技并重"的战略重心转移。

2021年,美的集团将战略升级为"科技领先、用户直达、数智驱动、全球突破"的四大战略路径。由于美的集团董事会拥有长远的目光和敏锐的商业嗅觉,能够将企业战略与时俱进,公司规模和盈利快速增长,取得了骄人的业绩。经过53年发展,美的集团已成为五大业务板块为一体的全球化科技集团,在全球拥有28个研发中心和34个主要生产基地,产品和服务惠及全球200多个国家和地区约4亿用户,形成美的、小天鹅、东芝、华凌、布谷等在内的多品牌组合。

第一节　董事会与公司战略

董事会的角色包括战略决策、监督管理层以及资源外取等,而战略决策是最重要也最基本的。董事会作出的决策,要能够塑造和决定公司的命运、精神、结构、成就、声誉、福利和法律立场,也可能包括一些法律所规定的事务和职权。① 其他任何与公司具体经营有关的事务都不应该是董事会考虑的范畴,应该交给公司管理层决策。因为董事会负责"指导"(direct)公司,而非"管理"(manage)公司,董事会应该对公司的发展指明方向和作出计划,并且制定出能够提升公司利益和公司价值的核心决策。

董事会角色和管理角色是完全不同的,无论是公司董事还是高级管理人员必须明确区分两者,这是董事会和管理层高效运作的前提。从某种意义上说,现代公司治理的核心是董事会的设置和权力安排,董事会代表着现代公司的权力中心,它决定着公司的重大战略决策,是战略管理的起点和终点。因此,公司治理与战略管理之间存在着紧密的关系,二者的相互影响和互动直接影响企业的战略适应能力,对企业竞争优势的提升起到不可估量的作用。

【案例5-1】

马斯克的治理契约:创新与约束并重

2018年3月,特斯拉股东特别会议通过了董事会提交的向CEO兼董事长伊隆·马斯克授予股票期权奖励的提案,该奖项所包含的总股份数量相当于截至2018年1月19日特斯拉已发行普通股总股份的12%,期限为授予之日起10年,分12期,每期都包含公司市值、营业收入和息税折旧摊销前利润方面的限制条件。在市值方面,首个归属门槛是1 000亿美元,此后每500亿美元为一个门槛,最后一个门槛是6 500亿美元,为当时特斯拉市值的11倍多。在收入方面,首个归属门槛是200亿美元,此后保持稳健增长,最后一个门槛是1 750亿美元。在利润方面,首个归属门槛是15亿美元,此后保持稳健增长,

---

① 〔英〕约翰·哈珀.董事会运作手册[M].李维安,李胜楠,牛建波译,北京:中国财政经济出版社,2006:14.

最后一个门槛是140亿美元，为2017年的21倍。自2018年实施CEO绩效奖至今，马斯克已经成功解锁六档股票期权，其身家已经达到了2886亿美元，稳坐全球首富位置。截至2021年10月25日，特斯拉美股收盘上涨12.66%，报收1024.86美元，公司市值首次突破1万亿美元，远超CEO绩效奖中市值的最大门槛6500亿美元，并成为美国第五大上市公司。

但是，股权激励也是一把双刃剑，股权激励在对经营者产生激励的同时，由于激励合约的不完备性，外部股东特别是中小股东监督制约高管的能力被弱化，加之马斯克作为超级高管及"网红"对特斯拉乃至社会公众的影响，使得马斯克权力出现失控。马斯克作为特斯拉的董事长兼CEO，截至2017年年底，持有特斯拉22.52%的股份，掌握公司控制权，且其在推特账户拥有4000多万名粉丝，研究显示约37%的美国成年人曾根据马斯克推文进行过投资。马斯克因在推特发文称有计划将特斯拉私有化退市，导致股票上涨11%，被美国证券交易委员会以"涉嫌证券欺诈"而正式起诉。最终，双方以马斯克辞去特斯拉董事长职务且三年内不再当选，并支付2000万美元罚款而和解。同时SEC要求特斯拉组建新的独立董事委员会，控制和监督马斯克的言论。2017年年底，特斯拉董事会成员中除马斯克外，其余8人均为非执行董事，其中仅Robyn Denholm与两名新成员James Murdoch、Linda Johnson Rice与马斯克没有直接的亲属关系或者投资关系，被认为是"独立成员"。和解后，特斯拉董事会进行调整，2018年11月8日，任命独立董事Robyn Denholm出任董事长，马斯克继续担任CEO。此后，先后任命Larry Ellison、Kathleen Wilson Thompson、Hiromichi Mizuno为公司独立董事。截止到2021年8月13日，特斯拉董事会中与马斯克存在关联关系或私人关系的董事由2017年的5位下降为4位。

因此，在企业发展过程中，既要通过股权激励赋予高管相应的控制权，充分施展经营者才能，激发高管的企业家精神，同时，董事会又要在治理机制上设计相应的制约机制，加强对"超级高管"的监督与制衡，实现内外部利益相关者的博弈均衡，避免因超级高管权力过大导致影响企业发展的行为发生。

一、董事会的角色与关键任务

董事会角色和关键任务的辨识是董事会战略性参与的基础。在此向大家介绍一下著名的英国董事协会对此的相关界定和研究成果。

（一）董事会的角色

在现代公司制度下，董事会履行的是股东的受托责任。股东将公司委托给董事会管理，为了使这种委托有效，董事会和董事往往被赋予相当大的权力。从这个意义上而言，董事会就是公司合法的管家，要为股东的利益服务，这就需要所有董事勤勉地工作、对公司保持诚信。董事会需要对公司的长远发展、公司的价值提升负有全面和终极的责任。当然,具体到每一位董事要承担法律和公司章程所规定的相应责任,而董事会作为一个整体要为公司事务承担集体责任。

董事会必须确保公司的存续和发展,确保公司价值的不断提升,这应该成为董事会的终极目标。英国董事协会对董事会目标的规定为:"通过对公司事务的集体指导来保证公司的繁荣发展,同时满足股东和有关的利益相关者的正当利益。"[1] 为了达成这一目标,董事会必须对公司拥有一个长期的前瞻的"愿景",制定出正确和有效的战略决策。在根据长期愿景制定战略决策的过程中,董事会不仅需要考虑公司内部的现实情形,还需要考虑公司外部环境的变化;不仅需要考虑公司内部的利益主体,还需要考虑公司外部的利益主体,比如顾客、供应商和社区等,甚至还需要考虑到内部利益主体和外部利益主体之间的互动。

董事会对公司负有一种普遍意义上的指导责任,董事会决策的事务关乎公司的发展方向和公司价值。而管理层接受董事会的授权,负责公司的日常经营工作,并且执行董事会作出的决策。简言之,管理层是公司管理活动的领导。在公司实践中,应该避免两者之间彼此承担的角色发生混淆。尤其是公司的董事长和首席执行官两职合一时,更应该清晰地区分这两种角色。在董事会会议上,董事长要确保所讨论的事务是法律所规定的事务和职权或者是关乎公司长远发展的核心事务,而不是公司具体的经营细节和日常的管理事务。

(二) 董事会的关键任务

在公司治理的架构中,董事会是至关重要的决策团体。董事会成员必须有足够的时间去思考、判断和权衡各种因素对公司未来发展的影响,因此董事会最重要的任务是作出正确和有效的决策。为了保持公司的长远发展和价值提升,董事会必须强调几项关键的任务。英国董事协会认为董事会应该承担四个关键任务,其中每个关键任务又包含四个具体任务,如表5-1所示。

董事会的四个关键任务显然可以分为两个层次:第一个层次是第一个关键任务,即确定公司愿景、使命和价值观念;第二个层次是其他三个关键任务。每一个企业都拥有自身独特的文化和价值观,这种文化和价值观对于公司的行为有着非常重要的影响,同时也限制了公司和其他利益团体的交往方式。所以,这些文化和价值观必须得到董事会的批准和认可。如果价值观需要随着时间改变,董事会应该讨论和认同另外一种清晰的价值观,并且把它转化成为可以描述的政策。显然,董事会第一个层次的关键任务在一定程度上决定了第二个层次的关键任务。尽管如此,在实践中,优秀的董事会仍然会把大部分时间放在第二个层次的关键任务上。因为一旦公司的目标、文化、价值观以及支撑它们的一些政策得到批准或者认可,就可以在相当长的时间里得以保持。

---

[1] 〔英〕托尼·兰顿,约翰·瓦特肯森等.公司董事指南:职责、责任和法律义务[M].李维安,牛建波等译,北京:中国财政经济出版社,2005:34.

表 5-1　董事会的关键任务(英国董事协会)

关键任务	具体任务
1. 确定公司愿景、使命和价值观念	(1) 确定公司的愿景和使命,从而为公司目前的经营和未来发展提供指导和规划; (2) 确定在全公司发扬的价值观; (3) 决定并检查公司目标; (4) 确定公司政策。
2. 制定战略和结构	(1) 检查和评价公司目前和将来的来自外部环境的发展机会、威胁和风险,以及与公司有关的现在和将来的优势、不足和风险; (2) 提供可供选择的战略方案,并且确定公司的采纳方案,以及支持这些战略方案的具体措施; (3) 制定商业战略和计划,支持公司的战略; (4) 确保公司的组织结构和实际能力适合执行既定的战略。
3. 向经理层授权	(1) 向经理层授权,并监督、评价公司政策、战略和商业计划的执行情况; (2) 制定监控标准; (3) 确保内部控制的有效性; (4) 与高层管理人员沟通。
4. 履行对股东和有关利益相关者的责任	(1) 确保公司与股东和利益相关者之间双向沟通的有效性; (2) 理解并考虑股东和利益相关者的利益; (3) 通过收集和评估适当的信息,监督公司与股东和利益相关者的关系; (4) 促进股东和利益相关者对公司的友善态度,获得他们对公司的支持。

【案例 5-2】

董事会的关键任务——新松机器人

新松机器人作为成立于 2000 年的一家高新技术企业,在成立初期,由于规模较小,公司内部制度不是很完善。在初具规模后,公司成立了董事会、监事会。公司治理虽然在形式上规范化了,但是,作为一家技术型创业企业,新松机器人从股东到核心管理人员,都是技术人员出身。公司的每一次董事会、监事会和股东大会,基本上都是在讨论技术研发和产品发展方向,更像是一次技术研讨会,而对于公司治理,大家都觉得自己是"门外汉"。作为公司的元老之一,曲道奎渐渐发现了问题所在:公司进行的一些重大决策,本该是在会议上进行多方位、多角度的讨论,但拿上董事会后,董事们觉得技术上可行,就会同意去做。监事们更多地也是考虑技术上的问题,对于项目的盈利能力,大家都是凭直觉,难免有些过于乐观,事实上有一些项目在一开始就呈现出的市场风险或者是财务问题并没有人发现和提出,到最后以失败收场,结果并不尽如人意。同时,在公司内部,新松机器人虽然为公司制,但实际运作和企业文化都还是保留了原来自动化所的老传统。公司对事业部老总充分放权,而事业部老总也都为技术人员,又要跑市场,同样无心钻研管理,最后变成了办事讲究兄弟义气,经理层挨不过人情面子,通常对不合规、不合理的事情睁一只眼闭一只眼。独立董事本应是董事会之外能够发出独立声音的一股力量,但却很少"呛声",扮演了"稻草人"的角色。日积月累,公司里许多人都不再钻研技术,更多地是想办法与领导搞好关系。从经理层到董事会,都没有能够提出一个明确的战略发展方向,这就导致了有时候几个事业部老总凑在一起,这个说那块市场重要,另一个说这个产品前景好,各执一词,都是为了公司能够向自己负责部门及业务方向有利的一方倾斜,核心团队成员之间出现意见分歧也没有合理的解决途径,最后妥协的办法就是都做,而全面铺开导致浪费了许多资源。一系列的挫折,让公司股东、董事及经理层也不得不重新审视,新松机器人到底生了什么病?最后,他们意识到,现在新松机器人需要的是"形神兼备"的公司治理,应该由"制治"代替"人治"。然而,知道了问题所在也并未使经理和董事感到高兴,因为公司治理对于技术出身的他们来说还是一头雾水。

正在此时,三家机构投资者的介入使这一局面有了改观。公司在发展中急需资金支持,几番调研之后,决定通过增资扩股的方式引入金石投资有限公司、中国科技产业投资管理有限公司和沈阳森木投资管理有限公司三家投资者。新加入的股东代表具有管理、财务等专业背景,提出了一些建议,包括重新修订了公司章程、董事会及监事会议事规则,聘请专业咨询机构帮助公司梳理了内部治理架构,完善企业制度。在公司重大事项的商议中,帮助管理层进行分析决策,一改以往单纯从技术层面进行探讨的风格,弥补了公司原本从股东到管理者均为技术人员的缺陷,公司的权力机构中开始出现不同的声音,不再是一个形同虚设的机构,而是切切实实开始发挥了治理功效。公司根据董事会制定的战略规划进行技术研发和市场开拓,集中力量和资源在既定方向上,节省了许多走弯路的时间和成本。同时在监事会的严格监督下,规避了一些法律和财务风险。2008年,公司业绩跳跃式发展,年收入近 5 亿元,总资产达 6 亿元。2009 年,新松机器人的电子行业装备机器人研发成功,在电子行业取得话语权。

资料来源:王世权,张晨,刘馨阳. 机器人变"型"记——技术创业企业的治理转型之路. 中国管理案例共享中心。

二、董事的战略性参与

董事会在公司战略与规划中的作用正受到越来越多的关注。"公众的监督和股东行动主义给公司带来越来越大的压力,这些压力迫使人们重新审视董事会在公司战略决策中的角色。"[1]一些大的机构持股者联合推动政策,倡议董事会应该更加积极主动地、更大范围地参与公司战略规划,鼓励董事会挑战公司中事实上的管理者在战略规划中的主导地位,而且一些敌意收购案中董事会在战略决策过程中的防御作用已经得到了肯定,虽

---

[1] Stiles, P. The impact of the board on strategy: A empirical examination. *Journal of Manangement Studies*, 2001, 38 (5): 627-650.

然一些证据表明董事会在战略决策过程中的参与程度正在加大,然而更加鲜明的事实是董事会的消极或是不愿意在公司事务中显得更具竞争性。

关于董事会在公司治理尤其是战略规划中的作用还存在许多理论上的争议。例如,代理理论认为,应该对董事会在公司战略规划中的贡献尤其是关于公司使命的陈述、公司发展战略、战略实施指导方针和战略的有效选择与控制方面进行激励;而管家理论则视董事如同一位管家,董事会在战略规划中的作用如同一位管家在家庭中的作用;资源基础理论认为,随着董事会规模的扩大和董事会成员构成的多元化,公司与环境之间的联系会加强,从而获得关键性的资源(包括公司的声誉和合法性),而这些必然会扩展公司的活动范围,带来新的战略方面的信息(Pearce 和 Zarhra,1991;Pfeffer 和 Salancik,1978);但是管理者霸权理论则认为,董事会只是一种法律存在,它事实上并没有统治整个组织,实际运营控制公司的是管理层,按照这种理论,董事会只是一种法律上的虚构,它是由管理者控制,这样董事会的初衷——降低因为管理层与股东之间的代理关系而产生的代理成本就难以实现了(Mace,1971;Vance,1983)。[1]

在有关董事会的研究中,董事会的战略角色大多忽视了突现战略的性质和董事会在突现或应急战略中的作用。Demb 和 Neubauer(1992)简要地说出了这一问题并且断言,一个组织越是具备应急战略或突现战略发展的特征,董事会在其中的作用越小;决策过程越是易变而且决策信息越是零散,非执行董事参与发表看法的可能性也越小。[2] 而今公司面对的环境变化加剧,尽管信息系统及相应的情报获得手段也越来越先进了,但公司不可能再一劳永逸地决策然后执行,也不可能有足够完全的信息来进行周详的规划设计,公司更多地是要制定突现或应急战略来适应变化,否则公司可能会在激烈的竞争中败北,甚至消亡。因而在今天的公司治理中提高对突现或应急战略的重视,并且讨论董事会如何在这样的情景下介入公司战略将会是非常有价值的。

具体来说,关于董事会在公司战略发展中的作用需要注意以下几个方面:

(1)重视管理层在战略规划中的重要性。制定好的战略规划需要对行业及相关信息的透彻理解、良好的知觉及相机抉择的果断性等多种素质的配合。而作为管理者因为其长期对行业的把握,可能在公司的发展问题上有较深的理解,尤其是关于具体产品与战略影响。所以,必须注意可能会犯的两个错误:一是管理层陷入日常运行管理过程而无暇顾及研讨及思考战略谋划相关的问题;二是董事会避免超越自身的能力,勉为其难地提出一厢情愿的企业战略。两者必须充分沟通,通力合作。

(2)合理分工。董事会负责设立企业战略谋划的职责,推动并督导该制度的落实,还应利用董事会成员的优势,识别与确立规划必须重视的关键问题,关注并提示管理层对产业发展与竞争可能出现的重大转折即危机因素的警觉。

---

[1] 芮明杰,袁安照.现代公司理论与运行[M].上海:上海财经大学出版社,2005.
[2] Demb, A., and F. Neubauer. *The Corporate Board*. New York: Oxford University Press, 1992:73-82.

管理层在董事会确立的制度框架及大议题约束下,发挥主动性与创造性,完成战略规划的研讨与提案。

董事会对管理层提交的战略规划负责组织审议、质询、论证,并最终决定批准。

(3)特殊时刻,董事会取代管理层改变战略规划。董事会经常被批评为没有效用和不够积极主动,而事实上董事会掌握着聘用、解雇和奖惩高层管理人员的权力。1990年年底,康柏公司的一个中层经理向董事长罗森反映了计算机市场的变化和康柏内部反对转产的种种情况,引起了罗森的重视。由于转产普及型计算机一事关系到康柏公司的根本方向和关键人事安排,问题又迫在眉睫,罗森采取了一系列极不寻常的做法。在彻底摸清技术、成本和市场方面的情况后,罗森以董事长的身份召开董事会紧急会议,免去了凯宁(Rod Canion)的首席执行官职务,决定转产低价普及型计算机,由原执行副总裁法弗伊(Pfeiffer)担任总裁并负责实施。1998年,因为计算机和网络技术再一次发生突变时康柏经营不善,业绩滑坡,出现亏损,1999年第一季度股息大大低于预期。但是作为总裁的法弗伊只是从外部找原因,拒绝对自己的根本战略作任何检讨。据说虽然罗森在第一次解雇了自己的老朋友凯宁后心理上受到了很大的创伤,但是为了企业的长远利益仍然不得已而为之。当然罗森之所以能够这么果断和有魄力,除了自己对计算机和市场有独特的见解,还因为公司有一个主要由外部董事组成的董事会(除法弗伊外12个董事全是外部董事),而最根本的原因是作为董事长的罗森有非常强的动力去维护公司的长远发展和公司利益。作为康柏的创始人,罗森拥有550万股康柏股票,他所负责的Kevin-Rosen基金在康柏有几千万美元的投资;比起那些拿干股的董事长,罗森有巨大的投资利益和个人声誉需要保护;他对计算机行业的技术和市场趋势及康柏的内情又非常清楚,同时又是董事长,这就给了罗森解决领导不称职问题的必要手段、能力和内在动机。① 事实证明,强调对总裁监督的必要性以及关键时刻改换根本策略和最高领导的体制安排是非常必要的。

(4)年度商务计划与相关预算。虽然说公司的年度商务计划在原则与分工上应该和战略规划的制定过程相似,但在年度商务计划中,管理层应具有更大的自主性。

董事会在对年度商务计划与预算的审批中,重点不是"卡"住管理层的花钱项目,而是抓住业务目标、重要措施及相关预算之间的逻辑关系,要求管理层说明提出这些目标、措施及预算的理由,年度预算的审议与其说是就支出水平讨价还价的过程,还不如说是董事会对管理层加深了解与形成判断的互动过程。

对管理的考评应是企业增值,使其有降低成本的内在动力;若企业尚不具备制作预算计划的专业能力,只有标准的财务报表,导致董事会对预算计划进行质询的困难,则董事会应首先帮助管理层确立年度商务计划及预算的标准文本。

---

① 梁能.关于公司治理结构的两个故事和一个模型[M]//梁能.公司治理结构:中国的实践与美国的经验.北京:中国人民大学出版社,2001:32—47.

【案例 5-3】

董事会与管理层战略如何一致？
——由 PSS 世界医疗公司说起

严谨的辩论，不仅可以推动董事会与管理层在战略上保持一致，而且也是检验战略可行性的最佳方式。

2004 年 3 月，PSS 世界医疗公司（医疗设备和医药用品分销商）的管理团队召开了一个董事会扩大会议，向董事及其投资人全面解释公司的战略。公司试图通过会议的形式，让高管层与董事会在战略问题上有一个深入而全面的讨论。

当时，PSS 公司正面临行业内诸多资本实力强大的竞争对手的挑战，CEO 大卫·史密斯解释说，公司目前需要制定一个长期的发展方向，而这有赖于董事的支持。"当你在运营一个企业——处理竞争、法律诉讼、客户、产品召回和劳工关系——时，你需要担心的最后一件事情是，董事是否支持你采取的主动性措施，以及你正在努力达成的目标是什么样的。"

但他的真实目的是董事会深入的支持，"我将董事会视为一个强力的资源，因为这些董事在此之前做过相关的事情。"PSS 公司获得了巨大的收益，"董事们提出了大量的问题，"史密斯解释说，"他们提出了很多我们所没有想到的思路。"例如，几个董事在华盛顿周旋，了解国会的相关立法状态，指出了几个在未来可能会成为问题的地方，要求史密斯敏感地准备候补计划。

类似大卫·史密斯与董事会成功合作的经验实在太少了，幸运的是，也有一些具体的步骤指导 CEO 如何与董事会成功地合作。在多数情况下，董事会和 CEO 在董事会提出的详尽的专业意见及最后形成的战略上，往往很难达成一致。

一个真实的例子

2003 年春，吉姆（某公司 CEO）在一次会议上和我沟通，他说："我最近非常烦恼"。

"什么意思？"我非常惊讶地问他，"我看过了你最近的营收报告，那些都是你努力要做的呀！"

"董事会！"吉姆说，"前段时期，我在与董事会的会议上听到越来越多的质疑，现在我对董事的质询已经不再介意了。事实上，我认为他们质询的工作与我回答这些质询的工作越来越没有实际意义，但有些问题及分析董事非要问个明白。我的精力受到很大的牵制，而同样的问题还在继续。"

"给我一个例子，吉姆？"

"我几次向董事会提出新的战略，他们在董事会的会议室告诉我，他们是支持这个战略的。但一对一的聊天过后，我发现并不是每个人都支持这个战略。"

"因此，我们在上周末实施了战略修正，"吉姆继续说，"我引进了知名的战略咨询公司帮助设计战略并向董事会提出这个战略，30 分钟之内，就有两个董事开始昏昏欲睡。

一个董事告诉我们,他并不认为由第三方协助制定的这个战略是合适的。结果很明显,战略修正使我们的目标只实现了非常小的一部分。当我们修正时,每一个人都告诉我'我支持你!'但他们的形体语言却是另一种态度。"

自从《萨班斯-奥克斯利法案》推出后,我就听到过很多次类似这样的故事:董事对董事会上的支持态度在后来突然拐弯,尽管他们仍然是在寻求做一些对企业更有意义的事情。

在很多企业的董事会里,不少CEO即使花费了大量的精力与时间回答他们的董事提出的问题,董事们仍然在重复问同样的问题。在董事会与高管层之间存在最为基本的不协调,不可避免会导致董事会失去发挥其价值和作用的机会。

如何协调这种战略焦虑症?

大多数董事会讨论战略细节都是通过一系列的会议来进行的,最后在讨论中结束。长时间的会议都在讨论一个主题,最后以提出实现战略的一种方式作为会议的一个完美的结果。接下来,会留下一些时间来讨论实现方式,没有明确的思维发展轨迹,几乎不会有任何终止的可能。这种方式确定的战略往往使董事会与管理层很难协调一致。

最好的战略源于管理层的分析与创新,以及董事会尖锐的质询与探讨。董事会应该看到CEO及其高管团队提出的战略是他们自己的智慧,然后进行深入探讨、质询,并就此提出自己的观点。与高管层的深入互动可以巩固大家对战略的认知,并确定其现实性。当战略得以重塑与改善时,管理层和董事会也就对战略达成了一个共识。最后,董事都会全心支持这个战略。

董事需要理解战略,但他们的工作不是去构建战略。他们可以针对管理层提出的战略发表自己的看法,但他们没有义务提出替代方案。董事会真实的价值在于帮助管理层检测战略的可行性。

董事会容易忽略的问题:这个战略怎样赚钱?

同样重要的是,企业拥有资源(包括财务资源和人力资源)去执行这个既定战略吗?能够适当分配这些资源吗?管理层全面考虑了外部因素吗?对一些可能出现的特定因素作出最坏的假定,或是预想了可能会出现哪些因素吗?那些较为稳当的运营都有关键性的前提吗?坚持对客户有价值的建议作出判断了吗?

上述这些问题既加深了董事会对战略的理解,同时也修正了战略本身。当战略变得清晰时,商业机会的边界与领域也同样变得清晰了。一个银行及其董事会需要明白是否应该进入低层的贷款业务。当一个有吸引力的目标出现时,企业与董事会都知道是应该抓住还是对其一笑了之。

那么,董事会和管理层怎样才能在战略上取得完全的同步呢?PSS世界医疗公司所使用的战略深入会议可能是最为有效的一种方式。

战略深入会议

要完整地领会战略的细微差别,董事需要抽出足够的时间去吸收与企业运营等相关的信息与观点,形成他们自己的问题与思路,并与管理层一起工作,深化他们收集到的对管理层提出的战略的理解。设计和推动战略讨论会议的初衷及唯一的目的是让董事会和管理层完全深入地讨论问题,并通过紧密的工作配合得出结论。这个结论可能意味着要提出一个新的战略,或是在一些必须回答的问题上达成一致。

很多董事会的战略会议都明显缺乏高质量的深入讨论,在一个完整的深入讨论中有三个基本要素是不可或缺的。

第一,董事会必须对管理层针对外部因素的观点有一个清晰的理解。这可能包括经济动荡、机会与威胁、发展过程中可预知的关键行情、技术发展、新的竞争对手、行业内的并购或联盟、消费者行为的变化或分销渠道等。

第二,CEO及高管团队提出的对战略内容的最佳想法。CEO的介绍必须极为清晰而明确,思维严密,保证董事能够快速掌握战略的要点。管理层必须坦率地向董事会汇报自己的战略思路,包括能够做到什么。解释清楚战略目标后,要推动一起思考,而不只是向董事会推销战略。

第三,给董事会提供时间与机会进行质询与探讨。如果战略会议的初衷不是鼓励董事作出反应、思考、提出问题和表达他们的担心,讨论就不会深入,整个会议也会变得极为肤浅而难以达成预期效果。有两个原则需要掌控:非正式与一致性同意。每一个人——包括CEO(战略的直接报告人)、CEO邀请参会的其他管理人员、每一个董事会成员——都可以不受任何控制地对其他人的意见提出疑问及问询。

大卫·史密斯解释非正式因何如此重要时说:"这是一种社交场合,在这种环境下,说'OK'是会受到挑战的,问题才是'OK'的,'OK'不是答案!"正是这种态度使得他的企业的战略会议始终获得成功。PSS世界医疗公司的查尔·克拉克·约翰逊描述道:"CEO创造了一个公开的合适的环境,CEO本身希望自己受到攻击。"

然而,最终董事会与管理层必须达成一致意见。如果董事对战略本身都还存在分歧的话,企业是不会将董事会的专业建议带到战略的形成上来的。主要工具是让董事会与管理层深入而又非正式地讨论问题,但最后也要形成一个清晰、同一的关注点。

推动

群体会议的推动一直都是非常重要的,但在战略深入会议中,其重要性更为凸显。如果对话没有针对问题进行,一整天时间可能就浪费掉了。需要花费一些技巧来推动每一个董事的积极参与,确保董事都对他们的问题保持相应的敏感,同时认识到当一致意见出现的时候,就要帮助确定成果及提出下一个步骤。

一些CEO和董事会主席在推动技巧上都非常娴熟,能够为充分的对话创造一个非正式的、鼓励性的环境。有时候,一些董事可能需要激情。如果参与的过程较为新颖,可以考虑引进外部的"促进师",有些促进师可以同时激发董事与管理人员,在确保对话充分进行的同时,整个过程也变得更为丰富。

非正式与一致性意见通过小组型的头脑风暴得到了进一步提升,这也是新近出现的推动战略深入会议的一个最佳实践。小组型的头脑风暴只是企业战略达成一致的一种推动配合的有效方式,方法是指派董事与管理人员组成一个小型的团队(可以是两个董事与两个管理人员),一起更为深入地讨论战略并回答事先准备的问题。

小组型头脑风暴的价值在于小群体内的思维迸发。小群体的思维迸发非常有别于大的群体,小组型群体往往更自由、互动更为随意,而大型群体则往往会更为正式。将董事与管理人员分配到较小型的群体内,减少了董事提出他们的观点与问题的局限。

当小组型的头脑风暴重新组合时,参与者必须达成高度的一致,这样,真正的头脑风暴更容易发生。下一步就是将整个董事会的意见糅合成一致意见的时候了。

从非正式到一致性意见

当整个董事与管理人员的团队重新集合时,每一个头脑风暴的团队都应该提出精彩的对话结果。接下来是在整个群体中讨论这些结果。有时候,一个问题的提出就会引起管理人员重新思考整个计划的某一部分。

在两天时间内,董事经常在第二天的早餐期间碰面时有所感悟,经过对头一天听到的内容的消化,他们与高管人员坐在一起讨论战略的时候会有一个更高的水准,同时他们也会在一起就战略的一些具体因素挑毛病。最后,董事在会议桌上提出最后的一些问题,就战略逐步形成一致意见,并就管理层关心的问题,如未来需要检验哪些假设、需要特别关注什么等提供反馈。

而管理层则可以快速整理和审视头一天的对话结果,收集董事围绕战略个别细节问题的建议。例如,战略包括邻近业务领域的扩大与发展,管理团队需要作一些小范围的试水来证明其成功的可能性。一个董事就问了一个深入的问题:"这个小范围试水将会是什么样的?当企业在这个业务领域全面铺开的时候,这个小范围的试水会怎样影响其市场发展?"高管人员明确的答复还没有结束,另一个董事就问:"小范围的市场试水触及了竞争还是没有触及竞争?"这些观点对管理层无疑是非常有帮助的。有些问题不一定是现场回答,但管理层可以承诺返回后答复董事会。

取得一致性意见也就使每一个人都对战略的理解有了大体同样的看法,同时也确保了战略的坚定性。战略有意义吗?需要修正吗?董事对固守战略的风险与获益往往会有不同的看法。这时候,董事不同的经历与专业经验就是最好的资源,让他们从不同的角度就战略执行的新变化提出不同的观点。当董事会与管理人员集体讨论这些问题的时候,也就容易在一些重要的思路上达成一致意见。会议必须在这些思路取得完全一致的前提下结束,同时还要针对董事会与管理层的下一个步骤提出具体意见。接下来董事会就可以在随后的会议中进行简短的讨论。

资料来源:拉姆·查兰. 董事会与管理层战略如何一致[J]. 钟孟光编译,管理@人,2006,12:12—14。

第二节　董事战略性参与的要素

董事会的职能是战略决策和监督管理层,参与战略决策应该成为董事的本职工作之一。董事应该关注那些影响企业长远发展的重要事件,应该经常性地深入讨论企业的战略问题,而不应在一些日常策略问题上牵涉过多的精力。董事会成员要能够有效地战略性参与公司事务,需要注意满足以下几个方面的条件:大局观、剖析战略、理解业务环境、考量各种维度的信息、计划和指标。①

一、要有大局观

董事会所作出的决策几乎都是面向未来的,这要求董事站在一定的高度上思考公司未来以及在未来环境中董事会如何运作这类问题。因此董事会为公司的未来建立一个清晰的愿景至关重要。当然,任何一个公司不可能每隔几年甚至每隔一两年就制定出一个全新的目标,但是在政治、经济、社会和技术领域以及竞争对手所发生的不可预期的变化要求董事会必须对公司的愿景进行重新思考。董事会一系列的决策和行为都应该在这一"大局"下展开。董事会应该经常性地提出并思考如下问题:公司未来的目标是什么?面对复杂动荡的商业环境公司如何保持自己的地位?未来可能发生的变化会为公司带来哪些机遇和挑战?面对这些机遇和挑战,公司需要什么样的资源?这些资源是通过公司内部培育还是通过外部来获取?

董事会应该在一个比较高的层次上作出思考和决策。这一过程当然需要董事会考虑多个渠道和多个方面的信息,但是高效的董事会绝不会试图了解方方面面具体的细节,有些观点甚至认为,让董事会淹没在数字和细节的海洋里无异于将其蜕变为另一个管理阶层。所以,董事会必须聚焦于"大局",他们的脑海中应当有公司战略的清晰框架,熟悉战略内容,并了解组织实现既定战略的能力。董事会成员应该了解的信息包括:

(1) 公司外部环境——对外部环境变化、市场调整、技术演进、管制程度、货币汇率等进行预测。

(2) 竞争策略——合资、行业联盟、产业整合以及产业间的融合。

(3) 公司战略——具体的优势和弱点。

(4) 公司核心人物——董事长、CEO、CFO 等。

(5) 公司资源状况——包括人、财、物等各项资源。

(6) 关键事项——哪些事项必须做好才能保持公司的发展?目前面临哪些问题?

---

① 本部分内容参考[美]拉姆·查然.顶级董事会运作[M].武利中译,北京:中国人民大学出版社,2003:77—87;[英]约翰·哈珀.董事会运作手册[M].李维安,李胜楠,牛建波译,北京:中国财政经济出版社,2006:40—49。

(7) 业务模式特征——怎样才能在这一行业中盈利？该行业的风险和机会有多大？
(8) 顾客满意程度——公司产品问卷调查、负面或正面新闻报道。
(9) 在公司以及市场方面哪些运作得好、哪些运作得不好？

当董事得到了这些领域的关键信息后，他们就会获得对公司整体健康状况、所面临的最大挑战、机遇以及优势和劣势等情况的总体印象，从而为作出正确的决策做好信息方面的积累。

董事会所作的决策都是针对公司的，但是大局观要求董事会能够从外部来研究公司。董事在作出决策时，需要具有一定高度的视野，在此高度上董事会能够清晰地看到各个维度。如果过于强调一个维度而忽视了其他维度，那么董事会很可能无法制定出正确的战略。因此，董事会必须仔细审视来自公司内部和公司外部的危险和机会，全面分析公司的优势以及劣势。"大局观"要求董事会必须同时采用向内和向外两种视角，并且将两种视角所观察到的结果进行对比，对各个方面的因素作出综合的平衡从而制定出相应的决策。

二、剖析战略

董事会团队应该能够理解并且构想出在未来不确定的环境中能够给公司带来价值提升的战略。因此，董事会必须做到经验丰富并且具有前瞻性，能够清晰地了解公司的资源、能力以及如何克服公司前进过程中所遇到的障碍。

在很多公司的实践中，并不是由董事会亲自起草并批准公司的相关战略，而是首先由高级管理层负责制定出战略的草稿，然后由董事会讨论是否通过。这种实践认为，由于公司的高级管理层对公司具体情形最为了解，他们理所当然成为提出公司战略的最恰当的人选。因此，董事会的决策就成为充分了解这些战略的前提，要么批准这些战略，要么要求管理层对这些战略进行重新检查和再次修订。这种情形下，董事会理解公司战略所包含的思想是十分重要的。很多董事会可能听了无数小时的战略报告，但是却很难深入地分析这些战略。要想发挥董事会的作用，管理层必须向董事详细阐述战略及其基础以及各种可能性。董事会也需要在决策之前，对所有的备选方案和可能性进行仔细的思考。此种情况下，对战略进行仔细思考和剖析是董事会最为重要的任务。

在战略讨论会议之前，董事会事先应该有充分的时间对战略本身以及与战略相关的信息进行权衡和判断。除此之外，在战略讨论会议上应当能够给予董事会完整的战略视角，即所有的报告最好通过渐进的方式令董事对公司的关键趋势、重大问题、主要挑战有一个逐步的认识。美国联合铁路公司、杜邦公司都设计了一项长达一年的董事会战略审议议程，以便董事会对公司、行业逐步建立起一个清晰的框架。美国联合铁路公司的每一次董事会上，都有一位某项业务的最高经理介绍业务基本情况以及相关战略，报告时间严格控制在半个小时以内，报告内容必须是相关的核心问题介绍，剩余时间用于董事会自由讨论。这种做法显然能够使董事会成员充分运用他们的才智和经验，从而对某项战略进行充分的剖析和讨论。

三、理解公司的业务环境

董事会成员必须对公司所处的行业有一个清晰的理解,以便在公司策略方向方面树立信心。与在一个稳定的行业环境中担任某个公司的董事相比,在一个技术变革速度加快和竞争者层出不穷的行业中,董事显然面临更多的挑战。当然,对于公司业务环境尤其是行业信息,董事应该主动关注,但是作为经理人员也应该主动向董事会提供相关信息。有时,专业的资讯公司或者研究中心的分析报告对董事会理解行业情况非常有帮助。管理层应当考虑为董事会收集这方面的报告,并附上自己的评价。在必要的时候,公司甚至可以聘请外部专家分析竞争态势,以及潜在的重组趋势等重要因素。对这些关键因素的了解将有利于董事会作出正确的决策。

四、考量各种信息

每一位董事都应该对那些可能影响公司或者为公司提供新的发展机遇的新生事物或者趋势保持警觉。从理论上而言,公司的董事应该敏锐地关注到每一个外部或者内部领域——政治、经济、社会、技术、竞争者、股东、供应商和组织能力等方面正在发生的变化,并且注重收集这方面的信息。当然,董事的精力和时间都是有限的,不可能董事会中的所有董事对上述各个方面的信息都有充分的理解。在一些优秀的董事会中,每一位董事都承担对上述一两个领域进行深入了解的特定责任,并且能够及时通报董事会某个领域内发生的变化或者趋势。这种方法显然有利于董事会从更加广泛的视角对外界所发生的事情始终保持深刻的了解。

优秀的董事承认"软"信息往往比多数董事会所依据的大量"硬"数据更有意义。他们认真地考虑诸如首席执行官对战略的思考深度、能否有效地实施战略、管理团队的活力如何等一系列问题。这些软信息对董事会独立判断公司战略方向、首席执行官的领导能力以及公司的管理能力等具有关键性意义。

优秀的董事会往往能够充分了解组织的人力资源以及财务资源。这种董事会中的董事会经常性地与公司的部门经理沟通,以获取组织能力延伸程度的感觉。这种感觉能够帮助董事会确定可能存在的战略失误,发现操作层面存在的问题,评价首席执行官的受拥护程度并更好地理解公司业务状况。此外,优秀的董事往往还会主动寻找能帮助他们作出有效决策的非常规线索以及途径,比如,董事与经理人员单独或小范围会谈,一些董事甚至拜访外地的客户或工厂以获得有价值的意见,以便更好地理解当地的文化以及业务环境,等等。

五、计划和指标

每一个公司的战略都是基于一定的外部假设,比如市场、竞争者、经济环境、财务资源和组织能力等,因此董事会应该对这些假设进行深入的研究,以便了解在不同的情况下战略的可行性。当任何一个战略被批准之后,剩下的关键问题就是这个战略的执行情况。如何确保战略被准确无误地贯彻并且能够取得预定的效果?任何一个被董事会批准实施的战略都会产生涉及很多因素在内的计划,这些计划需要具备和董事会所认同的上述假定有关的指标,董事会进而可以通过这些指标的完成情况判断和监督战略的实现。

决定这些指标是什么以及如何监督这些指标的实现情况是非常重要的。如果因为公司的外部因素或者内部因素发生变化从而可能危及战略或者计划的实现,董事会或者管理层应该及早发出警告。约翰·哈珀(John Harper)认为,优秀的董事会应该有充足的时间充分地讨论这些事宜,而且在董事会会议上应该关注如下问题:应该监督公司的哪些外部和内部因素?如何执行监督以及如何去监督?每一种因素被监督的频率是多少?当与计划偏离达到何种程度时应向董事会进行报告?报告的形式是什么以及由谁作出这些报告?当然,这些指标可能是具体的数字,也可能是无法用数字表达的软因素,比如顾客对公司的满意度、员工对变革的工作热诚等。

总之,战略确定之后,需要有具体的计划和可以监督的指标以确保战略得以实施。董事会战略参与的精髓不在于董事会制定出相关的战略、批准或者否决管理层提出的战略,最关键的是还要确保这些战略得以顺利实施。

【案例5-4】

"三个到位"落实董事会职权

2018年,国务院国有企业改革领导小组办公室选取百家中央企业子企业和百家地方国有骨干企业,在2018—2020年实施"国企改革双百行动",标志着国企改革从单项重点突破转向"一企一策"综合改革。落实董事会职权"双百行动"的核心内容,同时也是从"单项制度突破"转向"综合系统推进"的新阶段。继续把董事会职权落到实处,需做到治理定位、履职能力和保障措施"三个到位"。

第一,谁出资、谁分类、谁定位。落实董事会职权,首先要明确职权内容与董事会治理定位相对应,不同市场定位的公司应有不同的董事会职权制度,而不能千人一面、以一个模本套用。准确界定试点企业董事会在公司治理中的定位,是落实董事会职权的前提条件,前提条件又取决于两个关键要素。一是政府对国企的放权意愿。尽管经过历次改革和试点实践,但政府对国企决策和人事任免的影响力、控制权并未真正削弱,政府缺乏对国企放权的意愿,董事会职权落实就难免成为镜花水月。二是国企的"分类治理"。不同类别公司的治理定位,使得董事会职权既有共性化的治理规范,也有个性化分类治理的需求。所以,应按照"谁出资、谁分类、谁定位"的原则,以《公司法》和国企改革相关文件为依据,转变职能,从原先管企业为主转变为管资本为主,清晰出资人与董事会的权责边界,按照董事会在公司治理中的职能定位,一司一策,以权责清单明示下放董事会行使的部分股东职权,在章程中明确董事会职权内容,增强董事会职权组合的针对性和实用性。

第二,董事应具备六项履职能力:① 发展战略的定盘能力;② 投资融资的决断能力;③ 商业模式的创新能力;④ 经营过程的管控能力;⑤ 选人用人的激励能力;⑥ 重大风险的防范能力。

第三,加强党的领导、做实监事会。董事会职权能"放得下、接得住、用得好",需要得到两个方面的支撑和保障。一是同步做实监事会制度。在全面深化改革的新形势下,出资人以管资本为主,董事会作为独立市场主体的决策机构,权实责重,更需要监事会代表股东,对董事和高管的职权行为实施同步监督,为董事会准确行使职权保驾护航。二是同步加强国企党的领导。坚持党管干部原则,与董事会依法选择经营管理者、行使选人用人权相结合,更加注重让市场来发现、培养和锤炼企业家。以"双向进入、交叉任职"方式完善国企领导体制,企业党委按照治理规则参与企业重大事项决策,确保董事会职权制度的全面落实。

第三节　董事的能力及其平衡

一个真正高效的董事会应该拥有具备多种经验的董事,这些经验来自不同的背景和专业训练,并且能够使得董事的个性和知识达到很好的平衡。这样的董事会将有能力同时以不同的方式从几个角度对一个问题进行考察,从而更加全面地分析某个问题以得出正确的结论。

一、董事战略性参与需要具备的能力

为实现董事战略性参与的效率和质量,优秀的董事要具有一些重要的个人或品质特征,需要积累一些知识和经验。同时,优秀董事所应拥有的一般的知识和经验包括经营、管理和董事会实践等方面。

(一) 董事的个人特征

由于公司所在的行业和公司的具体业务是不同的,因此每一个公司的董事会组成都是独一无二的。对于一家公司而言,什么样的董事会组合才能够适应公司的发展?这一问题的答案由董事会的目标和职责所决定,董事会应该考虑未来公司的前景是怎样的,也应该考虑为了适应公司未来的发展应该如何改变董事会以确保公司存续和发展。因此董事会的战略导向非常重要,董事会必须能够做到从战略远景来计划公司未来,并且制定出保证公司价值不断提升的重要决策。[①]

对照董事会要完成的四项关键任务,董事会成员尤其是董事长应该思考如下问题:董事会是否有足够的远见为公司设定合适的方向和步调?董事会如何准确评价未来可能面临的不可避免的困境?董事会是否拥有相关的专业知识和能力处理公司的治理问题?公司的价值是否得以提升?

为了使董事会高效运行,董事必须具备一定的个人特征或品质。此处,我们引用英国董事协会所倡导的一些特征,因为该协会所倡导的特征侧重于董事的战略性参与能力。这些特征包括:决策制定(decision-making)、沟通(communication)、与他人的互动(interaction with others)、信息的分析和使用(analysis and the use of information)、战略洞察(strategic perception)和目标实现(achievement of results),其中每个特征又有具体的解释,见表5-2。

表5-2 董事的个人特征

个人特征		具体特征及解释
1. 决策制定	批判的能力	查明事实,质疑假设,辨别各种提议的优势和劣势,提出相反的论据,确保讨论深入
	判断的能力	考虑合理的假设,通过对论据的仔细斟酌作出明智的决策或者建议
	决断的能力	已经准备就绪实施决策和采取行动
2. 沟通	倾听技能	冷静、专注和仔细地倾听,以记住并考虑那些要点;在适当的时候提问
	坦诚	在沟通的时候要真诚、坦率,愿意承认错误以及不足
	表达技能	表达想法、印象以及命令时要认同并理解听众的处境和感情
	作出响应	能够欢迎并接受反馈
	表达流利	要清晰大声地发表意见,并且使用正确的措辞;要简练,避免无意义的谈话以及避免刻意讨好听众的需要
	书面沟通技能	所写的事情易于理解;正确、清晰、简明地表达想法、信息和观点

---

① [英]约翰·哈珀.董事会运作手册[M].李维安,李胜楠,牛建波译,北京:中国财政经济出版社,2006:101—127.

(续表)

个人特征		具体特征及解释
3. 与他人的互动	自信	意识到自己的优劣势,与人交往时充满自信,在适当的时候能够控制局势
	协调技能	培育董事之间的合作,实现高效的团队运作
	灵活性	采用弹性的方式与人互动,充分考虑他们的观点并在适当的时候作出调整
	正直	要做到诚实和可信赖,不会同时站在两方的立场上,不会在伦理和法律立场上作出妥协
	学习能力	从多个来源寻求和获得新知识和技能
	激励	通过确保其他人对需要达成的目标拥有清晰的理解,以及通过对他们的承诺、热情、鼓励和支持,激励他们达成目标
	说服他人能力	说服其他人认可并作出承诺;在冲突面前运用个人影响达成一致和/或认同
4. 信息的分析和使用	细节意识	确保足够详细和可信赖的信息得以考虑,在必要的时候报告这些信息
	折中主义	从各种可能来源系统地搜寻各种可能相关的信息
	计算能力	准确地吸收数字和统计信息,理解其差异性并且作出合理和可靠的解释
	问题意识	辨识问题和识别可能或实际的原因
5. 战略洞察	变革倾向	对变化的需求保持警觉并作出回应;鼓励创新和新的政策、结构与实践的贯彻
	创造力	创造并辨识富有想象力的解决方案和创新
	远见	能够想象出公司在未来环境中可能的状况和特征
	对组织的认识	认识到组织的优势和劣势,并且认识到董事会的决策对它们的影响
	远景	能够超越当前的问题和处境看到更广泛的问题及其启示。能够把相互独立的现象和事实联系起来,发现它们之间的关联关系
	对战略的认识	能够意识到各种影响公司所面临机会和威胁的因素(例如股东、利益相关者、市场、技术、环境和管制等因素)
6. 目标实现	经营本领	有能力发现提高公司商业竞争优势的机会
	授权技能	正确区分其他人应该做的事情和自己应该做的事情;把决策制定或其他任务分配给合适的同事和下属
	推动力	表现精力、活力和承诺
	榜样	为自己和他人设定具有挑战性的和可实现的目标和业绩标准
	顺应力	在面对不幸、挫折、敌对或不公平的情况下,能够保持镇静和高效
	承担风险	为了获得期望的利益或优势,会采取一些涉及适当风险的行动
	坚韧	坚定立场或者行动计划,直到达成预期的目标或者作出必要的调整

(二) 董事的知识和经验

董事除了具备上述个人特征,还需要具备一些知识和经验方面的积累。董事所拥有的一般的知识和经验主要包括经营、管理和董事会实践方面的经验。当然,由于董事会中董事的专业背景不同,不可能要求所有的董事都同等程度地精通这些知识和经验。但是,作为董事会成员最好还是能够熟悉并掌握如下的基本知识和方法:

(1) 公司董事以及董事会的角色。公司董事、所有者和管理者之间的显著差异;公司治理问题;董事会的目标、任务、职责、结构以及有效运作的方式。

(2) 董事会运作的法律框架。董事要充分理解其法律责任。

(3) 战略性的经营方向。与规划、履行和控制公司和经营战略有关的问题和方法。

(4) 一定的财务知识。拥有基本的会计知识、财务语言和概念并且使用相关的财务工具和技术去评价和监督经营是否正常;汇编财务报表和财务报告;公司各种金融资源的相关价值。

(5) 人力资源知识。意识到下列事情的重要性,即招聘到拥有适当技能的合适员工,鼓励并逐渐使员工作出承诺、参与公司事务并作出贡献;将人力资源战略、政策和实践与公司战略结合起来;理解雇员法的含义。

(6) 有效的市场战略。成功的市场战略的重要作用在于提升客户价值、改进公司的市场业绩;计划、履行和控制市场战略。

(7) 领导并指导变革。董事会的领导职责在于成功地完成变革,预期到并克服对变革的阻挠;认识到公司内部变革和变革步骤所承受的外部压力和内部压力。

(8) 有效的董事会决策。认识到董事会在决策制定中的职责以及提高决策制定有效性的方法;评估决策的履行情况。

熟悉上述相关知识对于董事会的运作而言非常重要,而经验会加强对这些知识的理解、分析和运用,并且经验的多样性及其深度将强化董事会制定决策的能力。

二、董事能力及董事会内部的平衡

董事的专业背景以及过去工作经验的差异,使得每一位董事都具有独一无二的个人特征和知识、经验储备。在公司的董事会中,不可能所有的董事都拥有同样的个性特征,也不可能所有的董事都拥有同样的专业背景。一个真正高效的董事会应该拥有具备多种经验的董事,这些经验来自不同的背景和专业训练,并且能够使得董事的个性和知识达到很好的平衡。这样的董事会将有能力同时以不同的方式从几个角度对一个问题进行考察,从而更加全面地分析某个问题以得出正确的结论。

使董事会达到完美精确的平衡是不可能的,但是董事会可以在如下方面进行尝试:

(一) 个人特征的平衡

每位董事的处事风格和决策制定、沟通以及战略洞察能力方面都存在巨大的差异。董事会尤其是董事长应该考虑:董事会的整体风格是否过于激进或者保守?董事会中是否存在一些碌碌无为和目光短浅的董事?通过相关的培训能够提升这些董事的能力吗?如果不能提升,需要在董事会中补充什么样特征的董事?新董事的加入是否能够弥补董事会风格的不足?一个高效率的董事会的风格将拥有一定程度的动态平衡,这种动态的平衡使得董事会对相关问题进行更为全面的讨论。只有通过对上述问题的思考和采取相应的行动,公司才能构建一个富有才干的顶级董事会团队。

（二）特有知识和经验的平衡

构建平衡的董事会的一个重要指导原则就是尽量避免在同一个专业领域出现过多的董事。比如董事会中有大量的董事是来自财务领域、市场领域，这种情况将限制整个董事会的战略思考，非常容易使董事会的决策变成以某个领域为导向，从而增加了决策失误的可能性。一位董事可能在一些领域有优势但是在另一些领域有劣势，另外一位董事则可能拥有互补的品质。一个在知识和经验等方面实现有效平衡的董事会才能够胜任董事会所需要作出的多种不同类型的决策。

（三）执行董事和非执行董事的比例

公司董事会中存在两类董事：执行董事和非执行董事。所有的董事必须在董事会的战略高度上对董事会事务有所贡献，他们必须能够超越其自身特有的专业训练或者背景，拥有宽阔的视野和丰富的想法，这些是帮助董事会制定政策和战略事项所必需的。但是，执行董事和非执行董事之间的最佳比例是多少才会产生最适宜的董事会效率呢？对此有很多不同的观点。但是毫无疑问，执行董事和非执行董事之间适当的平衡可以提高董事会的能力。

非执行董事的加入往往为董事会达到平衡和提升能力提供了不同的元素。选择适合的非执行董事，实际上就是在选择有利于董事会能力提升的专业知识和经验积累。因此，要考虑到董事会中其他董事的优势和不足以及未来董事会可能关注的主要事务，考虑到非执行董事加入后董事会整体技能、经验和方法的平衡。只有对这些问题进行充分考虑后，适当的非执行董事才会为提高董事会的讨论水平以及决策制定水平作出应有的贡献。

第四节　董事和董事会培训

对于董事个人而言，培训会使其在公司中的作用和水平得到相当大的提高，使其能够更好地思索，也让个人拥有思维空间来考虑公司的问题，并有助于形成正确的观念。

新任的董事必须学会新的技能、处事态度及行为方式，这将保证他和别的董事会成员一起为公司提供其需要的领导和战略指导。董事长负责董事会的运作，因此，他也是负责培养董事的人，他应该保证所有董事得到训练并得到培养。董事会要充分发挥职能作用，关键在于团结与凝聚力。作为一个具有凝聚力的集体来运作，每位成员都可以承担起不同的任务，而又能做到分工合作。

通过培训可以培养董事的集体合作意识,帮助他们认清奋斗目标,认识公司业务所面临的问题。董事会的培训应该在公司的整体发展框架中进行。培训是一种工具,或者说是一种方法,一种实现个人转变的手段。

一、董事和董事会培训的必要性

在谈论董事和董事会培训的必要性之前,我们首先来看一个案例。尽管这是一个虚构的案例,但是相信很多新上任的董事甚至很多公司的董事会中都会出现类似的情形。[①]

【案例5-5】

保尔·里奇蒙德迫不及待地想回家将这一好消息告知妻子,他刚见过董事长托尼·约翰斯顿,得知要提升他为整体电子公司生产部董事。他当然接受了这一提升,因为保尔的老板和导师布莱恩·琼斯三周前患心脏病而过早去世,这个位置就空缺下来。整体电子公司是一家生产电子元件的中型公司。一直以来,该公司发展速度适中,市场地位稳定,原因是顾客认为其产品质优、性能可靠、价格合理。这家公司还以满足顾客的特殊要求而著称。然而,从根本上讲,它具有传统的特点,但已经感觉到了竞争——尤其是来自中国进口产品的竞争——的冲击。

因为布莱恩·琼斯在该公司已经工作了35年,经验丰富,加之其直率而具有权威的行为举止以及技术上的专长,他已经担任了整体电子公司生产部董事9年,并已成为极有实力的董事会成员。他的去世给董事会留下了空缺。他工作卓有成效,曾是托尼·约翰斯顿的副手和心腹。布莱恩一直以工作为伴,每天工作很长时间,在完成艰巨任务方面堪称大师,同时对小事还体察入微。事实上,他在董事位置上,一直通过其生产部经理保尔·里奇蒙德指导生产。

保尔42岁,已经在整体电子公司供职15年。他是布莱恩·琼斯招进公司的,他在该公司工作的整个过程中,琼斯一直是他的导师。保尔从生产部得到提升,在很大程度上是因为布莱恩相信他能按要求行事。他工作努力,经验丰富,待人友好。生产部具有良好的工作气氛。人人都非常尊敬布莱恩,这给保尔的工作带来极大的帮助,同时,保尔和蔼可亲的举止也有助于自己的工作。

当董事的第一天,保尔既感到满意也觉得吃惊。他真的很喜欢新办公室和公司的轿车,并且大家都在祝贺他提升。他感到,多年的辛勤劳动已经得到回报——他终于成功了,他将好好享受上任的大好时光。保尔与托尼·约翰斯顿进行了15分钟的会谈。在会谈中,他被告知,他应按照目前已经做得很好的方式继续工作,并出席董事会,除此之

[①] 本部分内容参考了[英]克里斯·皮尔斯.执行董事[M].段佳陆等译,北京:华夏出版社,2004:101—115;[英]Vint,G.等.公司董事会[M].何昌邑等译,北京:华夏出版社,2004:140—168 等资料。

外,保尔从未受过其新职位的任何训练。那天也碰巧举行董事会。董事会的其他成员有人事部董事海伦·斯宾克斯、财务部董事马修·史密斯、销售市场部董事扎克·塞顿,以及研究开发部董事约翰·尼德斯。到会的还有两名非执行董事:弗雷德·爱莫瑞(他可临时代理公司董事长)和退休商人罗纳德·邦德。

董事长介绍了保尔,接着会议就开始了。保尔非常熟悉董事会其他成员,但是,他还是第一次和他们一起工作。从会议室里出来后,他感到非常沮丧。当他就要离开时,扎克·塞顿把他拉到一旁,给他提了一些友好的建议。他说,董事会有时候既必要又折磨,这时候你想熬过去的话,那最好低着头,少出声,少发言。会后你就可以做实在的工作了。

保尔回到自己的办公室并把会议上观察到的情况记录了下来:

(1) 会议完全被托尼·约翰斯顿控制,他作出所有的决定,大多数时候都是他在讲话。

(2) 很明显这些非执行董事的信息不灵,许多时间都被罗纳德·邦德浪费了,他不断要求解释并把他的经验介绍给所有人。

(3) 其他董事就自己领域的问题作了简明"扼要"的汇报。马修·史密斯对公司的财务状况作了诚实的陈述,还试图提出许多问题,但被托尼·约翰斯顿"拦住"了。

(4) 在整个会议过程中,除了提出其实施报告,海伦·斯宾克斯一言不发。扎克·塞顿试图通过谈论即将进行的投产以缓和气氛。

(5) 在扎克·塞顿和约翰·尼德斯之间发生了关于投产日期的激烈争论,而此后他们总是争斗不休。

(6) 董事长态度很温和且成功地通过了议事日程。但他没能有效控制扎克·塞顿(他没法掩饰对弗雷德的恼怒),也没能保证其他董事对此次会议作出任何贡献。

(7) 人人都敬畏托尼·约翰斯顿,没有人向他提出疑问。

在整个会议过程中,保尔自己则被搁在一边观察别人。然而,他还是从托尼的话里得知他将做许多事;在托尼任命一位新的生产部经理之前,保尔将会非常忙碌。

6个月以后,保尔·里奇蒙德从整体电子公司辞职了。成为一名公司董事一点都不像他所预想的那样。从一开始他就很热心,他已经做了公司董事应负责任的一些调查研究。他非常清楚董事在法律、财务和信用方面的责任。同时,他也吃惊地获悉,他和公司其他所有的董事都对公司的成绩负有责任。他一直努力像公司的真正董事一样为其作贡献。他特别担心的是,公司并没有采取任何措施对抗廉价的进口货物。当他提出这一问题时,托尼·约翰斯顿把问题踢回去给他,建议说:解决这一问题的最好办法是降低生产成本,这样价格也就降下来了。保尔感到自己已经被压垮了,再没信心提出这一问题。

在董事会,他很少得到同事们的支持或帮助。他从没有真正感到自己是他们中的一员或者被他们接受,他发现自己常与他们有所差别,似乎他仍然只是个经理。当他试图与他们讨论公司面临的问题时,他发现了他们难以掩饰的失望和冷淡。只要他们负责的工作一切进展顺利,他们就感到幸福。在这样的氛围中,一个试图为董事会作出贡献的董事所面临的压力越来越明显。保尔变得玩世不恭,并对来自任何渠道的批评都加以提防。

为了应对这种不适,保尔全身心投入自己负责的事务之中,但结果仍不像他所预料的那样。现在他是董事了,人们对待他的方式也不同了。他们不像以前那样开诚布公或者友好了。他发现,若不显得对他人进行不必要的干预而想弄清正在做的事,实在困难。他很清楚,他的新生产部经理受了挫折,试图疏远他。

保尔长时间工作,但他知道,他降低而不是增加了价值,尤其在他的职责范围内。他不知道应该采取什么样的方式工作,而且工作的压力已经开始影响他的家庭生活。他感到没有任何人可以征求意见。他已开始采取像董事会其他成员一样的行为——一切为了安宁的生活。但这使他更加紧张,因为他发现,要漠视日益严重的战略问题太困难了。董事会似乎满足于谈论日常问题,在经济收入持续稳定增长时更是如此。

作为最后一手,保尔试图和托尼·约翰斯顿好好谈谈。托尼对保尔的担忧感到非常困惑不解。他希望保尔像布莱思以前一样工作,并且希望保尔对他心怀感激。他把保尔的评论看成是对他个人的批评,因此,会谈很冷淡地结束了;托尼建议,保尔应该集中精力整顿自己负责的部门。次日,托尼接受了保尔的辞呈。

在这个案例中,保尔并不能顺利地融入董事会,当然这和他由经理到董事的角色转变有关,也和整个董事会尤其是董事长的行事风格有关。可能每个人都可以从不同的角度提出建议来改善案例中董事会的运作效率。但是,此处我们要强调的是董事会培训对董事个人和整个董事会的重要性。

对于新任董事而言,从原有职位到董事的角色转换是非常大的,这一过程中新任董事必须经历必要的培训,以便顺利地融入董事会这个团队当中。即使对于现任董事而言,有针对性地培训也是非常必要的,因为董事的素质提高对于董事会高效运作甚至是公司成功都至关重要。董事有必要不断地提升自己各方面的能力,从而真正起到董事的作用。提高董事的技能有多种途径,但是毫无疑问,培训是最有效的方法。通过系统的培训,提高董事作出正确决策的能力,从而有效地缩小外界快速变化的环境对董事们的要求与董事目前所拥有的能力之间的差距。对董事进行培训的目的是使其集中得到相关的知识,增强其才智和学习的能力。

对于董事个人而言,培训会使其在公司中的作用和水平得到相当大的提高,使其能够更好地思索,也让个人拥有思维空间来考虑公司的问题,并有助于形成正确的观念。

(1) 董事培训,尤其是有针对性的培训,可以使董事在集中的时间里系统了解并熟悉董事应掌握的知识和技能。培训能帮助新董事更快变得称职,因为它提供了一次了解董事所需知识和技能的机会。即使不能马上提高董事的相关能力,但是培训可以使他们发现自己的弱点,在今后工作中可以有意识地增强某些方面的训练。从长期来看,有利于董事决策水平的提高。

(2) 董事培训,可以进一步培养董事自主处理问题的习惯并能增强董事的信心,而信心又能改进工作。特别是信心的增强意味着董事有能力,而且愿意放手去管理,着手处理战略问题。通过培训,董事一方面增强了信心,另一方面弄清楚了工作过程,因此培训能帮助董事提高领导才能。此外,信心的增强可能会使董事有勇气抛弃过去的做事方法,去抗拒来自传统观念上和文化上的压力,使他们能自由地按照自己的方式做事。

(3) 董事培训,能帮助董事认识到作为领导的作用,使他们能够从整合公司集体的经验、知识和能力中获得解决问题之道。

随着董事个人的改变,董事培训也会促使公司的改变。通过培训,可以帮助董事弄清楚他们共同的强烈愿望,并为了实现这些目标而制订出相应的行动计划。董事培训总是为公司和受训的董事寻找双赢的出路,董事相应技能的提高使得公司长远价值的提升成为可能。

二、董事会培训

董事会培训应该在公司的整体发展框架中进行。培训是一种工具,或者说是一种方法,一种实现个人转变的手段。

(一) 团队精神与意识

董事会要充分发挥职能作用,关键在于团结与凝聚力。作为一个具有凝聚力的集体来运作,每位成员都可以担负起不同的任务,而又能做到分工合作。如果董事会不团结合作,那么个人追求自己职能部门的利益,公司的总体目标就不可能实现。集体的团结合作是一种协同能力:通过集中、统一个人的工作,来实现集体的更高层次的利益。团队合作要求成员之间的相互信任与帮助,而要做到这一点,需要每一位董事都具备参与意识,需要成员之间加强了解,看到他人对集体的贡献。[①]

作为董事会的成员,他们能了解自己为公司所作的贡献,也知道自己的力量在集体中的地位,他们一起帮助设计、讨论公司的发展规划,他们也知道自己为公司的集体利益该做些什么。毫无疑问,他们的这种全局观念本身就是一种优势。因为这意味着他们可以把碰到的困难与问题放到公司的宏观发展中去解决,而不是简单地当作失败或挫折而放弃。他们要清楚自己需要如何做才能实现董事会的团结合作。他们知道个人都有自己的差异,也就不会因为遭遇不同意见而感到委屈。他们也许是在会议上提出良好建议的人,但将其转化为可行方案的或许是别人,而真正贯彻实施该方案的又是另外的人。

一个集体的特色正是体现在成员利益的集中与成员之间的相互理解与互相支持上,也正是这些特色使得一个集体成员之间休戚相关。董事之间的团结有利于董事会在战略上宏观地把握企业发展,这也正是董事会的职责之所在。

培训可以培养董事的集体合作意识,帮助他们认清奋斗目标,认识公司业务所面临的问题。培训是个人在公司发展的一条捷径,因为它可以充分挖掘个人及集体的潜力。关于董事团队精神的培训,其独到之处在于,将董事的成长与发展置于公司的发展环境与背景之下,整个公司潜力的发掘就与个人的潜力发展紧密联系。一些优秀董事会的实

---

① [英]Vint,G.等.公司董事会[M].何昌邑等译,北京:华夏出版社,2004:204—215.

践是将整个培训活动分为两大部分:对董事会的集体培训与对董事会成员的个别培训。因为并非每位董事的情况都一模一样,而个别培训就允许个人以自己的进度来接受培训。个别培训为每位董事提供了一个学会逐渐适应与其他董事合作的机会。

对每一位董事的个别培训,对于整个董事会以及各位董事均有利。然而,只有董事在接受了个别指导的同时又参与了集体的团队精神训练,才会对整个董事会具有更大的意义。

(二) 董事会培训的一般程序

董事会培训应该在公司的整体发展框架中进行。培训是一种工具,或者说是一种方法,一种实现个人转变的手段。

首先,在培训前董事应该考虑以下问题:董事会成员在一起合作的情况怎么样?董事之间的人际关系如何影响整个董事会的运作?董事会每天的工作是否真正在解决公司的实质问题?对于董事会来讲,哪些事应该停办,而哪些事又应该启动?作为一个整体,该董事会还缺乏什么能力?自身的优势及劣势分别何在?通过对这些问题的思考,董事会达成共识,将需要在培训中解决的问题依次列出。

解决了上述问题,就可以对董事会成员进行个别培训了,因为董事和负责培训的人员都清楚该公司的实际问题,也就是说一对一的个别培训有了根据,培训的目的就是使董事认识自己,从而更有效地为公司作出贡献。

在第一次接受个别培训之前,每位董事均应填写一份"现状分析"调查表,该材料仅供培训辅导员参考。在这份材料里,该董事要提出他本人希望在培训中解决的问题。个别培训和董事会集体培训的差别就在于,集体培训的时候,每位董事均应就其同事的工作方式及做法向培训辅导员提供一份反馈材料。这份材料将运用于整个培训过程,有助于培训辅导员认识受训者之间有什么需要解决的问题。这样做其实是让他们更加了解自己。

在培训开始阶段,每两周举行一次会议,以后随着董事逐渐增强了信心与动力,过渡为每月一次。每一次会议开始都先回顾自上次会议以来的进步,以及所遇到的问题,然后讨论当前的情况以及随后的发展规划。因为有了培训之前的准备工作,例如前面提到的董事先要考虑的问题,以及"现状分析"调查,所以到了这一阶段,负责培训的人员已经清楚,在维护公司利益这一大前提下,有哪些意见是一致的,又有哪些意见是有分歧的。所以培训辅导员就可以让各位董事妥善解决他们不利于公司发展的任何细节。

当个别培训进行到一半的时候,召集一次所有董事出席的会议。这样做是想让大家总结一下,自第一次的情况分析到现在都有些什么变化,同时也商讨下一步要解决的问题。同时,培训辅导员也可以利用这次会议给各位董事指出一些已经出现但尚未得到重视或解决的问题,并在后续的个别培训中进一步强调。

培训项目是依据董事会和董事的具体情况量身定做的,而不是强加给他们的成套公式,这样才可以促使董事从自己身上找到解决问题的途径。因此,随着个人思想观念的转变,公司内部也更容易发生实质变化。这就是公司变革和持续发展的基础。

【案例 5-6】

工商银行——高效董事会持续提升公司治理效能

2020 年以来,在抗击新冠疫情的严峻形势下,工商银行通过完善董事会工作机制,确保董事会运作高效顺畅,董事履职能力和董事会战略决策水平持续提升。

一是完善机制、优化流程,提升董事会运作效率。疫情发生以来,迅速启动应急机制,依托现有线上"董事会办公平台"并进行升级换代,通过线上线下结合的方式,根据董事会会议计划合理统筹上会议题、协调参会各方、创造参会条件、创新会议形式。在满足行内各项疫情防控相关要求的前提下,通过议题主动分类和专委会前置讨论,极大提高了董事会的决策效率,前三季度成功组织筹备 2 次股东大会、8 次董事会会议和 32 次专业委员会会议,协助董事会积极发挥战略引领职能。

二是当好枢纽、优化服务,持续完善沟通机制。线上线下同步确保了疫情期间"沟通不间断"。一方面,通过灵活制定会前沟通方案、建立专门的独立董事沟通机制进一步深化与股权董事和独立董事的沟通。前三季度,共组织集中沟通会 45 场,单独沟通 16 场,董事参与达 319 人次,其中三季度的独立董事沟通会参与达 39 次,环比增加 40%。另外,通过建立和强化上会事项报告机制、重大决策事项汇报机制、非现场信息支持机制进一步提升与股东单位的沟通维度。

三是加强董事职业培训与调研,提高董事履职能力。通过建立系统性的董事培训机制,结合监管要求和董事履职需要,系统制定董事培训计划,培训主题涵盖董事履职相关知识、银行金融专业知识及宏观经济、热点问题等,全面提升董事培训的多样性。将董事会关切、专业委员会职责与调研培训有机结合,科学制定调研计划,采取"走出去"与"请进来"相结合、务实与务虚相结合、董事与监事及高管人员联合调研等方式,对重大问题进行深入研究,提出有针对性的意见和建议,提升调研质量和效果。2020 年前三季度,组织董事开展培训 11 次,课题调研 6 项,座谈 29 组。

资料来源:工商银行——高效董事会持续提升公司治理效能,"金圆桌"最佳实践[J].董事会,2021,Z1:50—62。

【本章思考题】

1. 试分析董事会与公司战略之间的关系。
2. 影响董事战略性参与的因素有哪些?
3. 称职的董事应具备哪些个性特征及知识、能力?
4. 试分析董事培训的意义和价值。
5. 董事长如何保持所在董事会的运作效率和效果?

【综合案例】

家族企业与董事会战略性参与——李锦记

一、李锦记集团概述

作为一家百年老店,李锦记是亚洲地区少有的已传承四代而愈加繁荣的家族企业,在它一百二十多年的发展历程中,有创业的艰辛,有家族齐心、共同发展的默契,也有兄弟反目、争权夺利的伤痛。李锦记的百年发展历程可谓家族企业演化的缩影。

早年的李锦裳在珠海市南水镇开了间小茶肆,以出售煮蚝为生。1888年的一天,李锦裳意外地将一锅蚝熬干了,只剩锅底一层深褐色的汤汁,却香气扑鼻,这就是今天深受人们喜爱的蚝油的"原型"。从此之后,李锦棠建立了"李锦记"蚝油庄,专门制作蚝油作为调味品出卖,"李锦记"就这样诞生了。然而,创业的道路并非一路坦途,1902年,南水镇突发火灾,发展日渐兴隆的蚝油庄付之一炬,李锦裳只好携妻儿辗转到澳门定居,把李锦记的品牌带到了澳门,并在澳门又一次广受欢迎,直到1922年,李锦裳去世,享年61岁。

李锦裳去世之前,将其家业平均分给了他的三个儿子:李兆荣、李兆登和李兆南。这一时期,李锦记蚝油的制作技术得到不断改良,市场开始向海外延伸。1946年,李兆南将公司总部迁往香港,李锦记正式成为一家香港企业。李锦记品牌在李家第二代传人的努力下,得到巩固开拓,畅销港澳和东南亚地区,国际化战略初具规模。然而就在此时,李家内部出现了第一次危机。

李锦记蚝油诞生后,一直走高端调味品路线,除了小部分富人可以享用,香港一般市民难以承受,所以直到20世纪70年代,李锦记仍然维持着手工作坊式的小规模生产,进一步发展壮大遭遇瓶颈。李兆南的儿子李文达建议父亲改变公司战略,生产低端产品,开发中低端消费市场。然而,这一战略遭到了其他家族成员的强烈反对。其他人意欲合谋收购李兆南的股份,李文达也极力劝说父亲进行反收购,家庭大战由此爆发。最终,1972年,其他人决定放弃,李兆南父子以460万港币收购了其他人的股份。不久,李兆南宣布退休,李文达接任李锦记第三代掌门。

然而,好景不长,在李锦记第二代传人李兆南取得家族企业经营权14年后,李家内部又一次爆发家庭危机。由于李兆南的一场大病,李家内部又出现了一次纷争,最终李文达以8 000万港币收购40%的股权。

二、李锦记家族第三代和第四代人的合力经营

虽然经历了重重困难,李文达凭借其勤劳和智慧,重新振兴了家族生意,与此同时,他在国外留学的五个子女也纷纷学成归国,帮助其共渡难关。首先,李锦记实现了工艺技术突破,引进先进的机器自动化生产,将原有的家庭式生产模式转化为工业大批量生产,企业规模迅速扩张。其次,1983年,李锦记(美国)有限公司建成,并在洛杉矶设立办

事处;1997年,马来西亚吉隆坡厂房建成,李锦记逐渐成为蜚声全球的华人品牌。在中国内地,1990年,李锦记在大连和福州建立原材料基地;1993年,在广州设立第一家酱料厂;1996年,在新会市七堡镇建设食品工业城,大规模生产酱料和保健品等多种产品,其蚝油产品也一直占据着香港80%的市场份额。最后,李锦记开始拓宽产品领域,生产包括芝麻油、各类辣椒酱、方便酱等酱料,成为真正的跨国界全品类的家喻户晓的酱料王国。20世纪80年代,中国内地改革开放后,李文达与李惠森父子敏锐地察觉出中草药产业巨大的行业前景,毅然进入中草药健康产品行业,开始了新的历史使命——弘扬中国优秀养生文化。于是,李锦记健康产品集团诞生了,创立核心品牌"无限极"。

三、李锦记"家族宪法"与"家族委员会"治理结构的构建

在"家族至上"的理念之下,李锦记以李文达夫妇及其五个子女共七人为核心成员,与全部26位家庭成员共同成立了"家族学习与发展委员会"(简称"家族委员会"),这是整个家族的最高权力机构。下设"家族业务"(这里包括李锦记酱料集团和李锦记健康产品集团)、"家族办公室"、"家族投资公司"、"家族慈善基金"、"家族培训中心",同时制订《李锦记家族宪法》,定期召开"家族会议",将推进家庭长久和睦的努力制度化,为实现家族永续和睦提供坚实的基础。

李锦记另设立董事会。家族委员会与公司董事会平行设置,两者间有人员的重叠,但各自承担不同的职责和任务。家族委员会主要针对家族事务的处理,公司董事会主要负责与企业经营发展相关的重大战略决策。两者平行设置的目的在于明确家族系统和企业系统的主次关系。在李氏家族眼中,要使企业保持良性运营,必须首先解决家族内部事务,理顺家族成员关系,统一家族成员的价值观念,保证家族成员以共同的声音一致对外。即使家族成员间有分歧,或者需要协调家族成员间的利益纷争,都可以在家庭委员会内部处理,不会妨碍公司正常经营。家族委员会成立后,李锦记确立了集体领导的模式,不再指定家族企业的接班人,重大事务全部由家族委员会集体讨论决定。家族委员会以及定期召开的家族会议使家族处理内部事务有了明确的空间载体,家族成员能够通过家族委员会和家族会议自由表达和交流价值观念、自身需求及期望,避免隐藏家族事务中各种潜在的问题和矛盾,扫除家族企业在家族继承和企业经营等方面的模糊性,使企业发展可以从良好的家庭氛围中获益,并降低因家庭内部问题对企业经营决策造成不良影响的可能,同时推动企业治理结构的持续创新和变革。

《李锦记家族宪法》是李锦记家族委员会的最高指导原则,任何一个家族委员会成员都必须遵守;如果违背宪法,则自动退出董事会。家族宪法使家族处理内部事务有"法"可依,通过现有已公开的资料,可以大致归纳出以下内容:

(一)公司治理:李锦记集团坚持家族控股,具有血缘关系的家族成员才能持有公司股份;下一代无论男女,只要具有血缘关系,就具有股份继承权;董事局要有非家族人士担任独立董事;酱料和保健品两大核心业务的主席必须是家族成员,主席人选每两年选举一次;集团董事长必须是家族成员,CEO可以外聘。

(二)接班人培养:对于是否接手家族生意,下一代拥有自主选择权。后代要进入家族企业,必须同时符合三个条件:第一,至少大学毕业,大学毕业后至少在外部公司工作3

至5年;第二,应聘程序和入职后的考核必须和非家族成员相同,必须从基层做起;第三,如果无法胜任工作,可以给一次机会,若仍旧没有起色,一样会被解雇;如果下一代在外打拼有所成就,李锦记家族需要时可将其"挖"回。

(三)家族会议:每3个月召开一次家族会议,每次4天。前3天由家族委员会核心成员参加,后1天家族成员全部参加;会议设一名主持人,由家族委员会核心成员轮流担任。

(四)家庭内部规范:不要晚结婚,不准离婚,不准有婚外情;如果有人离婚或有婚外情,自动退出董事会;如果有人因个人原因退出董事会或公司,股份可以卖给公司,但仍然不离开家族,仍是家族委员会成员,参加家族会议。

(五)家族成员退休规定:家族成员年满65岁退休。

(六)家族宪法修改和决议执行:宪法内容的制定和修改,必须经家族委员会75%以上成员同意;一般家族事务的决议须超过51%通过。

《李锦记家族宪法》本质上体现了家族企业有意识地将家族自己人的治理规范化的过程。它致力于充分保障家族的利益和纯洁性,将家族非正式的价值观和经营哲学以契约的方式正式固定下来,而不是简单地依靠家族成员间模糊的看法或不成文的约定等,避免隐藏潜在的问题和矛盾,最大可能地预防将来内乱的发生,防患于未然。

四、李锦记家族对外部资源的吸收与整合

在家族企业发展过程中,即使其家族人口再多,拥有的资源再丰富,都不能够保证家族内部具备企业发展所需要的所有能力和资源。尤其当企业面临拓展新业务、改革升级时,企业更会面临各项资源的缺口,需要引入和吸收外部资源。李锦记决定拓展健康产品时,由于这个行业与酱料行业差异很大,因此,李锦记决定与第一军医大学合作。该大学在20世纪80年代就已开始研发健康产品,在该领域具有丰富的经验,能够与李锦记形成良好的资源互补。

这是李锦记发展史上第一次与家族外部组织结成战略合作联盟,新的异质性资源的引入,需要家族企业给予资源提供者合理的制度保障和激励,以真正实现双方优势互补、优化资源配置。

由于健康产业与李锦记以往经营的酱料产业有非常大的不同,李锦记健康产品集团还引入了战略合作者,因此,需要李锦记健康产品集团采用新的运作和管理方式。2012年,李惠森出版了他的新书《自动波领导模式》,系统阐述了李锦记健康产品集团独创的管理模式。

"自动波"是粤语中对汽车"自动挡"的俗称,李惠森借此来表达该管理模式的核心理念是企业即使领导者不在,大家也能上下一心,朝着共同的方向努力,就像驾驶"自动挡"汽车一样。该管理模式强调"人才"和"团队"的重要性,外部人才的引进是李锦记继续发展壮大的必经之路,李锦记健康产品集团广泛引入外部人才出任CEO,包括2006年我国直销十大杰出人才杨国晋、非家庭成员行政总裁雷桑田、东南亚区总经理苏盈福等。李锦记还聘请普华永道资深顾问方正以及香港贸易发展局退休局长施祖祥担任非执行董事和作为董事会成员。

五、李锦记家族企业中的董事会战略性参与

按照李锦记家族企业的规定来看,其家族的利益是高于董事会的地位的,因此在董事会战略参与的过程中,首先会考虑的就是家族整体利益。但这种家族企业也与普通企业中的股东问题存在一些共同之处,在一般的股份制企业中,董事会在作出战略决策时也应尽力维护股东的利益,正如李锦记的董事会维护其家族利益一样。

在李锦记的董事会中也有一部分家族内部人员,因此就算没有条例或规定的限制,董事会的最终决策结果也会偏向于整个家族。但是,家族企业的董事会不同于其他企业的董事会的地方就在于,在维护家族利益的基础上,决策的最终目的是可以放弃企业的部分利益的。而对于一般的企业来说,企业的利益也是股东的利益,也就是说董事会只需使企业的利益最大化,就能得到股东的利益最大化。

因此,在处理家族企业的事务时,董事会应放眼全局,将视角提到一个更高的层次,既要照顾企业的发展,也要维护家族的利益,同时也应考虑 CEO 的执行情况。

六、李锦记家族治理结构形成之路的反思与启示

我国有句古话:"富不过三代",目前,我国的第一代创业者基本都已年届花甲,正处于代际传承的关键时刻,许多家族企业只能共苦不能同甘,可能陷入"家不和而业不兴"的争权夺利的死局;还有一些"富二代"缺乏正确的人生规划,可能步入"坐吃山空"的歧途。据美国一所家族企业学院的研究表明,约有 70% 的家族企业未能传到下一代,88% 未能传到第三代,只有 3% 的家族企业在第四代及以后还在经营。

李锦记的"家族宪法"和"家族委员会"制度是其处理家族内部事务、完善家族企业治理结构的重要举措,对于妥善解决大家庭内部问题,坚定维护家族利益,保证家族凝聚力,保持家族企业持续健康发展具有重要意义,这是李锦记经历两次代际纷争,痛定思痛后的结晶,也是李锦记齐心协力实现祖业薪火相传的"思利及人"文化的制度化和规范化成果。李锦记发展至今涉足的领域不多,只有酱料产业和健康产品产业两个领域,但却能够在这两个领域进行深耕细作,做精做专,并形成企业核心优势,这也是李锦记长盛不衰的重要原因。

2015 年 3 月 3 日,全国政协第十二届三次会议在北京开幕。李惠森作为政协委员,提交了《关于改进和创新家族企业新生代培养方式的建议》的提案。至此,他已连续 8 年向全国政协递交有关家族企业发展的提案,体现出他对家族企业发展的极大关注和重视。现在,在李锦记第五代传人中,已经有不愿接班的声音存在,未来,李锦记是否能实现对第五代人的平稳交接,第五代人是否能继承家族企业的文化和制度,在经济发展瞬息万变的今天,是否能应对经济社会各方面更大的挑战,仍然延续其长青传奇,李锦记依然在路上。

【案例讨论】

1. 面对家族企业面临的危机,李锦记采取了什么样的战略?取得了怎样的效果?
2. 在家族企业中,董事会的地位有何特殊之处?如何处理与家族委员会的关系?

第六章 激励与约束制度

【篇首语】

公司高层管理人员作为公司的关键成员,其行为激励的重要性日益突出。强化公司高层管理者的激励与约束机制是公司治理中的重要环节,激励方式正从传统的以支付薪酬为主向更多地参与剩余分享的模式转变。尤其是近年来,随着我国新《公司法》的颁布,一批关于上市公司及国有控股上市公司实施股权激励等激励机制的政策法规纷纷出台,公司管理层激励的制度环境和企业条件发生了剧烈的变化,薪酬激励与产权激励相混合的公司管理层激励计划的设计日趋复杂和精致。因此,学习管理层激励的基本原理和操作要领,认识当前我国企业实施管理层激励的客观环境与企业现实条件,越来越具有现实意义。

【引导案例】

辽宁成大:股权激励还是高管福利?

随着国有企业改革的逐渐深入,股权激励是否名为激励实为福利一直是市场争论的焦点问题。作为第一批国有企业股权激励的先行者,辽宁成大自2006年起实施了为期八年的股权激励计划。该激励方案经历了四次行权和多次调整,激励对象覆盖了从技术人员到高管与董事等公司核心人员。然而,低行权门槛、巨额高管福利使得该计划从实施到完成吸引了市场广泛的关注,1.67亿元的高管收益更是引起舆论一片哗然,同时该计划的激励性也备受质疑。

一、方案初定

辽宁成大全称辽宁成大股份有限公司,创立于1993年8月,是一家集国内外贸易、生物制药、医药连锁、能源投资、金融投资、商业投资多业并举、协调发展的跨行业、跨地区的综合大型上市公司。较之于可比公司,辽宁成大的盈利能力、资本结构、偿债能力、现金流量及成长能力都属于比较好的企业,唯独营运能力欠佳,基于此,2006年辽宁成大提出了股权激励计划。

本次股权激励的获授方主要是高管层和核心技术人员,激励计划涉及的4 500万份期权将被分为3次授予。如符合行权条件,其中每一份期权可以在授权日起算的5年内的可行权日用此前确定的行权价格来购得辽宁成大(600739)股票一股。激励对象获得授权的标的股票全部来源于定向发行,计划草案涉及的股票占总股本的9.03%,这近乎压线地符合《上市公司股权激励管理办法》第12条关于全部有效标的股票累计不得超过公司总股本10%的规定。

辽宁成大分三次"循序渐进"地完成了授权安排,2006年9月5日、2006年12月8日、2007年12月28日分别将2 340万、1 560万、600万份股票期权授予激励名单中的职员。此次股权激励计划的行权价格为8.75元/股,当符合行权条件时,激励对象能够以此价格购买一股辽宁成大的股票。激励对象的绩效必须考核合格,在具体的考核基期设定中,辽宁成大2006年至2008年净利润平均增长不低于15%,每股收益平均增长不低于15%。

自2006年9月5日起3年后,激励名单中的职员除非不满足规定的行权条件和相关法律法规的规定,否则可以开始行权。激励计划中的激励对象在出售其手中股票时,在其为公司服务期间每年仅被允许出售不超过他手中所有辽宁成大股份总数的25%,并且若该职员不再为公司服务,那么其手中的股份在离开公司的半年内不被允许出售。激励名单中的职员在公司服务期间买卖公司股票的时间间隔不得低于6个月,否则所得收益由公司董事会收回。

二、多番调整

辽宁成大的《股权激励计划(草案)》经过多次调整:2006年7月17日,公司第五届董事会第三次(临时)会议审议授予激励对象期权数量由4 500万份调整为4 050万份。2007年12月27日召开的第五届董事会第二十次(临时)会议将第一次激励对象获授的股票期权总数量由原来的1 970万份调整为3 546万份,将第二次激励对象获授的股票期权总数量由原来的325万份调整为585万份,将第三次激励对象获授的股票期权总数量由原来的不超过600万份调整为不超过1 080万份。

再后由于公司2007年5月22日实施2006年度分红派息和资本公积金转增股本方案,根据相关规定及公司2006年第二次临时股东大会的授权,董事会于2008年4月17日召开第五届董事会第二十六次会议,将行权价格由8.75元调整为4.82元。

最后董事会于2008年6月27日召开第五届董事会第三十二次(临时)会议,将已授出的期权数量由4 303.8万份缩减为1 292.4万份。

三、激励与福利之争

2008年11月24日,辽宁成大第一次共计33人行权,股票数量为327.9万份。2009年6月3日,第二次共计17人行权,股票数量为136.7万份。2010年6月3日,共计185.8万份股票期权统一行权。2010年11月2日,辽宁成大第四次行权,四次行权价格均为4.82元/股,目前各激励对象均以自身获授的股票期权数量参加行权。

《国有控股上市公司(境内)实施股权激励试行办法》(2006年)第十六条第一款规定,在股权激励计划有效期内,高级管理人员个人股权激励预期收益水平,应控制在其薪酬总水平的30%以内。虽然有此明文规定,但是国企股权激励自诞生之日起,关于高管超额收益的争论在市场上就从未停止过。在辽宁成大的股权激励过程中,董事长尚书志先生获得了最多的期权份数。尚书志先生在整个股权激励计划中分别于第1、2、4次行权。仅以当日收盘价格计算账面含税收益可以计算出,尚书志先生在3次行权中获得股份共计129.6万股,收益共计3 598.112万元。除去个人所得税,尚书志先生账面收益为1 978.96万元,从2006年提出股权激励计划到2010年尚书志先生行权完毕,5年时间其年均账面收益为395.79万元。

辽宁成大较低的行权门槛和较高的高管福利引起了公众广泛的注意和讨论。但是辽宁成大的董事会秘书于占洋表示:"理论上讲,你是永远卖不完股票的"。在他看来,这是最重要的一点,因为这使得公司激励对象中的高管、董事在其任职期间永远无法完全变现手中股票,从而起到长期激励的作用。

经过4次行权之后,辽宁成大总计行权股份数量为1 224万股,基本达到了最初股权激励方案的计划数额,这标志着辽宁成大成为我国上市公司中迄今为止为数不多的、完成股权激励计划的公司之一。但在2006年以前,辽宁成大几乎每年都进行现金股利的分配,并且也曾经发放过股票股利和转增股份。自实施股权激励计划以来,公司在利润分配方面并没有使股东享有过多的经济利益。董秘于占洋表示,公司连续三年未回报投资者的原因有二:其一是公司的净利润主要包括投资广发证券带来的投资收益——"广发证券我们是不参与经营的";其二是由于公司开发油页岩项目需大量资金,并表示一旦"生产运行和收入稳定后",会给股东一个理想的回报。

资料来源:中国管理案例共享中心。

【案例讨论】

1. 辽宁成大的股权激励计划是否达到了激励高管提升盈利能力和推动企业发展的本意?还是存在股权激励福利化的问题?
2. 如何看待高管"天价薪酬"问题?
3. 国有企业在股权激励中如何保护国有资产?

高管激励是公司治理的动力机制,是公司治理制度的核心内容之一。从狭义方面理解的公司治理即是指公司所有者为高层管理者设计科学的激励和监督机制,即通过一系列制度安排来合理地配置所有者与高层管理者之间的权利与责任关系。公司治理视角的高管激励方式更加注重其参与公司剩余收益的分享。随着我国《公司法》《证券法》和相关政策法规的出台,高管的激励与约束政策有了更大的空间和灵活度。学习高管激励的理论基础和操作要领具有重要现实意义。

高层管理者的分类有不同的标准,广义的高管层激励对象是指包括董事、监事、高级管理人员在内的所有高层管理人员。狭义的高管层激励对象是指直接对企业经营收益负责的高级管理人员(高级经理人、经营者)。本章所探讨的激励对象是狭义的高管层激励对象,简称高级管理层(也称为经营者、经理人员、高级管理层、高级执行人员等),主要是指公司副总经理以上(含副总经理)、直接对企业经营收益负责的高级管理人员。

第一节 公司治理中激励问题的产生

亚当·斯密提出的"看不见的手"就是在描述一种奇妙的激励机制,在这种机制的作用下,人们在追求自身利益的同时,也对社会利益作出了贡献,这是不需要人工设计的激励机制。然而,当通过市场来组织交易时,由于存在交易成本和各种导致市场失灵的问题,需要用人工设计的"看得见的手"来代替"看不见的手",从而,人工设计的激励机制应运而生。

公司高层管理者的激励与一般成员的激励问题有所不同,它更多地涉及制度激励层面。委托代理制度的设计构成管理层激励的重要内容。

一、制度激励问题

在现代市场经济中,企业是由股东、银行、员工、客户及供应商等利益相关者组成的一种社会经济组织。企业管理过程中的许多激励问题都是制度性的。

(一) 制度激励问题

制度激励问题是指因为制度安排方面的原因,组织成员的工作得不到相应的回报,或者个人不需承担其行为的后果。公司是一种典型的人造组织,公司管理层所需考虑的核心问题之一就是激励问题。组织成员和组织本身都需要激励,人工设计的激励机制成为公司制度建设的一项重要任务。

(二) 激励相容

现代经济学的一个基本假定是每个人在主观上都追求个人利益,按照主观私利行事。机制设计理论在信息不完全的情况下将该假定进一步深化,认为除非得到好处,否则参与者一般不会真实地显示有关个人经济特征方面的信息。Hurwicz等(1972)给出了著名的"真实显示偏好"不可能性定理,他证明了即使对于纯私人商品的经济社会,只要这个经济社会中的成员的个数是有限的,在参与约束条件下(即导致的配置应是个人理性的),就不可能存在任何分散化的经济机制(包括竞争市场机制)能够在新古典类经济环境下导致帕累托最优配置并使每个人有激励去真实报告自己的经济特征。

当经济信息不完全并且不可能或不适合直接控制时,人们需要采用分散化决策的方式来进行资源配置或作出其他经济决策。这样,在制度或规则的设计者不了解所有个人信息的情况下,他所要掌握的一个基本原则,就是所制定的机制能够给每个参与者一个激励,使参与者在最大化个人利益的同时也达到了所制定的目标。这就是机制设计理论的激励相容问题。

Hurwicz等(1972)创立的机制设计理论中的"激励相容"是指:在市场经济中,每个理性经济人都会有自利的一面,其个人行为会按自利的规则行为行动;如果能有一种制度安排,使行为人追求个人利益的行为,正好与企业实现集体价值最大化的目标相吻合,那么这一制度安排就是"激励相容"的。

现代经济学理论与实践表明,贯彻"激励相容"原则,能够有效地解决个人利益与集体利益之间的矛盾冲突,使行为人的行为方式、结果符合集体价值最大化的目标,让每个员工在为企业多做贡献中成就自己的事业,即个人价值与集体价值的两个目标函数实现一致化。参与者理性实现个体利益最大化的策略,与机制设计者所期望的策略一致,从而使参与者自愿按照机制设计者所期望的策略采取行动。

二、委托代理理论

委托代理理论框架下的激励理论是经济学领域中影响最大的激励理论。激励和代理是互补的,一方的存在才使另一方有意义。委托代理理论实质上已经演变成一种激励机制设计理论。在这一框架下,人们在各种假设条件下,建立了各种激励问题的模型。

委托代理理论是研究在给定信息结构下委托人和代理人的最优契约安排,或由于信息不对称以及所有权与经营权分离而产生的代理问题的企业理论。现代公司的一个重要特征是两权分离,企业的经营由没有股权的经营者指挥和控制,所有者并不直接参与公司的经营与管理,但由于经营者与所有者(在委托代理理论中,所有者被称为委托人,经营者被称为代理人)具有不同的目标函数,经营者在实践中可能按照自己的利益行事,并且由此会损害所有者的利益,两者之间就产生了利益冲突。

亚当·斯密早在1776年就已经告诉我们:无论如何,由于这些公司的董事(经营者)是他人钱财而非自己钱财的管理者,因此很难设想他们会有像私人合伙者照看自己钱财那样的警觉。所以,在这类公司事务的管理中,疏忽和浪费总是或多或少存在的。Jensen和Meckling(1976)认为,只要经营者拥有的股权少于企业的全部普通股数量,就会产生代理问题,在资产所有者和经营者之间存在着冲突,因为后者仅仅得到了企业利润的一部分,却承担了用自身努力加强企业盈利能力的所有成本,如果经营者具有不同的目标函数但没有私人信息,则所有者可以提供一个完全契约来控制其行为并使双方的目标函数完全一致,那么代理问题就不成为问题,经营者的道德风险也就不复存在了。但事实上经营者拥有相当多的私人信息(如生产条件、生产成本、市场状况以及行动等),而且所有者无法完全监控经营者的行为,这就使得经营者的行为难以控制,所有者的利益难以得到维护。为了使经营者的行为符合所有者的利益,所有者必须给经营者以激励,委托代理理论的实质就是分析非对称信息下的激励问题。

因此,制度激励问题产生的根本原因来自两个方面:一是委托代理问题,现代公司所有权与经营权的分离、企业家职能的分解以及由此产生的委托代理问题是激励问题产生的基础;二是信息不对称问题,委托代理问题的存在并不是激励问题产生的充分必要条件,信息不对称、道德风险和外部环境的影响也是重要的原因(见图6-1)。

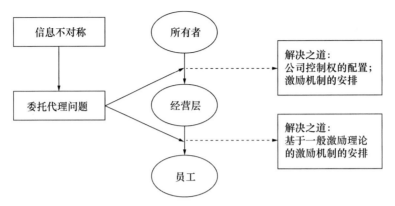

图 6-1 激励问题产生与激励机制安排

【案例 6-1】

猎人、猎狗与兔子的故事：绩效评价、激励形式与激励效果

一条猎狗将兔子赶出了窝,一直追赶它,追了很久仍没有抓到。猎人看到此种情景,讥笑地对猎狗说:"你们两个之间小的反而跑得快得多。"猎狗回答说:"你不知道我们两个的奔跑是完全不同的!我仅仅为了一顿饭而跑,而它却是为了性命而跑呀。"

猎人想,猎狗说得对。我要想得到更多的猎物,就得想个好办法。于是,猎人又买来几条猎狗,凡是能够在打猎中抓到兔子的,就可以得到几根骨头,抓不到兔子的就没有饭吃。这一招果然奏效,猎狗们纷纷努力去追兔子。过了一段时间,问题又出现了,大兔子非常难抓,而小兔子好抓,抓到大兔子得到的奖赏和抓到小兔子得到的差不多,善于观察的猎狗发现了这个窍门,于是专门去抓小兔子,慢慢地,大家都发现了这个窍门。猎人对猎狗们说:"最近你们抓的兔子越来越小了,为什么?"猎狗们回答:"反正不会有太大区别,为什么要去抓大的呢?"

猎人经过思考后,决定不再简单地将分得骨头的数量与是否抓到兔子挂钩,而采用每过一段时间,就统计一次猎狗抓到兔子的总重量,按照重量来评价猎狗,决定一段时间内的待遇。于是猎狗们抓到兔子的数量和重量都增加了,猎人很开心。但是,过了一段时间,猎人发现猎狗们抓到的兔子的数量又下降了,而且越有经验的猎狗,抓的兔子的数量下降得越厉害。于是猎人又去问猎狗。猎狗说:"我们把最好的时间都奉献给了你,主人,但是我们随着时间的推移会变老,当我们抓不到兔子的时候,你还会给我们骨头吃吗?"

猎人经过再三思考后决定论功行赏,他分析与汇总了所有猎狗抓到的兔子的数量与重量,规定如果抓到的兔子超过了一定的数量,即使抓不到兔子,每顿饭都可以得到一定数量的骨头。猎狗们都很高兴,大家都努力达到猎人规定的数量。终于,一些猎狗达到了猎人规定的数量。其中,有一只聪明的猎狗对其他猎狗说:"我们这么努力,只是得到了几根骨头,而我们抓的猎物却远远超过了这几根骨头,我们为什么不能给自己抓兔子呢?"于是,有些猎狗离开了猎人,自己抓兔子去了。

第二节 我国企业实行的激励机制及其存在的问题

我国公司对高层管理者的激励方式主要有物质激励和精神激励。传统的精神激励更注重提升公司高层管理者的社会地位,使他们在得到社会尊重的基础上,解除后顾之忧,全身心投入工作,提高业务技能和管理水平,更好地贡献自己的才智。传统的物质激励是指高层管理者所得的工资和奖金,但这种结构已不能完全适应现代公司的经营机制。

经过四十多年持续的企业改革,在我国企业的激励机制方面,突出体现为激励作用不足,激励机制不健全。公司高管层激励的制度环境和企业条件剧变,但高管层激励机制还不够健全,薪酬结构中还存在缺乏股票期权等长期激励计划、经营者风险收入部分比例偏小、股权激励作用不足等问题。少数进行股权激励实践探索的企业,授予高层管理者的股票或期权普遍还没有到行权期,尝试的种种激励形式还需要经过时间的检验。

一、我国企业的薪酬激励机制及其存在的问题

对高层管理者和核心技术员工的薪酬激励一般由固定薪金、股票与股票期权、退休金计划等构成。其中,固定薪金的优点在于稳定、可靠、无风险,能作基本保障,但缺乏灵活性和刺激性。奖金和股票与经营业绩紧密相关,对经营者来讲有一定风险,也有较强的激励作用,但易引发经理人员和核心技术员工的短期行为。退休金计划则有助于激励高层管理者和核心技术员工的长期行为。

我国企业的薪酬激励机制主要包括年薪制和股权激励制度,主要存在两方面的问题:一是薪酬结构中缺乏股票期权等长期激励项目,经营者持股数量和比例不足,风险收入部分比例太小,股权激励作用不足;二是薪酬数量无论是绝对数,还是相对数都太少,难以调动积极性。

二、我国企业的控制权激励机制及其存在的问题

按照产权理论的分析框架,企业的契约性控制权可以分为经营控制权和剩余控制

权,经营控制权是指那种能在事前通过契约加以明确确定的控制权权利,即在契约中明确规定的契约方在什么情况下具体如何使用的权利。在创业企业中,特定控制权通过契约授权给了创业企业家,这种特定控制权就是高层管理者的经营控制权,包括日常的生产、销售、雇佣等权利。经营控制权通常会对高层管理者产生激励作用,使其拥有职位特权,享受职位消费,给高层管理者带来正规报酬激励以外的物质利益满足,也就是说,高层管理者的效用除货币物品外,还有非货币物品,如豪华办公室、合意雇员和公务观光风景名胜等。

但是,我国企业的经营控制权激励机制存在着委托人监督动力不足的问题。目前,我国企业存在两种委托代理关系,一是国有资产所有者和各个地方性政府之间的关系;二是地方性各级政府和大中型国有企业的管理层之间的关系。由于国有资产所有者并不是具体到个人的,这就导致了国有资产所有者在行使契约所规定的权力和履行契约所规定的义务方面存在角色缺失的问题。因此,第一种委托代理关系的所有者是缺乏监管动力的。第二种委托代理关系中的委托方是地方性各级政府,政府授予政府官员委托权,由他们来行使政府权力。但是,由于企业内部经营管理的成果不直接与政府官员的收益挂钩,导致政府官员缺乏对企业管理层的监管动力。委托人监管动力的缺失可能会导致企业管理层利用职务之便,滥用经营控制权为自身谋私利。

剩余控制权则是指那种事前未在契约中明确界定如何使用的权利,是决定资产在最终契约所限定的特殊用途以外如何被使用的权利。剩余控制权一般由所有者的代表董事会拥有,如任命和解雇总经理、重大投资、合并和拍卖等战略性的决策权。剩余控制权决定了经营控制权的授予。我国企业的剩余控制权激励机制也仍然存在着一些问题,如内部法人治理结构不合理。

目前,我国很多国企过度依赖政府,很多高层管理者的任命和解雇都直接由政府决定,而非董事会决定。企业的所有权、决策权和监督权没有得到严格的区分。

三、我国企业的声誉激励机制及其存在的问题

公司高层管理者一向格外重视自身长期职业生涯的声誉。良好的职业声誉之所以可作为激励高层管理者努力工作的重要因素,一是因为使高层管理者获得社会赞誉及地位能满足其成就感;二是声誉、荣誉会带来未来的货币收入,高层管理者预期货币收入和声誉之间有着替代关系。

尽管许多国有企业高层管理者对激励现状很无奈,但强烈的事业成就欲以及由事业成功而得到的良好的职业声誉、社会荣誉及地位依然是激励他们努力工作的重要原因。各级政府和行业主管部门以往都比较强调精神鼓励,也常常授予经营有方的厂长和经理"优秀企业家"、"五一劳动奖章"等荣誉称号,但这些称号过于空泛,评选的标准不一,难以真正体现高层管理者的能力与业绩。

四、我国企业改革中的激励政策的特殊性分析

(一) 我国企业改革中的经理人激励问题

国有企业经营者激励问题是我国企业的典型问题。国有企业激励机制的演进,实际上是兼企业改制与激励机制完善为一体,国有企业希望借助实行激励机制来完成改制和产权结构的调整。当前我国国有企业经营者报酬难以市场化,走向成熟的民营企业的职业经理人需求日益增加,而我国职业经理人市场尚不发达,在这种情况下,有效的经营激励与约束机制的探索对于各类企业来说都变得更加迫切。需要通过理论研究和管理实践总结出激励原则,并在此基础上提出行之有效的激励报酬设计方法。

(二) 企业改革中的激励对象与激励形式演进

我国企业逐步探索报酬与个人、群体或组织的业绩挂钩的机制,先后走过了从平均的群体激励到侧重经理层激励、从单一的奖励到包含股权在内的多元化激励的历程,经营者的有效激励日益成为所有代理制企业共同面临的问题。我国公司管理层股权激励也从无到有,经历了曲折的发展过程(见表6-1)。

表6-1 我国公司的股权激励制度发展历程

1999年	我国网络科技股赴美上市,股权激励制度引入证券市场
1999年	证监会首席顾问梁定邦建议股市把股票期权作为一项重要的完善公司治理的大事来抓,股权激励由此在理论上被广泛认知
2000年	有关股权激励的法规草案制定出来,并提交给证监会、国资委和财政部等部门领导审阅
2002年	美国安然等一批公司丑闻曝光,间接影响到国内对股权激励制度的运用进程,相关法规的制定步伐也随之放缓
2005年	10月27日,新修订的《公司法》规定公司可以"将股份奖励给本公司职工",将公司回购股份合法化,提供了激励股票的一个重要来源
2006年	1月5日,证监会发布《上市公司股权激励管理办法(试行)》,将管理层股权激励的操作具体化。当年,沪深两市共有43家上市公司公布了股权激励方案,其中22家获证监会备案无异议批复
2006年	9月30日,考虑到我国国有控股上市公司股权激励的特殊性和复杂性,国资委和财政部联合发布了《国有控股上市公司(境内)实施股权激励试行办法》
2008年	10月21日,国资委、财政部发布《关于规范国有控股上市公司实施股权激励制度有关问题的通知》
2009年	8月24日,国家税务总局发布《关于股权激励有关个人所得税问题的通知》
2012年	5月23日,国家税务总局发布《关于我国居民企业实行股权激励计划有关企业所得税处理问题的公告》

(续表)

- 2012年 2月15日,国家外汇管理局发布《关于境内个人参与境外上市公司股权激励计划外汇管理有关问题的通知》
- 2013年 3月16日,证监会发布《关于就〈证券公司股权激励约束机制管理规定(征求意见稿)〉公开征求意见的通知》
- 2014年 6月20日,证监会发布《关于上市公司实施员工持股计划试点的指导意见》
- 2016年 2月26日,财政部、科技部、国资委印发《国有科技型企业股权和分红激励暂行办法》
- 2016年 7月13日,证监会发布《上市公司股权激励管理办法》
- 2016年 8月2日,国资委、财政部、证监会印发《关于国有控股混合所有制企业开展员工持股试点的意见》
- 2016年 9月20日,国家税务总局发布《关于完善股权激励和技术入股有关所得税政策的通知》
- 2018年 8月15日,证监会发布《关于修改〈上市公司股权激励管理办法〉的决定》

(三) 国有企业高管层激励问题具有一定的特殊性

随着国有企业整体机制转化和经济全球化的挑战,新型国有企业经营者激励制度研究具有了新的特点和更加广泛的意义,对于其他国有企业制度演进具有较好的前瞻和示范作用。国有企业剩余所有权和控制权由政府向企业经营者适当让渡的过程,在新型国有企业中表现得尤为典型。已完成现代企业制度构建的新型国企,其前期的绩优表现也激发了企业经营者对产权激励形式的主动追求,一批优势国企在国际化进程中遇到新问题的背后也是企业经营者激励存在瓶颈。国有企业制度化激励滞后和约束规则缺失,导致一批国有企业经营者行为的扭曲,致使治理风险长期累积和集中释放。因此,根据新的法律法规,科学设计高管层激励制度,对于激发管理者的积极行为具有重要意义。

【案例6-2】

中国宝武:混改背景下的国企多层次股权激励

近年来,国家大力推进混合所有制改革,通过引入非公有资本,借力产权主体多元化,发挥非公有资本的"催化剂"作用,进而促进国企管理机制转变。然而,多数改制后的国有企业并未摆脱发展困境,原有的管理机制并未产生实质性的改变,"引资本"的效果未达预期,其中主要原因之一在于改制缺乏广泛的群众基础。中国宝武钢铁企业集团从剩余收益权分享的角度,进行了建立长期激励制度的探索。宝钢股份、欧冶云商和宝信软件是中国宝武钢铁企业集团的下属企业。宝钢股份和宝信软件均为上市公司,都实行了限制性股票激励计划;欧冶云商是非上市公司,实行的是员工持股计划。下文简要介绍这三家企业在股权激励方面的一些做法和经验。

一、宝钢股份：股权激励助推公司价值持续提升

2014年5月，宝钢股份完成了限制性股票的授予工作，136名激励对象以每股1.91元的价格认购了公司4 744.61万股限制性股票。值得注意的是，激励对象仅占员工总数37 800人的0.36%，且基本为上市公司管理层及公司二级单位负责人，并未包含中层及以下公司员工，由此可见，面对钢铁行业调整的不确定性，公司管理层并无获得预期收益的把握，不将激励范围下放到中层体现了方案设计的务实性。彼时的股权激励约束作用更大，公司及子公司领导层以人均出资66万元的代价实现了与公司利益的深度绑定，这也彰显了公司领导层誓与公司共进退的发展信心。

值得一提的是，2014年，国有上市公司要通过国资委及证监会的双重审批方可实施股权激励计划。因此回顾宝钢股份2014年的股权激励计划方案，可以发现其中浓重的审批痕迹。方案通过设置多重参数和条件，加强了约束性，提高了激励对象收益的兑现难度。由于2015年公司未完成激励计划设置的业绩考核条件，激励对象获授限制性股票的三分之一由公司以原价回购，激励对象并未获得预期收益。

尽管开局不佳，公司2016年及2017年的业绩却实现了大幅度攀升，顺利完成了激励计划制定的业绩考核目标，公司市值得以稳步提高，资本市场也及时兑现了激励对象应获得的预期收益，实现了公司与激励对象的双赢，证实了公司实施股权激励这一决策的正确性。

股权激励计划的成功实施使集团管理层充分认识到了这一机制在提升公司治理、提高国企职工工作积极性等方面的有效作用，因此在激励计划最后一个考核年度即将结束之际，公司于2017年11月公布了第二期A股限制性股权激励计划，形成了对首期激励计划的有效衔接。与2014年相比，第二期激励计划明显扩大了激励范围，激励人数达到千人以上，同时简化了业绩考核指标设置，充分体现了公司在总结第一期经验的基础上，对激励计划方案核心要素的深度把握。

尽管第二期入股价格已变为首期价格的两倍之多，激励计划依然获得了广大核心员工的积极认购，意味着公司核心员工对于与公司实现共同发展充满信心，这也昭示着公司管理层在运用股权激励这一机制方面显得越来越成熟。

二、欧冶云商：员工持股机制注入新活力

2017年5月31日，中国宝武钢铁集团旗下欧冶云商股份有限公司（简称"欧冶云商"）在上海宝武大厦举办首轮股权开放及员工持股签约仪式。通过股权开放，欧冶云商募集资金超过10亿元人民币，引入6名外部战略投资者，同时126名内部核心员工出资1.7亿元人民币认购5%的公司股份，人均出资135万元。

签约之时，距离欧冶云商获得国务院国资委首批员工持股试点资格不过半年时间，中国宝武集团内部改制落地速度之快一时间成为市场观察国有企业改制的一个焦点。

欧冶云商的股权激励计划方案设计伊始并未获得员工理解。然而，经过多轮反复的探讨、沟通，完全按照国务院国资委《关于国有控股混合所有制企业开展员工持股试点的意见》（2016年）设计的员工持股方案最终得以顺利实施，表明了集团进行深度改革的决

心,也反映了公司员工对参与公司改革的信心。

三、宝信软件:股权激励计划助力公司业务转型

从历史数据来看,宝信软件倚重传统钢铁产业,但近年来钢铁产业处于转型期,受宏观经济结构调整影响,包括钢铁行业在内的制造业整体景气度有较大下滑,信息化开发需求减少,软件开发及工程服务收入及毛利率逐年下降。在这样的背景下,宝信软件借鉴母公司宝钢股份的成功经验,于2017年12月推出了首期股权激励计划。

股权激励计划推出后,市场投资者对宝信软件的未来发展十分看好,股价大幅度上涨,国有资产增值效果明显,激励对象获授的限制性股票收益空间逐步加大,但是无法兑现,因为根据《国有控股上市公司(境内)实施股权激励试行办法》的规定,国有上市公司激励对象收益的兑现须分三批行使,且设置了两年的行权等待期,除此之外,还设置了更为严格的业绩考核指标。

在深入推进国有企业混合所有制改革中,中国宝武着力促进企业提质增效转型升级,通过探索建立适用于各企业的股权激励机制,最终实现国有资产的保值增值,为当前国有企业改制提供了可借鉴的成功案例。

资料来源:作者据相关资料整理。

【案例讨论】

1. 混改过程中如何通过股权激励激发员工的积极性?
2. 如何解决国有企业改制过程中的国有资产流失问题?
3. 如何合理设置国企改制后的股权结构?

第三节 激励机制设计的依据与原则

一、报酬激励依据的理论

在所有的组织制度安排中,最根本、最核心的是产权制度。制度激励实质上是指产权制度层面的战略性激励。除了前面已经阐述的委托代理理论、信息非对称理论,现代公司进行经理层报酬激励设计所依据的理论还包括团队生产理论、契约不完全性以及人力资本特征理论等。只有通过分析现代公司这几方面的特征,我们才能为建立现代公司的激励机制提供指导。

（一）团队生产理论

团队生产理论主要是从监督成本上解释企业内部结构的激励问题。Alchian 和 Demsetz(1972)认为，企业的产权结构就是为了克服企业内部各种要素所有者之间在团队生产过程中的偷懒和"搭便车"动机而建立起来的制度安排。团队生产理论认为，企业从某种意义上讲是一种团队生产方式，即一种产品是由团队内若干个成员协作生产出来的，而且任何一个成员的行为都将影响其他成员的劳动效率。由于最终产出物（产品）是团队共同努力的结果，因此每个成员的贡献不可能得到精确的计算，这就可能导致偷懒问题，即团队内的成员因缺乏努力工作的积极性而产生"搭便车"的行为。为了减少和规避这种行为，必须让部分成员专门从事监督其他成员的工作，而且还必须给监督者一定的激励，以提高其监督的积极性，才能最终使企业具有效率。所以说，团队生产的有效性和团队生产中监督的必要性之间的矛盾，使得激励问题成为现代公司制度中的一个核心问题。

（二）不完全契约理论

不完全契约理论是由格罗斯曼和哈特(Grossman 和 Hart,1986)、哈特和莫尔(Hart 和 Moore,1990)等共同创立的，因而这一理论又被称为 GHM 理论。国内学者也把该理论称为"不完全合约理论"。该理论以合约的不完全性为研究起点，以财产权或（剩余）控制权的最佳配置为研究目的，是分析企业理论和公司治理结构中控制权的配置对激励和对信息获得的影响的最重要分析工具。

不完全契约理论认为，由于人们的有限理性、信息的不完全性及交易事项的不确定性，明晰所有的特殊权力的成本过高，拟定完全契约是不可能的，不完全契约是必然和经常存在的。由于不完全契约的存在，所有权就不能以传统产权理论那样以资产这一通常的术语来界定。因为契约中可预见、可实施的权利对资源配置并不重要，关键的应是对那些契约中未提及的资产的控制权力，即剩余控制权（residual rights of control）。因此，对一项资产的所有者而言，关键的是对该资产剩余权力的拥有。据此，GHM 理论将所有权定义为拥有剩余控制权或事后的控制决策权。根据 GHM 理论，当契约不完全时，将剩余控制权配置给投资决策相对重要的一方是有效率的。

（三）人力资本理论

人力资本理论（human capital theory）最早起源于经济学研究,20 世纪 60 年代，美国经济学家舒尔茨（Theodore W. Schultz）和贝克尔（Gary S. Becker）创立人力资本理论，开辟了关于人类生产能力的崭新思路。该理论认为，组织实质上是一种由人力资本与非人力资本组成的"不完全合约"。人力资源不同于其他非人力资源的根本特征就是，它依附于活的人体而存在，与每个人须臾不可分离。其他任何人或组织要使用人力资本，都要经由个人的"积极主动"配合才能实现。人力资本产权在组织安排中具有一种特殊决定性的地位和作用,非人力资本产权的权能和权益必须通过人力资本的直接参与和使用而间接发挥作用并得以实现。

因此,在经营者激励过程中,不仅要讲物质资本的权益,而且更重要的是要讲人力资本的权益。一个组织持续竞争力的产生和强化,首先依赖于人力资本价值的实现。人力资本及其所有权在组织契约中具有越来越大的竞争优势,并在与非人力资本进行竞争和合作的博弈过程中,不断演化出多样化的所有权安排及组织治理模式。因此,我们必须着眼于人力资本的制度激励,从组织所有权安排和组织治理结构的高度确立人力资本的产权地位,保证其主体权能和权益的实现。

在人力资本与非人力资本完成初始缔约之后,企业剩余权力的安排还会出现变化。引起企业剩余权力初始安排调整的原因是多方面的,包括社会信用制度的发展、产品需求结构和企业生产方式的变化。

总之,现实的企业制度中关于企业权力剩余分配的初始缔约,只有随着人力资本和非人力资本双方承担剩余风险情况的实际变化而调整,才能保证产权安排的有效性。

二、设计高层管理者绩效的综合评价体系应遵循的原则

经营者绩效的综合评价不仅仅是对于结果的评价,有效的经营者绩效评价体系应该是对于经营者承担职责的素质、履行职责的过程、完成职责的成果等方面的全面评价。

(一)基于职责进行评价

领导公司的过程是一种共同合作的活动,经营者个人与经营层团队的职责既需要相互区分又需要相互结合,相应的经营层团队的评价与经营者个人的评价相互补充。个人的工作不可能脱离整个团队的支持,而整个团队的绩效提升也应是个人工作努力的重要目标,团队绩效的优劣直接受到成员个人行为的影响。

(二)过程与结果相结合的评价

应针对"能力-行为-成果"的内在联系进行科学评价,注重对企业高层管理者的胜任能力、履职行为和工作业绩进行综合考核。其中理解被考核者的胜任能力、履职行为与工作业绩之间的相互关系是关键。

(三)评价结果与激励体系的适用性

评价结果应及时应用到企业高层管理者的奖惩与任用工作中。有效的企业高层管

理者绩效评价体系,应该是一套具有前瞻性、战略性的体系,对于被考核者具有良好的导向性,并且应该是完善的具有指标结构的体系,促进从以控制为导向的、主要与经营者薪酬和任用相联系的单纯的绩效评价,向以发展为导向的、与企业战略实现和经营者绩效改进密切关联的全面绩效管理转变。

三、基于平衡记分卡的考核

(一) 总经理的绩效衡量

总经理的任务来源于他与董事会一同制订和通过的战略计划。这个计划包括接下来一年要完成的任务,每个任务都必须以一个特定的标准来执行,包括特定的质量、特定的日期和特定的成本。

董事会也许会有更高的要求,总经理将与董事会讨论这些计划和目标,并最终取得一致。在下一年度,总经理将向董事会报告进度。在年末,他的任务完成情况应直接与其报酬挂钩。

如图6-2所示,这些小格子代表总经理的平衡记分卡上不同类型的任务。例如,浅阴影任务可能是IT系统开发,深阴影、方格和斜线可能是人力资源类的任务。高级管理人员1可能是负责IT的执行董事——他的平衡记分卡上有很多个浅阴影的小格子。高级管理人员2可能负责公司金融业务,高级管理人员3负责中小企业和企业银行业务。每个人都对系统的发展负有特定的责任,因此也有特定类型和数量的小格子。

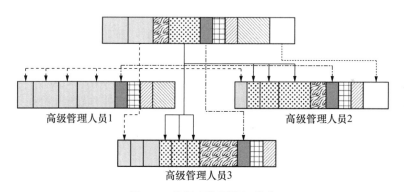

图6-2 总经理的平衡记分卡

高级管理人员会进一步将任务分派给他们的下属。组织中的每个人都能看到他们的工作是如何直接对总经理的目标作出贡献的。团队合作是十分重要的,如果一个人没有完成他的目标,除非其他人作出补充,否则整个团队都有危险。

(二) 总经理的评价标准:财务和非财务指标间的权衡

应用平衡记分卡的思路对总经理的绩效进行评价,有利于我们兼顾和平衡总经理所承担的多种职能。图 6-3 提供了一个示例,以说明如何利用平衡记分卡评价总经理的工作绩效。

图 6-3　总经理绩效的平衡记分卡评价思路

根据这个总经理评价标准,除达到董事会为 CEO 设定的评价指标,还要考虑在指标设定时未被考虑的有关公司福利方面的内容。

和设定的业绩指标一样,员工的士气和公司的形象以及顾客的满意度,也反映了一个公司的经营是否成功。当然,这些指标中应包含衡量成功或失败的方法。客户满意度调查、员工调查等都将有助于这项工作的开展。至于公司的灵活性和敏捷性,只有在事情发生时才能证明,因此当公司应该对外部冲击作出反应时,董事会需要密切关注、特别注意观察公司是如何反应的。

大部分财务指标可以包括在 CEO 的考察目标之中。战略的执行,包括研发、创新和新产品开发都非常重要,董事会应当要求公司在这方面倾注必要的力量。当然,需要特别注意的是,请务必正确地设置和定义所公认的、可衡量的非财务指标。

令人遗憾的是,我们观察到的一些 CEO 就像一位骑马师,只想逗留在自己的"舒适地带"。实际上,市场上的投资者迟早会注意到这一点,公司的股价也必然会受到消极影响。

四、构建经营者激励体系的综合分析模式

在现代企业中,经营者作为董事会的指定代理人,其实际权力往往比法律上规定的更大。因此,需要我们从激励机制的含义、激励主体、激励对象、激励手段、激励因素等多方面进行分析,在此基础上提出现代公司激励机制的一个综合分析模式。现代企业多采用多种激励措施的有机组合来激发和约束经营者的行为。

(一)建立所有者与经营者的长期合作关系

一般来说,经营者都有追求个人在社会上的地位和声望的欲望。经营者要达到上述目的,一种途径是通过流动进入地位更高的企业,另一种途径是提高所在企业在社会上的地位。企业要努力培养与经营者之间的长期合作关系,鼓励经营者通过提高企业的社会地位来提高自己的地位。

(二)设计合理的报酬结构

经营者的报酬大体可以采取以下几种形式:工资、奖金、在职消费、股票和股票期权。每一种报酬形式都具有一定的激励作用。工资和在职消费为经营者提供可靠的收入和消费保障,起到满足生理需要和安全需要的作用,但在激发经营者的积极性方面的作用并不大。但是,在中国,由于整体工资水平不高,以及经营者与普通员工在收入方面的差距不大,在职消费对经营者的激励作用还是比较明显的,奖金如果与企业当年的经营状态挂钩,就会具有激励作用,但是容易引发经营者的短期行为,也难以全面反映经营者的真实业绩。从长期来看,股票与股票期权最能反映经营者的真实业绩,也最具有激励作用,但是也具有较大风险。最优的报酬设计应是所有不同形式报酬的有机结合。并且,董事会可以根据企业发展目标的不同(如侧重经济效益,或市场占有率,或社会公益等),调整报酬结构。

(三)引入竞争机制

在成熟的市场经济中,三种市场对经营者都有激励作用。这三种市场是经理市场、商品市场和资本市场。来自经理市场的竞争具有关键的意义,它给经营者以晋升的可能,同时又有被取代的压力。来自商品市场的约束是基础性的,若企业的商品在市场上不具竞争性,商品市场经营的失败也意味着经营者在经营上的失败。来自资本市场的约束,一方面表现在股票的涨落大体上能反映出企业的经营状况;另一方面如果经营者经营不善,其他企业就有可能用低价购买足够的股份,进而接管该企业,替换原经营者,这将对原经营者形成致命的打击。因此三种市场对经营者发挥着不同的激励作用。

(四)具体激励模式

1993年以来,国务院有关部委先后发布了对国有企业经营者工资收入进行改革的文件，经营者薪酬制度的设计空间不断变大，企业越来越能够结合公司的经营现状和经营目标设计合理的薪酬激励政策，归纳起来大致有如表 6-2 所示的几种类型。

表 6-2　我国经营者的主要薪酬激励方式

模式	准公务员型	一揽子型	非持股多元化型	持股多元化型
报酬结构	基薪＋津贴＋养老计划	单一固定数量年薪	基薪＋津贴＋风险收入（效益收入和奖金）＋养老计划	基薪＋津贴＋含股权、股票期权等形式的风险收入＋养老金计划
报酬数量	一般基薪应该为职工平均工资的 2—4 倍，正常退休后的养老金水平应该为平均养老金水平的 4 倍以上	相对较高，和年度经营目标挂钩	基薪取决于企业经营难度和责任，效益收入和奖金取决于其经营业绩、企业的市场价值	基薪取决于企业经营难度和责任，含股权、股票期权等形式的风险收入取决于其经营业绩、企业的市场价值。在业绩好的时候，报酬数量较高
考核指标	政策目标是否实现、当年任务是否完成	十分明确，如减亏额、实现利润、销售收入等	确定基薪时要依据企业的资产规模、销售收入、职工人数等指标；确定效益收入和资金时，要考虑净资产增长率、实现利润增长率、销售收入增长率、上缴税利增长率、职工工资增长率等指标，还要参考行业平均效益水平来考核评价经营者的业绩	确定基薪时要依据企业的资产规模、销售收入、职工人数等指标；确定风险收入时，要考虑净资产增长率、实现利润增长率、销售收入增长率、上缴税利增长率、职工工资增长率等指标，还要参考行业平均效益水平来考核评价经营者的业绩
适用对象	达到一定级别的高层管理者，包括董事长、总经理、党委书记等，尤其是长期担任国有企业领导、能够完成企业的目标、临近退休年龄的高层管理者	具体针对经营者一人，指总经理或兼职董事长。至于领导班子其他成员工资可用系数折算，但系数不超过 1	一般意义上的国有企业的经营者，指总经理或兼职董事长	一般意义上的国有企业的经营者，指总经理或兼职董事长，其他领导班子成员的报酬按照一定系数进行折算，折算系数小于 1
适用企业	承担政策目标的大型、特大型国有企业	面临特殊问题亟待解决的企业，如亏损国有企业，为了扭亏为盈可采取这种招标式的办法激励经营者	追求企业效益最大化的非股份制企业	股份制企业，尤其是上市公司

(续表)

模式	准公务员型	一揽子型	非持股多元化型	持股多元化型
激励作用	职位升迁机会、较高的社会地位和稳定体面的生活保证是主要的激励,而退休后更高生活水准的保证起到约束其短期化行为的作用	具有招标承包式的激励作用,激励作用很大,但易引发短期行为。其激励作用的有效发挥在很大程度上取决于考核指标的科学选择、准确真实	具有更大的激励作用,但缺少激励经营者长期行为的项目,有可能影响企业的长期发展	有效保证了经营者行为的规范化、长期化。但操作相对复杂,对企业具备的条件要求相对苛刻

五、董事激励

(一) 一般董事人员激励

对于高层管理者群体中的董事、监事,以及其他高级管理人员,在激励机制的设计和激励方式的选择过程方面可能有所不同。而在公司实际运行中,除独立董事以外,其余董事和监事成员又与高级管理人员具有较高的重合度。因此,在高管层激励制度设计中,单独的董事激励的研究较少(尽管国外有的企业在实施董事所有权计划),主要涉及的是高级经理人员激励体系的设计,以及独立董事激励体系的设计。

(二) 独立董事人员激励

国内外对独立董事的激励主要包括三类:报酬激励、声誉激励、控制权激励。

1. 报酬激励

报酬激励是指通过为独立董事提供一定的薪金、奖金、认股权等形式的奖励,引导独立董事更加努力工作。因为现代企业往往是所有权与经营权相分离,且所有者和经营者的利益不一致,所以很多公司都依靠一系列的报酬激励再加上适当的监督来影响经营者,从而减少代理问题。

2. 声誉激励

声誉激励即公司以声誉向独立董事提供行为激励的机制。声誉是指经济主体的行为特征被利益相关者感知所形成的评估和预期信号,通过市场传递对经济主体未来的决策选择产生影响。声誉信号传递将影响人力资本市场对经济主体的评价和预期,良好的声誉将带来积极正面的反馈,而一旦声誉被损毁,则其将在市场上面临难以立足的损失。声誉将从地位下降、法律风险损失方面约束独立董事的行为,并从资本升值、薪酬增加、满足感等收益方面激励独立董事的行为。

3. 控制权激励

控制权激励即在充分尊重独立董事所具有的知识、信息、经验和能力的基础上授予独立董事必要的控制权,如经理职员的任免、必要信息的查询和搜集以及重大经营决策项目的评审、监视和投票权等,以保证独立董事有效地行使权力。

目前我国证券市场还没有形成独立董事的人才选择机制和信誉评价体系,因此难以依靠独立董事对其自身声望和信誉的维护而对公司治理起到监督作用。所以,股权激励的方式虽然对董事会的独立性有所削弱,但在激励独立董事行使职责,加大其监督动力,发挥决策、评估、制衡作用,对公司绩效产生"效率效应"等方面可能会起到积极的作用。

第四节 激励机制的结构与类型

企业经理人员的活动比普通员工的活动更难以监督,经理人员的努力比普通员工的努力对企业绩效的影响更大,因此经理人员激励机制的结构和类型比普通员工的更加复杂。企业经理人员的效用函数是一个企业经理人员追求的多种效用变量构成的多元函数,这些效用变量不仅有薪酬、在职消费、奖金、股票期权等满足经理人员生存发展需要的物质利益变量,而且还包括权力、声誉、成就感、自我价值实现要求等满足经理人员精神追求的主观效用变量。而且,由于经理人员自身条件和所处的外部环境不同,不同的企业经理人员甚至同一经理人员在不同时期所形成的效用结构也会有所不同。

下文重点介绍年薪制和经理人员持股两种主流的高管激励方式。

一、年薪制

一般来说,薪酬的数量在很大程度上是由企业的经营业绩来决定的,而经营业绩一般是阶段性产生(如一年、半年等)而不是连续性产生的,因此企业经营者和员工的收入也应该以经营周期为单位来确定,这就是年薪制实施的初衷。所以,年薪制就是以年度为单位决定工资薪金的制度。经营者年薪制就是指企业以年度为单位根据经营者的生产经营成果和所承担的责任、风险确定其工资收入的工资分配制度。

(一)年薪制的功能

与其他报酬形式相比,经营者年薪制在功能上具有以下特征:
(1)激励性。年薪制使经营者的才能、绩效和收入相一致,具有较强的激励性。
(2)约束性。年薪制体现了责任、风险和利益的统一,使经营者有压力感、紧迫感和风险意识。
(3)共存性。年薪制把经营者追求的自身利益最大化目标与所有者追求的企业利润最大化目标统一起来,达到了个人利益与企业利益的共存。

(4) 公平性与效率性的统一。经营者作为生产要素(人力资本)的供给者和复杂劳动(从事经济管理工作)的工作者,应获得高于普通员工薪酬的薪金,这体现了效率与公平的统一。

(5) 制度性与规范性。年薪制是国际通行的一种经营者报酬分配的制度安排,具有特定的规范要求和分享标准以及原则,设计良好的年薪制可以起到有效激励和规范经营者行为的作用。

(二) 年薪制的优点

年薪制的优点主要表现在以下四个方面:

(1) 年薪制可以充分体现经营者的劳动特点。因此,企业可以根据经营者一个年度的经营管理业绩,相应确定与其贡献相称的年度报酬水平以及获得报酬的方式。

(2) 年薪结构中含有较大的风险收入,有利于在责任、风险和收入对等的基础上加大激励力度,使经营者凭多种要素广泛深入地参与企业剩余收益分配,使经营者的实际贡献直接反映于当期各类年薪收入的浮动之中,并进一步影响其应得的长期收入。

(3) 年薪制可以为广泛实施股权激励创造基础条件,企业既可以方便地把年薪收入的一部分直接转化为股权激励形式,又可以组合多种股权激励形式;可以把经营者报酬与资产所有者利益和企业发展前景紧密结合起来。

(4) 高薪养廉。高薪不仅能对企业家产生激励,同时也对抑制"管理腐败"行为起了积极的预防作用。高薪本身构成了"管理腐败"的机会成本。所以,通过实行企业家年薪制可以使企业家取得较满意的收入,从而在一定程度上削弱了通过管理腐败来损害企业利益的行为。

(三) 年薪制的缺点

年薪制的缺陷主要表现在以下两个方面:

(1) 年薪制无法调动经营者的长期行为。公司高级管理人员时常需要独立地就公司的经营管理以及未来发展战略等问题进行决策,诸如公司购并、公司重组及重大长期投资等。这些重大决定给公司带来的影响是长期的。但在执行计划的当年,公司财务记录的大多是执行计划的费用,计划带来的收益可能很少或者为零。那么出于对个人利益的考虑,高级管理人员可能倾向于放弃那些有利于公司长期发展的计划。

(2) 年薪制只考虑了企业的年度收益,在信息不对称的情况下,会导致企业家行为短期化;在缺乏动力激励的情况下,企业家也可能通过其他渠道获取收入,通过各种途径"寻租"。

(四) 我国年薪制实施中存在的一些争议

我国各地企业在实施年薪制的过程中还遇到许多尚未澄清的问题,在一定程度上影响了年薪制的有效性。这些问题主要包括：

（1）年薪制的实施对象究竟应当包括哪些？主要表现在国有企业实施年薪制中经营者范围界定上的分歧。目前主要有三种意见：经营者应仅限于企业的法人代表；经营者包括企业中的董事长、总经理和党委书记；经营者扩大到企业的经营集团的全体成员。

（2）经营者的年薪收入应当包括哪些内容？目前各地实施的经营者年薪收入基本上由基薪工资和效益工资或风险工资组成，基薪工资按月发放，效益工资年终结算后再行兑现，同时考虑行业特点和行业差异。

（3）经营者的年薪应当由谁来确定？在西方市场经济国家，董事长的年薪由股东大会决定，总经理的薪酬由董事会决定。但在我国目前有三种观点：一是由政府部门确定，二是由政府授权的国有资产经营公司来确定，三是由企业家市场来确定。

（4）经营者的年薪收入与职工收入应当保持多大差距？在实际操作中，如果差距过大可能造成经营者与职工之间的矛盾，差距过小可能对经营者激励不足。如何在经营者与职工之间寻找利益关系的平衡点是至关重要的。

（5）怎样考评经营者的业绩？年薪制的有效性在很大程度上取决于评价和考核经营者业绩指标的可行性和准确性。

二、经理人员持股

经理人员持股是指公司中层以上管理人员和核心技术人员通过适当的制度安排和机制设计，持有一定比例的股权，参与企业部分剩余分享，以改善其收入结构，从而激励其采取有利于公司长期经营业绩的行为。

（一）股票期权

股票期权即在既定的公司治理结构框架下，公司最高权力机关对经理人员或特殊员工授予股权，以期获得长期激励效应的"一揽子"激励制度安排。其中，股权安排形式，主要包括限定性股权赠予、绩效股赠送、优惠售股、虚拟股票等；期权安排形式，主要是指公司给予员工在未来时期内以预先约定的价格购买一定数量本公司普通股票的权利，它通常是针对公司管理层而言的，但近年有从经理层面向关键雇员扩散的趋势。

股票期权要真正发挥对公司经理层的激励作用，其依据的逻辑前提是：经理层努力工作，切实使得公司产出增加；公司产出增加，切实影响公司股价上涨；公司股价上涨，使得经理层所持有的股票期权价值提高，经理层的努力得到补偿，由此形成良性循环(见图6-4)。

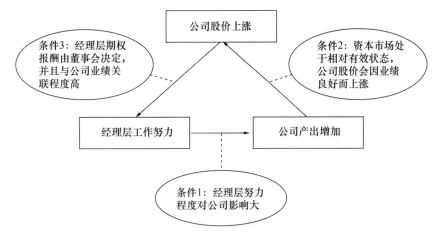

图 6-4 股票期权对公司经理层发挥激励作用的前提条件

在对经理人员的长期激励实践中,期权逐步成为最重要的工具,但期权受会计制度的影响很大。2001 年的安然事件等公司丑闻,促使美国会计制度改革,美国财务会计准则委员会(FASB)规定从 2005 年开始,公司所授予的期权都将费用化会计处理,并于 2005 年 1 月在上市公司中生效。此举引发了新一轮对长期激励方式的创新和尝试,其中最引人注目的是对限制性股票的青睐。

一般来说,期股和股票期权具有以下区别:

在股份有限公司和有限责任公司中,期股激励是指经理层在一定期限内,有条件地以约定价格取得或获奖所得适当比例的企业股份的一种激励方式,在独资企业中,期股激励是指借用期股形式,对经营者获得年薪以外的特别奖励实行延期兑现的激励方式。而股票期权是指根据特定的契约条件,赋予企业经理层在一定时间内按照某个约定价格购买一定数量公司股票的权利,这种激励制度兼有"报酬激励"(经营者通过取得该股权的代价与资本市场上该股权的价格差获取报酬)和"所有权激励"(作为公司股东,享有获得公司分红的权利和相应的股东影响力)。该项制度是企业经营者薪酬构成中的重要组成部分,一般而言,实施该项激励制度的企业大多数是上市公司。股票期权作为激励工具有其自身的不足之处。一方面,只有股票价格上升时期权才有价值,当股东赚钱时,期权持有人才能赚钱;另一方面,股票期权持有人在股票价格上升时受益而在价格下降时不会受到实际损失。这可能激励经理层采取更野心勃勃的行动:提高公司资产负债比例,涉及风险性很大的活动如购并,并由此采取更为冒险的会计行为。这些行动的短期内回报是很吸引人的,而长期来看,则可能会损害股东利益。

股票期权制有效性的发挥需要相应的前提条件:一是只有在与业绩挂钩的变动薪酬占经理层总薪酬相当比重时才可能达到激励效果;二是企业价值的增加主要来源于经营者的努力,企业绩效、企业价值的增加、经营者的努力都可以通过证券市场进行观察,并以股价的高低作为评价的标准;三是经营者薪酬机制建立在一整套关键业绩指标考核基础之上,而且薪酬机制要与公司整体的战略目标一致,以保证薪酬激励效果最大化。这些条件在中国目前的现实中还存在着某种不足,可以说股票期权制实施的理论条件和现实条件有一定的冲突。所以,把股票期权制作为一种有效的激励制度,并引入公司治理结构中,需要因地制宜,否则会产生很大的投机性,从而影响企业长远发展。

(二) 限制性股票

限制性股票是指上市公司按照股权激励计划约定的条件,授予公司员工一定数量本公司的股票。激励对象只有在工作年限或业绩目标符合股权激励计划的规定条件时,才可出售限制性股票并从中获益。

从国外的实践来看,限制性股票方案的限制主要体现在两个方面:一是获得条件;二是出售条件。但一般来说重点指向性明确在第二个方面,并且方案都是依照各个公司实际情况来设计的,具有一定的灵活性。

从获得条件来看,国外大多数公司是将一定的股份数量无偿或者收取象征性费用后授予激励对象,而在我国《上市公司股权激励管理办法(试行)》中,明确规定了限制性股票要规定激励对象获授股票的业绩条件,这就意味着对获得条件的设计只能是局限于该上市公司的相关财务数据及指标。

从出售条件来看,国外的方案依拟实施激励公司的不同要求和不同背景,设定可售出股票市价条件、年限条件、业绩条件等,很少有独特的条款。而我国明确规定了限制性股票应当设置禁售期限(规定很具体的禁售年限,但应该可以根据上市公司要求设定其他的复合出售条件)。

【案例6-3】

绵石投资零元限制性股票股权激励

为了使公司的治理结构不断完善、激励机制更加健全,为了让绩效文化成为企业文化的内涵之一,为了使股东与经营者之间互相约束共同分享利益,同时保证公司顺利度过业务转型期,稳定提升公司业绩,绵石投资于2016年2月27日颁布了《〈公司股票期权与限制性股票激励计划(草案)〉及摘要的议案》,并且在同年3月22日通过股东大会审议。绵石投资股权激励计划主要包括针对员工的股票期权计划以及针对高管人员的限制性股票激励计划两部分。在绵石投资此次所规定的两种激励方法中,限制性股票具有一定的特殊性,因此本案例对股权激励计划的分析主要针对限制性股票部分。

一、激励对象、回购方式及授予价格

此次限制性股票授予对象共计17人,主要包括董事长、总经理、董事、管理骨干等。公司将从二级市场回购A股作为授予的限制性股票。回购过程中使用的账户为公司设立的专用证券户,资金来源为企业自有资金。限制性股票的授予价格为零元,即满足要求的授予条件后,激励对象将以零成本获得企业所授予的限制性股票。而企业设置零元

授予价格的原因主要有以下几点:① 为促进企业发展、维护股东权益为目的,本着"重点激励、有效激励"的原则来确定;② 为了保证转型期企业业务能够平稳过渡;③ 自1996年上市以来,企业从未将股权激励运用在经营管理过程中。

二、解锁条件

绵石投资股权激励计划,以满足公司和个人两个层面的业绩标准为条件。公司层面考核业绩条件:股权激励计划准备授予限制性股票,需要被分为2年、每年按照50%的比例分期解除锁定,将达到公司规定的业绩指标作为解锁条件之一。业绩考核的指标选择归属于上市公司股东的扣除非经常性损益的净利润。同时要求公司限制性股票锁定期内,归属于上市公司股东的净利润及归属于上市公司股东的扣除非经常性损益的净利润均不得低于授予日前最近三个会计年度的平均水平且不得为负。个人层面的业绩考核条件:根据颁布的管理办法规定,薪酬与考核委员会负责个人层面的绩效考核,个人层面的评分标准分为四个区间,分数大于70分即可判定个人层面业绩考核结果为"合格"。只有"合格"及以上,才能按照有关的规定按照一定的比例解锁被授予的所有限制性股票。

三、利益相关者的评价

绵石投资的此次股权激励方案引起了利益相关者和新闻媒体的多方关注。新华网在其股权激励计划通过股东大会审议3天后发表名为"绵石股份零元股权激励意外获得通过到底便宜了谁?"的文章,表示这样一份激励方案能够通过董事会的决议让其大跌眼镜。

随后,绵石投资公布了企业2015年年度审计报告,报告一出立刻受到了深圳证券交易所的关注,深交所在2016年4月5日对绵石投资发出了问询函,要求其对于2015年度的经营情况以及公司相关决策的合理性进行解释说明,股权激励计划就包含在需要解释的相关事项之内,范围包括指标的设置、限制性股票的授予价格等。问询函发出后,除上市公司回复外,负责对绵石投资进行年审的立信会计师事务所以及作为独立财务顾问的开源证券股份有限公司还有绵石投资的独立董事都分别进行了回复。这从另一方面说明绵石投资的股权激励方案引起了利益相关者的关注与讨论。

绵石投资的股权激励方案不仅在提出时引起广泛关注,在实施过程之中也不乏媒体对其进行报道。东方财富网在2016年12月2日发表的题为"二十年翻云覆雨,挑逗万达的绵石投资竟是资本市场狠角"一文中,对于其所提出的股权激励方案用"拍案惊奇"四个字形容。

资料来源:中国管理案例共享中心。

【案例讨论】

1. 作为股权激励的两种主要形式,限制性股票和股票期权的区别何在?
2. 限制性股票授予价格为零元是否合理?
3. 绵石投资的激励机制是否能实现其目标?你认为此次计划是激励型还是福利型?

(三) 经理层收购

经理层收购(management buy-outs, MBO)即由公司经理层借助金融杠杆购买本公司股份,实现资产重组,改变公司所有权结构,从而达到经理层持股控制企业所有权的目的。从理论上讲,通过经理层收购,作为专用性人力资本投入者的高层管理者又同时具有了出资者(非人力资本所有者)的身份。通过经理层收购带来的私有产权能产生更为有效地利用资源的激励,经理层收购将人及附加在人身上的管理要素、技术要素与企业分配的问题制度化。管理者的职能化毕竟是现代公司发展的大趋势,经理层收购方式本身并不代表一种高效率的产权结构,而很大程度上是一种实现产权结构高效率的中间手段。为了提高产权效率,通过经理层收购获得所有者地位的管理者在日益繁杂的双重身份操劳中也会逐渐选择出一种主要身份,例如自己作为所有者而另外聘用专职管理者,从而才在真正意义上完成了从管理者到所有者的身份置换。

【本章思考题】

1. 公司高层管理者的激励机制有哪些特殊性?
2. 如何在保证管理层激励的同时完善约束机制?
3. 如何区分不同类型的管理层股权激励方式?

【综合案例】

腾讯:授予员工每人100股腾讯股票

2021年2月8日,腾讯宣布,对作出特别贡献的员工授予一笔同心同行奖——100股的一次性激励,解禁期为一年。100股也就是一手腾讯股票,按照当日港股盘中价格,一手腾讯股票就是7.4万港元,相当于6万元人民币。

这次的奖金激励,是因为在2020年疫情的严峻考验下,公司员工积极投身于科技战疫,助力各行业加速数字化转型,促进经济复苏,坚定践行"用户为本,科技向善"的理念。因此,公司在2020年年终奖中,对作出特别贡献的员工授予了一笔同心同行奖,以感谢大家的辛勤努力和付出,并期待大家与公司共同成长,迈向远方。

腾讯曾多次授予员工股票。2017年7月,腾讯发行合计约1 787万股新股,奖励10 800名员工,占其当时员工规模的34%;2016年年末,腾讯向每位员工授予300股腾讯股票,作为公司成立18周年的特别纪念,股票总价值约达17亿港元,人均约分得5.3万元人民币。

此外,各部门也经常发放阳光普照奖励。2019年年末,腾讯云提前完成100亿元的营收目标,公司为所有相关人员都颁发了一台iPhone11 Pro作为奖励。在930变革两周年之际,腾讯PCG(平台与内容事业群)的员工也人手获得一台价值16 999元的华为折叠屏手机 Mate Xs。

腾讯 2020 年业绩表现出色。其三季度财报显示,当季实现营收 1 254.47 亿元,同比增长 29%,净利润 385.42 亿元,同比增长 89%,营收及净利润均超出市场预期。2020 年年初至今,腾讯股价涨逾 80%。

资料来源:本案例改编自新浪财经,2021.02.08。

【案例讨论】

1. 试分析员工持股制度的优点和缺点。
2. 你如何评价腾讯授予员工股票的做法?

第七章 企业集团与跨国公司治理

【篇首语】

　　企业集团是指企业通过产权、战略性契约、连锁董事、社会关系等连接而形成的中间型组织,这些复杂的企业间关联使得企业运营行为已经超越了企业的"法人边界",使得以法人治理结构为基础的治理机制已经难以与这种行为相匹配,于是产生了集团治理问题。本章介绍了企业集团治理的内容和方法,进一步对跨国公司治理的现状和问题、跨国公司在华合资企业的公司治理进行了分析,以期对企业集团治理的现状和问题有一个系统深入的讲解。

【引导案例】

中国铝业公司多元化战略转型与企业集团治理结构变革

　　中国铝业公司成立于 2001 年 2 月 23 日,是中央直接管理的国有重要骨干企业。公司主要从事矿产资源开发、有色金属冶炼加工、相关贸易及工程技术服务等,是目前全球第二大氧化铝供应商、第三大电解铝供应商,铜业综合实力位居全国第一。

　　自 2001 年成立以来,中铝公司在第一任领导班子的带领下进入了创业发展时期。为了实现国务院组建中铝公司的目标,中铝制定了"优先发展氧化铝、有条件发展电解铝、跨越式发展铝加工"的战略,不断进行国内扩张和国际合作,至 2007 年,中铝的资产总额已达 2 000 多亿元,利润总额也已超过 200 亿元。

　　为了将中铝公司建成能够与国际上的大铝业公司相抗衡的大企业集团,第二届领导班子提出中铝要从一个专业的铝公司转型到"多金属国际化的矿业公司"。为了实现这一战略目标,中铝公司进行了大规模的并购。例如,中铝于 2007 年完成了对秘鲁铜业 91% 股份的并购,它还分两次获得了国内云铜集团 49% 的股权。在铝业的发展上,中铝在这一期间兼并了 28 家电解铝及其他企业。通过这一阶段的滚动发展,中铝公司的综合实力得以迅速提升,其利润连续两年突破 200 亿元,并于 2008 年首次进入世界 500 强。

　　但是 2008 年,金融危机来了,中铝公司面临重重发展困境。一方面,产能快速扩张的弊端暴露无遗,中国铝市场的价格一路下滑,2008 年下半年,铝市场价格的下跌幅度超过了 50%;另一方面,尽管中铝公司已向铜业进行了拓展,但对铜业投资的收回需要一定周期。分析中铝公司的状况,尽管 2008 年的前八个月中铝盈利高达 80 多亿元,但仍然抵消不了后四个月的巨额亏损,至 2008 年年底,中铝公司的净亏损达到 68.16 亿元。

　　为了实现控亏增盈,第三届领导班子通过充分的调研分析,实施了由单一铝业向综合矿业发展的战略转型。新一届领导班子对世界矿业巨头、国内优秀民营企业等进行了充分调研,研究发现单一发展铝业务的公司容易受到较大的冲击,那么该选择哪些业务呢? 新一届领导班子继续调研发现我国铝、铜、铁矿石这三大金属矿产品的缺口非常大。因此,中铝公司怀揣国家使命,选择了对国家具有战略意义的铝、铜、铁矿石和稀土等资源作为拓展的方向。

在转型前,中铝公司的业务以铝为主,为了对铝产业进行"集中管理、统一经营",公司确立了高度集权的"操作管控型"模式,高度集权的组织结构保证了中铝公司较高的运作效率。在转型后,中铝公司向非铝业务进行拓展,原来高度集权的管控模式此时降低了公司对市场复杂变化的及时反应能力,铜、稀土等新设立的业务缺乏统一的专业管理、运营平台,靠总部全面直接管理,不利于业务整合和专业化发展。

伴随着中铝公司向非铝业务进行转型,其集团治理结构进行了相应的调整,而公司的管控模式也由"操作管控型"转变为"战略管控型"。具体而言,一方面,新一届领导班子借鉴国际国内矿业公司和其他中央企业的管控经验,借助中介机构的咨询帮助,经过深入调查研究、认真分析利弊,打造了"总部+板块公司+实体企业"的扁平化治理结构;另一方面,中铝公司实施了"战略管控型"模式,通过《关于进一步优化所属企业内部组织机构设置的指导意见》明确规定了中铝总部、板块公司和实体企业的职能。

总之,三级治理结构的打造及"战略管控型"模式的确立将总部从繁杂的事务性工作中解放出来,专注于公司的战略发展。板块公司的形成也使得公司不同业务的管理更加专业化、经营更加集约化。同时,实体企业在得到一定的自主权后有了更高的积极性,从而提高了公司整体对环境的适应性。

资料来源:武立东等. 中国铝业公司多元化战略转型与企业集团治理结构变革. 中国管理案例共享中心,2014。

【案例讨论】

1. 中铝公司进行多元化战略转型的动机有哪些?
2. 中铝公司三级治理结构的设计有哪些依据?
3. "战略管控型"模式与之前的"操作管控型"模式相比有哪些优点?
4. 结合中铝公司针对不同的板块及实体企业制定不同考核政策的做法,试分析企业集团应该如何对子公司进行分类治理。

第一节　企业集团治理

企业集团在当今世界经济运行中发挥着重要的作用。企业集团中错综复杂的企业间关联使得企业运营行为已经超越了企业的"法人边界",这样,以法人治理结构为基础的治理机制已经难以与这种行为相匹配,从而导致了企业间的利益协调及其他利益相关者的利益保护问题,于是产生了集团治理问题。[①]

---

① 李维安. 公司治理学(第四版)[M]. 北京:高等教育出版社,2020.

一、企业集团治理概述

(一) 企业集团的界定

企业集团是作为独立法人的市场交易主体在长期交易中为了克服市场失灵与组织失灵、更有效率地实现交易,通过产权、战略性契约、连锁董事、社会关系等连接而形成的中间型组织。这个概念具备三层含义:一是企业集团是企业集合体,企业集团是由多个企业通过有机的经济连接(产权、战略性契约、连锁董事、社会关系等)形成的企业(法人)集合;二是企业集团是相对稳定的组织形式,企业集团是基于各成员企业长期的交易与合作关系而形成的具有共同的目标和规范的集团框架;三是企业集团具备多样的企业间形态,企业集团有机地实现了市场与组织的结合,在不同的交易条件下形成了不同的企业间形态。

(二) 企业集团的类型与结构

根据母公司对子公司管理方式、联结纽带、涉及的行业的不同,企业集团有多种不同的分类方法。

依据威廉姆森的企业组织结构分类,企业集团可分为 U 型(一元结构)、H 型(控股结构)和 M 型(多元结构)。U 型结构产生于现代企业发展早期阶段,其特点是管理层级的集中控制,母公司对下属成员企业进行直接管理。H 型结构是指母公司持有子公司部分或全部股份,各个子公司是相对独立的利润中心。M 型结构又称为事业部制或多部门结构,是指母公司保持投资中心、决策中心和战略发展中心的地位,而事业部则作为利润中心、管理协调中心。

依据 Yiu 等(2007)提出的综合企业集团分类,企业集团通过两个重要的内部机制适应外部环境。一方面侧重于集团附属企业的独特作用(横向连接),如通过子公司间的内部交易机制、交叉持股、连锁董事、社会关系等方式,子公司紧密地联系在一起,一个子公司的战略管理可能依据其他子公司的行动或反应而定。另一方面侧重于母公司与其他子公司之间的耦合和秩序(垂直连接),在集团存在掌握所有权股份和控制子公司的权利的母公司或核心公司的情况下,垂直控制更紧凑一些。基于以上两个维度,企业集团可分为 N 型(网络型)、C 型(俱乐部型)、H 型(持有型)和 M 型(多部门型),如图 7-1 所示。

(1) N 型企业集团,即网络型企业集团。这种类型的企业集团看起来就像一个网络。在这个网络中,母公司充当着领导者的角色,致力于某个行业,同时很多公司充当专门为其提供技术支持、中间产品及其他功能的合作伙伴。在这个结构安排中,处于领导地位的公司通过公司间交易和资源共享而非垂直的所有权结构来控制其他为之服务的公司群,即使它们之间可能会有交叉持股或者连锁董事。同时,不同公司执行者之间的社会关系对公司之间的经营活动协调来说是较为重要的。N 型企业集团的一个典型例

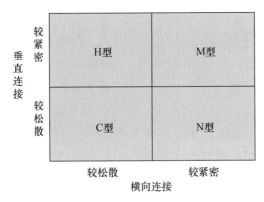

图 7-1　企业集团的类型

子就是中国台湾的关系企业,在这些集团中,很多企业都是围绕一个高科技产业或者致力于出口的行业中的一个大型公司而组建的。

(2) C 型企业集团,即俱乐部型企业集团。这个类别的企业集团通过正式的总裁俱乐部或者以品牌命名的商业协会紧密联系,这样就建立了一个比 N 型更为复杂的结构。在这个结构里,成员企业可能是一个包括了大量子公司和单个公司的大公司。一个 C 型企业集团会提供一个平台或者基础设施,让成员公司能够共享战略资源,比如信息和融资,并互相协调,来获取共同的利益,比如获得公共关系或者为了具体的产业政策去游说各国政府。这样的现象可以在日本跨国的行业集团里看到,比如三菱商事株式会社就是通过一个总裁俱乐部来协调特定的活动(如公共关系等)。此外,这种类型的企业集团的子公司之间可能会用交叉持股、连锁董事和社会关系来增加连接和协调。这种形式的企业集团常常会受到一个金融机构的支持,比如说它们会与主银行存在联系。典型的例子就是日本的横向企业集团和俄罗斯的金融—工业企业集团。

(3) H 型企业集团,即持有型企业集团。这种企业集团跟综合性大型企业有相似的结构安排。在这种企业集团里,控股公司拥有部分或全部处于不同市场或行业的个体公司的所有权。结果就是,H 型企业集团常常都是高度多元化的。在一个 H 型企业集团里,被核心拥有者控制的控股公司或者母公司通过投资来控制单个的集团子公司,从而充当公司总部的角色。这些在典型的 H 型企业里的单个公司就像附属公司,但是它们通常在法律上都是独立的下属公司。在一个特定的子公司里,控股公司或母公司是否占据主导地位或控制大部分股份,很大程度上取决于子公司对其战略目标的实现的重要程度。如果是核心业务,那么这些子公司给控股公司创造了大部分的收入,因此总部通过所有权的优势地位来对其进行更多的直接控制。政府所有权通常会与 H 型企业集团产生关联。政府可能在某段时间将投资重点放在一个特定的领域。新加坡淡马锡私人控股就是这样的一个 H 型结构的企业集团,它又包括新加坡的航空、电信、新加坡最大的银行 DBS 银行和度假公司 Raffles 的股东来福士控股。它扮演着政府控股的角色,投资并且经营国有和政府控制的战略性资产。中国有很多企业集团在战略性资产的经营上采用 H 型的结构,比如能源(中石油)、银行(中国银行)、公用事业(华能国际电力股份有限公司)、化工(中石化)、重工业(宝山钢铁)、电信(中国电信)和交通(中航)。

此外,控股公司能够通过垂直所有制结构或者企业金字塔来实现对公司各层的控制,不过单个的公司可能会存在交叉持股或者连锁董事,甚至两者皆有的情况。内部交易更有可能涉及受控股公司调配的资本和财务资源。子公司可能会涉及多个关系,包括交叉持股、连锁董事和社会关系。这种类型的企业集团的例子可以在中国香港的大型企业集团、印度的有限椎体企业和法国的企业集团中看到。

(4) M 型企业集团,即多部门型企业集团。在一个 M 型企业集团里,母公司或者核心企业通过对单个子公司进行部分或者全部的投资来充当公司总部的角色,这些子公司都是根据母公司或者核心企业的战略目标组建的,或者是根据垂直的各个生产阶段组建的,包括原材料供应、制造和分配。通过这个方法,这些集团子公司就与那些 M 型公司的分部门很类似了。另外,分部门或子公司都在相关的行业运行,这样它们就能够共享资源或者核心竞争力。内部交易不仅转移一般性资源,如金融资本,还有行业特定资产,如技术、资本设备等。因此,这样的企业集团就拥有更紧密的垂直联系。同样,横向的社会关系对于领导其他企业的核心企业很重要,交叉持股和连锁董事对于抵御外部威胁(比如恶意接管和收购)也是非常重要的。包括 LG 和三星在内的许多韩国财团,以及拉美的佩雷斯集团、比利时的工业企业集团和意大利的家族企业都采用此类结构。

表 7-1 对不同企业集团进行了总结。

表 7-1　企业集团组织形式和结构要素

结构要素	N 型	C 型	H 型	M 型
横向连接				
1. 内部交易机制				
内部交易程度	中到高	低	低到中	高
内部交易产品或资源的专门性	中到高	低	低到中	高
交叉补贴	低	低	低到中	高
2. 交叉持股	低到中	中	中到高	中到高
3. 连锁董事	中到高	中	低到高	低到高
4. 社会关系	中到高	低到中	中	低到高
垂直连接				
1. 管理中扮演主导者的角色	控制个体公司,领导集团	控制个体公司,适应集团	通过母公司对集团控制	通过战略公司对集团控制
2. 所有权组合作为控制机制	弱	弱	中到强	强
3. 垂直所有权结构与资源控制	弱	弱到中	中到强	强

资料来源:Yiu, D. W., Y. Lu, G. D. Bruton, and R. E. Hoskisson. Business groups: An integrated model to focus future research. *Journal of Management Studies*, 2007, 44(8): 1551-1579.

(三) 集团治理与企业治理

企业集团作为一种中间型组织形式,其成员之间既包括层级型母子公司形态,也包括水平型关联公司形态。由于各成员企业具备法律意义上的独立性,且成员企业间信息不对称,因而,在母子公司之间会产生基于股权关系的"代理问题"。而在关联公司间,由于成员企业间存在着难以复制的独特性资源因而会产生"信任""合作"等问题。这些问题的解决,要取决于以母公司为主体的集团治理机制的培育,即一系列关于准租金讨价还价的制度安排,来协调企业间的关系,实现企业集团中各成员企业目标取向的一致性、行为的协同性,发挥网络的联合效应。另外,在企业集团中存在着像母公司这样的大股东与中小股东等其他利益相关者之间的"代理问题",母公司的自利行为往往会损害这些人的利益。这一特点就决定了集团治理的复杂性,既要保护母公司的利益,同时又要对其行为进行制约来保护其他利益相关者的利益。

集团治理的特征来源于"有组织的市场""有市场的组织"这种复杂的企业间关系产生的复杂的交易形式,是在单个企业治理基础之上形成的,旨在协调企业间关系、更好地实现企业间交易的制度安排。因此,集团治理的边界已经超越了法人边界,母公司的意志不仅可以在子公司的行为中得到体现,同时还可以对关联公司施以影响,是在不同治理主体之间的权利、责任的配置。因此,在集团治理中的主体、客体都是"法人",承担的是一种"法人"间的"说明责任",而非一般的企业治理中的自然人意义上的主体与客体,这也是"揭开法人面纱"的立法基础。

二、企业集团治理的内容与方法

我们可以将企业集团公司治理机制概括为三个方面:第一,母公司对子公司的控制机制;第二,关联公司间的协作机制;第三,子公司的利益相关者保护机制。

(一)母公司对子公司的控制

子公司的界定有许多不同的标准,综合来说,界定子公司应遵循三个原则:一是主动原则,即要有支配公司的意思;二是控制原则,即对公司主要的经营活动实施控制,通常表现为对公司的重大经营决策施加影响和控制,以贯彻母公司的经营战略;三是持续原则,对公司的控制是永久和强力的,即有计划且持续的,并非偶然或暂时的。基于上述三原则,我们给出一个关于子公司的描述性定义:当公司 A 绝对控股公司 B,或没有处于绝对控股状态但却控制其董事会,使得公司 A 的意志能够在公司 B 的决策中得到充分的体现时,则称公司 B 为公司 A 的子公司(见图 7-2)。

对子公司权力的配置,一个极端是子公司可能仅仅为管理上的需要或基于一种长期发展的考虑,其董事会在治理上没有任何实权;另一个极端是子公司可能有很大的自主决策权,其董事会可以依据公司条例负责公司战略制定、经营管理和效益考核,母公司实际上像一个距离遥远的外部股东。在这两个极端之间存在着广泛的选择范围,概括一下,我们可以把母公司对子公司的控制行为归纳为三种:间接控制、直接控制、混合控制。至于采取哪一种行为有效率,取决于母公司的治理目的和子公司的资源禀赋及战略地位。

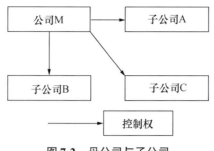

图 7-2 母公司与子公司

1. 间接控制

间接控制是指母公司只是通过子公司的董事会对子公司的经营活动进行控制,母公司的控制力仅在董事会这一层次体现出来。在这种模式中,母公司与子公司的联系是董事会,母公司通过取得董事会的人数优势或表决优势继而取得控制权,也就是说,母公司通过董事会在子公司的重大经营活动及总经理和重要管理层人员的聘用上起控制作用,在子公司的董事会中,来自母公司的董事均为非执行董事。间接控制的优势在于:① 由于母子公司之间完全以资本为纽带,母公司的退出或融资机制非常有效,子公司发展得好,母公司可以通过上市、重组等方式使子公司增设股东、增加资本,推动子公司发展,子公司发展得不好,母公司也可以通过资本市场将子公司出售以减少损失;② 母公司是子公司的资本所有者,而产品经营权完全下放在子公司,这使得母公司可以完全专注于资本经营和宏观控制,有利于母公司的长远发展,减少管理成本,同时也减少母子公司之间的矛盾;③ 由于子公司股东是多元化的,这使母公司可以选择一些与子公司业务方向有关的企业共同投资入股子公司,加强对子公司的经营支持和帮助。

在间接控制中,必须对子公司的财务进行监控,由于代表母公司的董事均为非执行董事,因此,加强对子公司财物的外部监控就显得尤为重要。同时,建立快速信息反馈渠道,母公司应通过派人进驻子公司、经常听取子公司的汇报、要求子公司定期书面报告等形式,增加子公司的信息来源渠道,并建立快速的反应机制,及时解决相应的问题。

2. 直接控制

直接控制是指子公司的董事会成员均为来自母公司的执行董事,且由母公司董事会直接提名子公司的高管层,母公司的职能部门对子公司的相关职能部门实施控制和管理。母公司对子公司的财务、人事、经营活动进行全面的控制。子公司的主要产品和经营方向由母公司指定,子公司的决策由母公司决定。直接控制的优点在于:① 控制距离较短,使母公司的经营决策在子公司能够得到最迅速有效的实施;② 信息完全,控制反馈及时,母公司的职能部门与子公司相应的职能部门的控制关系,使母公司能够及时得到子公司的经营活动信息,并及时进行反馈控制;③ 子公司的经营活动得到母公司的直接支持,母公司能够最有效地调配各子公司的资源,协调各子公司之间的经营活动,为发挥母公司与子公司的整体经营能力打下良好的组织结构基础。

运用直接控制机制时应处理好母子公司集权与分权的关系,母公司应着重于宏观决策,研究制定公司的总目标、总方针、总政策,将业务经营权下放到子公司,同时要完善对子公司管理层的激励机制,使子公司管理层能够与母公司保持目标一致,调动他们的积极性。

3. 混合控制

混合控制是指母公司让子公司的管理层人员参股子公司成为子公司的股东,子公司的管理层人员进入子公司的股东会及董事会等决策机构,这样,母公司与子公司的管理层人员在经营决策及子公司的经营总目标制定方面共同进行研究决策。子公司的董事会为母公司与子公司管理层相互协商、共同决策提供了有效的机制,公司的重大经营决策在董事会上作出决定,由子公司的管理层人员负责实施,子公司的信息可以及时反馈到董事会。混合控制的优点在于:① 子公司的管理层人员参股子公司,成为子公司资产的所有者,母公司与子公司管理层人员的目标完全一致,子公司管理层人员通过股份分红取得相应的收益,使子公司管理层人员有强大的动力全力投入子公司的经营;② 子公司管理层人员同时也是子公司的资产所有者,使子公司的盈亏与之切身相关,有效地避免了"内部人控制"的现象;③ 子公司管理层人员参股子公司,促使他们专注于子公司的长远目标和发展潜力,而非追求短期利益,这对于子公司的长远发展有积极的意义。

运用混合控制应特别注重培育子公司董事会和谐的气氛,协调子公司管理层人员与母公司董事人员目标的一致性,防止子公司各自为政,对母公司整体利益漠不关心,同时,应注意协调子公司之间的关系,使子公司之间能互相协作,共同关注母公司发展,发挥整体优势。

4. 机制比较及使用范围

上述三种母公司对子公司的控制,各有其优缺点,特点也各不相同,所以,我们有必要将三种控制机制详细地加以比较,如表7-2所示。

表7-2 控制机制比较

比较项目 \ 机制	间接控制	直接控制	混合控制
管理层次	中等	最多	中等
管理跨度	中等	最大	中等
风险承担	子公司	母公司	母公司/子公司
组织复杂性	中等	最复杂	中等
组织正规化	低	高	低
组织集权化	子公司	母公司	母公司/子公司
适用规模	大	较大	中等
命令链强度	弱	强	中等
信息对称性	小	大	中等
子公司激励	中等	弱	强
决策过程	分权	集权	相对分权
环境适应性	强	弱	较强

(续表)

机制 比较项目	间接控制	直接控制	混合控制
目标制定	子公司	母公司	母公司/子公司
如何解决冲突	股东会	行政命令	股东会/董事会
利润中心	子公司	母公司	子公司
主要适用范围	综合性集团多元化经营	产业性集团集中化经营	高技术集团对子公司能动性、技术性较为依赖

资料来源:葛晨,徐金发.母子公司的管理与控制模式——北大方正集团、中国华诚集团等管理与控制模式案例评析[J].管理世界,1999,6:190—196。

从表7-2我们可以看出,不同的控制机制必须结合不同的组织结构、组织规模及经营战略。间接机制更适用于实施多元化战略的综合性企业集团;直接控制机制比较适用于产业性集团或实行集中化经营的集团;混合控制机制常常适用于高科技企业集团,因为在高科技企业集团中,子公司的学习能力对母公司来说是至关重要的。

(二) 关联公司间的协作

对公司之间关联方关系的认定,我们一般遵循如下原则:一方控制、共同控制另一方,或对另一方施加重大影响;以及两方或两方以上公司受同一方控制、共同控制的,构成关联方关系。基于不同机构对关联公司的认识,我们如此描述通常情况下的关联公司:① 公司A控股公司B或与公司M共同控股公司B,且公司A可以向公司B的董事会派驻董事并具有表决与发言权,公司A的意志可以通过派驻董事表决在公司B体现,这样,我们称公司A和公司B互为关联公司;② 公司A和公司B同为一公司的子公司,则二者为关联公司(见图7-3)。

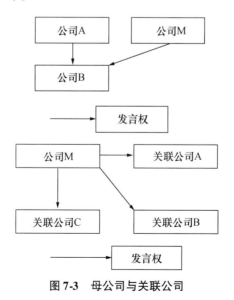

图7-3 母公司与关联公司

1. 信息交流

在关联公司之间,可以通过董事长会议进行信息的交流与沟通。董事长会议就是各关联公司的董事长、总经理组成的协调彼此关系的委员会(在日本又被称为"社长会")。该委员会定期举行会议,交流科技、经济、政治情报。董事长会议使分布在不同产业部门或不同国度的高级管理者在信息方面互通有无,并将分别掌握的经营经验、管理技巧等软资源彼此交流。董事长会议还可协商高级管理者的人事任免调整,以及针对其他竞争者在战略上采取协调行动。

如表 7-3 所示,在日本的六大企业集团的社长会中,成员数在 1997 年平均达到 32 家/会,一劝(第一劝业)的银行社长会——三金会,其成员数达 48 家;成员数最少的是住友集团的白水会,成员数也达 20 家。各会股份相互持有平均比率都在 10% 以上,三菱集团的金曜会股份持有比率高达 27.31%。各个社长会的议题主要是交换信息、协调相互间的关系。

表7-3 六大企业集团社长会概况

集团 名称	三井 二木会	三菱 金曜会	住友 白水会	芙蓉 芙蓉会	三和 三水会	一劝 三金会
成员数(家)	25	28	20	28	43	48
设立时间	1961年10月	1954年左右	1951年4月	1966年1月	1967年2月	1978年1月
代表者	(常任干事)樱花银行 三井物产 三井不动产	(代理人)三菱重工董事长	干事轮流制(1个月)	(干事)富士银行	(召集人)三和银行	(第一召集人)第一劝业银行 (第二召集人)伊藤忠商事
出席者	社长	会长·社长	社长	社长	会长·社长	会长·社长
会议情况 时间	每月1次 第1个星期四	每月1次 第2个星期五	每月1次 第4个星期三	每月1次 第4个星期一	每月1次 第3个星期三	每年1、4、7、10月 第3个星期五
会议情况 场所	"関"大厦	三菱大厦	东京·住友会馆 大阪·住友大厦	富士银行总部	东京·三和东京大厦 大阪·三和银行总部	第一劝业银行总部
会议情况 议题	情报交换 相互间关系协调	商谈交易案件 专家学者讲演	情报交换	意见、情报交换	情报交换 专家学者讲演	研讨会

(续表)

凝聚力	股份相互持有平均比率(%)	15.11	27.31	22.23	15.52	15.79	11.29
	金融机构融资平均比率(%)	19.82	19.30	20.33	14.35	16.30	14.26
规模实力	员工(万人)	27	23	14	28	36	42
	总资产(兆日元)	104	147	115	98	115	115
	销售额(兆日元)	33	27	20	30	35	52
	销售收入(亿日元)	5 822	4 449	3 732	1 492	2 708	6 914

资料来源:六大企业集团的最新动态[J].东洋经济周刊,1999,12。

2. 高级管理者互派

在企业集团内部,高级管理人才的横向调动是分配关联公司间拥有的经营管理人才资源、促进成员公司具有稳定的关联关系的重要手段之一。关于高级管理人员的派遣,是指同一企业集团的高级管理者或骨干职工被派遣成为其他关联公司的高级管理者。这里所说的高级管理者是指董事长、总经理、董事、监事等一切要职人员。在关联公司中,除派遣高级管理者之外,各成员公司的高级管理者还可以彼此兼任,以直接施加影响力,巩固彼此间的关联关系,促进协作的长期发展。在美德等国,企业高级官员兼任的现象亦很普遍,但它不是在相互持股型企业间关联关系的基础上兼任,而是个人之间的关系,或暂时的融资关系的兼任。在欧美诸国,特定的兼职高级管理者一旦死亡或者退休,那么企业之间高级管理者的兼职关系就随之而消失。而在相互持股型关联公司中,兼任首先是因企业之间关联关系的长期存在,而人的关系的相互结合是为这种企业之间长期存在的战略关系服务的,是通过人员纽带来加深彼此间的了解与沟通,以减少摩擦成本,促进协作效率的提高的。

根据日本公正交易委员会调查,在日本,1987年向集团内其他关联公司派遣高级管理者的企业比率平均高达67.69%。其中财阀系的三大集团为64.13%,而银行系的三大集团则为71.25%。在企业集团全部企业的高级管理者中,从集团内其他关联公司派遣高级管理者的比率为7.13%。1997年,在六大企业集团内相互派遣的人员达6 000余人(见表7-4)。

表7-4 六大企业集团向集团内上市公司派出人员情况

	三井系	三菱系	住友系	芙蓉系	三和系	一劝系
董事长、副董事长	23	19	32	31	29	27
总经理、总裁	77	57	55	85	89	119
副总经理、副总裁	29	20	31	26	23	39
专务董事	67	53	64	64	77	104
常务董事	160	135	128	194	174	223
董事	281	311	206	359	379	481
顾问董事	4	5	8	4	2	9
专职监事	80	104	66	112	92	123
监事	172	147	136	192	221	301
合计	893	851	726	1 067	1 086	1 436

资料来源:六大企业集团的最新动态[J].东洋经济周刊,1999,12。

3. 关联交易

关联交易是指母公司或其子公司与在该公司直接或间接拥有权益、存在利害关系的关联公司之间所进行的交易。在国外,关联交易是在跨国公司、母子公司制及总分公司制得到广泛运用时出现的。关联交易具有降低交易成本、优化资源配置、实现公司利润最大化等优越性,因而上市公司在扩张和资本运营过程中普遍采用这一形式。

由于关联公司间的交易较外部的市场交易更具有稳定性、长期性、持续性,因此,它又进一步巩固了成员公司间的关联关系,成为关联公司间重要的协作机制。信息化、计算机化的发展,更有让这种交易关系固定化的趋向,随着企业网络的建成及完善,在关联公司间会形成对物流、现金流的统一管理以及更为简单的计算机结算,这一切会更大幅度降低交易成本,带来效率的提高。

在西方发达国家,关联交易常常用于节约交易成本和合理避税。在亚洲的一些家族企业中,关联交易则被用作在母公司与子公司之间转移利润或掩盖亏损。在我国,关联交易常常发生在上市公司及其母公司、关联公司间,由于我国正处在经济体制转轨过程中,上市公司关联交易较其他市场经济国家更复杂,更频繁。

(三) 子公司的利益相关者保护

在强调公司社会责任的今天,其他利益相关者保护的问题越来越受到人们的重视。保护中小股东立法的呼声日益高涨,但是,也有学者指出不能因为保护中小股东的利益而损害大股东正常治理公司的利益,这实际上是一个如何在保证效率的前提下实现公平的问题。有限责任制度作为推动生产力发展的法律杠杆,随着经济活动的日趋复杂,也受到人们的质疑。本节将就其他利益相关者中中小股东及债权人保护的问题进行探讨,以期引起我们的思考。

1. 中小股东保护:效率与公平

在股份公司中遵循"资本多数决定"的原则,作为大股东的母公司事实上独占着对子公司董事会的控制权,拥有对子公司的人员录用解雇指挥命令的权限、公司资产购入处置的权限、资金调配方法选择的权限等。拥有着这些权限的母公司在支配子公司从事对自己有利的交易时,存在着榨取中小股东利益的事实上的可能性。很多学者从法学的角度提出采取必要措施来保护中小股东,实现公平。然而,也有些学者认为这一公平的实现是以牺牲效率为代价的。

所谓效率,就是指社会资源的配置符合"帕累托最优"的效率标准,当经济社会中每个个体在不损害别人现有利益的原则下都达到了他的最大效用时,这个经济就达到了帕累托最优。公平又分为事前公平(机会平等)与事后公平(结果平等),这里的事前和事后是指签订契约的前后,在探讨中小股东保护方面是指中小股东在取得公司股份前后出现的问题。

(1) 事前激励原则。多数的经济学者认为"如果能够确保事前公平,也就不会产生事后是否公平的问题"①,也就是说如果给予的机会是平等的,结果是否一样并不重要。机会平等实际上是对行为人提供的事前激励。而现实中法律意义上的公平往往指的是结果的平等,仅从法律意义上的公平出发,就难以对行为人产生激励并阻碍效率的提高。事前激励原则告诉我们保护中小股东不能简单地追求结果的平等(就像在体育竞赛中,第一名和第十名的奖金是一样的),否则就会扭曲对大股东专用性投资的激励。

(2) 不完备契约与中小股东保护。近年来随着母公司榨取中小股东行为的增加,为了维护公平,强调保护中小股东立法的重要性的呼声日益高涨。② 对于一般的投资者而言,如果不能确知将来会从大股东那里得到什么待遇,那么他们投资股份的积极性就会受到影响。因此,大股东就要作出不榨取中小股东、保证其投资收益的承诺。问题在于大股东和小股东之间作为一种契约关系,因无法预见将来发生的所有情况,也就不可能把与这些事项一一对应的针对中小股东的特定条款写到契约里去。这样,大股东要取得小股东的信任就变得困难,因为契约难以形成对大股东行为的约束。因此,作为大股东行为约束的替代,保护中小股东的立法就有其存在的价值。在现实当中也存在着许多强制性的法规,例如,在公司章程中制定一些保护中小股东的规定,且不能随意变更,由此发挥对大股东的约束作用。

(3) 中小股东保护的基本原则。为了实现社会资源的有效配置,防止母公司滥用权力,保护中小股东利益是必要的,但也不能因为中小股东而损害大股东的正常利益,企业价值创造的主要源泉毕竟来自大股东,母公司是子公司资产风险的最大承担者。因此,如何在一致的规则框架下来寻求对中小股东的保护,应该是解决问题的逻辑起点,这也是值得我们思考的一个问题。为了探求在满足效率的前提下通过公平的规则来保护中小股东,遵循以下基本原则是必要的:① 尊重当事人事前的选择,尽量控制使用强制性的规则;② 应避免制定扭曲承担企业主要经营任务的大股东激励、以结果平等为指向的规则;③ 为了不扭曲对中小股东投资的激励,应制定使未来事项更加明确化的规则;④ 由于契约的不完备性,审慎地制定不损害效率的法律规则(主要是针对大股东的恶意行为),来维护一定的事后公平是必要的。③

2. 债权人保护:法人资格否定

债权人作为外源资金的提供者,是子公司重要的利益相关者。在正常经营的情况下,子公司在贷款契约的约束下对债权人负有还本付息的责任,母公司的行为不会对子公司的债权人产生负的外部效应。当子公司面临破产时,由于母公司对子公司的资产只承担有限责任,即使破产财产不能抵补贷款本息,债权人也不能向母公司追索,母公司的权利受到法律的保护。问题在于如果母公司利用有限责任制度,通过关联公司间的交易,恶意转移子公司的资产,通过破产来侵害子公司债权人的利益,此时,就产生了保护债权人利益的问题。

(1) 对有限责任的反思。有限责任是指股东仅以其出资额为限对公司债务负责,从

---

① 宍戸善一、常木淳:《法と経済学—企業関連法のミクロ経済学の考察》,有斐閣2004年版,第165页。
② 神戸伸輔:《株主間利害対立》,《会社法の経済学》,東京大学出版会1998年版,第318页。
③ La Porta, R., et al. Legal determinants of external finance. *Journal of Finance*, 1997, 52: 1131-1150.

而使公司以股东出资形成的公司法人财产独立承担责任。有限责任制度保障了企业的投资者在其资本投入之外不再承担企业的债务责任。有限责任制度同样适用于企业集团,即母公司对子公司的债权人承担有限责任。有限责任制度保证了公司法人人格的独立,将股东的责任限制于其投资范围之内,使股东与公司债务隔离,使得现代公司制度在社会价值创造上发挥着重要作用。

从有限责任存在的环境来考察,有限责任赖以存在的前提条件是公司应具有独立的法人人格。何谓独立的法人人格?这里至少要具备两大要素:一是独立的意志;二是独立的财产。然而,在企业集团情形下,由于控制因素的存在,子公司虽然在法律形式上仍然保持着"独立存在",但是事实上,子公司的独立性是受母公司的意志左右的。

首先,出于企业集团整体利益的需要,母公司能够掌握子公司的决策权,使母公司直接或间接参与其子公司的治理或经营管理成为可能。事实上,在企业集团中,子公司很大程度要以母公司或集团整体的利益为自己的利益,以母公司或集团整体的意志为自己的意志(如果母公司需要它这样做的话)。其次,在企业集团中,子公司的财产也存在失去真正意义独立性的可能。在大多数情形下,母公司具备这样的能力,即处理子公司的财产就像处理自己的财产一样,子公司的独立人格自然也就丧失了物质上的保障。所以,在企业集团中当母公司精心策划去损害子公司债权人的利益时,有限责任制度对债权人保护不足的弱点就暴露无遗。

尽管有限责任制度在保护债权人利益方面存在不足,但这不是制度本身的问题,它的产生是为了分散投资风险、降低投资交易成本,正因这一功能,有限责任制度促进了经济的自由竞争和飞速发展。法律的发展在于进一步完善有限责任制度,因此,公司人格否认制度的产生不是偶然的,它与公司有限责任是辩证统一、不可分离的两个方面,保证了有限责任制度不会走向自我否定的反面。

(2) 法人人格的否认。日益复杂的社会经济活动,使得将每个公司都看作独立法人的传统观点与企业集团构筑起来的商业王国的现实之间存在着矛盾。因此,"揭开法人的面纱"理论试图在有限责任原则和企业集团这种大型经济组织现实之间找到一种相对的平衡,为在立法和司法实践中限制母子公司间的有限责任、解决母公司滥用权力行为所产生的问题提供了新的思路。

在英美法系国家,"揭开法人的面纱"理论是法院用来处理企业集团中母公司对子公司承担责任的重要方法,指当母公司滥用子公司的独立法人人格、损害公司债权人和社会公共利益的时候,法院将抛开子公司的独立法人人格,将子公司的行为视为隐蔽在子公司背后、具有实际支配能力的母公司的行为,母公司将对子公司债权人承担相应的债务责任,并且不仅以投资额为限。有人对它的作用作了一个形象的比喻,即在分离实体论(separate entity)的观点支配下,"揭开法人的面纱"理论相当于一个安全阀,随时可以使法院在认为必要的情况下,动用这种例外,揭去隔在母子公司之间的法人面纱,对母公司施加债务责任。

【案例 7-1】

雷神科技：海尔"放养"出来的独角兽

本案例通过雷神科技成立到最终的上市，观察海尔集团在推行"人单合一"模式过程中，集团与公司创业团队之间关系的演进，以及由此而引发的新的契约关系变化，从而对集团公司在推进创客过程中的核心问题，即激励制度实施的出发点和作用点进行了分析。

海尔集团简介

海尔集团创立于 1984 年，创立伊始曾经资不抵债、濒临倒闭，然而截至 2010 年，海尔已经成为全球最大的家用电器制造商之一，并连续九年蝉联全球大型家电第一品牌。截至 2019 年，海尔拥有近百家子公司，净资产达 500 多亿元，在职员工合计近八万人。海尔的主营业务是冰箱、冷柜、洗衣机、空调、热水器、厨电、小家电和 U-home 智能家居产品等的研发、生产和销售，以及渠道综合服务业务。

海尔集团变革

创业三十多年来，海尔始终坚持成为"时代的企业"，并随着时代变化不断调整每个阶段的战略主题。2005 年，海尔集团首次提出"人单合一"模式，从组织结构上改变企业管理模式，通过培育一个个自我驱动的小微组织，激活企业活力，寻求企业新的增长点。2012 年，海尔又正式提出"网络化战略"，将目标定位在把海尔从一个制造产品的平台打造成一个制造"创客"的平台，自此海尔集团的业务模式从工厂生产交付转型成为用户全流程参与模式，重点打造企业的生态圈价值。

2019 年 12 月 26 日，海尔集团董事局主席、首席执行官张瑞敏在海尔集团创业 35 周年纪念庆典现场，正式发布了海尔集团新战略阶段——"生态品牌战略"，成为继名牌、多元化、国际化、全球化品牌、网络化五个战略阶段后，海尔集团的第六个战略阶段。

"人单合一"模式是近年来海尔集团变革的基础。"人"即员工，"单"是用户需求、不是狭义的订单。"人单合一"即让员工与用户融为一体，员工在为用户创造价值的同时实现自身价值，实现员工和客户的双赢。人单合一双赢模式就是让员工成为自主创新的主体，由此形成企业与员工之间关系的一个新格局：即由原来员工听企业的，现在变成员工听用户的、企业听员工的，共同为用户创新。海尔在推进"人单合一"模式的过程中，把组织扁平化了，变成动态的网状平台型组织，服务于一个个自主创业的小微团队。

在这一体系下，集团逐渐从金字塔式组织转变为网络化组织，员工可以与用户零距离接触，拥有了决策权、用人权、分配权，而员工的薪酬也从企业付薪转变为用户付薪，这使得每个员工为用户创造的价值与自己的收益高度匹配起来，从而有效地驱动了员工关注用户需求。

雷神的团队

雷神科技作为海尔集团"人单合一"模式下孵化出的创客公司，是海尔集团所成功孵化的众多小微团队中的一员。截至 2019 年 12 月 31 日，公司总资产达到 10 亿元，2019 年公司实现营业收入 20 亿元，较上年增长了 25.19%，公司当年实现净利润 0.62 亿元，较上年同期增加了 5 000 万元。雷神的创始团队成员，如周兆林、路凯林、李艳兵、王强、李宁等，都有在海尔笔记本电脑工作的履历，他们的工作几乎涵盖了笔记本电脑的全生产流程，包括企划、产品线平台、销售、质量检测等各个环节。

雷神的诞生

雷神最初的创始人路凯林等敏锐地发现了集团公司笔记本电脑业务的痛点，将京东 3 万条"差评"逐条分析归类，最终确定了 18 个用户抱怨点，包括卡顿、散热、蓝屏、速度慢、音乐效果差等，从而产生了开发一款更适合游戏玩家的笔记本电脑的创业想法，并为了解决这一专业性信息导致的产品设计难题，向集团提交了《笔记本市场发展方向研究报告》。此时，适逢海尔内部开始讨论"企业平台化、员工创客化、用户个性化"战略变革的可能性，这种"小微模式"强调员工由被动的执行者变为主动的创业者，利用互联网平台促使企业从封闭的组织转化为开发的生态圈。

于是，通过海尔创业平台，雷神小微从无到有逐渐发展起来，以小微模式开展笔记本产品侧开发，几位身处 IT 圈并热爱游戏的年轻人李兵、林森、王欣一起开始了雷神科技的创业之旅。在海尔集团生产效率的支持下，雷神极快地展开了业务运营，商品侧的支持让雷神可以集中于产品设计及市场需求。在用户为尊、聚集粉丝的理念下，雷神的工作人员不断在 QQ 群、微博、微信、百度贴吧、社区、浏览器、神游网等核心平台上与 867 万雷神粉丝交流和解决问题。

2013 年 12 月 24 日，雷神第一款产品在京东商城预售，3 天时间 500 台一售而空。2014 年 1 月 15 日，雷神第二批新品上线，21 分钟 3 000 台被抢光。2014 年 7 月，雷神 911 上市首批 500 台 1 秒被抢光，第二批 3 000 台 10 秒被抢光，创造了高端笔记本最快的销售成绩。截至 2014 年 12 月，在短短的一年时间，雷神产品的销量达到 5.82 万台，产品销售额达到 2.5 亿元，成为京东及天猫商城游戏本销量、销售额双第二品牌。2015 年 1—5 月，雷神游戏本销量达到 3.4 万台，销售额达到 1.87 亿元，同比分别增长 109% 和 163%。产品在 15 个月内迭代达 6 次，积累了近 150 万粉丝，成为 2014 年游戏本业内最热门的新兴游戏本品牌。2014 年 4 月，雷神团队注册成立雷神科技有限公司，截至挂牌，海尔集团的全资子公司苏州海尔持有雷神科技 37.97% 的股份，为公司第一大股东及控股股东。

海尔的支持

雷神科技从创业初期就得到了集团公司的全方位支持。2013 年，海尔将"雷神"团队作为首批试点，推行"小微"模式的管理，为其规划了从"利润中心"到"投资中心"的发展路径。海尔的管理支持平台和生产支持平台全程为雷神提供服务，转移定价以内部竞价的方式确立。

2014年4月,海尔集团又出资近200万元的孵化基金成立雷神科技,并且帮助雷神科技建立组织架构和运营管理,共享集团的财务和法务系统,分享集团的产品供应端和销售端。凭借着海尔集团的背书,雷神科技的笔记本借助台湾代工厂实现了小批量、多批次生产。京东也为海尔开放新的品牌入口,将雷神作为专业游戏品牌来运作,在市场大容量大增幅且尚未确定格局的时候,雷神已经快速切入线上销售端,而其售后、物流、供应链服务等环节也都得到了海尔集团这个大平台的扶持。

在刚开始运营时,雷神事实上只承担了分配资源的决策职能——雷神的资金由海尔财务公司信贷提供,并给予资金拨转、记账服务,且雷神自身没有任何工厂和车间,采购、生产、销售环节或以外包的形式采购海尔的服务,或直接嫁接海尔的外部供应链。由此雷神在解决了关键原材料供应的同时,还分别与笔记本代工全球第一的广达、游戏本代工世界顶级的蓝天电脑等建立合作关系,这些游戏本生产领域的佼佼者,如蓝天、广达、英特尔、Microsoft和腾讯等知名的供应商合作,也进一步提高了产品的质量保证和品牌的影响力。

雷神的薪酬

同其他小微团队一样,海尔赋予了雷神团队三权,即用人权、决策权和分配权。海尔不是自上而下分派目标,而是驱动团队自主抢单和承诺有竞争力的目标,由团队自主作出三预(预算、预案、预酬),小微团队以独立运作单位的形式,像外卖平台的配送员和打车平台的司机一样,自主在海尔内部平台抢单、接单,会计上以利润中心的模式对小微团队进行核算,团队能分享增值,从而驱动团队自主经营。团队根据目标自主设定经营计划、资源预算和创新路径,主动参与战略计划和预算管理,事前算赢目标和价值。

海尔也将所有雇员的绩效考核体系由传统的损益表为基础,转为以海尔独创的"共赢增值表"为基础。结合海尔的绩效核算体系,海尔员工的工资不是简单的"计件"制,还会根据员工参与完成的订单中增值服务的价值提供分成;对于能够创造订单、增加其他环节收益的"生态性"创建工作,即使自身环节没有产量和价值方面的提升,也能够获得"生态效益"分成。因此,雷神科技的团队收益来自用户付薪和价值分享两部分。

除此以外,与传统的高科技公司类似,雷神创始团队也享有公司的期权计划,对赌三年发展目标。第一期期权计划目标为激励雷神科技快速发展成长,按照2015年股东结构计提10%期权池,对赌目标:收入、利润、社会化估值、用户粉丝量指数及增长。第二期期权计划目标为激励雷神科技游戏生态圈的快速发展,按照2016年股东结构计提10%期权池,对赌目标:社会化资源开放、上市及游戏生态圈的建设,主要以共赢增值表的生态收入作为考核的主要指标。这两次的期权在公司团队的主要成员间进行分配,主要对公司内高级管理人员和核心骨干进行了授予,同时也预留了一些给未来的核心团队。

尾声

随着公司未来的发展,海尔要做的是进行人人创业创新的尝试,重点关注的就是"人"的价值实现,在开放的创新生态圈体系下,海尔推动全员转型为"创客",并开放地整合全球"创客"及相关创新资源,利用平台的力量实现"人人创客""人人小微"。每个员工在为用户创造价值的过程中决定自身价值,本质就是要让每个员工成为自己的主人,成为自己的 CEO。"人单合一"模式就是让员工成为自主创新的主体,由此形成企业与员工之间关系的一个新格局,从而形成企业与员工之间的新的契约关系。如何平衡监督和激励的关系,如何测度企业和员工在"创业"过程中的权责关系,都会影响到双方利益的分配,反过来又会影响到创业的成败,因此创客制度的建设,尤其是激励制度的建设一定是重中之重,而这些制度的实施和进一步完善,也将是推动海尔未来在孵化小微团队过程中的重要环节。

资料来源:周波等. 雷神科技:海尔"放养"出来的独角兽. 中国管理案例共享中心,2020。

【案例讨论】

1. 海尔集团变革后的组织结构是怎样的?
2. 海尔集团投资雷神后,对雷神有什么帮助?
3. 从海尔集团的角度看,对雷神管理团队应如何考核其业绩?容易监督吗?
4. 从海尔集团的角度看,为了实现对雷神团队的激励,应将薪酬与何种业绩指标挂钩?利润、销售收入还是市值?

第二节 跨国公司治理

一、跨国公司治理的现状与问题

在经济全球化不断深化的今天,跨国公司已经成为全球国际生产体系最重要的组织者和最主要的推动力量。跨国公司的全球战略使得各国市场不可避免地成为跨国公司全球市场的组成部分。国内市场的国际化和国内竞争的国际化已成为现代企业生存和发展的基本环境。随着中国加入 WTO,中国企业将不可避免地融入国际化的浪潮之中。因此,国内企业除了需要学习跨国公司的先进技术和管理经验,也要重视跨国公司的公司治理和控制方式,特别是跨国公司处理不同文化对接的经验。

我国大多数央企都是集团,都应该拥有集团治理的视角,而集团治理十分复杂,当集团治理走出去、走进来,成为跨国公司治理时,治理问题就变得更加复杂。集团治理最难的问题之一在于关联交易。原来是在一个国家里,掏空的集团都在国内。如果跨国公司在全世界上百个国家进行关联交易,就更难治理。因此我们说,和跨国公司打交道,以及建立中国的跨国公司,首先就面临治理问题,而这是一个世界难题。

跨国公司治理从根本上超越了一般国内企业的治理框架。在跨国公司的治理体系中,并不存在一般国内企业的内部治理结构,同时,由于国际市场的不完全性,经理市场、证券市场和公司控制市场在国家之间存在重大差异,难以形成对跨国公司有约束力的外部监督机制。这在一定程度上使跨国公司处于超然的地位,从而迫切要求在国际层面建立对跨国公司的监督与约束机制。

20世纪90年代末开始,随着信息化进程加快,跨国公司服从全球统一战略。比如和跨国公司合作,出现了让出控股权以前亏损、一旦让出控股权就开始盈利的现象。这是服从跨国公司全球统一战略的体现。

在这种情况下,跨国公司治理比一般集团治理更加复杂。一般企业的利益相关者治理已经很复杂了,而到了跨国治理,母国、东道国、外派劳工、战略联盟、合资企业、重组等问题错综复杂,如图7-4所示。比如广东粤海集团重组,十几个国家的法律都不同,哪个环节弄不好都不行,这就形成了多元利益相关者,使得每个环节都十分重要。

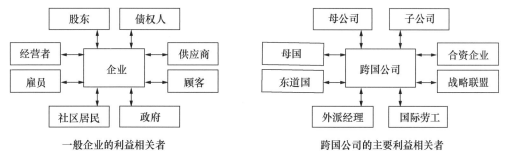

图7-4 一般企业和跨国公司利益相关者的比较

二、跨国公司在华合资企业的公司治理

通过与海外投资者打交道,我们学习了许多模式,而与国有企业关系最密切的是国内的合资企业和外资企业。它们根据中国的具体环境进行了转型,它们的成功经验和失败教训值得学习。我们几年前在天津滨海开发区作了一项调查,调查对象为跨国公司在天津开发区的投资额在1 000万美元以上的三资企业,包括日本、韩国、美国等国的众多企业;调查问卷有23道选择题,发至200家公司的总经理或副总经理处,收回问卷90份;直接走访20家,采访公司总经理或副总经理。我们通过调查发现了一些规律:

(1)跨国公司在华企业在股权安排上强调控股权,并通过关键资源的投入形成对企业的非股权控制。

合资企业中,外方投资额占投资总额的65.8%,说明外方母公司在总体上处于控股地位;在多股东型结构中,即使中外双方各持50%的股份,但由于中方投资者并非一家,董事会中的中方董事来自多个中方投资母体,削弱了中方实际控制能力,结果仍是外方实际控股;合资企业在成立几年后,外方投资者单方面增资行为极为普遍,撤资和向第三方转让并不明显;合资企业中外方不仅重视股权安排,而且非常重视通过资金、核心技术、关键管理技能和营销网络等要素投入形成对合资企业的非股权控制。

(2) 在华三资企业公司治理是一种母公司主导型的治理模式,公司控制力主要来自母公司,内部治理处于次要地位。

三资企业中91.6%属于有限责任公司,没有股份有限公司;合资企业董事会实际上以双轨制的方式产生,即董事会人员由中外双方协商产生,比例取决于公司的股权结构;独资企业董事会遵循母公司单轨制方式产生,即董事会由母公司的代表及独资企业的高层主管组成;90%的企业没有聘任外部董事,大多数企业未设监事会;绝大部分企业总经理和董事长是分任的,常见的情形是外方人员出任总经理;母公司拥有极大的董事及总经理的任免权,本属于董事会的权力被母公司代为行使。

(3) 跨国公司控制在华企业的主要手段是直接任命总经理、进行财务监控和直接任命关键部门经理。

合资企业总经理的任命权是一个非常重要的控制机制,因为总经理负责企业日常经营,执行董事会决议,有些还有权任命其他关键职能部门经理;财务监控,包括内部审计、费用支出授权限制、实行定期报告制度等,在母公司对三资企业控制中占有重要地位;内部审计也是持有少数股权的合资方的重要控制机制,因为占少数股权的一方通常不大可能有权任命合资企业的总经理和关键部门的经理;由外方任命负责人的部门中,技术部门和财务部门所占比例最高,其次为销售部门和行政部门。

图7-5显示,母公司最关注委任总经理的权力,其次是监控财务和直接任命关键部门经理。而图7-6显示,中方控制的部门则是人事部门、公关部门和销售部门等。这两幅图共同表明了跨国母公司与中方合资方在控制手段上的明显区别。

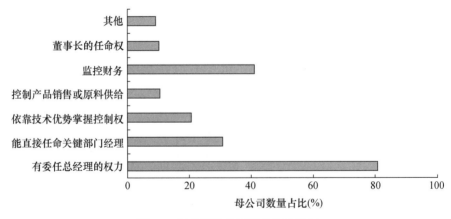

图7-5 母公司认为重要的监控机制

(4) 中方与外方高层管理人员年薪差别大,不利于中方高层管理人员积极性的调动。

如图7-7所示,在三资企业,对经理人员的激励以基本薪金为主,三资企业收益分配机制比较充分。如图7-8所示,从总经理到一般员工都有具体规定:总经理待遇由母公司确定,享有比较可观的在职消费;中方副总经理的年薪需进行二次分配,与外方的副总经理形成了较大的差距;合资企业的激励机制建立在对经理人员业绩评价制度的基础

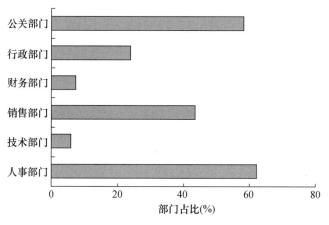

图7-6 由中方控制的部门

上,90%以上的企业建立了董事及经理人员考核制度,其中以来自母公司的考核为主。如图7-9所示,对总经理绩效的评价主要依据企业成长性、利润率、员工满意度和市场占有率等方面,重要性依次降低。

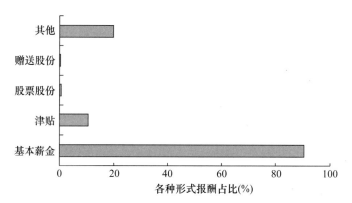

图7-7 高层经理人员的报酬形式

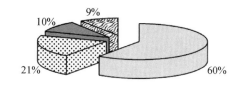

图7-8 对经理人员的绩效评价

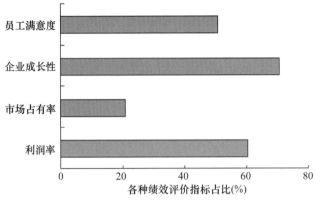

图7-9 对总经理绩效评价的主要依据

（5）在华三资企业本地化倾向明显,大部分经理人员来自当地人才市场,中国人担任高级管理职务的比重迅速提高。

关于中方管理人员的选聘途径,图7-10列出了几种主要方式,除从人才市场聘用外,从公司内部提拔和母公司派遣也是重要途径。母公司与合资公司经营管理权的配置取决于母公司的产业性质及其全球化的战略目标。建立初期,部门经理多由外籍人员担任,随着事业的发展,越来越多的企业推行本地化战略,部门经理大多改由中方人员担任。如图7-11所示,90%以上的企业人员出现本地化趋势或本地化程度较高,六成以上企业高级管理层中方人员所占比重超过40%;高层管理人员本地化程度方面,欧美企业强于日韩企业。

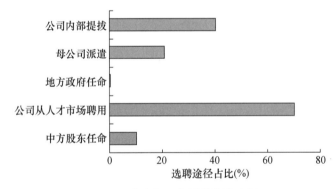

图7-10 中方经理人员的选聘途径

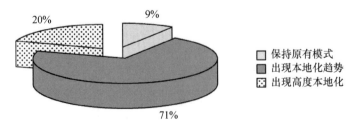

图7-11 员工本地化趋向

（6）雇员、工会、债权人、政府等利益相关者对三资企业的公司治理没有发挥明显作用。

三资企业都是非上市公司，雇员不持股，因而不能通过股东大会对公司进行有效的治理。企业文化是将母公司的经营理念和行为方式传导给合资企业员工的重要途径。三资企业工会、党支部的治理作用较小，并且由于不干预公司的重大决策制定、人事任免、经营管理等，几乎没有对董事会及总经理形成制约，图7-12列出了工会作用的发挥情况。如图7-13所示，债权人对公司治理影响度较低，基本上不对公司形成制约。如图7-14所示，企业主要通过间接融资获得资金，没有直接融资，因此受中国资本市场的影响很小。

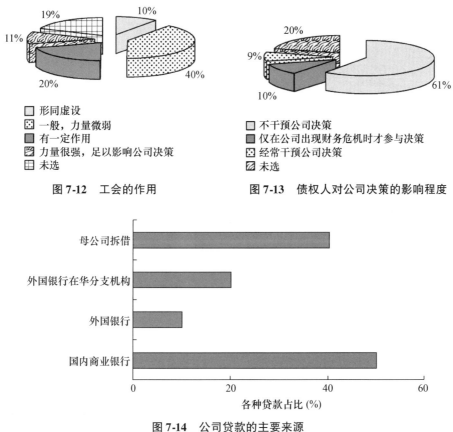

图 7-12　工会的作用　　　图 7-13　债权人对公司决策的影响程度

图 7-14　公司贷款的主要来源

总体来说，跨国公司在华合资方式向控股或独资的转化，显示了跨国公司在中国投资战略的重大变化。

三、跨国公司治理的内涵和特征

跨国公司作为一种内部网络组织，其治理既具有一般公司治理的治理特征，又具有跨越国界和地域的更加突出各种利益相关者受托责任的新内涵。跨国公司的公司治理是公司治理在网络组织中的扩展,其中心议题就是有关公司决策权力如何在这种内部网络组织中进行合理、科学的配置,是一种基于母子公司的网络治理模式,治理目标是提升企业的战略领导力。因此,跨国公司治理就扩展为由东道国、跨国公司、母国三者基于公司治理的动态交互作用。另一方面,跨国公司的公司治理通常包含两个相关的层次:一是母公司层的治理(一级治理)——母公司如何将权力与责任分解并进行监督;二是子公司层的治理(二级治理)——国外子公司如何处理与股东及当地利益相关者的关系,同时反馈给母公司并与母公司的治理整合。一级治理通过拥有子公司所有权、整体治理、全球战略决策(战略形成与审核)、资源配置和绩效监督等方式影响二级治理,二级治理则通过子公司董事会扩张、治理共享、获取当地资源、信息报告及子公司的运营等反过来影响一级治理(周建等,2008)。上述关系如图 7-15 所示。

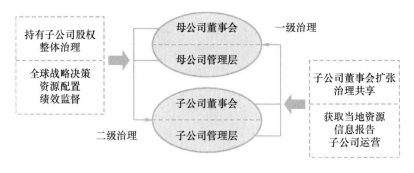

图 7-15　跨国公司中的双重公司治理

资料来源:周建,于伟,刘小元.跨国企业公司治理研究回顾与展望[J].外国经济与管理,2008,4:1—8。

与一般国内企业的公司治理相比,跨国公司治理阐明了公司全球性决策的关键参与者之间在权力、责任和利益方面的分配(Luo,2005)。不仅不同经营区域的产品市场和经理市场可能存在明显差异,而且法律制度和文化传统也可能十分多元化,跨国公司需要精细和系统的治理机制来有效处理公司与众多利益相关者之间的关系。与一般国内企业的公司治理相比,跨国公司治理的内涵和特征主要体现在以下两个方面。

(一) 跨国公司治理面临更加多样的法律制度

从整体上看,跨国公司治理突破了一般企业公司治理的范畴,表现为不同国家独立法人主体的委托—代理关系。跨国公司的组成部分可能是子公司、合资公司或分公司。法律将分公司视为所属公司的一部分,分公司很少拥有重要的自主权。而子公司与合资公司则确实拥有某些自主权并且大都作为独立法人实体在东道国运营,由于子公司治理结构的设计及其运营必须遵守东道国的法律要求,因而子公司的治理表现出一定的特殊性。

(二) 跨国公司内部交易超越了单一国家监管的范围

在一般公司治理中,公司控股股东及其关联企业之间的关联交易,往往成为大股东侵害中小股东和其他利益相关者利益的重要手段,因而也是公司治理重点关注的内容之一。然而,在跨国公司内部,关联交易是其全球经营活动的一种常态,而且随着跨国公司一体化程度的提高,关联交易呈现出不断增加的态势。

跨国公司内部的跨国交易包括三种类型:母公司对国外子公司的销售,国外子公司对母公司的销售,一国的子公司向另一国子公司的销售。这些交易不完全取决于市场的力量,也不一定根据市场价格来成交,它们的价格是根据跨国公司协调全球竞争活动和以海关报关为目的的转移价格来确定的。转移价格可以使跨国公司体系内部的有形资产、无形资产、服务以及金融交易以灵活的方式实现全球的最优配置,以巩固跨国公司的竞争地位,实现全球战略的目标。同时,转移价格又可以便利地将国外子公司的利润转移到母公司,或者通过各种避税安排实现全球税负的最小化。

跨国公司利用转移价格进行竞争、转移利润或逃避税收的行为超越了单一国家监管的范围。虽然公平交易原则可以作为衡量跨国公司内部交易合理性的标准,然而,这一标准在检验跨国公司内部交易时往往面临很大的困难,特别是那些涉及技术及无形资产转让,如专利、诀窍、工业设计、商标、版权等,其适用性极为有限。因为这类交易通常是跨国公司内部多个企业研发活动的产物,其研究开发风险很大,并且需要长期的高额费用投入。这种独特的交易活动几乎不可能找到可以作为参照物的公平市场交易进行比照。另外,在跨国公司一体化的国际生产体系中,研究与开发活动日益分散,母公司和子公司在研发活动中可能会承担不同的职能,因此,很难确定跨国公司内部成员在无形资产创造中的作用和贡献。同时,在跨国公司内部,单个企业可能会得到其他企业的新工艺、新产品或现有工艺产品改进方面的服务,或者得到雇用、培训、薪酬、会计、审计、销售、控制以及现金管理等方面的管理性服务。越来越多的跨国公司正在通过一个或几个国际中心为其他成员单位提供咨询、法律、会计、研发、金融管理以及数据处理等职能服务,原本属于母公司的职能也可能分散到不同的国家。在这种情况下,如何实现对跨国公司的有效治理成了各国监管部门的难题。

四、跨国公司不同发展阶段的母子公司治理

从跨国公司的发展阶段来看,跨国公司母子公司的治理一般会经历集中控制—分权—再集中的演变过程,在不同的发展阶段,母子公司的治理关系呈现出明显不同的特征。

（一）第一阶段：集中控制

从跨国公司海外业务发展的逻辑顺序上看，早期的海外业务是从出口开始的。当一家公司通过出口初次进入外国市场时，它可能会委托独立的出口代理公司来代理其出口业务。出口代理公司对国外市场信息及特征非常熟悉，并在进出口业务方面具有较强的专业知识，因此，出口规模不大的企业选择出口代理公司是一种较为有效的制度安排。随着产品在国外市场的销售量的不断增长，企业将组建自己的出口部并任命公司中层管理人员为出口部经理。如果出口占公司销售额的比例很大，而且公司希望对出口经营实施更大控制，出口部将会由公司高层管理人员（总经理或副总经理）直接领导。出口部负责公司全部产品的所有国际客户，控制对国际市场的产品定价或促销，协调公司与当地代理商或分销商的关系。

在这一阶段，跨国公司开始遭遇集权和分权的冲突问题。一方面，国外子公司的经理人员由于对当地市场有较深的了解，希望被授予较大的自主权，以对市场需求作出快速的反应；另一方面，总部管理人员认为国外子公司经理缺乏全球战略眼光，对他们过多授权会影响公司的整体效率，并使协调活动变得更为困难。集权和分权的需要将会长期困扰跨国公司，权衡这一问题需要顾及众多因素。

（二）第二阶段：分权

在继集中控制之后的一个短暂阶段，分权与顺应本土的需要会更加突出。这时候，许多企业可能会改变总部的集权模式，对国外子公司进行某种程度的分权。随着国外子公司自主权和独立性的增强，跨国公司组织开始向独立子公司的模式演变。

在独立子公司结构中，每一个子公司都可以直接向母公司总经理或董事会汇报业务，而不需要通过管理上的中间环节。在某些情况下，子公司经理也可以请示本公司的董事会。尽管这一结构赋予国外子公司很大的自主权，但国外子公司仍然不可能真正地独立。技术和资金等关键资源仍然牢牢地控制在母公司手中，国外子公司通常不具备研发能力，在产品开发上严重依赖于总部。

（三）第三阶段：再集中

当一个企业的规模发展到可以在世界不同地区进行经营时，这个企业就会被置于全球竞争之中。全球竞争要求企业必须制定一项面向全球的、综合性的经营战略，统一协调企业在全球的价值创造活动。这意味着跨国公司的国际组织将再度走向集中，母公司不得不采取新的形式加强对国外分支机构的协调与控制，分权倾向也将被新的集权倾向所取代。

这一阶段跨国公司的组织形式将会沿着两个方向发展：一些扩大了国外生产规模和销售量但未显著增加产品多样性的公司，一般会采取全球地区分部结构；而另一些通过增加在国外销售产品的多样性来进行扩张的公司,则趋向于采取全球产品分部结构。

在跨国公司的全球地区分部结构中,总公司负责全球经营的计划与控制,地区经理负责企业在世界某一特定地区的经营活动。每一个地区总部均具有企业的所有主要职能,可以在主管的区域内协调销售、生产和财务等方面的工作。地区分部结构充分重视了国外公司作为利润中心的作用以及销售组合在国外市场上的适应性问题,在简化最高管理层对全球业务的管理方面向前迈进了一大步。这种组织结构特别适用于那些对销售组合适应当地情况、所需技术程度不高的企业。

在全球产品分部结构中,企业的经营目标和战略由总部制定,各产品分部经理负责该产品在国际市场上的经营。公司内部应用相同技术及具有相似消费者的产品或服务被归并在一个产品分部中,不同的产品分部为公司的全球市场提供不同的产品与服务系列。每一个产品分部都是一个相对独立的战略业务单位和利润中心。产品分部的经理负责本部门产品的生产和市场营销工作,包括规划与协调产品生产和市场营销活动,监测与控制部门的经营绩效与收益。产品分部结构最适合以下三种类型的跨国公司:① 产品种类繁多;② 公司产品的最终用户市场之间存在着较大的差异;③ 需要具备较高技术能力的公司。全球产品结构把全球作为目标市场,把经营的重点放在产品市场和技术诀窍上,这将有利于公司利用全球市场机会,并对国外市场上的竞争威胁作出快速反应。

为了平衡全球地区分部结构与全球产品分部结构的利益,协调混合的产品与地区性下属单位,有些跨国公司建立了全球矩阵结构。全球矩阵结构是一种对称性的组织,它在产品分部和地区分部两个方面具有相同的授权路线:地区分部注重国别的反应能力,产品分部注重全球效率。处于产品分部和地区分部结合点的国外子公司经理被称为"双重领导的经理",他们同时拥有来自母公司产品方面的上司和地区方面的上司。产品上司倾向于强调诸如效率和世界产品等目标,而地区上司则倾向于强调适应当地市场的调整。对这两个方面的强调意味着公司试图在全球效率和地区适应性方面寻求一种平衡,从而克服单一的产品结构或地区结构的缺陷。

许多跨国公司采取了一种混合型的组织模式。一些产品多样化的跨国公司选择了以产品结构为基本形式的组织模式,同时在具有显著地区差异性的区域设立部分地区协调机构;一些以地区结构为主的跨国公司则针对某些重要产品设立跨地区的协调机构,以有效地进行新产品开发,灵敏地进行产品分销。跨国公司组织结构模式开始向着更能解决实际问题的方向演进。

五、跨国公司战略与母子公司治理

跨国公司的战略可分为四种基本形式,即国际战略、多国战略、全球战略和跨国战略。实施不同战略的跨国公司,其母子公司关系具有明显不同的特征。

(一) 国际战略条件下的母子公司治理

具有某种核心能力的企业往往会采取国际战略向海外扩张。核心能力是一个企业所具有的竞争者无法轻易赶上或模仿的技能。这些技能可能存在于生产、营销、研发、人力资源、管理等诸多价值创造活动中的任何一种活动中,并以一种独特的方式体现在其产品或服务之中。具有核心能力的企业可以通过把自己的技能和产品投放到国外市场而获得巨大的收益。当企业拥有的能力和提供的产品独具特色时,消费者认为产品物有所值,国外市场上具有相似能力和产品的竞争者寥寥无几,企业采取国际战略将最具价值创造的潜力。

采用国际战略的跨国公司关注于在全球范围内利用自己的核心能力,并使用所有不同的方法来实现这一目标。总部设在大的技术领先国家的跨国公司通常采用这一战略,例如在美国,宝洁、卡夫、辉瑞、通用电气、IBM、波音等公司就长期采取国际战略。国际战略强调利用母国创新来提高海外子公司的竞争地位,因此,实施这一战略的企业通常将研发和制造活动集中在母公司,以形成规模经济并确保产品的高品质。实施国际战略的跨国公司试图销售全球性产品,并在世界范围内采用相似的营销方法。虽然国外子公司拥有一定的生产和营销功能,并可根据当地情况对产品和营销方式进行适当调整,但可调整的程度非常有限,母公司始终保持对国外子公司的战略、营销、财务和生产活动的严格控制,国外子公司仅仅是母公司生产与销售机构的"微型复制品"。

(二) 多国战略条件下的母子公司治理

多国战略来源于跨国公司顾及地域差别的压力。顾及地域差别的压力是与跨国公司的跨国经营活动结伴而行的,但并不是所有的跨国公司都会因为这种压力而改变经营战略。只有当顾及地域差别的压力足以影响跨国公司国外子公司的生存和发展时,跨国公司才会以多国战略的形式来处理这种压力。顾及地域差别的压力主要来自四个方面:一是不同国家消费者品位和偏好存在重大差别,二是各国之间在基础设施或者传统惯例方面存在重大差别,三是不同国家分销渠道存在重大差别,四是东道国政府的限制或要求。

顾及地域差别的压力意味着跨国公司不能将与自己核心能力有关的技能和产品完整地从母公司转移到当地。为了适应当地的条件,跨国公司必须对自己的产品或营销方式作出重大调整。

多国战略将当地反应置于首要的位置,子公司的发展是为了有能力吸收母公司的技术并使最终产品适合当地的条件和偏好。子公司为其所在国的市场制造产品。为了使产品在当地市场更有吸引力,子公司会对母公司提供的产品线、广告、包装、销售渠道及定价等作出适应当地标准的调整。在多国战略中,跨越国界的是技术和工艺,而不是产品。对于在许多国家拥有生产和销售单位的大型跨国公司,采用多国战略意味着将其海外子公司作为独立的业务部门来对待,总部仅控制一个底线,而将每个国家作为一个利润中心。每个国家的子公司可以根据需要自主管理自身的经营,但它必须创造利润,否则将不能从总部取得资源。除了拥有自己的当地生产设施、营销战略和分销体系之外,子公司通常利用当地的原材料并主要雇用来自东道国的人员。

(三) 全球战略条件下的母子公司治理

跨国公司的全球战略主要是为了应付日益增加的成本压力。在贸易自由化、通信技术的进步以及全球金融服务和资本市场的推动下,许多产业正在向全球性产业演变。产业的全球化意味着全球范围内普遍的顾客需求的增长,以及技术的快速扩散和产品的标准化。在全球性产业,企业面临着越来越大的降低成本的压力。为了应付这种压力,企业必须在世界上最有利的区位大批量生产某种标准化的产品,以此降低生产成本,实现区位经济和经验曲线经济。

实行全球战略的跨国公司会采用一切方法来实现其产品在成本和质量上的最佳定位。它们通过在低成本国家生产,利用世界范围的设备生产标准化产品,开展全球一体化经营等手段,来提高全球效率。整个企业从一开始就基于全球市场来构思和设计产品。处于重要市场上的子公司通常会对产品设计提出建议,但是,一旦母公司推出一项新产品,子公司的角色就转变为执行者。全球化的产品通常是依赖于各国的相似性,而不是文化差异来销售的,因此,营销战略一般由母公司统一制定。全球战略是许多日本跨国公司如丰田、佳能、小松制作所、松下等公司采用的经典方法,许多欧美公司如英特尔、德州仪器、摩托罗拉、福特、大众等也都采用全球战略。当降低成本的压力很大而顾及地域差别的压力较小时,全球战略将有助于提升企业的竞争优势。

(四) 跨国战略条件下的母子公司治理

采取跨国战略的跨国公司需要超越国际战略、多国战略和全球战略的局限,重新对公司的资产和能力进行组合。这些公司认识到,每一种传统的方法都是不完整的。为了获得全球竞争优势,成本与收益必须同时管理,效率与创新同样重要;并且创新是双向的,并不总是由母公司流向子公司,而是可以在组织的不同部门产生。因此,跨国公司不能将目标集中于单一方面,而应该充分利用不同的目标和方法的组合,来提高效率、灵活性和学习能力。

实施跨国战略的跨国公司通常将那些最重要的资源和能力集中在母公司运营,这不仅仅是为了实现规模经济,更重要的是为了保护特定的核心竞争力和实现对全体管理人员的必要监督。例如,基础研究、核心技术和财务职能一般集中在母公司,以保证战略的安全性和竞争能力的集中。另外,一些具有明显规模经济效应和区位经济效应的资源也会集中使用,但这种集中可能分布在国外的子公司。例如,生产劳动密集型产品的世界规模的制造工厂可能建于低工资国家;为了利用世界范围的研发力量,一些美国跨国公司可能会在德国、日本或印度设立研发中心。其他一些具有市场敏感性的资源则会在地区或国别基础上走向分散。例如,营销活动需要更加贴近当地市场,尤其是当不同地区的需求情况具有明显差异时,营销职能将向国外子公司分散。当某些区域的独特性足以影响公司产品的重新设计和重新定位时,公司也会建立地区性的研发和生产设施,以适应当地的需要,尽管这样有可能牺牲规模经济效益,但是只要这种当地化的收益大于潜在的规模经济效益,跨国公司仍然会采取这种灵活性的策略。

六、中国企业跨国经营中的治理难点

跨国公司是一种跨地域的经济组织,如何对公司进行控制是一个事关企业长期有效竞争的主要问题。随着我国经济改革向纵深发展,我国企业不仅在形成机制上逐渐转向市场机制,而且从20世纪90年代中后期,我国开始参照国外发达国家和地区的企业组织形式组建企业集团,同时尝试企业跨国经营的方式。

作为经济组织之一的企业的公司治理,其目标是确保企业战略决策的有效性,包括决策的合理性和科学性,以此解决出资人和使用资产人员之间的利益冲突。在市场经济意义上,出资人的来源是分散或者多元化的,因此,介入上述基于资产应用效率的利益冲突的各方是多元化的。这种利益冲突各方最终要达到利益兼容,需要一套共同认可的制度规则,或者叫"游戏规则",这也是公司治理的核心,即制定一套关于利益相关者的制度安排体系。

我国企业在跨国经营的组织阶段显示出比较明显的外部治理模式——行政治理和关系治理,利益相关者的边界比较模糊,除了政企关系,基本上没有体现出其他经济行为主体。由此,我国企业特别是率先进行跨国经营的大型国有企业出现诸多的公司治理难点,尤其是以下两个基本难题:

(一) 行政型治理模式向经济型治理模式转变

在国有的制度框架下,国有企业的管理者逐步形成"内部人控制"的治理格局,加剧了跨国经营的治理难度。因此,在中国企业实施"走出去"全球战略的过程中,首先需要解决的是企业在国内的公司治理缺陷问题。

由于行政型治理和关系型治理在国内的主导地位,中国企业对于经济因素方面的变化信号不敏感,从而降低了企业科学决策的有效性,因此,在中国企业的跨国经营中,以往占据主导地位的公司治理模式需要转型,强调企业作为营利性组织,其决策的主要目的是企业应有的经济利益,使企业的行政型治理模式和关系治理模式向经济型治理模式转化。

经济型治理模式的内容主要是以现代企业制度为框架,依据委托代理理论的科学基础,合理配置企业内部决策权力,将以往非营利导向的制度安排转化为营利导向的制度安排。

这种转变在中国上市公司群体中体现得比较明显。上市公司作为公众型的公司制企业,面向社会和市场筹资,投资主体多元化倾向明显,从而投资者(股东)—董事会—管理者的关系结构及其运行机制,成为公司战略决策的核心环节,是企业可持续发展的制度平台。但是,经济型治理模式的建立过程不是简单地设置公司治理内部结构的问题,还涉及如何利用公司治理结构对上述的股东—董事会—管理者的委托—代理关系链条进行激励兼容,在公司治理结构的基础上,突出诸如董事会治理这样的公司治理机制(李维安,2002)。中国企业跨国经营的实践也表明,中国企业在跨国经营过程中的确面临从国内的关系型治理模式向规则型(rule-based)治理模式的转变。

(二) 跨国经营过程中控制权力的合理设计

在关系治理和行政治理模式下,中国企业在国内经营的利益相关者体系主要建立在非正式的制度安排基础上,各利益相关者之间的受托责任关系不清晰,进而降低了公司治理的制衡和科学决策功能。在企业迈向国际化的进程中,这种利益相关者的模糊程度趋向于扩大,再加上中国和被投资国在多数情况下存在客观制度环境的不同,这使得中国企业在跨国经营中面临越来越明显的控制权力的合理、有效的设计问题。

跨国公司一般都是以公司总部—子公司或者分公司的组织模式作为资源配置的基础,因此,其在本质上是一种内部网络组织,其公司治理模式也是一种基于母子公司的网络治理模式。跨国公司公司治理的中心议题就是公司决策权力在这种内部网络组织中如何进行合理、科学的配置。跨国公司治理的效率高,意味着以母子公司为基础的网络组织的效率高,同时也说明和母子公司相关的全部利益相关者的关系及其责任是明晰的,最终将增强来自不同国家和地区的利益相关者的投资信心。

【案例 7-2】

迪士尼进驻中国:文娱产业跨国公司合作典范

2016 年 6 月 16 日,上海迪士尼乐园宣布开园营业。这是世界第六个、亚洲第三个、中国第二个、中国内地首个迪士尼主题公园。为迎接这个地标性主题公园的到来,从 2009 年 1 月美国华特迪士尼公司正式宣布,到次年 8 月 8 日上海迪士尼项目正式获得国家批准与选址,再到 2016 年 6 月 16 日开园,迪士尼的中国化历程走过了足足七年半的时光。

作为全世界最为知名的文娱产业跨国公司,华特迪士尼与上海达成的合作模式与以往在亚洲其他城市如东京、香港的合作模式存在较大区别:迪士尼乐园非本土运营存在两种经营模式——经营许可证模式和合资模式。

(一) 经营许可证模式:稳妥之选

经营许可证模式的代表是东京迪士尼乐园。经营许可证模式的特殊之处在于,东京迪士尼乐园在创办时,日本方面创办了 OLC(Oriental Land Company)公司全权负责日常运营东京迪士尼乐园。而华特迪士尼公司则主要通过其在日本设立的代理机构 Disney

Attractions Japanese 负责协调和敦促 OLC 公司实施迪士尼标准,但华特迪士尼公司自身并不实际投资东京迪士尼乐园,也不参与东京迪士尼乐园的经营管理,仅由 OLC 公司向华特迪士尼支付许可费,但许可费只与项目营业总额挂钩,不与经营利润挂钩。

华特迪士尼之所以选择经营许可证模式与东京迪士尼特殊的内外部环境有关。当时日本对境外投资项目采取严格的限制措施,同时,东京迪士尼也是华特迪士尼公司在美国本土外的第一个乐园项目,对亚洲市场的不确定促使管理层选择风险更小、收益更加稳妥的经营许可证模式。由此,华特迪士尼几乎没有投入任何成本,就能够获取来自东京迪士尼的许可费收入。

然而东京迪士尼的盛况让美日双方喜出望外,得益于日方出色的运营管理以及日本国民对于动漫产业的热衷,东京迪士尼大受欢迎。作为迪士尼第一个海外乐园项目东京迪士尼的完全投资方,日方拥有全部收益的权利,可谓赚得盆满钵满。

(二) 合资模式:共赢愿景下的迥异境遇

东京迪士尼的成功令人艳羡,华特迪士尼加快了境外迪士尼乐园扩张的步伐,并开始采用新的投资模式——合资模式。自 1992 年法国巴黎迪士尼乐园开始,迪士尼在境外的乐园项目都采用直接参股的形式,通过这种方式,华特迪士尼能够更加直接地参与到项目的收益分配中,很难否认这是华特迪士尼受到了东京迪士尼大受日本国内欢迎而自己不能从中分一杯羹的刺激。

合资模式的特点在于,华特迪士尼与乐园所在地政府合资建立业主公司并建设迪士尼乐园,同时,华特迪士尼设立独资管理公司专职管理迪士尼乐园。这就使得境外的迪士尼乐园的管理与收益牢牢把握在迪士尼总部华特迪士尼公司手中。

不知是否因为水土不服,迪士尼乐园在欧洲并未受到如在日本那般的全民热捧,经营情况远不如预期那般美好,华特迪士尼又再次受挫,而且由于直接投资项目,不仅承担了收益与风险,还让渡了部分原本可以坐享其成的许可费收入。

由此,华特迪士尼不得不重新考量境外迪士尼主题乐园的扩张战略。不同情境下自然有不同的问题与应对方式,迪士尼似乎总算在一次一次的碰壁中冷静下来,重新思考如何在异质文化情境下选择合理的合作模式。

基于此前的教训,对在中国开设迪士尼主题乐园,特别是具有巨大市场的中国内地市场,华特迪士尼再度微调了战略。同样是选择合资模式在中国上海建设迪士尼主题乐园,华特迪士尼却出人意料地选择调低自身持股比例,同时选择直接与上海本地国企申迪集团进行共同投资、建设和运营,使得投资主体产权更加清晰。

汲取了此前的教训,华特迪士尼选择与申迪集团进行全面的共同投资以分担风险,两者共同设立三家合作企业:两家业主公司(上海国际主题乐园有限公司和上海国际主题乐园配套设施有限公司)和一家管理公司(上海国际主题乐园和度假区管理有限公司)。前两者作为业主公司由申迪集团持有 57% 的股份,迪士尼持有 43% 的股份;同时,相较此前由迪士尼设立全资管理公司的方式,此次迪士尼选择采取合作投资策略,迪士尼持有其 70% 的股份,而申迪集团持有 30% 的股份,并将迪士尼项目创意、设计、开发与运营交由管理公司承担。此外,在公司内部治理方面,两家业主公司由中方担任董事长,并将项目重大决策事项交由董事会决策,中方有权利向管理公司委派副总经理与高级管理人员,真正意义上实现了中美双方的共同管理。在投资与利益分配方式上,中美双方严格按照由业主公司获取收益并按现金入股比例分配项目投资收益,申迪集团与迪士尼按照在业主公司的股权比例分享利润、共担风险。

(三) 结语

2017年5月19日,距离开园不到一年,上海迪士尼已经实现主题乐园游客累计超千万的优秀业绩,甚至于2017年第二财季已经实现小幅盈利,这让曾经的万达掌门人王健林"万达会让迪士尼在中国10—20年都无法盈利"的论断成为一时笑谈。确实,上海迪士尼目前取得了不错的成绩,然而从长远的角度来看,后续维护成本高企、主题如何推陈出新、投资回收期漫长等问题仍是其亟待解决的难题。

资料来源:作者根据相关资料整理。

【案例讨论】

1. 华特迪士尼选择了怎样的跨国公司治理方式?
2. 同样是"合资模式",为何迪士尼在欧洲与在中国的待遇迥异?
3. 迪士尼的案例对跨国公司治理有何启示?

【本章思考题】

1. 集团治理和集团管理的联系和区别是什么?
2. 集团治理与企业治理的联系和区别是什么?
3. 母公司对子公司实施控制的方法有哪些?
4. 跨国公司在华合资企业的公司治理有哪些特点?

【综合案例】

中国跨国公司崛起、华为模式与世界格局演化

华为公司已经成为中国跨国公司在世界范围内群体性大规模快速崛起的典型代表,其成功经验值得以中国为代表的新兴大国及广大发展中国家的跨国公司所借鉴和分享。同时,华为公司在全球高科技领域的快速崛起和迅速发展,已经形成推动世界格局调整与演化的持续、持久的重要力量,能够促进更加公平合理的新的国际政治经济秩序的形成与完善。

一、中国跨国公司崛起的条件及机遇:华为公司样本

中国跨国公司特别是以华为为代表的高技术跨国公司的崛起是当代世界经济发展和跨国公司演化的典型标志,根本原因在于中华人民共和国成立70年特别是改革开放40多年以来中国经济的持续发展为中国跨国公司的崛起创造了雄厚的国内经济基础和

广阔的国际市场环境,其对国际社会科技发展和人类文明进步的积极影响广泛、系统而深远。以华为公司为代表的中国跨国公司崛起具有三方面突出特点:第一,根植中国大地,参与中国市场体系竞争为企业内生竞争力培育和发展提供了动力来源;第二,放眼世界市场,融入世界产业链、供应链和价值链体系为企业生存和发展提供了有利环境;第三,持续研发创新,引领全球前沿及交叉技术的发展为企业竞争力的提升提供了增量知识。

二、华为模式:中国特色的跨国公司治理及发展之路

华为公司在复杂的国际环境中,励精图治,发愤图强,探索出了一条具有中国特色的跨国公司治理及发展模式,具体来说有如下五方面的显著特点:

第一,共享共治的创新型现代企业治理模式。华为公司作为一家优秀的中国民营高科技跨国公司,企业所有权主体、使用权主体、中间管理层主体、研究开发主体和基层产品线操作主体共同参与企业治理并共同享受企业治理成果,形成利益共享、风险共担、权责共治的现代企业治理模式,在实践基础上形成了创新型企业治理模式。这一企业治理模式的优点有三:一是企业所有权主体、使用权主体、中间管理层主体、研究开发主体和基层产品线操作主体共同形成利益共同体和命运共同体,最大限度发挥企业全部员工的积极性和责任性;二是摆脱了外部资本的操纵和控制,华为公司不是一家上市公司,可以有效避免上市公司中外部资本短期盈利冲动对企业长远发展的不利影响和干预;三是形成了企业共同应对危机与挑战的团队合作精神和攻坚克难的企业文化,能够在激烈的全球化市场竞争中取得规模报酬递增优势。

第二,创业领袖群合作型企业管理模式。华为公司的创建、发展和壮大,离不开以任正非先生为核心的创业领袖群的卓越管理与分工合作,形成了创业领袖群合作型企业管理模式。创业领袖群之间的团结协作和分工合作,提高了企业管理效率,降低了企业管理中的沟通成本,在企业管理层中形成利益共同体与命运共同体的核心基础,推动了企业发展壮大。

第三,科技精英分工合作型团队化企业研发模式。华为公司作为一家从事高新技术开发与经营活动的跨国企业,研发与技术创新始终是企业竞争力的核心,如果不能够在研发与技术创新领域不断取得突破,则不可能长期保持市场竞争力,更不可能持续发展壮大。科技精英之间分工合作,共同推进企业新技术研究与新产品开发,形成具有华为特色的科技精英分工合作型的团队化企业研发模式。

第四,全球化市场拓展模式。华为公司虽然是一家伴随着中国改革开放的步伐而不断发展壮大的本土民营企业,但其具有广阔的国际视野和全球眼光,在全球范围内布局企业发展,形成了全球化市场拓展模式。

第五,理想型企业顶层目标管理模式。华为公司之所以能够不断发展壮大的另一个重要原因在于能够持续赢得国际社会大多数国家即客户的认可,这与该企业的顶层目标管理模式不无关系,该企业具有显著的理想型企业顶层目标管理模式。除了利润目标和市场目标,大型跨国企业还需要承担社会责任,具有远大理想,具有奉献精神,关心人类文明进步。

三、世界科技格局演变的中国动力

中国已经成为具有全球影响力的新兴大国,以华为公司为代表的中国跨国公司不仅成为推动中国产业发展、科技进步和经济增长的主要动力来源,而且成为推动世界科技格局演变的重要力量。主要表现在三个方面:第一,世界技术力量对比和科技格局演变的关键推动者。科学技术是生产力的核心构成要素,也就是说科学技术是第一生产力,科技进步是人类文明进步的重要标志;第二,世界研发竞争和创新格局的变革探索者。随着全球化与区域一体化的发展,不同国家之间的研发竞争特别是主要大国之间的研发竞争日益激烈,以美国为代表的发达经济体的研发投入长期占据全球主要份额,以中国为代表的新兴大国和广大发展中国家的研发投入不足成为阻碍科技进步的主要因素;第三,世界科技规则和科技话语权新格局的构建者。工业革命以来,以欧美为代表的西方国家始终是世界科技规则的主要制定者和受益者,西方国家拥有科技话语权优势,特别是在关键技术、通用技术、高新技术的标准制定、实施和修改过程中扮演着关键领导者和核心决策者的角色,以中国为代表的广大发展中国家在世界科技规则制定、实施和调整过程中长期缺位,科技话语权更是长期处于跟随者的地位。以华为公司为代表的中国跨国公司的发展和壮大,为世界科技规则和科技话语权新格局的构建和完善创造了难得的条件和机遇。

事实上,中国跨国公司的崛起,特别是以华为公司为代表的中国高新技术跨国公司的崛起,使中国不仅成为世界科技格局演变的关键推动力量,而且还是国际政治、经济、军事格局演化的重要促进因素,促进公平公正的新的国际政治、经济、军事格局的形成与完善。中国已经成为世界格局演化的主要动力来源,在推进开放型世界经济体系建设、推动构建人类命运共同体的历史进程中,中国跨国公司扮演着不可或缺的角色,发挥着不可或缺的作用。

以华为公司为代表的中国跨国公司的群体性崛起,使中国成为推动世界经济发展、全球产业结构调整与升级以及国际技术进步的重要力量,中国跨国公司的治理机制和发展模式可以成为其他国家特别是广大发展中国家借鉴、学习和模仿的样本,同时也成为推动世界技术与经济格局演变与调整的关键力量。

资料来源:保建云. 中国跨国公司崛起、华为模式与世界格局演化[J]. 人民论坛,2019,34:12—15.

【案例讨论】

1. 中国跨国公司崛起的条件是什么?
2. 华为公司的治理有哪些特征?

第八章 公司治理评价和方法

【篇首语】

国内外对公司治理评价与指数的研究经历了一个从公司治理基础理论研究、公司治理原则与应用研究到公司治理评价系统与治理指数研究的过程。公司治理评价就是对公司治理结构与治理机制的状况进行评判。公司治理评价指数是运用统计学及运筹学原理,根据一定的指标体系,对照一定的标准,按照科学的程序,以指数形式对公司治理状况作出系统和客观的评价。

中国上市公司治理评价指标体系是基于中国上市公司面临的治理环境特点而设计的,共包括股东治理、董事会治理、监事会治理、经理层治理、信息披露以及利益相关者治理六个维度。本章将对该评价体系的构成和评价结果进行简要介绍。

第一节 为什么需要公司治理评价?

评价是一个系统的概念,公司日常的经营管理中存在着各种类型的评价,为了更加深刻地了解进行公司治理评价的必要性和价值意义,首先需要明晰公司治理评价的实质。

一、什么是公司治理评价?

所谓评价是人们对某个特定客体的判断,是主观对于客观的认识活动。这种主观认识活动,有利于人们对客观事物及其规律的认识与把握,从而采取有效措施,改进组织,提高效率。评价是一个系统的概念,其实公司日常的经营管理中存在着各式各样的评价。比如,统计核算就是一种对企业生产与公司经营状况的评价,评价的标准包括是否完成了生产计划、是否完成了应承担的经济增加值任务等,而财务核算是一种对公司现金流、成本绩效等财务状况的评价,评价的标准和目的是有维持运营的足够资金、有抵得过成本的足够盈利。如果没有了这些基本的统计和财务核算体系,企业与公司的运营变成了"黑箱",经营者会因无法得知成果与效率而焦虑。

类似地,公司治理评价实质是一种企业制度及运作的评价。随着公司的发展,企业完善了现代公司制度,股东会、董事会及经营团队依据相关法律与公司章程建立并运作,这种制度结构与运作状况的实际情况就要通过公司治理评价反映出来。公司需要通过内部的治理评价搞清楚是否通过适度的治理成本达到了公司治理效度——科学决策与风险规避。上市公司作为公众公司,更多地需要通过外部的、第三方的、监管部门的评价使公司治理达到一定的标准,并得到投资者和顾客的认同,甚至取得溢价。

按现代企业制度运行的公司中如果没有公司治理评价,制度运行就会成为一种"黑箱",制度主体就无法得知制度运作的成果与效率,无法确认经营层的目标与公司目标一致,无法预测与防范风险发生,于是,通过外部第三方或监管部门对公司治理进行评价以得到认同,以及在公司内部引入制度化的公司治理评价体系逐渐成为一种趋势。

公司治理评价就是对公司治理结构与治理机制的状况进行评判。具体来说,就是根据公司治理的环境,设置公司治理评价指标体系与评价标准,并采用科学的方法,对公司治理状况作出客观、准确的评价。公司治理评价指数就是运用统计学及运筹学原理,根据一定的指标体系,对照一定的标准,按照科学的程序,通过定量与定性分析,以指数形式对公司治理状况作出系统、客观和准确的评价。

二、为什么要进行公司治理评价?

现代公司中的两权分离以及由此而产生的委托代理关系,是公司治理规制及其评价产生的根本原因,而世界各国大公司的财务丑闻和信用危机,成为公司治理评价重要的实践推动力量。对于公司自身而言,公司治理评价既包括内部自我需求与评价行动,也包含外部评价及结果感知。

(一) 公司治理评价的根源:两权分离

评价的思想源远流长,可以说自从人类有了生产活动便产生了评价的意识。据美国理查德·布朗(Richard Brown)的考证,早在《圣经》中就提出了在现代人看来是内部控制问题的理论,即雇员若有机会,可能会盗窃和滥用其主人的钱财,为了防止雇员盗用主人钱财的行为,主人需要采取突击的审查,这种行为就是一种评价。从近代经济发展的历史来看,真正意义上的评价是19世纪中后期现代公司制度出现以后,公司的所有者为了强化对其资本所有权的控制而提出来的。现代公司中的所有权与经营权的分离以及由此而产生的委托代理关系,是公司治理评价产生的根本原因。

根据委托代理理论,现代公司由两部分行为人组成:一是作为委托人的股东;二是作为代理人的董事与经理人员。在二元制模式下,监事会也受股东的委托,履行着监督董事会与经营者的职责。当然,董事会处于一个特殊的位置,他既是股东的代理人,又以委托人的身份聘请与激励、约束经营者。股东既可能因为缺乏有关的知识和经验,以至于没有能力来监控经理人员,也可能因为其主要从事的工作太繁忙,以至于没有时间、精力来监控经理人员。因此,作为其代理人的董事(监事)便履行着监督经理人(董事)、保障股东利益最大化的责任。亚当·斯密早在1776年就指出,董事只是管理他人的金钱,当然不像合伙人管理自己的金钱一样勤奋。因此,在"公司"模式中,董事的疏忽与浪费是意料中的事。作为公司的股东,必然要关心其投入资本的价值以及公司的绩效。由于公司治理对公司绩效的决定性作用,越来越多的投资者不仅关注上市公司的业绩评价,而且更加关注作为公司价值源泉的公司治理结构与治理机制的质量。因此,对公司治理的质量进行评价便成为股东的客观要求,从而基于委托人—投资者的客观需求产生了公司治理评价。

(二) 公司治理评价的实践推动：财务丑闻与信用风险

通过公司治理评价对公司治理结构与治理机制状况进行测评,有利于各方利益相关者认识与把握公司治理状况及其规律,从而有针对性地实施有效措施,改善公司治理质量,改进组织效率。美国、欧洲等世界级大公司爆发的财务丑闻和引发的信用危机与风险,成为公司治理评价辐射全球的重要推动力。

20世纪80年代以来的公司治理实践推动了公司治理研究的发展。20世纪80年代,日德治理模式下的公司产生了较好的公司绩效,引起了人们对银行和集团控股与企业交叉持股方式的日德治理模式的关注;但进入90年代,美国经济呈现出较日德模式更加强劲的走势,促使人们转而关注英美治理模式,出现了大量有关治理模式效率比较的研究文献,其目的在于探索高效率的公司治理模式,更好地指导公司治理的实践活动。在英美治理模式成为主流的同时,随之而来的是英美等国大量公司并购案的发生和公司中经理人报酬的大幅提升。但经理人报酬的增加并未产生良好的公司绩效,公司利益相关者的利益仍然受到严重损害。因此,为了保护中小投资者的利益,美国上市公司建立了独立董事制度,以进一步强化董事会的制衡机制,即试图通过独立董事的事前把关和事中监督,对公司财务会计、董事职务行为的合法性和妥当性进行适时监督,并且借助独立董事的专业知识及其独立的判断,为公司发展提供建设性的意见,从而提高公司决策水平。但是,近年来董事会中独立董事占据多数的美国安然、世通等大公司也同样爆发了财务丑闻。这些事件引发了学者们对公司治理运行状况和质量评价的关注,如董事会治理状况的诊断与评价、董事会治理效果的评价、上市公司治理状况的评价等。

(三) 公司治理评价的内外测评：公司自身需求和外部感知

对于公司自身而言,公司治理评价的实质意义不仅包括内部自我需求与评价行动,也包含外部评价及结果感知。作为公司的所有者和经营者,不仅需要意识到公司治理及其评价在投资决策中扮演的重要角色,更要认识到公司治理实践相对于国际标准和竞争对手的水平。以外部第三方和监管部门为操作主体的公司治理评价至少可以帮助公司回答以下几方面的重要问题:一是公司治理的实践状况是否达到了公司所处环境要求达到的标准及程度,如国际化经营公司是否符合国际标准、治理水平是否达到了最佳标准。二是与竞争对手相比,公司的治理状况如何,如在所处行业或主要经营地域公司治理的相对水平。三是采取了哪些措施帮助公司改善自身的治理状况。内部的公司治理评价行动则可以帮助公司了解当前的公司治理结构与机制是否达到了合理制衡和科学决策,是否取得了应有的治理绩效,并有效地控制和优化了治理成本。

三、公司治理评价的演进：研究历程

国内外对公司治理评价与指数的研究经历了一个从公司治理的基础理论研究、公司治理原则与应用研究到公司治理评价系统与治理指数研究的过程。公司治理评价源于人们对公司价值的关注,并在投资者、政府以及公司三方的需求中产生,这使得对公司治理质量的测评成为公司治理研究的趋势。

(一) 公司治理评价的研究基础:理论与实证

国外学者在公司治理理论研究方面进行了开创性的研究。1937年科斯(Coase)等研究了企业的性质;从20世纪60年代开始,伯利和米恩斯(Berle 和 Means)、卡宾和利奇(Cubbin 和 Leech)、哈特(Hart)等对所有权与控制理论进行了系统研究;70年代以后,詹森(Jensen)、梅克林(Meckling)、法玛(Fama)等对代理成本进行了研究;90年代初期,威廉姆森(Williamson)等开始从交易成本的角度对公司治理进行研究。国内学者对公司治理问题的研究始于20世纪90年代初,吴敬琏、张维迎、李维安等分别从内部权力机构制衡、企业所有权、公司治理边界及系统理论等不同视角展开理论探讨,有效地推动了国有企业改革的深化。之后,钱颖一等对转轨经济中的公司治理及围绕投资者、经理、员工三个主要利益相关群体和制度的制衡来展开研究。近年来又出现了融合管理学、经济学、社会学等学科开展公司治理实务研究的趋势。

在对公司治理基础理论进行研究的基础上,学者们对公司治理的操作层面进行了系统的研究。从20世纪70年代开始,学者们从公司结构与内部治理、董事会内部结构及运作、战略管理与公司治理、机构投资者与市场在公司治理中的作用、资本市场对公司的监控、网络、跨国经营等方面对公司治理进行了应用研究。90年代以后,国内的专门研究机构开始对公司治理进行深入的专题研究,如南开大学中国公司治理研究院制定了中国第一个公司治理原则。

学者们对公司治理研究的探索还包括对公司治理结构以及公司治理机制与公司绩效之间的关系的实证研究。实证研究从20世纪70年代开始,90年代最为集中。国内外众多学者在股权结构与公司业绩,治理机制与绩效,董事、经理人员及独立董事激励对公司绩效的影响,治理结构与信息披露关系等方面进行了实证研究。国内学者也从公司治理结构与公司绩效、董事会行为与经营绩效、管理层持股数、董事会治理与企业信用、公司领导权结构等方面作了实证分析。这些实证研究的结论,为完善上市公司的治理结构与治理机制、提升公司价值以及公司绩效提供了积极的指导作用。

(二) 公司治理评价的研究关注:公司价值

公司治理评价研究因人们对公司价值的关注而产生。20世纪80年代以来,各国公司治理理论与实务的发展,使得客观上无论是投资者、政府监管部门还是上市公司自身都产生了对公司治理状况进行评价的客观要求。对于投资者来讲,他们十分关注拟投资对象的潜在价值,而公司治理是公司潜在价值的源泉。公司治理对于公司业绩犹如水对于人类的生命,只有拥有良好、健康的治理结构与治理机制,企业才会有长久的竞争力,才有可能创造更高的价值。投资者愿意为治理质量良好的公司支付更高的价格,其原因就在于公司治理对于一个公司的价值起决定性作用。

公司价值的高低取决于公司是否拥有一套科学的决策制定机制与实施机制,而科学的决策制定机制取决于公司治理机制的有效性。从实证研究的角度来看,目前虽然尚未有一个公认的模型揭示公司治理质量与公司价值之间的关系,但20世纪90年代后,国外已有学者从不同的角度探索了公司治理状况与公司价值的关系。如史密斯(Smith,1990)、赫曼林和韦斯巴赫(Hermalin和Weisbach,1991)等对经理人激励与公司价值关系的研究,利奇和莱希(Leech和Leahy,1991)等对股权结构与公司价值的研究,唐纳森和戴维斯(Donaldson和Davis,1991)等对公司领导权结构与公司价值的研究,以及耶麦克(Yermack,1996)、瓦费斯(Vafeas,1999)等对董事会治理行为与公司价值的关系、独立董事参与治理与公司绩效的关系的研究等,均显示了公司治理质量与公司价值间具有一定的正相关性。何浚(1998)、孙永祥和黄祖辉(1999)等对股权结构与公司价值的关系的研究也显示了公司治理质量对公司价值的高低起着重要作用。

进入21世纪以来,学者们的研究更加支持了公司治理质量对公司价值具有决定性作用的观点。例如里昂证券亚洲分部(CLSA)在2000年的研究报告证实公司治理状况的好坏与公司股本回报率有着密切的关系。全部公司过去5年的平均股本收益率为388%,而公司治理评价得分最高的前1/4家公司的平均股本收益率则达到930%。克兰坡和拉沃尔(Klapper和Love,2004)的研究发现公司治理与公司市场价值之间呈现正相关的关系。纽威尔和威尔森(Newell和Wilson,2002)通过研究六个新兴市场发现,公司治理状况从最差到最好会引起公司价值10%—12%的提升。如果一个公司的治理得分有10个点的增长,公司价值会有13%的增加;如果在公司透明度上有一个相似的改善,公司价值会增加16%。南开大学中国公司治理研究院的中国上市公司治理评价研究报告显示,良好的公司治理使中国上市公司在未来具有较高的财务安全性,有利于公司盈利能力的提高,中国公司治理的关键在于降低治理风险,关注治理成本。当前中国上市公司治理状况有很大改进,但总体水平偏低,可能导致治理风险,而中国企业改革已经进入公司治理改革的新阶段——合规阶段。

第二节　世界主要公司治理评价系统的设计与应用

公司治理评价系统与指数是运用统计学及运筹学原理,根据一定的指标体系,对照一定的标准,按照科学的程序,通过定量分析与定性分析,以指数形式对上市公司治理状况作出的系统、客观和准确的评价。

一、国际公司治理评价系统的研究实践

近年来,国内外随着公司治理理论研究与公司治理实务的发展,都相继出现了较为系统的公司治理评价系统,通过国际公司治理评价系统的介绍与比较,可以从中借鉴公司治理评价的国际标度。中外学者对公司治理评价的关注是基于满足公司治理实务发展的需要,尤其是机构投资者的需要而进行的。公司治理评价萌芽于1950年杰克逊·马丁德尔(Jackson Martindell)提出的董事会绩效分析,随后一些商业性的组织也推出了公司治理状况的评价系统。最早的规范的公司治理评价研究是由美国机构投资者协会在1952年设计的第一个正式评价董事会的程序,随后出现了公司治理诊断与评价的系列研究成果,例如Walter J. Salmon在1993年提出的诊断董事会的22个问题、创立于1998年的标准普尔的公司治理服务系统、1999年欧洲戴米诺推出的戴米诺公司治理评价系统、2000年亚洲里昂证券推出的里昂公司治理评价系统等。美国机构投资者服务组织(Institutional Shareholder Services, ISS)还建立了全球性的上市公司治理状况数据库,为其会员投资者提供监督上市公司治理情况的服务;另外还有布朗斯威克(Brunswick Warburg)、公司法与公司治理机构(Institute of Corporate Law and Corporate Governance, ICLCG)、信息和信用评级代理机构(Information and Credit Rating Agency, ICRA)、世界银行公司治理评价系统、泰国公司治理评价系统、韩国公司治理评价系统、日本公司治理评价系统、中国台湾和香港各大学公司治理评价系统等。表8-1概括了目前已有的国内外主要公司治理评价系统。

表8-1 国内外主要公司治理评价系统

公司治理评价机构或个人	评价内容	评价情况
杰克逊·马丁德尔	社会贡献、对股东的服务、董事会绩效分析、公司财务政策	1950年提出董事会业绩分析
标准普尔(S&P)	所有权结构、利益相关者的权利和相互关系、财务透明度和信息披露、董事会结构和程序	1998年设立公司治理评价体系,2004年起对全球上市公司治理情况进行评价
戴米诺(Deminor)	股东权利与义务、接管防御的范围、信息披露透明度、董事会结构	1999年起推出公司治理评级系统,用以评价欧洲上市公司治理标准和实践
里昂证券(CLSA)	管理层的约束、透明度、小股东保护、独立性、公平性、问责性、股东现金回报以及公司社会责任	2000年起以调查问卷的方式面向新兴市场推出里昂公司治理评价系统
美国机构投资者服务组织(ISS)	董事会及其主要委员会的结构、组成、公司章程和制度、公司所属州的法律、管理层和董事会成员的薪酬、相关财务业绩、"超前的"治理实践、高管人员持股比例、董事的受教育状况	2002年起建立全球性的上市公司治理评价系统

(续表)

公司治理评价机构或个人	评价内容	评价情况
戴维斯和海德里克(DVFA)	股东权利、治理委员会、透明度、公司管理以及审计	2000年建立的公司治理评价系统
布朗斯威克(Brunswick Warburg)	透明度、股权分散程度、转移资产/价格、兼并/重组、破产、所有权与投标限制、对外部人员的管理态度、注册性质	2000年以惩罚性得分评价公司治理情况
公司法与公司治理机构(ICLCG)	信息披露、所有权结构、董事会和管理层结构、股东权利、侵吞(expropriation)风险、公司的治理历史	2004年建立的公司治理评价系统
信息和信用评级代理机构(ICRA)	所有权结构、管理层结构(含各董事专业委员会的结构)、财务报告和其他披露的质量、股东利益的满足程度	2001年建立的印度公司治理评级系统
日本公司治理评价体系(CGS)	股东权利、董事会、信息披露及其透明性三方面,考察内部治理结构改革对企业绩效的影响	2003年宫岛英昭等建立的日本本土非商业性公司治理评价系统
日本公司治理研究所公司治理评价指标体系(JCGIndex)	以股东主权为核心,从绩效目标和经营者责任体制、董事会的职能和构成、最高经营者的经营执行体制以及股东间的交流和透明性四方面评价	2002年起对东京证券交易所主板上市的企业进行问卷调查,并依据结果编成非商业性的评价指数
泰国公司治理评价系统	股东权利、董事品质、公司内部控制的有效性	2001年依据OECD准则建立的泰国公司治理评价标准
韩国公司治理评价系统	股东权利、董事会和专业委员会结构、董事会和专业委员会程序、向投资者披露和所有权的平等性	2006年建立的非商业性公司治理评价体系
国际公司治理评价系统(GMI, Governance Metrics International)	透明度与披露(含内部监控)、董事问责性、社会责任、股权结构与集中度、股东权利、管理人员薪酬、企业行为	2004年以OECD等发布的全球公司治理规范作为评级标准,确立20家在公司治理上得分最高的公司,以此建立公司治理评价系统
世界银行公司治理评价系统	公司治理的承诺、董事会的结构和职能、控制环境和程序、信息披露与透明度、小股东的待遇	针对五大洲不同国家建立的非商业性公司治理评价系统
中国社会科学院世界经济与政治研究所公司治理研究中心	股东权利、对股东的平等待遇、公司治理中利益相关者的作用、信息披露和透明度、董事会职责、监事会职责	2005年起发布中国上市公司100强公司治理评价结果
南开大学中国上市公司治理指数($CCGI^{NK}$)	控股股东、董事会、监事会、经理层、信息披露、利益相关者	2003年起建立中国上市公司治理评价系统,并持续推出中国上市公司治理指数
香港城市大学公司治理评价系统	董事会结构、独立性或责任;对小股东的公平性;透明度及披露;利益相关者角色、权利及关系;股东权利	2000年针对中国上市公司推出衡量公司治理水平的非商业性指标
台湾辅仁大学公司治理评价系统	董(监)事会组成、股权结构、参与管理与次大股东、超额关系人交易、大股东介入股市的程度	2003年推出的非商业性公司治理评价系统,用以考核台湾地区上市公司治理状况

资料来源:南开大学中国公司治理研究院。

二、代表性公司治理评价系统的国际比较

我们通过表 8-2 列示的国际上具有代表性的治理评价系统的评价内容,可以观察到不同体系的设计维度。通过比较分析,虽然各国的评价系统各有特点,但各个治理评级系统具有以下四个共同特征:第一,评级系统均是由一系列详细指标组成,且各个评级系统均包括了三个因素:股东权利、董事会结构及信息披露。第二,在所有的评级系统中,评分方法是相同的,只有两个例外。总体而言,较低的得分意味着较差的治理水平;反之意味着较好的治理状况。一个例外是 ICRA 评价系统,它使用相反的评分方法,公司治理评级 CGR1 意味着最好的治理状况,公司治理评级 CGR6 意味着最低的治理水平;另一个例外是布朗斯威克的治理风险分析,它以惩罚得分的形式来计算,得分越高,公司的治理风险越大。第三,绝大多数评级系统都使用权重评级方法,根据治理各要素重要程度的不同赋予不同的权重。第四,获取所需评级信息的方法是一致的,均来自公开可获得信息,其他信息通过与公司关键员工的访谈而获得。

不同评价系统的主要区别主要表现在两个方面。一方面,一些评价系统是用来评价某一个别国家公司的治理状况(例如布朗斯威克等),另一些评价系统则涉及多个国家的公司治理评价,如标准普尔、戴米诺和里昂证券包含了国家层次的分析。这些评价中使用的标准都很相似。标准普尔提供了一个基于四个因素的关于法律、管制和信息基础的有效程度的评估;戴米诺评级服务包括一个由法律分析和特定国家范围内的公司治理实务组成的国家分析报告,其服务范围涵盖 17 个欧洲国家;里昂证券主要利用与管制和制度环境有关的六个宏观公司治理决定因素来对各个市场进行评级,涉及 20—25 个新兴市场;世界银行的研究也基于与公司治理有关的六个综合指标进行国家层次上的比较。

表 8-2 世界代表性的公司治理评价系统设计内容

世界代表性的评价系统	评价内容
标准普尔(S&P)	国家评分:法律基础、监管、信息披露制度、市场基础 公司评分:所有权结构、金融利益相关者的权利和相互关系、财务透明度和信息披露、董事会的结构与运作
戴米诺(Deminor)	国家评分:与公司治理有关的法律分析 公司评分:股东权利与义务、接管防御的范围、信息披露透明度、董事会结构
里昂证券(CLSA)	国家评分:公司透明度、综合性规则和监管条例、相关法规的实施、影响公司治理和公司价值最大化能力的政治和规制环境、国际公认会计准则的采用、公司治理文化的制度性机制 公司评分:管理层的约束、透明度、小股东保护、董事会的独立性与问责性、核心业务、债务控制、股东现金回报以及公司的社会责任

(续表)

世界代表性的评价系统	评价内容
美国机构投资者服务组织(ISS)	董事会及其主要委员会的结构和组成、公司章程和制度、公司所属州的法律、管理层和董事会成员的薪酬、相关财务业绩、"超前的"治理实践、高管人员持股比例、董事的受教育状况
布朗斯威克(Brunswick Warburg)	透明度、股权分散程度、转移资产/转移价格、兼并/重组、破产、所有权与投标限制、对外部人员的管理态度、注册性质
信息和信用评级代理机构(ICRA)	所有权结构、管理层结构(含各专业委员会的结构)、财务报告和其他披露的质量、金融股东利益的满足程度
泰国公司治理评价系统	股东权利、董事品质、公司内部控制的有效性
韩国公司治理评价系统	股东权利、董事会和专业委员会结构、董事会和专业委员会程序、向投资者的披露和所有权的平等性
国际公司治理评价系统(GMI)	透明度与披露(含内部监控)、董事会责任、社会责任、股权结构与集中度、股东权利、管理人员薪酬、企业行为
中国公司治理评价系统——南开治理指数($CCGI^{NK}$)	股东权益、董事会、经理层、信息披露、监事会、利益相关者六个维度,以保护利益相关者利益为目标,强调董事会在公司治理中的核心地位,注重信息披露对公司监控的影响,独立测评经理层治理,具有国家特色的股东会和监事会治理评价
台湾辅仁大学公司治理评级系统	宏观评分:清楚完整的法规与管制、法规与管制的有效执行、政治环境、会计准则、推广公司治理文化的认知的制度层面因素 公司评分:董(监)事会组成、股权结构、参与管理与次大股东、超额关系人交易、大股东介入股市的程度

资料来源:南开大学中国公司治理研究院。

另一方面,各评价系统关注的重点、采用的标准以及评价指标体系的构成也呈现出较大差别。如标准普尔以《OECD 公司治理准则》、美国加州退休人员基金(CalPERS)等提出的公司治理原则以及国际上公认的对公司治理要求较高的指引、规则等制定评价指标体系,把公司治理评价分为国家(政府)评分与公司评分两部分。前者从法律基础、监管、信息披露制度以及市场基础四个方面予以考核;后者包括所有权结构及其影响、财务利益相关者关系、财务透明度与信息披露、董事会的结构与运作四个维度的评价内容,关注的是宏观层面的外部力量以及公司内部治理结构与运作对于公司治理质量的影响。戴米诺则以《OECD 公司治理准则》以及世界银行的公司治理指引为依据制定指标体系,从股东权利与义务、接管防御范围、公司治理信息披露透明度以及董事会结构与功能四个维度衡量公司治理状况,重视公司治理环境对公司治理质量的影响,特别强调接管防御措施对公司治理的影响。里昂证券评价系统则从公司透明度、管理层约束、董事会的独立性与问责性、小股东保护、核心业务、债务控制、股东的现金回报以及公司的社会责任等八个方面评价公司治理的状况,注重公司透明度、董事会的独立性以及对小股东的保护,强调公司的社会责任。

三、国外主要公司治理评价系统:特点与应用

为了了解世界各国主要公司治理评价系统所关注的重点、采用的标准以及评价指标体系的构成上呈现的差别,可以通过标准普尔、戴米诺、里昂证券、美国机构投资者服务组织、韩国公司治理评价系统等国际上具有代表性的公司治理评价系统的评价内容或评价过程介绍不同体系的设计维度和特点应用。

(一)标准普尔评级系统

著名的标准普尔(S&P)公司治理服务系统关注的是宏观层面的外部力量以及公司内部治理结构与运作对于公司治理质量的影响。该系统以《OECD公司治理准则》、美国加州退休人员基金(CalPERS)等提出的公司治理原则以及国际上公认的对公司治理要求较高的指引、规则为标准制定评价指标体系。标准普尔(S&P)分析公司治理运作的四大环节:一是股权结构及外部因素的影响,分别从股权的透明度和股权的集中度及相关影响加以反映;二是公司透明度、信息披露及账目审计,包括公开披露的质量和内容、披露的适时性和可及性、账目审计过程三个方面;三是股东权利及公司与财务权益人的关系,即股东大会及投票程序、股东权益及反收购机制、公司与其他利益相关者的关系等;四是董事会结构与运作效益,分别包括董事会的结构及独立性、董事会的角色及运作效益、董事及高级行政人员的薪酬机制等。

【案例 8-1】

标准普尔对中化国际的公司治理评级

标准普尔公司于 2004 年对中化国际进行公司治理评级,这是国际独立评级机构首次对 A 股上市公司进行公司治理评级。根据标准普尔公司出具的评级报告,中化国际的总体公司治理水平属于"中等偏上"。中化国际在 101 个公司治理重点环节上共获得了 58 个正面评价,21 个负面评价,22 个中性和不确定评价。评级结果总体反映出"公司在治理方面所采取的积极措施","表明公司正在朝着健康的方向发展",但同时也显示出公司在"监督和制衡控股股东权力""薪酬制度"等方面尚存在不足。

案例中中化国际公司治理的评级,虽然是一个个案,但从一个侧面反映出国际评级机构对整个中国公司治理的评价。这个评价不仅包括对公司治理的现状评价,也包括对公司治理的法律环境的综合评价。通过国际评级机构的介入,以国际标准来检验、衡量中国上市公司的治理水平,有利于公司找出与国际标准的差距,持续改进治理水平,进而

推动国际化业务的开展,为公司与更多的著名跨国公司缔结战略联盟创造条件。但应当指出的是,公司治理已成为世界性的课题,国内对公司治理问题的研究逐渐深入,而国际评级机构对中国公司治理整体环境及法规的理解仍存在一定局限,国际化的评价标准如何适应中国实际的问题仍不可忽视。

(二) 戴米诺评价

戴米诺公司(Deminor)从1999年开始建立公司治理评价体系,在欧洲开展对上市公司的公司治理评价研究,并在欧洲机构投资者中得到较广泛的认同。戴米诺的公司治理评级是从机构投资者的利益角度出发的,从股东的权利和义务、接管防御策略的范围、关于公司治理的披露、董事会结构及作用等方面设置评价指标。戴米诺评价服务包括一个由法律分析和特定国家范围内的公司治理实务组成的国家分析报告。戴米诺公司治理评价体系从董事会的结构和功能对董事会进行评价,包括独立董事和董事会主席与CEO关系、董事会的选举、董事酬金、董事会专业委员会的运作与权利等。

(三) 亚洲里昂证券公司治理评价系统

亚洲里昂证券推出的里昂公司治理评价系统是里昂证券与亚洲公司治理协会于2000年推出的针对新兴市场的国家评级系统。里昂证券主要从公司透明度、综合性规则和监管条例、相关法规的实施、影响公司治理和公司价值最大化能力的政治与规制环境、国际公认会计准则的采用、公司治理文化的制度性机制六个方面,针对20—25个新兴市场从宏观公司治理决定因素视角进行评级。而对公司的评分,里昂证券则考虑了管理层约束、透明度、小股东保护、董事会的独立性与问责性、核心业务、债务控制、股东现金回报以及公司社会责任等多方面的系统因素(见图8-1)。

公司治理宏观评级
- 公司透明度
- 综合性规则和监管条例
- 相关法规的实施
- 影响公司治理和公司价值最大化能力的政治与规制环境
- 国际公认会计准则的采用
- 公司治理文化的制度性机制

公司评分
- 管理层约束
- 透明度
- 小股东保护
- 董事会的独立性与问责性
- 核心业务
- 债务控制
- 股东现金回报
- 公司社会责任

图8-1 亚洲里昂证券公司治理评价系统

2004年9月,里昂证券与亚洲公司治理协会发表第五份亚洲公司治理报告,对除日本外的亚洲十个主要市场的评价结果显示,新加坡、中国香港及印度列居前三位,中国台湾地区为第六名,而中国内地则排在倒数第二。该份有关公司治理的调查报告涉及亚洲地区450家上市公司的治理表现。中国香港的渣打银行、汇丰控股、利丰、港灯及德昌电机,跻身亚洲30家企业管理水准的最佳上市公司。里昂证券的评价报告分析认为,公司治理水准可用来解释股份的Beta(量度个别股份相对整体市场的表现)。当大盘上升时,投资人承受风险的意愿较高,公司治理水准较低的市场和股价表现普遍优于大市;当大盘下跌时,投资人承受风险的意愿较低,公司治理水准较佳的市场和股价的表现则普遍跑赢大市。2020年公布的各个市场的得分为:大洋洲(74.7)、中国香港(63.5)、新加坡(63.2)、中国台湾(62.2)、马来西亚(59.5)、日本(59.3)、印度(58.2)、泰国(56.6)、韩国(52.9)、中国内地(43)、菲律宾(39)、印度尼西亚(33.6)。

【案例8-2】

CLSA评分显示治理问题逼退投资者,基金不投资公司治理差的证券市场

由券商里昂证券亚洲分部(CLSA)和亚洲公司治理协会(Asian Corporate Governance Association)进行的一份亚洲新兴市场2005年度公司治理调查显示,公司丑闻导致新加坡公司治理得分领先中国香港的程度大大缩小。新加坡在法规方面的得分高于中国香港,但在政治与监管环境上则低于香港这个金融中心。中国国有航空燃料进口商中航油的一宗衍生品交易丑闻,以及多家规模较小的新加坡上市公司涉嫌的会计欺诈,损害了这个城市国家的得分。同时,新加坡监管当局在公平对待所有公司和个人上存在疑问,同时"监管行动的披露相当有限"。CLSA评价报告还显示了俄罗斯公司曾因治理问题逼退美国投资者,俄罗斯实行的一项重组计划会削弱小股东地位而对公司内部人士有利,许多美国投资者因此退出了俄罗斯证券市场。该报告还显示美国基金不投资公司治理差的东南亚证券市场,除了新加坡和中国香港,大多数东南亚国家和地区的证券市场因为缺乏良好的公司治理而被美国的基金经理们排除在投资范围以外。

资料来源:里昂证券亚洲分部(CLSA)和亚洲公司治理协会:亚洲新兴市场2005年度公司治理调查报告。

(四) GMI公司治理评价系统

GMI(Governance Metrics International)评价系统的首份评价发布在2002年12月2日的《华尔街日报》上,是主要针对跨国公司进行的国家整体水平评价,公开披露的衡量标准包括董事会问责制、财务披露、国家监管控制措施和公司环境行为等方面。GMI治理评级系统对标准普尔500家企业的评价报告分董事会可信度(可计量度)、财务披露和内

部控制、股东权利、高管层补偿方式、可控市场、所有者基础和潜在的稀释、名誉性及社会责任性投资问题七类归纳总结了企业的整体治理状况。

GMI 治理评价系统对标准普尔 500 家企业有关公司治理的评级报告显示,Johnson Controls Inc.、MBIA Inc.、Pfizer Inc.、SLM Corp. 和 Sunoco Inc. 五家公司在评级中获得了最高分,而戴尔计算机公司、Fannie Mae、Freddie Mac、高盛公司、耐克公司、Sears Roebuck & Co.、迪士尼公司、Tyco 国际有限公司、沃尔玛公司和道·琼斯公司等一些声誉甚好的公司却获得了低于一般水平的分数。

GMI 公司在 2004 年的另一项针对 2 500 多家跨国公司的调查表明,美国公司已首次超过英国和加拿大,升至全球公司治理标准排行榜的首位。这主要归功于爆发公司丑闻后,美国实施了《萨班斯-奥克斯利法案》和其他改革措施,成功改善了大型美国公司的表现,改善幅度超过了 10%。加拿大、澳大利亚、美国和英国等总体表现最好,但调查所包括的 356 家日本公司表现最差,得分比美国同行低一半以上,部分原因是财务披露措施较差。法国上市企业表现也不佳。得分最高的 26 家公司,表现都超过标准普尔 500 指数 10%。在这些取得最高分的 26 家公司中,有 20 家在美国上市,其中包括 3M、可口可乐、伊斯曼柯达公司、通用汽车、吉列、陶氏化学和 Target。

在 GMI 2005 年对全球 23 个国家和地区的调查中,英国公司在治理方面位居首位,加拿大紧跟其后,美国居第三,之后是澳大利亚和爱尔兰,日本与希腊则排在最后两位。美国因为中小企业参与评级而导致排名下降。另外,3 220 个被调查的公司中有 34 家获得 10 分的高分。这些公司包括 27 家美国公司、3 家加拿大公司、3 家英国公司和 1 家澳大利亚公司,这些公司的得分比标准普尔 500 家公司的平均分高出 11.1%,过去 3 年其业绩超过市场水平 10%。2014 年,GMI Ratings 公司被 MSCI 公司(全球领先的投资决策支持工具提供商)收购。

(五)美国机构投资者服务组织评价系统

美国机构投资者服务组织(ISS)建立了全球性的上市公司治理状况数据库,为其会员投资者提供监督上市公司治理情况的服务。公开披露的衡量基准包括 300 项公司治理标准,涉及股东权利与责任、公司治理披露、董事会结构与职能三个主要范畴,其全球评级标准涉及 8 个方面共 55 项指标。

(六)韩国公司治理评价系统

韩国公司治理评价系统是包括韩国证券交易所(KSE)在内的 6 家机构合作的韩国 KCGS(Korea Corporate Governance Service)在 2001 年推出的公司治理指数,其评级样本是 2001 年韩国全部 600 家上市公司,2002 年推出了"十佳公司"。2004 年参加评级的韩国上市公司缩减为 400 家,其余公司则不肯披露资料并参加评分。KCGS 主要从股东权利、董事会和专业委员会结构、董事会和专业委员会程序、向投资者的披露和所有权的平等性等方面对公司治理状况作出评价。

依据 KCGS 的评级,韩国证券交易所的上市公司在公司治理方面相比上年度稍有提高,但 KSE 上市公司平均得分为 39.33 分(满分 100 分),依然较低。KCGS 评价结果显示,大企业和小企业之间、不同行业之间的公司治理的质量依然存在较大差异,如得分最高的产业都是外商投资比例大的产业,如银行(平均得分 67.6)、电信(62.3)和金融服务(51.5)。KCGS 报告显示"治理的改进主要体现在股东保护和利润分配方面,这表明商家清楚保障股东权利并将利润分配给股东的必要性。"

第三节 中国上市公司治理指数研发历程与构成

进入 21 世纪以来,由于人们对公司治理质量和治理环境的格外关注,如何识别公司治理的优劣便成为需要解决的问题,这就迫切需要建立一套适应中国上市公司治理环境的公司治理评价系统。通过该系统的运行,我们能够掌握公司治理的状况,观察与分析中国上市公司在股权结构、董事会运作、经理层激励约束、监事会监督、信息披露以及利益相关者参与治理等方面的现状与问题,从而能够从整体上提高公司治理质量,保证公司运营的质量和良好的经营业绩。

一、中国上市公司治理指数研发历程

中国公司治理的研究从公司治理理论研究深入到公司治理原则与应用研究,之后进一步发展到公司治理评价指数研究。中国上市公司治理指数的研究发展呈现为渐进式的动态优化过程。具体来说,中国上市公司治理指数($CCGI^{NK}$)的形成经历了四个阶段。

第一阶段:研究并组织制定《中国公司治理原则》。2001 年,在中国经济体制改革研究会的支持下,《中国公司治理原则》被推出,并被中国证监会《上市公司治理准则》等所吸收借鉴,为建立公司治理评价指标体系提供了参考性标准。

第二阶段:构建"中国上市公司治理评价指标体系"。历时两年调研,2001 年 11 月,第一届公司治理国际研讨会提出《在华三资企业公司治理研究报告》。2003 年 4 月,经反复修正,提出"中国上市公司治理评价指标体系"。2003 年 11 月,第二届公司治理国际研讨会围绕公司治理评价指标体系,征求国内外专家意见。根据前期的研究结果和公司治理专家的建议,最终将公司治理指标体系确定为 6 个维度,具体包括股东治理指数、董事会治理指数、监事会治理指数、经理层治理指数、信息披露指数和利益相关者治理指数,合计 80 多个评价指标。

第三阶段:正式推出中国上市公司治理指数和《中国公司治理评价报告》,基于评价指标体系与评价标准,构筑中国上市公司治理指数($CCGI^{NK}$)。2004 年首次发布《中国公司治理评价报告》,报告首次应用 $CCGI^{NK}$ 对中国上市公司(2002 年的数据)进行大样本全面量化评价分析,之后逐年发布年度公司治理报告。

第四阶段:中国上市公司治理评价系统应用阶段。在学术上,公司治理评价系统为课题、著作、文章等系列成果的研究提供了平台,并获得国家自然科学基金重点项目和国家社会科学基金重大招标项目支持,公司治理报告在商务印书馆、高等教育出版社等出版社出版,此外,还为监管部门治理监管工作提供支持,为企业提升治理水平提供指导。$CCGI^{NK}$连续应用于"CCTV 中国最具价值上市公司年度评选";应用于联合国贸易和发展会议对中国企业的公司治理状况抽样评价和世界银行招标项目;2007 年,应联合国贸易和发展会议邀请,李维安教授参加了在瑞士日内瓦召开的 ISAR 专家组第 24 届会议,并就《中国公司治理信息披露项目》做大会报告;应用于国务院国资委国有独资央企董事会建设与评价,以及国家发改委委托项目推出的"中国中小企业经济发展指数"研究;2007年接受保监会委托,设计保险公司治理评价标准体系;2008 年接受国务院国资委委托,对央企控股公司治理状况进行评价;开发中国公司治理指数数据库;研发中国公司治理股价指数;设计中国公司治理计分卡。

二、中国上市公司治理指数构成

基于中国上市公司面临的治理环境特点,南开大学公司治理评价课题组总结了公司治理理论研究、公司治理原则、各类公司治理评价系统以及大量实证研究、案例研究成果,在 2003 年设计出中国上市公司治理评价系统,2004 年公布《中国公司治理评价报告》,同时发布 $CCGI^{NK}$。随后,广泛征求各方面的意见,于 2004 年、2005 年对 $CCGI^{NK}$ 加以优化,对 6 个维度评价指标进行适度调整:通过对上市公司治理评价的实证研究,对部分不显著性指标进行调整;通过对公司实施公司治理评价,不断检验系统的有效性并进行优化;引入新的公司治理研究思想,例如利益相关者;紧密关注治理环境变化并及时反映到评价系统中,例如法律法规变化。评价指标体系见表 8-3。

表8-3 中国上市公司治理指数评价指标体系

指数	公司治理评价 6 个维度	公司治理评价各要素
中国上市公司治理指数 $CCGI^{NK}$	股东治理($CCGI^{NK}_{SH}$)	上市公司独立性 上市公司关联交易 中小股东权益保护
	董事会治理($CCGI^{NK}_{BOD}$)	董事权利与义务 董事会运作效率 董事会组织结构 董事薪酬 独立董事制度
	监事会治理($CCGI^{NK}_{BOS}$)	监事会运行状况 监事会规模结构 监事会胜任能力

(续表)

指数	公司治理评价6个维度	公司治理评价各要素
	经理层治理($CCGI_{TOP}^{NK}$)	经理层任免制度
		经理层执行保障
		经理层激励约束
	信息披露($CCGI_{ID}^{NK}$)	信息披露可靠性
		信息披露相关性
		信息披露及时性
	利益相关者治理($CCGI_{STH}^{NK}$)	利益相关者参与程度
		利益相关者协调程度

资料来源:南开大学中国公司治理研究院"中国上市公司治理评价系统"。

指标体系是公司治理指数的根本,不同的环境需要不同的公司治理评价指标体系,中国上市公司治理指数反映了中国市场的诸多重要特征。此评价指标体系基于中国上市公司面临的治理环境特点,侧重于公司内部治理机制,强调公司治理的信息披露、中小股东的利益保护、上市公司独立性、董事会的独立性以及监事会参与治理等,从股东治理、董事会治理、监事会治理、经理层治理、信息披露和利益相关者治理六个维度,设置19个二级指标、80多个具体评价指标,对中国上市公司治理的状况作出全面、系统的评价。

第四节 中国上市公司治理评价指标体系

一、中国上市公司控股股东治理评价指标体系

中国转轨时期经济的复杂性决定了上市公司控股股东行为的复杂性,控股股东的目标选择不再局限于对上市公司收益与成本的比较和控制,而更多地是考虑集团整体利益。对于中国上市公司控股股东行为外部性的分析,要将控制权的范围从上市子公司拓展到包括上市子公司、控股股东及其他关联公司甚至整个集团,体现为控股股东对集团资源的控制程度。基于对股东行为特征的分析,我们构建了中国上市公司控股股东治理评价指标体系,如表8-4所示,主要包括三个方面:

(一)独立性

由于法律法规的推出、监管的强化,以及上市公司自主治理水平的提高,上市公司在人员、业务、财务、资产、机构等方面的独立性得到了加强,但这种独立性大都停留在表面层次,上市公司相对于股东单位的独立性仍需加强。我们对以下几个方面进行评价。第一,通过上市公司董事是否在控股股东处兼职来反映人员独立性情况。第二,通过主营业务是否重叠交叉来度量同业竞争,判断业务独立性情况。第三,通过计算从最终控制

人到上市公司的控制链条层级的长度来判断现金流权与控制权分离程度；控制层级越长，最终控制人就越有可能通过金字塔式持股结构侵害中小股东利益。第四，通过观察控股股东是否将主业资产装入上市公司实现整体上市来进一步判断上市公司在人员、财务、经营上的独立性。

(二) 中小股东权益保护

本部分重点判断上市公司对中小股东保护相关法律、法规及原则的实施情况——是否根据法律法规建立了相应的实施细则，并且是否通过实际行动有效维护了中小股东的权益。通过上市公司是否建立了累积投票权制度和相关实施细则，以及股东大会是否提供了网络投票渠道，来衡量中小股东能否以较低的成本参与公司重大决策；通过股东大会出席股份比例来衡量股东参与公司治理的积极性；通过募集资金是否变更、变更程序是否经股东大会批准、是否说明变更原因来度量上市公司使用募集资金的规范性；通过是否设置大股东股权质押或冻结来衡量上市公司潜在的风险（大股东股权质押会造成现金流权和控制权的分离，增加上市公司控制权变更和被"掏空"的概率，放大上市公司的违规风险）；通过公司章程是否对中小股东提名选举董事施加严格的持股比例和持股时间限制、是否设置董事轮换制（staggered board election）来度量中小股东投票选举董事的权利；通过公司章程中现金分红政策是否清晰、是否制定了差异化的分红政策、实际分红是否与承诺一致，来度量现金分红政策的清晰性和一致性；通过现金股利派发的规模和连续性来度量上市公司是否为股东提供长期稳定的回报。

(三) 关联交易

本部分通过控股股东是否无偿地占用上市公司资金、上市公司是否为控股股东及其他关联方提供贷款担保、控股股东与上市公司间关联交易的规模等三个指标反映控股股东关联交易的情况。

表8-4 中国上市公司控股股东治理评价指标体系

主因素层	子因素层	说明
独立性	高管独立性	考察董事在股东单位兼职比例，分析上市公司决策层和管理层相对于控股股东的独立性，以及其在处理股东利益冲突时能否保持平衡
	同业竞争	考察上市公司与控股股东公司在主营业务上是否存在重叠交叉
	控制层级	考察从最终控制人到上市公司的控制链条层级的长度，控制层级越长，越容易导致现金流权与控制权分离，最终控制人就越有可能通过金字塔式持股结构侵害中小股东利益
	整体上市	考察上市公司控股股东是否实行了整体上市，整体上市可以起到避免同业竞争、理顺上市公司上下游产业关系、大量减少关联交易的积极效应

(续表)

主因素层	子因素层	说明
中小股东权益保护	股东大会参与积极性	考察股东参与公司治理的积极性,上市公司是否让尽可能多的股东参加大会,剔除了第一大股东持股比例
	股东大会投票制度	考察上市公司是否建立了累积投票权制度和相关实施细则;是否提供了网络投票渠道
	中小股东投票选举董事权利	公司章程是否对中小股东提名选举董事施加了严格的持股比例和持股时间限制,是否限制了一次性更换所有董事
	募集资金使用情况	考察募集资金是否变更,变更程序是否经股东大会批准,是否说明原因
	大股东股权冻结和质押	设置通过大股东股权质押或股权被冻结来衡量上市公司潜在的违规和掏空风险
	现金分红政策的清晰性	考察公司章程中现金分红政策是否清晰,是否制定了差异化的分红政策,实际分红是否与承诺一致
	现金股利分配的规模和连续性	通过现金股利派发的规模和连续性考察上市公司是否为股东提供了长期稳定的回报
关联交易	关联方资金占用	考察关联方是否通过占用上市公司货币资金、欠付上市公司应收货款等手段损害中小股东利益
	关联担保	考察上市公司是否以上市公司的名义为其贷款提供担保,为大股东或其附属企业解决债务融资问题
	经营类和资产类关联交易	考察上市公司及控股股东是否通过日常经营类、股权类和资产类关联交易进行利润操作,获取控制权收益

资料来源:南开大学中国公司治理研究院"中国上市公司治理评价系统"。

二、中国上市公司董事会治理评价指标体系

董事会是公司治理的核心。作为股东和经理之间的联结和纽带,董事会既是股东的代理人,又是经理的委托人和监督者,在公司的战略发展、重大决策方面发挥着至关重要的作用,是完善治理结构、优化治理机制的关键环节。董事会治理水平直接决定着公司潜在的治理风险以及长远发展。国内外相继爆发的安然、世通、德隆、创维等公司治理丑闻也验证了这一点。因此,董事会一方面要积极领导公司为投资者创造更多的财富,在资本市场上争取到充足的资本,服务好投资者这个"上帝";另一方面还要关注消费者的利益和需求,在产品市场上获取消费者的支持和信任,服务好消费者这个"上帝",从而实现公司的持续发展。对上市公司的董事会治理展开评价,无疑会推动中国上市公司董事会治理的改善与优化,从而为董事会建设提供系统性的制度保障。

在已有评价指标体系和有关评价研究成果的基础上,结合我国上市公司董事会治理现状,以董事诚信、勤勉义务为核心,董事会治理评价指标体系从董事权利与义务、董事会运作效率、董事会组织结构、董事薪酬、独立董事制度五个维度,构筑了一套董事会治理评价指标体系,如表8-5所示。

（一）董事权利与义务

董事在公司的权利结构中具有特定的法律地位，同时还需承担特定的法律责任和义务。董事的来源、履职状况等会对董事权利与义务的履行状况产生重要影响，从而在一定程度上决定了董事会治理水平。对董事权利与义务状况进行评价有助于提升董事会治理质量。

董事权利与义务主要考察董事来源、履职的诚信勤勉情况等。董事权利与义务的评价指标主要包括董事权利与义务状态、董事损害赔偿责任制度、股东董事比例、董事年龄构成、董事专业背景、董事在外单位的任职情况等。

（二）董事会运作效率

董事会作为公司的核心决策机构，承担着制定公司战略并对经理层实施有效监督的责任。董事会的运作效率直接决定着董事会职责的履行状况以及公司目标的实现程度。高效率的董事会运作有助于董事会更好地履行职责，制定更科学的公司发展规划，更有效率地监督管理人员，从而提升公司的持续价值创造能力。

董事会运作效率主要考察董事会运作状况，以反映董事会功能与作用的实现状态。董事会运作效率的评价指标主要包括董事会规模、董事长与总经理的两权分离状态、董事与高管的职位重合情况、董事会性别构成、董事会会议情况等。

（三）董事会组织结构

董事会组织结构界定了董事会内部分工与协作的方式、途径等。董事会专业委员会的设立情况会影响到董事会的运作。只有董事会内部权责分明、组织健全，才能保证董事会职责的履行。合理的董事会组织结构是董事会高效运转的前提。

董事会组织结构主要考察董事会专业委员会的运行状况。董事会组织结构的评价指标主要包括董事会战略委员会、审计委员会、薪酬与考核委员会、提名委员会、其他专业委员会的设置情况等。

（四）董事薪酬

公司的董事承担着制定公司战略决策和监督管理人员的责任，并且要履行勤勉义务和诚信义务。在赋予董事责任和义务的同时，给予董事合适的薪酬至关重要。具有激励效果的薪酬组合能够促进董事提高自身的努力程度，提高董事履职的积极性，促使董事与股东利益的趋同，并最终提升公司的核心竞争力。

董事薪酬主要考察董事激励约束状况，包括短期激励和长期激励。董事薪酬的评价指标主要包括董事在公司的领薪状况、董事的现金薪酬状况、董事持股情况、董事股权激励计划的制定及实施等。

(五) 独立董事制度

独立董事制度为上市公司的董事会引入了具有客观立场的独立董事。这些独立董事独立于上市公司,与上市公司之间没有利益关联,在一定程度上能够客观地发表见解,从而保护公司投资者的利益。

独立董事制度主要考察公司董事会的独立性及独立董事的职能发挥状况。独立董事制度的评价指标主要包括独立董事专业背景、独立董事兼任情况、独立董事比例、独立董事激励、独立董事履职情况等。

表 8-5 中国上市公司董事会治理评价指标体系

主因素层	子因素层	说明
董事权利与义务	董事权利与义务状态	评价董事权利与义务的清晰界定程度
	董事损害赔偿责任制度	考核董事的责任履行
	股东董事比例	考核具有股东背景的董事比例
	董事年龄构成	考核董事年龄情况,尤其是大龄董事情况
	董事专业背景	考核董事的专业背景
	董事在外单位的任职情况	考核董事义务履行的时间保障
董事会运作效率	董事会规模	考核董事会人数情况
	董事长与总经理的两权分离状态	考核董事长与总经理的兼任情况
	董事与高管的职位重合情况	考核董事与高管的兼任情况
	董事会性别构成	考核董事会中女性董事的比例情况
	董事会会议情况	考核董事会会议及工作效率
董事会组织结构	战略委员会的设置	考核战略委员会的设置
	审计委员会的设置	考核审计委员会的设置
	薪酬与考核委员会的设置	考核薪酬与考核委员会的设置
	提名委员会的设置	考核提名委员会的设置
	其他专业委员会的设置	考核其他专业委员会的设置
董事薪酬	董事薪酬水平	考核董事报酬水平以及报酬结构的激励约束状况
	董事薪酬形式	
	董事绩效评价标准的建立情况	考核董事的绩效标准设立
独立董事制度	独立董事专业背景	考核独立董事的专业背景
	独立董事兼任情况	考核独立董事在外单位的任职情况
	独立董事比例	考核董事会独立性
	独立董事激励	考核独立董事激励约束状况
	独立董事履职情况	考核独立董事参加董事会会议情况

资料来源:南开大学中国公司治理研究院"中国上市公司治理评价系统"。

三、中国上市公司监事会治理评价指标体系

监事会是上市公司的专设监督机关,完善监事会的监督机制是提高公司治理质量、降低治理风险的重要环节。从各国公司立法看,尽管对监事会这一履行监督职责的机构称谓不同,但在本质和功能上并无大的差别。我国《公司法》规定,监事会是由股东大会选举产生的,履行监督公司业务执行状况以及检查公司财务状况的权力机关。监事会的主要职权包括:监督权,监事会有权检查公司业务执行状况以及公司财务状况;弹劾权,监事会有权对违反法律、行政法规、公司章程或者股东大会决议的董事、高级管理人员提出罢免的建议;股东大会的召集权与主持权,监事会有权提议召开临时股东大会,在董事会不履行法律规定的召集和主持股东大会职责时召集和主持股东大会;提案权,监事会有权向股东大会提出提案;起诉权,监事会有权对违反诚信义务的董事、高级管理人员提起诉讼。监事会作为公司内部专门行使监督权的常设监督机构,是公司内部治理结构与机制的一个重要组成部分。监事会监督权的合理安排及有效行使,是防止董事和高管独断专行、保护股东投资权益和公司债权人权益的重要措施。

对监事会治理的评价以"有效监督"为目标,遵循科学性、可行性和全面性的原则,从监事会运行状况、监事会规模与结构和监事胜任能力三个方面展开,如表8-6所示。

(一)运行状况

监事会是否真正发挥作用以及发挥作用的程度是我们关注的焦点,即监事会是否召开过监事会会议,召开过多少次,其次数高于、等于还是低于我国《公司法》所规定的召开次数。据此,我们设计了监事会会议次数来衡量监事会运行状况。

(二)规模与结构

良好的监事会规模与结构是监事会有效运行的前提条件,为了保证监事会有效行使监督权,监事会在规模上首先应该是有效的,其次在成员的构成上也应该是有效的。为此,我们设计了监事会人数和职工监事设置情况来反映监事会结构与规模状况。

(三)胜任能力

监事胜任能力包括监事会主席胜任能力和其他监事胜任能力两个方面。由于上市公司是一个占有庞大经济资源的复杂利益集团,这就要求监事具有法律、财务、会计等方面的专业知识或工作经验,具有与股东、职工和其他利益相关者进行广泛交流的能力。监事的学历和年龄等对其开展相应工作的胜任能力也具有重要的影响。监事持股有利

于调动其履职的积极性。依据上述思路,我们设置了监事会主席职业背景、监事会主席学历、监事会主席年龄、监事会主席持股状况来评价监事会主席的胜任能力;设置了其他监事职业背景、其他监事学历、其他监事年龄等来评价其他监事的胜任能力。

表8-6 中国上市公司监事会治理评价指标体系

主因素层	子因素层	说明
运行状况	监事会会议次数	考核监事会履行工作职能的基本状况
规模与结构	监事会人数	考核监事会履行监督职能的人员基础
	职工监事设置情况	考核监事会代表职工行使监督权力的情况
胜任能力	监事会主席职业背景	考核监事会主席职业背景对其胜任能力的影响
	监事会主席学历	考核监事会主席学历对其胜任能力的影响
	监事会主席年龄	考核监事会主席年龄对其胜任能力的影响
	监事会主席持股状况	考核监事会主席持股状况对其胜任能力的影响
	其他监事职业背景	考核监事职业背景对其胜任能力的影响
	其他监事学历	考核监事学历对其胜任能力的影响
	其他监事年龄	考核监事年龄对其胜任能力的影响

资料来源:南开大学中国公司治理研究院"中国上市公司治理评价系统"。

四、中国上市公司经理层治理评价指标体系

经理层治理是从客体视角对上市公司治理状况进行的评价。本部分从经理层的任免制度、执行保障以及激励约束机制三个方面,对中国上市公司经理层的治理状况进行评价,如表8-7所示。

(一) 任免制度

在经理层治理评价系统中,我们选择高管层的行政管理程度、董事长与总经理的两职设置状况及高管稳定性构建了评价公司经理层任免制度的指标。随着上市公司高管人员选聘制度化程度的提高以及高管变更频度的加大,我们强化了高管稳定性的指标评价。

(二) 执行保障

经理层的执行保障评价包括总经理及其他高管人员学历指标对经理层的支持保障、学识胜任能力、经理层对日常经营的控制程序、经理层内部控制程度,以及高层经理人员在股东单位或股东单位的关联单位兼职情况等内容。

（三）激励约束

我们从经理层薪酬与股权总量、结构及股权与公司业绩的关系等多角度设计指标，从强度和动态性两个角度评测对经理层的激励与约束程度。

表 8-7　中国上市公司经理层治理评价指标体系

主因素层	子因素层	说明
任免制度	高管层的行政管理程度 两职设置状况 高管稳定性	考察经理层任免的行政管理程度 考察总经理与董事长的兼职状况 考察经理层的变更状况
执行保障	高管构成 双重任职 CEO 设置	考察经理层资格学历状况 考察经理层成员的兼职状况 考察经理层中 CEO 设置状况
激励约束	薪酬水平 薪酬结构 持股比例	考察经理层薪酬激励水平 考察经理层激励的动态性 考察经理层长期激励状况

资料来源：南开大学中国公司治理研究院"中国上市公司治理评价系统"。

五、中国上市公司信息披露评价指标体系

"阳光是最有效的消毒剂，电灯是最有效的警察"。一个资本市场的信息透明度越高，资本市场的有效性就越强，投资者就越容易作出有效的投资决策。如果信息是透明的，投资者就可以在事前进行合理的判断，在事后进行更好的监督，从而可以选择到合适的投资或者融资项目，而管理人员也可以得到他们所需的资金。但如果投资者和经理人之间的信息不对称，则会使投资者的闲置资金与投资机会之间的配置无法实现，使资本市场的配置功能失效。

信息的披露还有利于投资者在投资后对管理层进行监督。投资者所处的信息劣势使得一般投资者难以掌握企业内部充分而真实的信息或者无力支付了解这些信息所需的成本，从而难以实现对代理问题的有效监督。于是，当投资者不能对自己的投资做到完全的监督而他们又意识到经理人员会有代理问题时，投资者将对投资保持谨慎的态度，这也会导致资本市场的运行低效。

信息披露评价指标体系针对信息披露真实性、相关性、及时性进行评价，如表 8-8 所示。在借鉴相关研究成果的基础上，以科学性、系统性和信息披露评价的可行性等原则为指导，以国际公认的公司治理原则、准则为基础，借鉴、综合考虑我国《公司法》《证券法》《上市公司治理指引》，比照《公开发行证券的公司信息披露内容与格式准则第 2 号（2015 年修订）》《企业会计准则》《公开发行股票公司信息披露实施细则（试行）》《公开发行证券的公司信息披露编报规则》《上市公司信息披露管理办法》等有关上市公司的法

律法规设计评价指标体系。

(一) 真实性

真实性指一项计量或叙述与其所要表达的现象或状况的一致性。真实性是信息的生命,它要求公司所公开的信息能够准确反映客观事实或经济活动的发展趋势,而且能够按照一定标准予以检验。但信息的真实性具有相对性和动态性,其中相对真实性体现了历史性,而且相对真实性向绝对真实性接近。一般情况下,外部人仅通过公开信息是无法完全判断上市公司资料真实性的,但是可以借助上市公司及其相关人员违规历史记录等评价信息的披露判断资料真实性。从信息传递角度讲,监管机构和中介组织搜集、分析信息,并验证信息真实性,这种检验结果用于评价信息披露真实性是可行的、合理的。信息披露真实性的评价指标主要包括:年度财务报告是否被出具非标准无保留意见;近三年公司是否有违规行为;公司是否有负面报道;近一年是否有关于当期及前期的财务重述;当年是否因虚假陈述被处罚;内部控制的有效性鉴证情况等。

(二) 相关性

信息披露相关性则要求上市公司必须公开所有法定项目的信息,不得忽略、隐瞒重要信息,使信息使用者了解公司治理结构、财务状况、经营成果、现金流量、经营风险及风险程度等,从而了解公司全貌、事项的实质和结果。信息披露的相关性包括形式上的完整和内容上的齐全。信息披露相关性的评价指标主要包括:公司战略是否充分披露;竞争环境是否充分披露;产品和服务市场特征是否充分披露;研发信息是否充分披露;经营风险和财务风险是否充分披露;公司社会责任是否充分披露;对外投资项目是否充分披露;取得或处置子公司情况是否充分披露;控股公司及参股公司经营情况是否充分披露;关联交易是否充分披露;内部控制缺陷是否充分披露等。

(三) 及时性

信息披露的及时性是指在信息失去影响决策的功能之前将信息提供给决策者。信息除了具备真实完整的特征,还要有时效性。由于投资者、监管机构和社会公众与公司内部管理人员在掌握信息的时间上存在差异,为解决获取信息的时间不对称性可能产生的弊端,信息披露制度要求公司管理当局在规定的时期内依法披露信息,减少有关人员利用内幕信息进行内幕交易的可能性,增强公司透明度,降低监管难度,这也有利于规范公司管理层经营行为,保护投资者利益。从公众投资者来看,及时披露的信息可以使投资者作出理性的价值判断和投资决策;从上市公司本身来看,及时披露信息使公司股价及时调整,保证交易的连续和有效,减少市场盲动。信息披露及时性评价指标主要通过上市公司年度报告获得,包括年度报告公布的时滞、当年是否有延迟披露处罚等。

表 8-8　中国上市公司信息披露评价指标体系

主因素层	子因素层	说明
真实性	年度财务报告是否被出具非标准无保留意见	考察公司财务报告的合法性和公允性
	违规行为	考察公司在近三年是否有违规行为
	有无负面报道	考察是否有媒体对公司进行负面报道
	有无财务重述	考察公司近一年是否有关于当期及前期的财务重述
	虚假陈述被处罚	考察公司当年是否因虚假陈述被处罚
	内控有效性鉴证情况	考察公司内部控制的有效性
相关性	公司战略	考察公司是否充分披露了有关公司战略的信息
	公司竞争环境分析	考察公司是否充分披露了有关公司竞争环境的信息
	产品和服务市场特征	考察公司是否充分披露了有关产品和服务市场特征的信息
	公司风险	考察公司是否充分披露了有关公司的经营风险和财务风险的信息
	公司社会责任	考察公司是否充分披露了有关公司社会责任的信息
	对外投资项目	考察公司是否充分披露了有关对外投资项目的信息
	子公司取得或处置情况	考察公司是否充分披露了有关取得或处置子公司情况的信息
	控股及参股公司经营情况	考察公司是否充分披露了有关控股及参股公司经营情况的信息
	关联交易	考察公司是否充分披露了有关关联交易的信息
	内部控制缺陷	考察公司是否充分披露了有关内部控制缺陷的信息
及时性	年度报告公布的时滞	反映信息披露是否及时
	延迟披露处罚	考察公司是否有延迟披露处罚

资料来源：南开大学中国公司治理研究院"中国上市公司治理评价系统"。

六、中国上市公司利益相关者治理评价指标体系

20 世纪 80 年代之前，企业的经营宗旨是股东利益最大化，公司治理研究的问题主要是围绕如何建立合理的激励和约束机制，将代理人的道德风险问题降至最低限度，最终达到公司价值最大化。80 年代以来，随着企业经营环境的变化，股东、债权人、雇员、消费者、供应商、政府、社区居民等利益相关者的权益受到企业经营者的关注，公司治理也转变为利益相关者的"共同治理"模式。所谓公司治理是指通过一套包括正式或非正式的、内部或外部的制度或机制来协调公司与所有利益相关者之间的利益关系，以保证公司决策的科学化，从而最终维护公司各方面利益的一种制度安排。公司治理的主体不再局限于股东，而是包括股东、债权人、雇员、顾客、供应商、政府、社区等在内的广大公司利益相关者。对利益相关者治理的评价有利于我们了解中国上市公司利益相关者参与治理的状况以及公司与利益相关者的协调状况。根据利益相关者在公司治理中的地位与作用，并且考虑到评价指标的科学性、可行性，我们设置了利益相关者评价指标体系，主要考察利益相关者参与公司治理程度和公司与利益相关者之间的协调程度，如表 8-9 所示。

(一) 参与程度

利益相关者参与程度指标主要评价利益相关者参与公司治理的程度和能力,较高的利益相关者参与程度和能力意味着公司对利益相关者权益保护程度和决策科学化程度的提高。员工是公司极其重要的利益相关者,在人力资本日益受到关注的情况下,为员工提供参与公司重大决策和日常经营管理的有效途径有利于增强员工的归属感、提高员工忠诚度并激励员工不断实现更高的个人目标和企业目标。我们通过员工持股计划和职工监事比例来考察公司员工参与公司治理的程度。员工持股计划这个指标可以考察职工的持股情况,这是公司员工参与公司治理的货币资本和产权基础,也是对员工进行产权激励的重要举措。职工监事有利于强化对公司董事及高管的权力约束,维护职工权益。我国《公司法》明确规定,监事会应当包括股东代表和适当比例的职工代表,其中职工代表的比例不得低于三分之一。投资者关系管理是指公司通过及时的信息披露,加强与投资者之间的沟通与交流,从而形成公司与投资者之间良好的关系,实现公司价值最大化。我们设置如下指标考察上市公司的投资者关系管理状况:公司网站的建立与更新——考察公司投资者关系管理信息披露和交流渠道的建立与通畅状况;投资者关系管理制度建设与执行——考察公司投资者关系管理制度建设情况以及是否由专人或专门的部门负责投资者关系管理。设立专门的投资者关系管理制度和投资者关系管理部门有利于促进投资者关系管理工作的持续有效开展。

(二) 协调程度

利益相关者协调程度指标考察公司与由各利益相关者构成的企业生存和成长环境的关系状况和协调程度,它包括社会责任履行、违规与处罚和诉讼与仲裁事项三个分指标。重视企业社会责任,关注自然环境的保护和正确处理与上下游合作方的关系,是企业追求长远发展的必备条件。在此,主要通过如下七个指标考察公司社会责任的履行状况:① 公益性捐赠支出可以反映上市公司对社会及所处社区的贡献;② 是否披露社会责任报告可以反映公司对社会责任工作的重视程度和履行成效;③ 社会责任报告是否经第三方机构审验可以反映社会责任报告披露的可靠性;④ 债权人权益保护可以反映公司对于债权人权益的保护程度;⑤ 供应商权益保护可以反映公司对于供应商权益的保护程度;⑥ 客户及消费者权益保护可以反映公司对于客户及消费者权益的保护程度;⑦ 环境保护措施可以反映上市公司对所处自然环境的关注与保护状况。企业从事合法经营,必须履行相应的法律责任,因此协调并正确处理公司和监管部门的关系至关重要。我们通过公司受到沪深证券交易所、证监会、财政部等监管部门的违规和处罚情况,考察上市公司和其所处的监督管理环境的和谐程度。此外,通过分析公司诉讼、仲裁事项的数目及其性质,可以一定程度上考察上市公司与特定利益相关者之间的关系紧张程度。

表 8-9　中国上市公司利益相关者治理评价指标体系

主因素层	子因素层	说明
参与程度	员工参与程度	考察职工持股计划与职工监事配置情况
	投资者关系管理	考察公司网站的建立与更新状况,考察投资者关系管理制度建设与执行情况
协调程度	社会责任履行	考察公司社会责任的履行与披露情况,考察公司对主要利益相关者的关注与保护情况
	违规与处罚	考察公司与其所处监管环境的和谐程度
	诉讼与仲裁	考察公司与特定利益相关者之间的关系紧张程度

资料来源:南开大学中国公司治理研究院"中国上市公司治理评价系统"。

第五节　中国上市公司治理总体状况

一、中国上市公司治理总体描述

在 2022 年评价样本中,上市公司治理指数平均值为 64.40,较 2021 年的 64.05 提高 0.35,见表 8-10。

表 8-10　上市公司治理指数描述性统计

统计指标	上市公司治理指数
平均值	64.40
中位数	64.77
标准差	3.41
偏度	−0.54
峰度	0.37
极差	22.88
最小值	50.95
最大值	73.83

资料来源:南开大学公司治理数据库。

如表 8-10 所示,2022 年中国上市公司治理指数最大值为 73.83,最小值为 50.95,样本的标准差为 3.41。中国上市公司治理指数分布情况见图 8-1。

在 4 679 家样本公司中,如表 8-11 所示,没有 1 家达到 CCGI^{NK} Ⅰ 和 CCGI^{NK} Ⅱ 水平;有 145 家达到了 CCGI^{NK} Ⅲ 水平;达到 CCGI^{NK} Ⅳ 水平的有 4 026 家,占全样本的 86.04%,较 2021 年的 82.46% 有所上升;处于 CCGI^{NK} Ⅴ 水平的公司有 508 家,占样本的 10.86%,

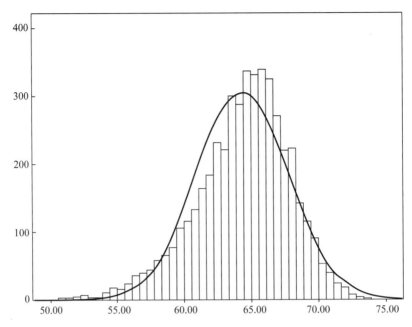

图 8-1 中国上市公司治理指数分布图
资料来源:南开大学公司治理数据库。

与 2021 年的 14.25% 相比有下降的趋势;没有上市公司的治理指数在 50 以下(2021 年没有该等级公司,2020 年该等级公司占全部样本的 0.05%)。

表 8-11 中国上市公司治理指数等级分布

上市公司治理指数等级		上市公司治理指数等级分布	
		数目	比例(%)
$CCGI^{NK}$ I	90—100	—	—
$CCGI^{NK}$ II	80—90	—	—
$CCGI^{NK}$ III	70—80	145	3.10
$CCGI^{NK}$ IV	60—70	4 026	86.04
$CCGI^{NK}$ V	50—60	508	10.86
$CCGI^{NK}$ VI	50 以下	—	—
合计		4 679	100.00

资料来源:南开大学公司治理数据库。

二、中国上市公司治理分行业状况

就公司治理总体状况而言,行业间存在一定的差异。与之前几年的评价比较,2022

年评价中各行业的公司治理指数排名发生了一定的变化。行业分组的上市公司治理指数描述性统计见表8-12。就平均值而言,科学研究和技术服务业,金融业,制造业,交通运输、仓储和邮政业,信息传输、软件和信息技术服务业等行业的公司治理指数较高,依次为65.77、65.05、64.81、64.13和63.91。教育,农、林、牧、渔业,房地产业,综合,居民服务、修理和其他服务业等行业的公司治理指数较低,分别为62.58、62.44、62.32、62.05和61.73。

表8-12 按行业分组的上市公司治理指数描述性统计

行业	数目	比例(%)	平均值	中位数	标准差	极差	最小值	最大值
农、林、牧、渔业	47	1.00	62.44	63.26	3.62	13.89	55.19	69.08
采矿业	77	1.65	63.53	64.00	3.72	20.39	51.93	72.31
制造业	3 043	62.86	64.81	65.11	3.25	22.34	50.95	73.29
电力、热力、燃气及水生产和供应业	129	2.76	63.29	63.65	3.20	16.42	52.89	69.31
建筑业	108	2.31	63.02	63.18	3.39	17.44	52.55	70.00
批发和零售业	186	3.98	63.23	63.28	3.57	16.19	54.52	70.71
交通运输、仓储和邮政业	108	2.31	64.13	64.67	3.10	16.53	54.37	70.90
住宿和餐饮业	9	0.19	63.86	64.01	3.82	12.61	55.53	68.14
信息传输、软件和信息技术服务业	381	8.14	63.91	64.13	3.47	20.00	52.38	72.38
金融业	127	2.71	65.05	65.16	4.04	22.57	51.26	73.83
房地产业	115	2.46	62.32	62.93	3.81	18.49	51.73	70.22
租赁和商务服务业	66	1.41	62.81	62.50	3.81	16.42	53.95	70.37
科学研究和技术服务业	90	1.92	65.77	66.33	3.09	17.27	54.76	72.03
水利、环境和公共设施管理业	90	1.92	63.49	64.03	3.03	13.48	54.89	68.37
居民服务、修理和其他服务业	1	0.02	61.73	61.73	0.00	0.00	61.73	61.73
教育	12	0.26	62.58	62.91	1.75	5.83	59.45	65.28
卫生和社会工作	14	0.30	63.18	63.46	4.37	15.32	54.35	69.67
文化、体育和娱乐业	62	1.33	63.07	63.65	3.14	13.35	54.72	68.06
综合	14	0.30	62.05	62.57	3.48	10.61	55.31	65.92
合计	4 679	100.00	64.40	64.77	3.41	22.88	50.95	73.83

资料来源:南开大学公司治理数据库。

三、中国上市公司治理分控股股东性质状况

表8-13按控股股东性质的描述性统计显示,国有控股和民营控股上市公司样本量较多,分别有1 296家和2 834家;样本中数量较少的是职工持股会控股、社会团体控股、集体控股、外资控股、其他类型控股上市公司几类,分别有3家、14家、24家、182家、326家公司。

就样本平均值而言,民营控股和其他类型控股上市公司治理指数平均值最高,为64.46;其次为国有控股上市公司,为64.31;外资控股上市公司治理指数平均值为64.27;职工持股会控股上市公司治理指数平均值为64.09;集体控股上市公司治理指数平均值为63.97;社会团体控股上市公司治理指数平均值最低,为60.61。民营控股上市公司治理指数平均值高于国有控股上市公司。

表8-13 按控股股东性质分组的上市公司治理指数描述性统计

最终控制人性质	数目	比例(%)	平均值	中位数	标准差	极差	最小值	最大值
国有控股	1 296	27.70	64.31	64.48	3.24	22.34	50.95	73.29
集体控股	24	0.51	63.97	63.62	3.75	12.97	57.74	70.72
民营控股	2 834	60.57	64.46	64.91	3.40	21.34	51.26	72.60
社会团体控股	14	0.30	60.61	58.94	4.88	15.34	53.89	69.23
外资控股	182	3.89	64.27	64.76	3.34	18.32	52.55	70.87
职工持股会控股	3	0.06	64.09	62.72	4.06	7.77	60.89	68.66
其他类型控股	326	6.97	64.46	64.66	4.01	21.26	52.57	73.83
合计	4 679	100.00	64.40	64.77	3.41	22.88	50.95	73.83

资料来源:南开大学公司治理数据库。

四、中国上市公司治理分地区状况

与往年情况类似,经济发达地区如广东省、浙江省、江苏省、北京市和上海市的样本数量最多,而西部欠发达地区的样本数量少,反映出经济活跃水平与上市公司数量的关系。各地区上市公司治理指数分析结果详见表8-14。第三列数据(上市公司数量占总体比例)与第四列数据(上市公司治理指数平均值)之间存在较高的正相关性,说明经济发达地区的上市公司治理状况总体上要好于经济欠发达地区的情况。具体而言,安徽省、河南省、四川省、江苏省、山东省、广东省、江西省、北京市、浙江省治理指数平均值较高,依次为65.20、65.12、64.83、64.76、64.70、64.65、64.64、64.54和64.53,治理指数平均值均在64.50以上;而广西、辽宁省、山西省、海南省和青海省治理指数平均值均在63以下,分别为62.82、62.51、62.50、61.66和60.06。需要说明的是,因治理环境的不同,开

曼群岛上市公司治理指数平均值最低,仅为55.50。

表8-14 按地区分组的上市公司治理指数描述性统计

地区	数目	比例(%)	平均值	中位数	标准差	极差	最小值	最大值
北京市	420	8.98	64.54	64.59	3.38	19.90	53.09	72.99
天津市	63	1.35	64.35	64.64	3.30	14.67	57.25	71.93
河北省	69	1.47	64.40	65.01	3.05	14.03	56.69	70.72
山西省	41	0.88	62.50	62.12	3.35	16.59	52.62	69.21
内蒙古	27	0.58	63.72	64.98	4.34	15.73	53.85	69.58
辽宁省	80	1.71	62.51	62.76	3.73	17.28	53.89	71.17
吉林省	48	1.03	63.21	63.51	3.86	17.79	52.89	70.69
黑龙江省	38	0.81	63.05	63.80	3.43	11.56	55.94	67.50
上海市	385	8.23	64.25	64.56	3.04	19.83	52.55	72.38
江苏省	570	12.18	64.76	65.10	3.38	20.13	52.01	72.14
浙江省	602	12.87	64.53	65.00	3.13	19.37	52.38	71.75
安徽省	149	3.18	65.20	65.10	2.75	14.15	56.59	70.75
福建省	161	3.44	64.19	64.51	3.45	19.32	53.14	72.46
江西省	66	1.41	64.64	65.06	3.37	15.46	56.37	71.83
山东省	267	5.71	64.70	65.09	3.51	19.46	53.48	72.94
河南省	98	2.09	65.12	65.55	3.76	18.48	54.21	72.69
湖北省	129	2.76	64.28	64.58	3.51	18.57	54.72	73.29
湖南省	133	2.84	64.25	64.43	3.73	16.77	55.19	71.96
广东省	762	16.29	64.65	65.08	3.33	19.53	54.30	73.83
广西	39	0.83	62.82	63.06	3.57	14.16	56.55	70.71
海南省	34	0.73	61.66	62.11	3.95	13.62	54.46	68.08
重庆市	62	1.33	64.14	64.78	3.31	15.24	56.74	71.98
四川省	155	3.31	64.83	64.95	3.40	20.97	51.26	72.23
贵州省	33	0.71	64.42	64.95	3.77	18.57	50.95	69.52
云南省	41	0.88	63.87	63.83	3.85	19.14	51.73	70.87
西藏	21	0.45	63.64	64.37	3.01	10.38	57.67	68.05
陕西省	66	1.41	64.04	64.62	3.67	20.33	51.98	72.31
甘肃省	33	0.71	63.58	64.26	3.87	19.21	51.93	71.13
青海省	11	0.24	60.06	59.37	3.91	16.52	52.72	69.24
宁夏	15	0.32	63.46	63.96	3.29	12.23	55.62	67.85
新疆	56	1.20	63.79	64.48	3.47	15.26	56.09	71.35
开曼群岛	5	0.11	55.50	55.63	2.23	5.88	52.70	58.59
合计	4 679	100.00	64.40	64.77	3.41	22.88	50.95	73.83

资料来源:南开大学公司治理数据库。

五、中国上市公司治理分市场板块状况

在 2022 年评价中,按照市场板块对样本公司进行划分,其中科创板上市公司治理指数位居首位,平均值达 65.48;金融业为 65.05;创业板为 65.03;北交所为 64.25;主板上市公司治理指数仍然最低,为 64.01,具体见表 8-15。

表 8-15 按市场板块分组的上市公司治理指数描述性统计

板块类型	数目	比例(%)	平均值	中位数	标准差	极差	最小值	最大值
主板	3 008	64.29	64.01	64.32	3.50	22.34	50.95	73.29
创业板	1 085	23.19	65.03	65.29	3.21	20.62	51.98	72.60
科创板	377	8.06	65.48	65.70	2.52	18.55	52.70	71.26
北交所	82	1.75	64.25	64.28	2.75	16.31	56.00	72.31
金融业	127	2.71	65.05	65.16	4.04	22.57	51.26	73.83
合计	4 679	100.00	64.40	64.77	3.41	22.88	50.95	73.83

资料来源:南开大学公司治理数据库。

六、中国上市公司治理分年度状况

各年度公司治理评价指数具体见表 8-16。2022 年度上市公司治理指数平均值为 64.40,2017 年、2018 年、2019 年、2020 年和 2021 年上市公司治理指数平均值分别为 62.67、63.02、63.19、63.49 和 64.05。对比连续几年来的中国上市公司治理指数可知,中国上市公司治理总体水平呈现逐年提高的趋势。在几个分指数当中,2022 年股东治理指数为 68.69,相对于 2021 年的 68.45 上升了 0.24;作为公司治理核心的董事会建设得到加强,董事会治理指数 2019 年增长至 64.51,2020 年又上升至 64.95,2021 年为 64.93,2022 年又略有上升,为 65.02;2006 年修订的《公司法》加强了监事会的职权,监事会治理指数平均值从 2017 年的 58.78 提高到 2021 年的 59.65,2022 年略有下降,为 59.49;经理层治理状况呈现出较稳定的趋势,2017—2022 年的平均值依次为 58.92、58.91、58.85、59.12、59.32 和 59.78,2017—2019 年信息披露状况呈现逐年改善趋势,2019 年平均值达到 65.35,2020 年略有下降,2021 年增长至 65.60,2022 年达到 65.74;利益相关者问题逐步引起上市公司的关注,其治理指数一直保持着稳步提高的趋势,2022 年增长至 68.13,比 2021 年的 66.42 上升了 1.71。

表 8-16 上市公司治理指数年度比较

治理指数	2017年	2018年	2019年	2020年	2021年	2022年
上市公司治理指数	62.67	63.02	63.19	63.49	64.05	64.40
股东治理指数	65.00	66.47	67.06	67.86	68.45	68.69
董事会治理指数	64.28	64.28	64.51	64.95	64.93	65.02
监事会治理指数	58.78	59.05	59.55	59.65	59.65	59.49
经理层治理指数	58.92	58.91	58.85	59.12	59.32	59.78
信息披露指数	65.04	65.31	65.35	65.27	65.60	65.74
利益相关者治理指数	62.92	63.26	63.00	63.32	66.42	68.13

资料来源：南开大学公司治理数据库。

【本章思考题】

1. 公司自身关注并实行公司治理评价的意义何在？
2. 哪种类型的公司治理评价对公司现行发展起到实质性作用？
3. 国际著名评级机构对公司治理是如何评价的？
4. 公司最核心的治理因素是什么？如何进行内部治理评价制度建设？

【综合案例】

日本与韩国的公司治理状况：亚洲公司治理协会的观察

一、日本公司治理：支离破碎的改革

日本在坚持基本财务报告标准、季度报告、公司治理规则和管理守则等方面，在亚洲市场中做得最好。例如，公司治理准则于2021年4月初发布以供公众咨询；管理守则于2014年年初发布，是亚太地区的第一个管理守则，2017年修订，2020年再次修订。然而，日本在收购规则、私募、高管和董事薪酬披露、集体参与规则、审计委员会的运作，以及提名和薪酬委员会的法律基础和运作等领域仍然表现不佳。它在计算和公布年度股东大会投票结果和会议记录方面也没有跟上亚太地区公司的发展步伐。

根据亚洲公司治理协会的《公司治理观察》（每两年发布一次）2020年的调查结果，日本在大部分领域中的得分都保持稳定，整体得分提高了5.3个百分点，达到59.3%，排名从两年前与印度并列的第7位上升到与马来西亚并列的第5位。但上市公司的表现有所下降。

1. 做得好的地方

在ESG报告标准、董事交易和股票质押披露、董事交易管制期、关联方交易、公司治理准则、独立董事定义和独立董事提名等问题上，调查得分有所上升。日本交易所集团（JPX）于2020年3月出版了ESG披露实用手册。该手册涵盖了关键主题，例如董事会监

督披露流程的必要性、将ESG与战略相联系、识别重大风险和机遇、与利益相关者互动以及设定指标和目标。它还鼓励上市公司根据需要使用可持续发展报告的国际标准框架，包括全球报告倡议组织（Global Reporting Initiative，GRI）、可持续发展会计准则委员会（The Sustainability Accounting Standards Board，SASB）和气候相关金融披露工作组（Task Force on Climate-Related Financial Disclosure，TCFD）等内容。在现阶段，该手册仅作为指导文件，帮助上市公司思考其ESG报告方法，并描述了具体步骤，但它不是强制性的。

在董事股票交易信息披露方面，董事披露股票市场交易的报告必须由高级职员和大股东（即持有超过10%投票权的人）进行，但不得迟于下个月的15日。《金融工具与交易法》第163条之规定同样适用于持股少于5%的董事。在控股股东披露股权质押情况方面，《金融工具与交易法》要求，拥有5%以上流通股的股东，并以其中1%或以上的流通股作为抵押，必须在5个工作日内报告其大规模持股变动情况。

关于禁售期内董事能否进行股票交易的问题，虽然日本没有关于禁售期的正式规定，但预计每家上市公司都有内部规定，要求董事和内部人士在事前申请交易许可。日本交易所集团（JPX）和其他交易所早在2016年的调查中就发现，1 990家上市公司中有93.1%有内幕交易规定，其中71.9%的公司要求董事交易其上市股票须事先获得公司批准，而6.4%的公司禁止股票交易。由于有内幕交易法和公平披露规则，董事和内部人士更为谨慎，往往不会在这段时间进行股票交易。

监管机构也认为，在业绩公布之前的关闭期内，企业不会批准董事进行股票交易。如果董事或职员违反公司股票的内部交易规定，将面临刑事诉讼以及最高5亿日元罚款，并有可能引发股东派生诉讼。

这些做法虽然是进步，但过于复杂。更简单的方法是制定适用于所有上市公司的规则，在业绩公布后为董事交易提供明确的窗口期，或在业绩公布前提供明确的关闭期。犹如一位投资者所说，大多数公司都是这样，只要你在董事会占有一席之地，都要遵守统一的上市规则。但是这位投资者又称，把这个问题放到一个更大的背景下考虑，日本国内并没有改变的必要，因为大多数董事都不买自己的股票！

关于关联交易披露的问题，日本在中小股东批准重大关联交易问题上的规定很弱，但现行的《金融工具与交易法》规定，股票发行人首先要在年度财务报表中披露与关联方（包括控股股东）的交易；其次，要求公司解释它们如何处理与母公司交易中的利益冲突（例如，成立独立委员会审查交易）；最后，东京证券交易所（TSE）的上市规则要求披露与母公司的任何重大交易，并要求股票发行人就此类交易获得独立的公开意见。2020年2月，东京证券交易所更新了公司治理报告的指导方针，要求拥有上市子公司的上市公司披露所有的关联交易及其理由，确保落实有效治理方案。

关于"独立董事"的定义，日本要求独立董事在很大程度上独立于管理层和控股股东；若前任管理人员在公司或子公司工作10年以上，则不能成为独立董事；其他前员工也有同样长的冷静期。但是商业伙伴/顾问的冷静期很短或没有，公司可以在这里定义自己的规则，只要笼统地提及独立董事应具备的技能即可。

关于中小股东提名独立董事的问题，在过去，日本小股东提名人当选董事会成员的可能性很低。然而，现在日本重视股东的合法权利和提名过程本身。这表明在日本提名候选人并不难,只有三个门槛:持有公司1%以上的股份(对大多数股东来说,这是一个很高的门槛)或300个表决权(很低的门槛),持股至少6个月以上(不是很长时间)。但根据日本金融服务管理局提供的数据,2020年有34家上市公司收到了此类议案,其中只有两家公司的小股东获得了成功。所以,我们在这方面没有给予满分,因为在处理小股东提名问题上,公司治理准则对公司提出的指导性意见很少,许多公司继续抵制这个概念,提名委员会可以帮助制定内部政策,但这并不是强制性的。

日本的公司治理改革才刚刚开始。2015年首次出版的日本公司治理准则,主要关注当地公司重要的治理问题。亚洲的大多数最佳实践准则都是在20世纪初至20世纪中期制定的,在很大程度上受进口模式严重影响,而日本的准则更直接地谈到了国内治理的挑战,因此从某种程度上说,日本起步晚反而是一种优势。虽然日本的公司准则并不完美,但它至少可让读者了解一些在日本被认为至关重要的问题,其中包括交叉持股、CEO继任、资本管理、公司治理作为企业价值创造机制、鼓励企业养老基金作为资产所有者发挥管理作用、积极促进机构投资者参与年度股东大会等。尽管关于这些要点的大部分讨论都非常简短,但至少准则已清楚地写明了需要克服的挑战。同时,该准则极其谨慎地处理了一系列其他敏感问题,其中包括监事会职责、日本传统的治理监督体系、监事会与董事会的普遍微妙关系、董事会本身的职责和文化以及需要如何改变(例如,每年减少董事会会议次数、增加董事会多样性及适当的董事培训),还有采取反收购措施、关联交易政策等。即使这样,日本的这扇窗户也只是微微半开着,有洞察力的人才会看到里面一些有趣的东西。

2. 表现不佳之处

与其他市场相比,日本公司治理还存在三个方面的问题:披露实质所有权、披露价格敏感信息和投票表决权。

根据《金融工具与交易法》,实质所有权必须在达到5%股权后的5天内进行报告,并且有一条"爬行者规则"规定,披露每增加或减少1%,这也受制于5天规则限制。在我们的调查中,如披露时间超过普遍规定的3个工作日,则必须减分。

在及时披露价格敏感信息方面,虽然日本的规则已算周全,但它并不要求股票发行人在掌握重要的价格敏感信息且不能立即披露时暂停交易,而其他市场都要求这样做,所以日本减分。

股东大会上的所有决议都必须进行投票,然后在一天内披露结果。但日本很少有上市公司发布会议纪要,而且不要求对出席年度股东大会的中小股东进行全面计票。而发布会议纪要等在其他市场上是越来越普遍的做法,日本也因此在这方面丢分。

日本证券监管制度的一个主要缺点是规则和法规的分散性。与奉行普通法法律制度的市场相比,在日本寻找监管问题的答案可能既耗时又复杂。这些规则总是不在一个地方,而是散布在主要立法、附属立法、执行命令、内阁办公室命令和其他文件中。如果日本金融服务管理局能够制定一份关于关键法律法规所在位置的指南,那将非常有用。

3. 进一步改革的建议

日本迫切需要更加关注中小股东的权利。监管机构可以对投资者进行开放式咨询,以确定他们希望看到哪些改革。

监管机构可以将日本的企业治理制度和公司实践,与地区和国际最佳实践进行更密切的对比。在某种程度上,这已在非财务报告等领域开始了。

二、追赶中的韩国公司治理

韩国市场在该类别中的得分提高 10 个百分点至 48%,其排名从 2018 年的第 11 位微升至 2020 年的第 10 位。虽然公司信息披露越来越好,但韩国发行人仍有一段路要走:综合结果显示,大盘股发行人在 51 个问题中只有 16 个问题表现良好,18 个问题表现一般,另外 17 个问题表现不佳。

1. 做得好的地方

总的来说,韩国的公司为投资者提供了全面、快速的财务和商业信息。发行人在自己的网站或监管机构管理的数据库上及时发布公司行为公告。较大的公司会在年度会议前几周发布年度股东大会议程和详细通函,包括被提名参选董事的简介。我们发现,在接受调查的 15 家公司中,有 10 家公司在会议结束后不久在其网站上公布了年度股东大会投票结果的精确细分(其他 5 家只在它们的"公司治理报告"中公布完整的投票结果,且这些报告要到 6 月份才会发布。我们认为这种延迟是过度的,应该由监管机构解决。韩国公司尚未采用的另一个最佳做法是在年度股东大会期间公布与股东的问答)。

由于严格的财务报告规则,韩国公司大多在我们询问的有关财务和业务绩效特定领域报告的一系列问题上得分很高。发行人通常在其资产负债表中提供应收账款和应付账款的详细概述,以及对收购和撤资的明确解释。他们还在年度报告中管理讨论和分析部分的全面性方面得分很高(然而,他们在贷款方面的披露做得不太好,而且在按功能和性质提供运营费用的详细分类方面做得很差,或者相反,有大量无法解释的"其他费用")。

接受调查的 15 家公司在审计委员会主席的独立性方面做得非常好,均获得满分。查看审计委员会主席的专业知识,我们发现 15 人中有 11 人似乎在财务或会计方面具有明确的能力。审计和非审计费用的披露也是综合的。

另一个优势领域是提供董事出席董事会和专业委员会会议的统计数据。此外,韩国在要求公司披露其董事在这一年的董事会会议上的投票情况方面是独一无二的。然而,这些数字仅以汇总形式出现,通常显示投票的百分比,年度内所有董事会决议均获得每位董事的赞成。

2. 表现不佳之处

韩国董事会治理明显表现不佳的一个领域是董事培训。我们调查的大多数发行人仅向外部董事提供此信息。两家公司以不提供培训为美德,相当傲慢地表示"所有外部董事都被认为具有足够的知识和专业知识",但"如果有必要,我们会在未来考虑"。更积极的一面是,公司确实组织了培训的发行人对其进行一些详细的描述,提供了董事出席统计数据、培训日期、组织者和目标。

在董事技能方面,需要注意的一个问题是审计委员会的专业知识。如上所述,虽然大多数审计委员会主席都拥有相关的会计或财务专业知识,但只有两家公司设有审计委员会,其中大多数成员具有类似的技能。一些审计委员会成员拥有一般的商业和经济背景,而其他人曾在公关、市场营销、技术、社会工作、工程、法律等领域工作过。虽然让这样的人加入审计委员会可能很有价值,但如果公司披露招募这些人的原因和他们的金融知识水平会有所帮助。由于审计委员会培训的披露是强制性的,因此这是一个公司应该能够非常有效地解决的领域。

薪酬披露也可以改进。虽然大多数发行人会披露其前五名高管的薪酬,但由于必须披露超过45万美元的收入,因此只提供非执行董事的总数。一般做法是披露每组的总薪酬,即内部董事、审计委员会成员和其他外部董事的薪酬;只有两家发行人披露了个别董事的费用。此外,关于如何获得独立董事费用的明确政策通常不会披露,只有一家公司这样做。与我们调查中的许多其他市场一样,韩国在董事会多元化的讨论中表现不佳。尽管大多数大盘股都提到了这个问题,但15家中只有3家制订了改进计划。理想情况下,公司还应提供"技能矩阵",说明每位董事为董事会带来的广泛技能,并与业务和未来挑战相关联。但发行人通常只披露个别董事的履历,只有两家提供技能矩阵(但与其业务没有明确联系)。

最后,真正独立的主席在韩国相当罕见。在15家大盘股中,有7家有一位董事长,他们指定独立董事。然而,在深入了解他们的背景和关系后,我们得出结论,其中4个可能不是独立的。同时,其余8家大盘股中,只有1家任命了首席独立董事。

3. 进一步改革的建议

短期举措。发行人在股东周年大会后立即在网站上公布详细的投票结果;并与股东问答分享会议记录或录音;在前10—20名股东名单中披露实益所有权;更好地披露运营成本,尽量减少"其他费用"的汇总。如果将后者汇总,则应予以说明;培训所有董事,而不仅仅是非执行董事;按个人披露董事薪酬,并有明确的独立董事任免政策;讨论董事会技能矩阵以确保与业务相关的技能的适当组合,以及改善董事会多元化的计划和目标;与公众分享明确的举报政策和行为准则。

中长期挑战。审计委员会成员需要更多的会计和财务培训;更积极主动的股东和利益相关者参与;更高质量的董事会委员会报告;使用外部第三方顾问进行董事会评估,披露结果;提高ESG/可持续性报告的质量,包括重要性流程和可量化目标的设定;董事会拥有独立主席,与公司、关联公司或最大股东没有任何联系。

资料来源:艾哲明.追赶中的韩国公司治理[J].董事会,2021,12:42—48;艾哲明,吴丽莎.日本公司治理:支离破碎的改革[J].董事会,2022,3:52—59。

【案例讨论】

1. 日本和韩国近些年的公司治理改革分别取得了哪些成绩?
2. 你对中国公司治理的本地化改革有哪些建议?

第九章　外部治理机制

【篇首语】

外部治理机制是指来自企业外部市场和主体(如政府、中介机构等)的监督与约束机制。广义的公司外部治理是一整套激励约束机制,包括市场竞争性治理机制、银行相机治理机制和政府监管等。本章在对几种主要的公司外部治理机制进行分析阐释的基础上,阐述中国环境下公司外部治理机制的特征、作用现状及改进方向,了解外部治理的主要形式及其运作机制。

【引导案例】

宝能通过二级市场争夺万科控制权

深圳市宝能投资集团是一家以房地产业、物流业、高科技产业为核心的集团化企业。伴随着宝能系的发展壮大,集团董事长姚振华制定了"保险+地产"的发展战略,一个是金融平台——前海人寿,另一个是地产平台——宝能地产。虽然宝能系手握资金和地产,但两者之间不能直接产生关联,需要一个中介打通政策监管上的隔阂,而一家房地产业上市公司恰恰就是最好的选择:保险资金可以投资上市公司的证券为其提供资金,上市公司可以利用资金投资房地产项目,房地产项目可以回馈超额利润给上市公司,上市公司可以将房地产利润放大返回保险公司。

为此,宝能系锁定了房地产上市公司的目标——万科。万科企业股份有限公司成立于1984年,1988年进入房地产行业,已经成为国内最大的住宅开发企业,年均住宅销售规模在6万套以上,业务覆盖珠三角、长三角、环渤海三大城市经济圈以及中西部地区共计62座大中城市,树立了良好的企业形象。

自2015年7月起,宝能系耗资百亿元人民币在股票二级市场强势收购在深交所上市的万科股票,目标直指第一大股东的位置,最终通过四次举牌,宝能系逐渐成为万科大股东。

第一次举牌:2015年7月10日,万科发布公告称,前海人寿通过二级市场竞价交易,买入万科A股552 727 926股,占万科现在总股本的5.00%。

第二次举牌:2015年7月24日,万科发布公告称,截至当日,前海人寿通过二级市场竞价交易,买入万科A股102 945 738股,占总股本的0.93%;钜盛华买入万科A股449 615 060股,占总股本的4.07%。自此之后,宝能系持有万科总股本的10.00%,成为仅次于华润的第二大股东。

第三次举牌:2015年8月26日,万科发布公告称,截至当日,宝能系已累计持有万科15.04%股本。其中,前海人寿通过二级市场竞价交易,买入万科A股80 203 781股,占总股本的0.73%;钜盛华通过融资融券的方式买入公司A股9 316 800股,占公司现在总股本的0.08%;以收益互换的形式持有467 138 612股万科股票收益权,占公司现在总股本的4.23%。

华润入局：与此同时，华润也在2015年8月31日和9月1日两次增持万科，耗资约4.97亿元，增持了约0.4%的股本，使其持股达到了15.29%，超越了宝能系的15.04%，夺回第一大股东之位。

第四次举牌：宝能系前三次增持时，都是随行就市，低价买入，万科股价走势与大盘也并无多大不同。到第四次增持时，宝能系一改之前策略，开始在涨停板扫货。2015年12月4日晚间，万科发布公告称，钜盛华通过资管计划买入万科股票549 091 001股，占公司总股本的4.969%。此后，钜盛华和前海人寿合计持有万科20.008%的股本，再次取代华润成为公司第一大股东。然而宝能系并未就此止步。12月10日、11日，钜盛华相继增持万科1.91亿股、7 864.15万股，共耗资52.51亿元。两次增持后，钜盛华及其一致行动人合计持股24.81亿股，持股占比22.45%。12月15日、18日，钜盛华又分别买入万科1.18亿股、8 196万股，两次增持约耗资42.46亿元，宝能系合计持股占比24.26%。

安邦入局：2015年12月17日，安邦保险继续增持万科A股股票1.05亿股，18日又再度买入A股股票2 287.29万股，这两日增持后，安邦保险合计斥资约28.24亿元，持有的万科股票比例已攀升至7.01%。而此时此刻，宝能系累计持股万科A股24.26%。若华润、安邦和万科管理层形成一致行动人，合计持股占比约为27.65%，将超过宝能系的24.26%。

万科反击：万科集团创始人、董事会主席王石2015年12月17日在万科内部会议中明确提出"不欢迎宝能系成为万科的第一大股东"，认为宝能系"信用不够"，宝能系的入主可能会毁掉万科"最值钱的东西"，即万科的信用。12月18日，万科宣布临时停牌，宣布筹划股份发行，资产重组。2016年3月13日，万科发布公告称，已与深圳地铁集团于12日签署战略合作备忘录。万科拟主要以新发行股份方式，收购深圳地铁集团所持有的目标公司的全部或部分股权，预计交易规模介于人民币400亿元至600亿元之间。

之后，深圳地铁接盘成为万科第一大股东，深圳地铁集团出资292亿元受让恒大所持股份。地方政府介入，宝能系知道控股无望，于是开始减持万科股票，最终"宝万之争"以宝能系失败而告终，但是宝能系只是控股万科失败，后来其陆续卖出万科股票，赚了三四百亿元。

资料来源：作者根据新浪财经相关报道整理。

【案例讨论】

1. 宝能系选择争夺万科控制权的动机是什么？
2. 万科管理层为什么不欢迎宝能系成为第一大股东？
3. 如果你是宝能系聘请的并购财务顾问，面对万科与深圳地铁集团达成战略合作的局面，你认为宝能应该如何进退？

第一节　市场竞争性治理机制

市场竞争性治理机制是公司外部治理机制的重要组成部分,其涵盖面较广,主要指公司控制权市场、产品市场和经理市场等竞争性市场机制对企业利益相关者的权力和利益的作用与影响,例如兼并、收购和接管等市场机制对高级管理人员的治理功能的影响。在具备充分竞争的资本市场、产品和生产要素市场、经理人市场的条件下,所有者可以借助于市场上的经营业绩指标对经营者实施监督、评价与奖惩。市场竞争性治理机制有助于减少企业经营中的信息不对称,降低代理成本,从而最大限度地实现所有者与经营者之间的激励相容。

一、控制权争夺与接管机制

在公司外部治理机制中,一个很重要的方面就是公司外部主体对公司控制权的争夺。当外部主体认为公司潜在价值并未得到充分挖掘时,就会通过证券市场的并购等方式争夺公司的控制权,并进一步重整公司的治理安排,由此实现公司潜在价值的最大化。可见,控制权争夺作为一种外部潜在的威胁,会极大地督促公司管理层积极工作。

(一) 控制权与控制权市场

公司控制权问题是现代公司治理的一个核心问题。自 Berle 和 Means 在 1932 年指出所谓的"经理革命"现象以来,公司控制权理论受到了广泛的关注并得到了长足的发展,对公司治理中存在的所有权和控制权分离现象的解释则直接形成了控制权市场理论。

1. 控制权的含义

公司控制权就是对公司发展和利益分配等重大事项的决策权,而其中决定公司的董事人选进而决定公司的高层经理人员的权力最为重要。在企业管理理论中,"控制权"一词主要有两个来源:一是出自 Berle 和 Means 合著的《现代企业与私有财产》(*The Modern Corporation and Private Property*)一书,他们把控制权定义为选举董事会或多数董事的权利,并且认为,随着所有权与控制权的分离,公司的控制权实际上已经由经营者所掌握。二是出自 Grossman 和 Hart(1986)、Hart 和 Moore(1990)等经典论文发展起来的"不完全契约理论"(Incomplete Contract Theory,GHM)中的剩余控制权概念。按照这一理论分析框架,企业的契约控制权分为特定控制权和剩余控制权。特定控制权是指事前可通过契约加以明确界定的控制权。剩余控制权是指事前没有或无法在契约中明确界定应如何使用的权力,是决定资产在最终契约所限定的特殊用途以外如何被使用的权力。该理论从企业的契约性和契约的不完全性出发来理解所有权关系,并认为企业所有权的核心是剩余权。

控制权和控股权既有联系,又存在一定的区别,二者并不完全一致。控制权的主体未必是股东或大股东。在股权分散的股份有限公司中,有时公司的控制权由董事会甚至经理阶层掌握;控制权的方式未必是股份控制方式,也可能是合同控制或人事连锁方式。控股权即持有上市公司达到优势比例的股权,是实现控制权的一种重要方式和保证。控股权分为绝对控股与相对控股,绝对控股是指持股在50%以上,相对控股则是指持股在50%以下,但能有效地控制公司表决及有效地控制公司经营行为的持股比例。通过控股达到控制的通常途径是在股东大会中行使相应比例的优先表决权。

2. 控制权的特征

控制权的合理配置是有效公司治理的基础和前提,对公司稳健经营具有重要影响。就其对公司治理的影响来讲,主要有以下三个特征:

第一,公司控制权具有可转移性。公司控制权的可转移性源于资本所有者对所投入资本的保护。当管理层为谋求自身利益最大化而损害资本所有者权益的时候,大股东可以通过董事会上的代理投票权竞争来撤换管理层,小股东可以到股票市场抛售公司股票,以"用脚投票"的方式来激发公司控制权市场上的并购机制,从而达到转移公司控制权的目的。公司控制权的可转移性是委托代理关系下约束代理者行为的一种机制。

第二,公司控制权具有可收益性。从产权的角度来看,这种控制权收益不仅表现在能为控制主体带来货币收入上,更重要的是掌握公司控制权就意味着控制权主体能享受到特定的控制权收益。这种特定的控制权收益主要包括控制权带来的各种私人收益,特别是在法律制度不完善的条件下,控制性股东通过关联交易、经理层通过在职消费等方式获取巨大的控制权私人收益。当然,这种收益是以其他公司总价值的损失为代价的。

第三,公司控制权具有状态依存性。公司控制权的状态依存性源于公司所有权的状态依存性。公司所有权的状态依存是指不同的企业经营状态,对应着不同的控制机制。按照哈特对公司所有权安排的理解,谁拥有公司剩余控制权,谁就拥有了公司所有权,而剩余控制权是控制权的关键内容,所以公司控制权也就具有了状态依存的特性。状态依存的客观存在本质上是对私有产权的保护。在企业中,不同要素产权主体以契约形式让渡资产使用权,以追求资产的最大增值,但由于要素的特征差异和产权主体对风险的偏好不同,各个产权主体提供的资产面临不同的风险水平,这决定了各个主体在企业经营陷入危机、企业原始的合约关系难以为继时,对保全各自资产的权力次序,即一旦预期到自身权益将遭受损害,预期损害最大的利益相关者将会相机取得对资产的控制权。因此,企业的控制权随企业的经营状况而定,从而具有了状态依存的特点。

3. 控制权市场的作用

在现代公司制下,委托代理问题日益严重,股东常常会通过股东大会、增设内部审计委员会和独立董事、直接监督经理层等内部治理机制降低代理成本,但当公司内部治理机制不能有效降低代理成本时,外部的公司控制权市场就会成为一种替代机制,对业绩

不好的公司予以并购,对不称职的经理进行更换,所以说外部控制权市场是完善公司治理机制的一种重要方式,它的作用如下:

第一,控制权转移将直接导致公司内部治理结构的重整。伴随并购而发生的控制权转移将直接导致公司治理结构的改变,这种改变包括两个方面。一是当公司的业绩不佳时,大股东会主动出面,通过行使投票表决权,提出更换现有的董事或经理,从而改变公司控制权的现状。二是当公司经营状况不好时,股票价格下跌就会引起其他公司的注意,在时机成熟的时候,并购方会采取要约收购等方式对公司进行收购,从而导致大股东的更替和公司治理的重组。如果是善意收购,即收购方事先与被收购方的经理层谈好条件,可能不会导致经理层的更换,但并购成功后,经过整合的公司治理结构也会发生很大的变化。如果是敌意并购,那么常常会伴随被并购方经理的离职,公司治理结构通常会发生重大变化。

第二,控制权市场作为外部治理机制,对经理具有激励和约束的作用。在委托代理关系下,股东将控制权委托给董事会,而董事会又把控制权交给经理层,这样经理层就拥有了实际控制权,但由于信息不对称,股东和董事会根本无法全面准确地了解经理层的行为,经理层则会利用这一点采取偷懒、在职消费等机会主义行为,如果股东和董事无法观察到经理层的这些行为,则公司内部治理结构就无法对经理层的这些行为给予惩罚。但由于控制权市场的存在,如果公司的业绩下降导致股票价格下降,经理层就会面临被更换的危险,这种威胁可能来自本公司的股东和董事,也可能来自外部并购者。这对经理的行为形成了很大的激励与约束作用:一方面,经理会减少在职消费,提高公司利润和价值;另一方面,经理会增强自我约束,努力工作,处理好与董事和股东的关系,防止被更换,同时也时刻防范被外来并购者并购。

第三,公司控制权市场的有效运作有利于公司业绩的改变,提高资源配置效率。一方面,公司控制市场的存在,使公司常常面临被并购的危险,这就激励经理层不断提高公司业绩以防止被并购;另一方面,在控制权市场上被并购的公司往往是那些经营不善、运作不佳的公司,而业绩较好的公司作为并购方在完成并购后,会进行全方位的整合,包括资产重组、组织结构调整、文化整合等,使资源的配置效率达到最高,从而提高公司整体业绩。在1996年1月1日—2000年12月31日期间沪深两市上市公司所发布的资产重组公告中,张文璋等以999起并购事件作为研究样本(其中沪市551起,深市448起),发现经营业绩改善的比例为60.08%,而1999年和2000年经营业绩改善的比例分别高达68.97%和68.60%。[①] 而且在许多国家,如日本,善意并购数目比较多,表面上看是并购,实际上是通过企业联合达到实现规模经济或资源有效配置效率的目的。

(二) 控制权市场的作用机制

控制权市场的主要意义就在于它可以克服两权分离下公司经理的追求与股东利益目标之间的偏差,从而保证及增加股东的福利。它一方面能够使资源集中在有能力的管

---

① 张文璋,顾慧慧.我国上市公司并购绩效的实证研究[J].证券市场导报,2002,9:21—26。

理团队中,使之得到有效利用;另一方面也能够惩戒经营不善的管理者,防止资源浪费。同时,在股权集中且控股股东存在侵占行为时,控制权争夺是对控股股东控股地位的潜在威胁,从而有助于抑制控股股东的利益侵占行为。

市场上对公司控制权的争夺分为两个层面,一是股权争夺层面,二是董事会争夺层面。这两个层面上的争夺"战场"是不一样的,股权层面上的争夺战场是证券市场;而董事会层面上的争夺战场是股东大会。其中,股权是控制权的基础,董事会是控制权的核心。股权争夺的结果必然伴随董事会的争夺,而董事会的争夺通常以股权为基础。控制权转移的方式一般包括企业并购、代理权竞争、资产剥离、托管运营和司法裁定等。

1. 企业并购

(1) 并购的含义与并购方式

企业并购泛指在市场机制作用下,并购公司为获得其他公司的经营决策控制权,对目标公司进行购买的经济行为,是公司控制权市场的主要内容。要想控制一家公司,首先必须掌握该公司的选举权,而获得选举权的最简单方法当然是购买该公司的股票,这种购买股票的权利被称为控股竞争权。根据并购的动机,并购可分为善意并购和敌意并购。

善意并购,是并购公司事先与目标公司协商,征得其同意并通过谈判达成收购条件的一致意见而完成收购活动的并购方式。善意并购得到了目标公司的支持,并购双方能够充分交流、沟通信息,因而有利于降低并购行为的风险与成本,同时可避免因目标公司抗拒而带来额外的支出。但是,善意收购是双方相互博弈妥协的结果,为换取目标公司的合作,并购公司不得不牺牲部分利益,而且漫长的协商、谈判过程也可能带来巨大耗费。

敌意并购,是指并购公司在并购过程中虽然遭到目标公司的抗拒,仍然强行并购,或者并购公司事先并不与目标公司进行协商,而是突然直接向目标公司股东开出价格或收购要约的并购行为。敌意并购的优点在于并购公司完全处于主动地位,不用被动权衡各方利益,而且并购行动节奏快、时间短,可有效控制并购成本。但是敌意并购通常无法从目标公司获取其内部实际运营、财务状况等重要资料,给公司估价带来困难,同时还会招致目标公司抵抗甚至设置各种障碍。所以敌意并购的风险较大,并购公司必须制订严密的收购行动计划并严格保密、快速实施。另外,由于敌意并购易导致股市的不良波动,甚至影响企业发展的正常秩序,各国政府都对敌意并购予以不同程度的限制。

从并购方式看,企业并购包括兼并与收购两种方式:

① 兼并。企业兼并是指两家或两家以上的独立公司组成一家公司。按照国际标准,公司兼并划分为两类:吸收兼并和新设兼并。吸收兼并是指接管(收购)公司定向发行新股给予目标公司股东,从而获取目标公司的方式,即换股合并。接管公司吸收目标公司,目标公司解散,丧失独立法人地位;而存续公司仍然保有原公司法人名称,通过吸收,获得被吸收公司的资产和债权,同时承担起债务。新设兼并,又称创立合并,是指两个或两个以上公司合并设立一个新公司,合并各方解散;新设公司接管合并公司的全部资产和业务,重组公司治理结构。

兼并是企业存量资产重新进行组合的重要方式。对企业兼并的动机,存在多种假说,比如控制权增效假说、自由现金流量假说、效率理论、信息理论、代理成本理论、税收理论等。但不管哪种动机,兼并所导致的后果都是一样的,即企业控制权发生了转移,并且这种转移需要通过兼并企业与被兼并企业管理者的共同行动来完成。

② 收购。我国2020年修订后的《上市公司收购管理办法》第五条规定,收购是指"收购人可以通过取得股份的方式成为一个上市公司的控股股东,可以通过投资关系、协议、其他安排的途径成为一个上市公司的实际控制人,也可以同时采取上述方式和途径取得上市公司控制权。收购人包括投资者及与其一致行动的他人。"按照收购采取的法律手段,收购可以分为两种形式:要约收购和协议收购。

要约收购。要约收购是一种场内行为,指收购方向目标公司的所有股东发出的收购通知,表明收购方将以一定价格在某一有效期之前买入全部或一定比例的公司股票。根据《上市公司收购管理办法》第二十三条,投资者自愿选择以要约方式收购上市公司股份的,可以向被收购公司所有股东发出收购其所持有的全部股份的要约,也可以向被收购公司所有股东发出收购其所持有的部分股份的要约。由此可见,要约收购是收购方向被收购公司所有股东发出收购要约以表达其收购意愿的收购方式。

要约收购是美国上市公司采用的最主要的收购形式。它的优点在于:一是平等地对待所有股东,使中小股东也能了解公司被收购的信息;二是公开交易,制约了收购公司和被收购公司的股东或高级管理人员之间的欺诈行为。

按照不同的标准,可以将要约收购进行如下的分类:

根据要约收购报告书中预定收购股份的数量和比例的不同,可以把要约收购分为全面要约收购和部分要约收购。全面要约收购是指收购方向被收购公司所有股东发出收购其所持有的全部股份的要约;而部分要约收购是指收购方向被收购公司所有股东发出收购其所持有的部分股份的要约。可见,全面要约收购成功后,被收购公司不复存在,而部分要约收购成功后,被收购公司仍然存在。

根据要约人的主观愿望,可以将要约收购分为自愿要约收购和强制要约收购。自愿要约收购是指收购方是自愿发起要约收购报告书的;而强制要约收购是指收购方发出要约收购报告书并非出于自愿。《上市公司收购管理办法》第二十四条的规定,通过证券交易所的证券交易,收购人持有一个上市公司的股份达到该公司已发行股份的30%时,继续增持股份的,应当采取要约方式进行,发出全面要约或者部分要约。

要约收购在各国的法律上都已经形成了一套成熟的制度体系。主要包括:第一,对收购者信息公开的要求。如投资者持有一个公司股份达到一定比例时,必须报告持股意图。美国要求的比例为5%,英国为2%,我国为5%。第二,对要约收购期限的规定。美国规定一个要约收购在它的主体条件已经公开披露后的5个交易日内必须开始收购,且要保持至少20个交易日。英国的规定是一次发起的收购要约必须至少开放20天,最长不得超过60天。我国规定要约收购的期限不得少于30天,并不得超过60天(出现竞争要约的除外)。第三,强制要约收购。收购者在持有目标公司股份达到一定比例时,必须向目标公司股东发出要约。其目的是保护小股东免受控股大股东收购者对利益的侵蚀。

从上述规定来看,对要约收购的法律管制,主要目的是为处于同一个要约收购状态的股东提供足够的时间和信息来作出审慎的决策。同协议收购相比,要约收购增加了小股东选择和参与收购活动的机会,限制了大股东单方面制定收购价格的能力。要约收购的本质是一种市场竞价行为。要约收购形式有利于敌意收购的发生,从而迫使那些经营不善而又不愿自动出局的大股东和经营者面临被敌意接管的命运,促使其建立起科学的公司治理机制,提高资源的配置效率。

协议收购。协议收购是一种场外的股份转让活动,是指收购方通过与被收购公司的控股股东进行协商,达成并签订收购其股份的协议,以此获得被收购方控制权的收购方式。它是我国上市公司的主要收购方式。

协议收购作为我国上市公司的主要收购方式,具有以下优点:一是程序简单。因为协议收购只需要收购方与控股股东达成收购协议,而在我国上市公司中,国有股和法人股占控股地位,所以收购方只需要与国有股和法人股的持股机构就收购股权数目、收购价格等达成并签订协议,通过证券公司的审核,股份就成功转让了。二是收购成本低。因为协议收购的股票价格是收购方与控股股东在证券交易市场以外达成的协议,它会远低于流通股价格,但高于每股净资产值。所以,比起其他并购方式,协议收购的成本要低得多。

虽然兼并与收购同属公司接管机制的范畴,但兼并主要是两个企业管理层之间的协调和运作,而收购是接管方经理和被接管企业股东之间的相互运作。因此,收购更能体现公司控制权转移的影响,直接反映了公司控制权的争夺,且收购发生后,目标公司仍然存续;而兼并则更多反映了公司扩张与规模效益方面的需求,在兼并结束后,被兼并企业不会再作为一个公司实体而存在。

(2) 并购的其他形式

并购和代理权竞争是公司控制权争夺的两种主要方式,而杠杆收购、管理层收购则是收购的衍生形式,其在融资方式和参与主体方面有别于传统的收购。

① 杠杆收购(leveraged buyout,LBO)是指收购方以少量的自有股本,通过向银行、金融机构大量举债或大量发行债券的方式融资,以达到收购目标公司的目的。之所以称为"杠杆收购"是因为它的负债常常占总收购资金的50%以上,甚至更高,是典型的以少量自有资本,通过财务杠杆达到并购目标公司的方式。杠杆收购受到了很多美国大公司的青睐,不仅因为它可以实现收购方"小鱼吃大鱼"的愿望,还因为它在无形中形成了"税盾",即大量的举债改变了收购后公司的资本结构,从而使公司的税负大大减少。

杠杆收购的特点之一就是高负债。通常收购方的自有资金只占总收购资金的10%,其余收购资金来自银行或保险公司的贷款或公开发行债券,这给公司带来了大量的负债,对公司形成巨大的压力。

杠杆收购的特点之二是高风险。一是财务风险,主要来源于两个方面:一方面,如果收购方遭到了目标公司的反并购回击,如目标公司设置的"毒丸"计划,则收购方要么以巨大的收购成本去完成并购,要么放弃此次收购,但由于收购方的资金主要来自负债,因此这两种情况都会给收购方带来难以收拾的局面;另一方面,收购方大量举债是以被收购公司的资产和未来现金流作为担保的,如果对被收购公司资产的评估存在误差,就会为日后企业的偿债能力埋下隐患。二是经营风险。收购方收购目标公司成功并不是终点,如果不能对并购后的公司进行有效的整合,则收购不能算是成功。在企业整合的过程中,一些潜藏的问题就会暴露出来,如收购方可能发现目标公司的经营状况并不像收购前看起来那么具有市场前景,或者并购后组织结构、人力资源和文化整合都面临着巨大的阻碍,增加了经营的不确定性。

杠杆收购的特点之三是杠杆收购必须依赖外部的资金支持,包括银行、保险公司或其他金融机构,而且常常是几家金融机构的联合支持。如在京东方的杠杆收购案中,就依靠了韩国汇兑银行联合其他三家银行和一家保险公司提供的贷款,如果没有这些金融机构的联合贷款,财务杠杆根本无从谈起。

杠杆收购的程序比较复杂,但概括起来,有四个基本步骤。

步骤之一:举债融资。这是最关键的一步。杠杆收购的关键是如何获得财务杠杆。通常,收购资金只有10%是来自收购方的自有资金,50%以上的收购资金都是以目标公司的资产或未来收益作为抵押向银行或保险公司等其他金融机构贷的款。除此之外,收购方还会发行垃圾债券(收益率与风险均高于较高级债券)。

步骤之二:向目标公司发起收购。收购方筹资成功后,会购买目标公司的全部股票或资产。被收购的目标公司通常是上市公司,而收购其公开发行的股份,将使原有的上市公司转为私人拥有的公司。

步骤之三:收购后的全面整合。收购方成功收购目标公司之后,首先会对公司治理结构和管理团队进行重组。同时,为了支付大量债务,公司会进行资产重组,剥离不具竞争力的业务,突出核心业务。此时,企业会面临一定的经营风险。成功的整合与企业未来的收益有着密切的关系。

步骤之四:第二次公开发行(second IPO,SIPO)。这是建立在第三步成功的基础上的。当公司收购完成并且有力地进行了全面整合,公司稳步强大,就需要通过第二次公开发行来重新上市,达到通过股票融资扩大企业资金规模的目的。

② 管理层收购(management buyout,MBO)是杠杆收购的一种,指目标公司的管理层,尤其是高级经理人员,通过向第三方融资来收购所管理的公司,获取公司控制权以达到控制、重组该公司的目的,然后用公司未来的现金流来归还所欠债务,并从中获得超过正常收益回报的金融工具。其特殊性不仅在于它是杠杆收购的一种形式,而且还在于接管主导方是目标公司的管理层。

在实践中,除了管理层单独接管,还发展出另外两种不同的形式,一是管理层与外部投资者或接管专家组成投资集团共同实施管理层收购;二是管理层与员工持股计划(employment stock ownership plan,ESOP)相结合。西方的管理层收购不同于一般意义上的经营者持股,两者的显著区别在于持股比例的不同,当经营者持股达到可以控制整个公司经营的程度时,这种持股就已经从一般意义上的经营者持股转化为管理层收购。管理层收购也不同于单纯的员工持股计划,单纯的员工持股计划一般要组成员工持股会,而且面对的是全体员工,其持股比例不一定要达到控制公司的程度。

管理层收购是西方国家在20世纪七八十年代出现的新现象,与员工持股计划类似,MBO的出现主要是基于以下几种因素:首先,20世纪六七十年代的接管失误,使得许多公司未能创造出适当的激励机制和管理结构;其次,公司重组所必需的大型的流动金融资产市场的诞生;最后,全球范围内更剧烈的对公司控制权市场的竞争。最初,管理层收购是作为一种业务放弃战略而出现的,一些过度扩张的巨型公司为了集中力量发展主业,选择将下属的一些企业和部门进行出售,使管理层收购成为一种主要的出售方式。在1987年的美国股市崩溃后上市公司通过管理层收购退出证券市场成为当时的一种重要选择。在美国,管理层收购在1988年达到了顶峰,当时包括管理层收购在内的"杠杆收购"的融资额已占到大型银行所有商业贷款9.9%的份额。20世纪90年代末,用管理层收购进行资产剥离的案例比20世纪90年代中期增长了15%左右,在美国的800家大公司中,管理层几乎无一例外地持有本公司的股票,其中111家公司管理层所持有股份已达总股份的30%。

管理层收购对公司治理的意义在于:第一,缩短了委托代理链。现代企业制度下,企业的所有权和经营权相分离,股东将决策权委托给董事会,董事会又将部分控制权委托给管理层,而管理层通过收购本公司的股份而成为主要股东,从而大大缩减了委托代理链,达到了股东与经营者二者合一的状态。第二,降低了代理成本。在两权分离的情况下,由于信息的不对称性,股东无法观察到管理层的所有行为,管理层常常会有偷懒等机会主义行为,但通过管理层收购,他们成为主要的股东,这就大大减少了管理层偷懒、在职消费等行为。第三,负债融资激励管理层努力工作。为了完成对目标公司的收购,管理层除了利用自己手中的小部分股权之外,大部分的融资来自银行和金融机构的贷款,为了支付这笔债务,管理层会努力改善公司业绩,使并购后的公司不断强大。

2020年修订的《上市公司收购管理办法》对于管理层收购进行了规定,其中第五十一条规定:"上市公司董事、监事、高级管理人员、员工或者其所控制或者委托的法人或者其他组织,拟对本公司进行收购或者通过本办法第五章规定的方式取得本公司控制权(以下简称管理层收购)的,该上市公司应当具备健全且运行良好的组织机构以及有效的内部控制制度,公司董事会成员中独立董事的比例应当达到或者超过1/2。公司应当聘请符合《证券法》规定的资产评估机构提供公司资产评估报告,本次收购应当经董事会非关联董事作出决议,且取得2/3以上的独立董事同意后,提交公司股东大会审议,经出席股东大会的非关联股东所持表决权过半数通过。独立董事发表意见前,应当聘请独立财务顾问就本次收购出具专业意见,独立董事及独立财务顾问的意见应当一并予以公告。上市公司董事、监事、高级管理人员存在《公司法》第一百四十八条规定情形,或者最近3年有证券市场不良诚信记录的,不得收购本公司。"

【案例9-1】

创世纪管理层收购案例

创世纪公司成立于2003年4月11日,于2010年5月20日在深交所创业板挂牌上市,是东莞第一家创业板上市公司。创世纪公司是国内消费电子精密结构件产品及服务的领先供应商,为全面推进公司转型升级、落实智能制造战略,公司通过自建国家智能制造专项项目及外延式收购、投资参股的方式快速切入智能制造领域。

创世纪采取认购非公开发行的管理层收购形式,整个非公开发行历程经历了三次修订:预案为2020年2月21日披露的,发行对象为夏军、陈丽君、黎明、朱双全、刘艳辉、钱正玉、荣耀创投、珠海创富、宁波创富、融捷投资、周雅仙等11名特定发行对象。2020年4月29日第一次修订,发行对象为夏军、黎明、荣耀创投3名特定发行对象。2020年8月3日第二次修订,发行对象不变。2020年10月27日第三次修订,发行对象为夏军。

第三次修订后,创世纪于2020年11月17日召开董事会审议《关于公司创业板向特定对象发行A股股票构成管理层收购的议案》。夏军是2015年上市公司发行股份购买资产进来的股东,2017年成为公司董事,2018年成为董事长。在本次非公开发行之前,公司处于无实控人状态。本次公开发行后,实控人变为夏军,即董事长取得上市公司控制权。

资料来源:作者根据公开资料整理。

(3) 并购对公司治理的影响

在资本市场约束中,收购与重组是一种非常关键的外部公司治理机制。竞争的并购和控制权市场为敌意接管这种公司治理机制提供了可能。它的含义是,当一个企业由于经营管理不善,其市场价值低于实际价值时,公司外部的并购者(或称为袭击者)就会在投资银行或其他金融中介的帮助下,通过资本市场或金融市场对企业发起敌意接管行动,在接管成功以后通过更换管理层改善经营的绩效,实现企业的真正价值,并从中获利。无论是董事会的监督还是代理权争夺战,这些治理机制都是治理主体承担了改进管理的成本,但只分享到收益的一部分。在理论上,敌意接管是约束管理层的更为有力的机制,因为它允许那些发现公司经营业绩表现不佳的人得到全部收益。

通常情况下,成为收购对象的公司经营绩效普遍较差,或者是经营面临困难,这意味着公司内部治理制度安排是无效的,而收购与重组无论成功与否,对于公司治理过程来说,一般都会有积极的意义。这种治理机制的作用方式在于公司被收购时管理层面临失去公司控制权的威胁(Karpoff等,1996),成功收购后的结果往往是公司管理层的变动和治理架构的重组,经营无方的管理者被替代的结果反映在公司价值的大幅度提升上(Jensen和Ruback,1983;Jarrell和Poulsen,1988)。即使收购不成功,在位管理者因面临被替代的威胁而主动改变经营行为,最终也会体现在公司价值的改善上。收购不成功的情况可以分为两种,一种是收购过程因被收购公司的拒绝而失败,结果往往是公司价值的进一步提升(Dodd和Ruback,1977;Bradley,1980;Dodd,1980);另一种情况是收购过程因为收购者的放弃而失败,结果往往是被收购公司价值的下跌。因此收购和重组的威胁被认为是控制经理人员行为的最有效方法之一(Shleiferand和Vishny,1997)。同时,并购的威胁也会有效抑制控股股东可能的机会主义行为。如果控股股东存在侵害其他中小股东的行为,导致公司价值下降,则并购者就会发起控制权争夺战并将赢得中小股东的赞同,最终将导致控股股东控股地位的丧失。并购成功后,并购方会对公司治理及管理层进行大规模重组,提高公司价值。

但是,并购的发生和发展受其他宏观环境的影响较大,处于不稳定状态。而公司的日常经营管理是持续进行的。并购市场对公司治理的影响势必主要停留在纠正错误的阶段,而非预防错误。并购市场本身给公司的经营者所带来的潜在压力,将会起到一定的预防作用。但是这种作用的效果很难量化,与经常性的、制度性的监督相比,其预防作用在理论上就远没有后者明显。这是市场调节手段的滞后性的一个表现。另外,并购市场的高成本也是经常受到批评的。造成并购成本不断上升的原因主要有以下几点:① 投标者的信息成本。为了准确地猎取目标公司,投标者需要收集、掌握大量的信息,经过比较、筛选后,才能作出正确的判断。② 竞争成本。如果在并购过程中,参加投标的人不止一个,并购过程将因为竞争者的加入而大大增加并购的成本。③ 反收购成本。公司的现任经营管理者决不会坐以待毙,他们必然会使用各种可能的反收购手段来保护自己的利益。昂贵的成本必然会对并购产生一定的阻碍。但是,投标者也可以在一定程度上通过先期获得部分股票来降低成本。另外,投标者是在原经营管理的基础上计算标价的,必然会在获取利润的前提下,才会继续其收购事宜。

【案例 9-2】

润邦股份并购"怪现象"

润邦股份自 2010 年上市后,业绩非常不稳定,近一半年份的营业收入和净利润都同比下降。

根据财报和业绩快报,2016—2018 年,润邦股份的收入分别为 28.24 亿元、18.43 亿元、19.71 亿元,归母净利润为 8 383 万元、8 507 万元、7 100 万元,营业收入和净利润在三个会计年度内"双降",而 2015 年公司更是大幅度亏损 4.6 亿元。

在业绩停滞的背景下,润邦股份急需新的业务注入来改变局面,外延式收购成为题中之意,但公司的多次收购结果其实并不理想。

2019 年 3 月 7 日,润邦股份发布关联交易预案修订稿,拟以 9.9 亿元收购中油优艺的 73.36% 股权,而此次交易前上市公司控制的润浦环保已经持有中油优艺的另外 26.64% 股权。

根据预案修订稿,以 2018 年 12 月 31 日为预评估基准日,中油优艺 100% 股权的预估值为 13.52 亿元。以上述预估值为基础,经双方协商一致,本次交易标的公司 100% 股权的交易价格初步确定为 13.5 亿元,标的资产即中油优艺 73.36% 股权交易作价初步确定为 9.9 亿元。

在收购前,上市公司的主营业务为高端装备业务,主要包括各类起重装备、船舶配套装备、海洋工程装备等业务,为客户提供产品的设计、研发、制造、销售及服务,以及节能环保领域的相关业务(主要包括污泥处理处置服务、危险废弃物及医疗废弃物处理处置服务等)。

2018 年中报显示,公司主营业务中,通用设备制造业 2018 年上半年实现营收 8.43 亿元,占比 88.19%;节能环保行业收入为 1.03 亿元,占比 10.8%。从收入结构来看,润邦股份是以通用设备制造业为主的。

在并购后,上市公司的主业将更加偏向于危废处理业务,收入结构和利润结构也将随之改变,公司希望通过并购实现战略转型。

据了解,中油优艺深耕环保领域多年,专注于工业危险废弃物及医疗废弃物的减量化、无害化处置,为产废企业提供环保领域的一站式综合服务。自2009年设立以来,中油优艺主要服务于化工、汽车、医药、电子元器件等行业产生的固体危险废弃物、废液等危险废物以及医疗机构产生的医疗废弃物处置,业务范围覆盖湖北、河北、山东、湖南、江苏、辽宁、贵州等七个省份。

西南证券的报告显示,中油优艺现有危废处置能力为18.4万吨/年(焚烧10.2万吨/年+综合处置8.2万吨/年),另有9万吨/年危废在建规划产能(焚烧7.5万吨/年+综合处置1.5万吨/年),同时拥有医废处置能力2.286万吨/年,另有1.7万吨/年医废在建规划产能;2019年上半年中油优艺合计具备危废处置能力达27万吨/年,医废处置能力达3.69万吨/年。

此次交易预案修订稿显示,截至评估基准日2018年12月31日,标的公司中油优艺100%股权未经审计的账面净资产值为4.46亿元,预估值为13.52亿元,预估增值率为202.97%。这个价格并不便宜。

值得注意的是,2017年6月,润浦环保支付2.29亿元获得了中油优艺21.16%股权,折合100%股权估值约10.82亿元;第二次收购发生在2018年4月,润浦环保用9 080万元获得了中油优艺7.76%股权,折合100%股价估值为11.7亿元。而此次给出的13.52亿元的高估值,较前两次入股时的估值分别溢价24.95%和15.56%。

2017年6月润浦环保购买中油优艺21.16%股权时,与转让方签署了相关业绩承诺,交易对方承诺中油优艺2017—2019年的扣非净利润(净利润扣除非经常性损益后的利润)分别为6 000万元、9 000万元、1.2亿元。而中油优艺2017年扣非后归母净利润为880万元,仅完成了承诺业绩的14.67%,和当初承诺的业绩相差甚远。随后,润浦环保决定暂不要求业绩承诺方进行补偿或回购,同时表示将积极督促中油优艺努力拓展业务,提升经营业绩。

也就是说,润浦环保与中油优艺签署的业绩补偿承诺变成了一张"废纸",根本没有兑现。在这样的情况下,公司的估值继续攀高,此次交易标的公司100%股权的交易价格升至13.52亿元,比2018年4月的11.7亿元估值高出15%以上,这着实让投资者难以理解,为什么业绩不断下滑,而公司的估值不断增长呢?在业绩没有完成的情况下,为什么不要求承诺方补偿差额部分呢?即使控股股东同意,但是否充分考虑了中小股东的利益呢?

关联交易预案修订稿披露,根据未经审计的财务报表,中油优艺2018年度实现营业收入3.63亿元、扣除非经常性损益后归属母公司所有者的净利润为5 931万元,这比当初承诺的净利润9 000万元少了3 069万元。

值得关注的是,在这次业绩未达标的情况下,润浦环保是否会"再次原谅"中油优艺,不需要交易对方进行业绩补偿?这一问题值得投资人持续关注。

资料来源:方力.润邦股份并购"怪现象"[J].证券市场周刊,2019,3。

（4）全流通背景下我国企业的并购特征

我国股权分置改革的推进和全流通时代的到来，为控制权市场的活跃奠定了制度基础，并购和反并购的机会将更多，也将更市场化。2006年7月底，修订后的《上市公司收购管理办法》出台，这对于规范全流通市场下的收购兼并方式，具有重要的推动作用。

表9-1显示了从2017—2021年五年间在中国境内的并购所采用并购方式的统计结果。根据该统计表格，从不同并购方式的数量来看，在2017—2021年期间，我国境内的并购活动采用最多的前三种方式是协议并购、增资和二级市场收购（含产权交易所）。其中，以协议并购方式发生的并购最多，共有7760起；通过增资进行并购的活动共发生了1021起，涉及金额超过2500亿元；通过二级市场进行的并购共有698起，交易金额超过3000亿元。从不同并购方式的金额来看，排在前三位的并购方式分别是协议并购、发行股份购买资产和二级市场收购（含产权交易所），以协议并购方式发生的并购金额最多，超过2万亿元，其次是发行股份购买资产，涉及金额超过1.73万亿元，通过二级市场收购则涉及了超过3000亿元的交易规模。

首先，全流通给并购和反并购提供了更多机会。并购的重要前提之一是股权具有充分的流动性，A股市场的全流通变革为并购创造了重要的条件。随着股权锁定期的逐步结束，原有的国家股、法人股均获得在二级市场中的流动性，一并接受和遵循二级市场的定价原理。这为并购的展开提供了必要的条件。

其次，全流通背景下的并购更市场化，不是简单地依靠政府部门的协调和控制，而是更多地依靠市场的运作。并购将从协议的股权转让并购转变成真正意义上的市场并购，参与各方通过购买市场流通股的方式来进行并购。因此，市场化的结构将可能使股价在二级市场上出现更大的表现机会。与此同时，股改后，上市公司大股东持股比例普遍下降，对优质公司控制权的守护和争夺行为将会更加活跃。全流通背景下，上市公司大股东对控制权的守护和掌控意愿强化，未来反并购也将更加流行。如G宝钢举牌G邯钢时，G宝钢就是通过在二级市场上买进G邯钢的股票和认购权证来达到举牌目的的。为了应对G宝钢的并购，G邯钢提出了增持股票的计划。因此，不难看出，未来并购和反并购的机会会越来越多，而且市场化的并购将给二级市场带来巨大的投资机会，控制权市场的治理功能也将得以更好地体现。

【案例9-3】

港交所首例SPAC上市

香港SPAC上市机制于2022年1月正式推出，3月18日，首家特殊目的收购公司（Special Purpose Acquisition Company，SPAC）Aquila Acquisition Corporation（Aquila，07836.HK）在港交所主板上市。Aquila是港交所自2022年1月推出SPAC上市机制以来，首家递交上市申请并成功上市的SPAC公司。该公司于1月17日向港交所主板提交上市申请，并较原计划提前4天，于3月18日挂牌上市，耗时两个月。

表 9-1　2017—2021 年涉及控制权变更的中国境内并购活动的并购方式统计结果

(金额：万元)

	并购方式	合计		2021		2020		2019		2018		2017	
		数量	金额	数量	金额	数量	金额	数量	金额	数量	金额	数量	金额
1	协议收购	7760	2.00E+08	1619	4.97E+07	1607	3.56E+07	1942	3.59E+07	1555	3.75E+07	1037	4.15E+07
2	要约收购	9	7.54E+05	2	2.24E+05	1	5.66E+04	1	3.87E+04	3	1.65E+05	2	2.70E+05
3	管理层收购	1	1.67E+03	0	0	0	0	0	0	0	0	1	1.67E+03
4	二级市场收购（含产权交易所）	698	3.03E+07	146	5.29E+06	136	5.42E+06	135	9.84E+06	153	4.44E+06	128	5.31E+06
5	吸收合并	56	2.58E+07	30	4.81E+06	7	2.24E+06	8	1.42E+07	5	8.80E+05	6	3.63E+06
6	司法裁定	71	3.06E+06	30	1.25E+06	19	3.40E+05	13	4.37E+05	5	5.44E+05	4	4.88E+05
7	国有股权行政划转或变更	90	0	22	0	20	0	22	0	11	0	15	0
8	间接收购	51	4.43E+06	3	6.25E+04	4	1.31E+05	13	9.51E+05	17	1.72E+06	14	1.56E+06
9	增资	1021	2.53E+07	218	6.20E+06	155	6.57E+06	211	5.26E+06	235	4.46E+06	202	2.76E+06
10	资产置换	34	6.31E+06	5	4.81E+05	6	2.43E+06	10	5.48E+05	7	6.43E+05	6	2.20E+06
11	发行股份购买资产	653	1.73E+08	45	1.73E+07	77	2.70E+07	130	3.55E+07	154	3.56E+07	247	5.76E+07

数据来源：Wind。

注：1. 协议收购：投资者在证券交易所之外，与被收购公司的股东就股票的交易价格、数量等多方面进行协商，购买被收购公司的股票的行为。2. 要约收购：收购人按照同等价格和同一比例发出的要约条件向上市公司股东公开发出的收购其所持有的公司股份的行为。3. 管理层收购：公司的经理层利用借贷所融资本或股权交易资本购买本公司的一种行为，从而引起公司所有权、控制权、剩余索取权、资产等变化，以改变公司所有制结构。4. 二级市场收购（含产权交易所）：企业通过二级市场收购上市公司的流通股，从而获得对该上市公司的控制权的并购行为；包括产权交易所挂牌交易。5. 吸收合并：两个或两个以上的公司合并，其中一个公司吸收其他公司而剩余公司继续存在，而剩余公司主体资格同时消灭的公司合并。6. 司法裁定：根据法院判决而执行获得上市公司的股权、资产转让行为。7. 国有股权行政划转或变更：对应行政划转或变更方式支付方式为"无偿"。8. 同接收购：收购方通过投资关系、协议、其他安排等方式间接获得上市公司权益而提高公司的资信程度而增加注册资本金。9. 增资：公司为扩大经营规模、拓宽业务、提高公司的负债剩离，同时把被兼并企业的不良资产连带负债剩离，依据资产评估值进行等额置换，以达到对被兼并企业原有的控制权与经营管理权。10. 资产置换：公司将优质资产置换给大股东或者其他公司购买这些资产，完成后，上市公司不再拥有这些资产，大股东或者其他公司购买这些资产或者其他公司的股票。11. 发行股份购买资产：上市公司发行股份给大股东或者其他公司购买其资产，表得上市公司的股票。

公告显示，Aquila 此次发售获得超额认购，有 99 名专业投资者，其中包括 40 名机构专业投资者，共集资约 10 亿港元。在 Aquila 上市"云敲锣"仪式上，Aquila 首席执行官兼董事会主席、招银国际董事总经理蒋榕烽表示，上市后计划聚焦于专注科技发展的新经济公司，并继续借助招银国际平台的投资实力及丰富经验物色 SPAC 并购目标。

SPAC 是近年来受到国内投资者关注的一种上市方式。SPAC 成立的唯一目的在于上市之后，通过增发股票并购一家私有公司，从而使该私有公司迅速实现上市，而 SPAC 的发起人及投资人实现投资回报。SPAC 在完成 SPAC 并购交易之前为空壳公司，其自身不存在任何其他业务。

SPAC 交易上市机制适合希望上市确定性高且能够迅速上市的公司，或希望从 SPAC 发起人组建的经验丰富的管理团队处获益的公司。SPAC 交易上市的优势包括如下几个方面。第一，确定性高：在并购交易完成前，SPAC 已经为上市公司。因此，目标公司不需要经历漫长的 IPO 上市过程，通过被已上市的 SPAC 并购，在并购交易完成时即实现目标公司的上市，从而大大减少传统 IPO 上市过程中的不确定性风险。第二，流程简单：目标公司通过 SPAC 并购交易上市，只需获得 SPAC 股东的批准，无须在 SPAC 并购交易完成前准备上市材料、进行路演或通过美国证券交易委员会审核。第三，定价方式更有效：通过 SPAC 上市，目标公司的股权价格在签署 SPAC 并购交易文件时即可确定。在交易宣布后，SPAC 股票的交易情况也可以反映公开市场对目标公司定价的态度。

资料来源：作者根据公开资料整理。

2. 代理权竞争
（1）代理权竞争的含义

代理权竞争是股东中的持异议集团通过征求代理委托书从而达到在股东大会上行使控制权的一种控制方法，它通过股东的投票权争取董事会的代表权，从而影响董事会的构成和决策，达到控制和约束管理层的目的。代理权竞争也是一种重要的控制权市场约束机制，其客体是股东的委托表决权。代理权竞争，本质上是一种管理约束机制，是上市公司股东惩罚未能实现公司利润最大化的管理者的重要工具。

在代理权竞争过程中，不同利益集团的股东要调动一切资源以获取有利信息，加强对其他股东信息披露的程度；而管理者则要尽量设法控制对自身不利信息的传播。从这个角度看，代理权竞争更像是对管理者的一次"全民公投"。发生代理权竞争的原因常常是一部分股东对公司的盈利能力、运营状况、发展战略等不满意，与管理层协商却得不到管理层的认可，不能达成共识，所以这部分股东会通过征集委托代理权控制管理层，以达到改变公司现状的目的。通常在股权适度集中、有几个相对控股股东时，代理权竞争比较容易发生。因为当股权高度分散时，广大中小股东没有足够的动力去进行代理权竞争，常常通过"用脚投票"的方式来表达对公司的不满；当公司有绝对控股股东存在时，他对管理层有绝对的控制权，没有必要通过代理权竞争来控制管理层，而其他小股东发动代理权竞争的可能性和成功率也很小；而当股权适度集中、有几个相对控股股东时，一个股东可能会联合中小股东反对另几个相对控股股东对管理层的控制，或者几个相对控股股东共同联合反对现有管理层。

代理权竞争不同于企业并购,它是一种管理约束机制,是上市公司股东惩罚未能实现公司利润最大化的管理层的最后工具。发动代理权竞争的持异议集团并不谋求目标企业所有权结构的变化,也就是说代理权竞争不会改变现有的股权结构。在这种情况下,要获取企业控制权,持异议集团的股东必须使具有投票权的股东相信他们有提高公司收益的投资政策,说服他们相信改变董事会可以提高公司价值。而其他股东判断持异议股东可以提高公司利润能力的标准也只能是他们过去的经营业绩及对公司业务的熟悉程度。实际上,有相当大数量的持异议股东曾经是那些在公司政策纷争后离开的董事会成员或者管理者。而现有管理层的管理现状是不能令人满意的,其中包括公司收益率下降、股票的低回报率、公司股价下跌等。持异议股东以此来说服其他股东,并认为董事会的改变可以决定性地增加公司的价值,可以给股东带来更大的收益。

持异议股东发动代理权竞争的目的是要通过获取公司董事会席位而对公司的决策进行控制。持异议股东之所以不采用并购的方式来获取公司控制权,一方面可能是因为持异议股东的财力有限而难以购买到控制权;另一方面可能是法律上存在的合并障碍阻止持异议股东直接收购控制权。

(2) 代理权竞争的方式

代理权竞争主要有两种方式:① 委托书征集(即代理投票权征集),即在公司控制权市场上,公开向包括中小股东在内的其他股东征集委托表决权授权书,委托表决权授权书是上市公司的股东委托代理人行使股东大会表决权而由代理人出示的证明文件。这是代理权竞争的主要方式。为了赢得最后的胜利,不管是发起竞争的股东还是管理者,都会尽力争取中小股东的支持,积极征求不出席股东大会的股东的代理投票权的授权。② 表决制度。这主要是美国公司治理中的一种制度。在美国公司里大多存在两种表决制度,即简单多数投票制和累积投票制。前者是将存有争议的董事席位逐一进行表决,根据投票多少决定人选;后者是将所有待表决的席位一次性投票表决,按总投票数的多少决定人选。运用这种方式具有相当的威力,有助于提高公司信息披露程度,促使中小股东积极参与公司治理,有助于公司控制权的转移,提高公司的运营效率,实现股东利益最大化。

(3) 代理权竞争的特点

代理权竞争与公司并购都是力图控制公司,但公司并购的重点是争夺公司股权,而代理权竞争的重点是股票代理权,更具体一点,就是仅仅是股票权利束中的投票权。这种借助第三方力量的方式,更注重公司的"决策控制权"。而公司并购则主要是为了保有公司的控制权,本质上是确保拥有占据优势的董事会席位。但由于公司董事有任期限制,加之公司法和公司章程均有对董事地位的保障条款,董事在其任期内不得由股东大会对其无故解职,因此,有时即使并购公司成功实现了并购,也难免遭遇虽然手中握有公司控制权,但却无法在短期内掌握实际控制权的尴尬局面。而代理权竞争的最终胜利者则是以获得了多数董事会席位而胜出的。

代理权竞争由于竞争的是投票代理权,未发生股权的转移,因而不会对所有权结构产生影响。而在公司并购中,随着并购的实现,有可能使被并购公司的所有权结构分布和控股股东主体发生变化。

(4) 代理权竞争与公司治理

上市公司多元化的股权结构中,不同持股比例的股东对公司治理有不同的参与程度,表决权就是其参与的工具。代理权竞争具有的独特内涵和特征,使其和公司并购一道成为公司控制权市场上公司控制权转移的两种主要方式,同时也是一种公司外部治理机制。代理权竞争是股东运用这一工具维护自身权益的集中体现,其过程与结果涉及公司控制权配置、管理者约束等方方面面,对公司治理有着直接的影响。具体而言,代理权竞争对公司治理的影响主要体现在以下方面:

第一,代理权竞争提高了公司信息的透明度。在代理权竞争中,持有异议的股东为保证代理权竞争成功,就要动用更多的资源,使公司信息尽可能向股东公开。相反,管理者则努力控制对其不利的信息,以使大部分股东反对持异议股东提出的代理权竞争。这样,在双方反复较量和竞争的过程中,公司信息的透明度必然随之提高,这有利于降低所有者与代理人之间的信息不对称程度,使所有者能更好地监督代理人,同时也使代理人的不良行为受到约束,从而有利于公司治理水平的提高。

第二,代理权竞争提高了中小股东参与公司治理的积极性。表决权是股东参与公司治理的工具,但由于信息的非对称性和获取信息、参与投票成本的存在,大多数中小股东往往放弃其表决权。这样,上市公司特别是股权较为分散的上市公司的股东大会往往成为大股东的大会,公司治理的主动权掌握在大股东手中,小股东的参与意识和能力不强。但在代理权竞争中,中小股东备受重视,是现任管理者与持异议股东争取的对象,双方竞相提出有利于中小股东利益的政策,特别是公开征集股东授权委托书,使中小股东的意志得到充分体现,中小股东的广泛参与在其中能起决定作用。代理权竞争实际上建立了中小股东参与公司治理的一条新途径,有利于充分表达包括中小股东在内的各利益相关主体的利益诉求。

第三,代理权竞争对大股东和现任管理者形成压力,有助于改善公司治理。代理权竞争作为一种管理约束机制,对上市公司的大股东和管理层具有惩罚威慑的作用。一般认为,管理层经营不善、管理效率低是遭遇代理权竞争的最主要原因。因此,不管代理权竞争的结果如何,都将直接危及管理者的去留,因而对管理者具有惩罚作用。即使是持异议股东的方案被否决或者是持异议股东与管理者在竞争代理权过程中最终达成某种妥协协议,管理者也会采取改良的政策,甚至按照持异议股东提出的方案来进行公司经营战略和决策的调整,进而提高公司资源的利用价值,避免再次成为代理权竞争的目标。同时,在存在控股股东的情况下,大股东通常控制了公司管理层。因此,代理权竞争的矛头必然指向在位大股东,从而对大股东形成外部压力,迫使大股东改善公司治理以提高公司绩效。

股东之间的代理权竞争有利于降低公司代理成本,促进公司价值的提高。Dodd 和 Warner(1983)研究了在纽约证券交易所和美国证券交易所交易的企业 1962—1977 年间的 96 宗代理权竞争对股东财富的影响情况发现:第一,虽然持异议的股东实际仅在 25% 的竞争中获得控制权,但超过 75% 的企业由于竞争而提高了价值。平均而言,在竞争期间股东获得 82% 的超常回报。第二,无论发起代理权竞争的目的是获得控制权还是仅仅参与董事会,股东都可以获得超常收益;第三,在竞争期间的股价的上升,并不受竞争的结果的影响。但持有异议股东是否获得董事会的多数席位,则对股东收益的多少有影响。

必须说明的是,代理权竞争需要有一定的制度环境和条件,如竞争的股票市场和健全、完善、执行良好的法律制度;股权足够分散,股票市场的容量足够大,使得没有任何人能够操纵市场;有可靠的上市企业信息披露制度和公开、公平、公正的市场监管制度;股票必须实现同股同权同利,具备良好的流动性;等等。中国股权分置改革的实施和全流通时代的到来,为代理权竞争提供了更有利的市场环境,从而有助于提高代理权市场在我国上市公司治理中的作用。

【案例9-4】

代理权竞争案例

[案例一]

1994年春的"君安事件"是我国公司控制权市场首起有轰动效应的代理权竞争。当时,由于在熊市中包销大量余额B股而成为万科大股东之一的君安证券公司,通过取得委托授权,联合持有万科总计达12%股权的四大股东突然向原董事会发难,提出对公司经营决策进行全面改革,但随后不久挑战者同盟中的一名大股东临阵倒戈,撤销了对君安的委托授权,并表明支持原管理层,最终使君安改组万科的计划不了了之。

尽管代理权竞争没有成功,但是万科在后来的发展中却表现出对部分君安所提建议的逐步吸收。君安建议的主要内容是:收缩战线,放弃贸易、零售、投资、工业等活动,集中力量发展房地产业。在君安建议公布后的第一个年度,万科公司的贸易及商业收入就比上年度下降46.82%,这使得房地产收入占总收入的比重大幅度上升。1996年起,房地产收入一直占万科主营业务收入的60%以上,实现了君安建议中收缩战线、提高业务透明度的建议。君安减持所持申华流通股的举动也表明,君安建议中对万科投资业务的批评逐步被采纳。君安建议中要求万科对非房地产业务的子公司,除保留文化经营项目外,其余应当或转卖或清算。万科对这一建议也是逐步"接纳",如转让或清算怡宝饮料有限公司(1996年)、万科工业扬声器制造厂(1997年)、万科供电公司(1997年)、深圳万科工业有限公司(1998年)、万科机械加工厂(1998年)、万科礼品设计制造公司(1998年)、深圳国际企业服务公司(1998年)等。其中,转让当时盈利能力颇强的怡宝饮料有限公司,尤其能说明万科公司收缩非主营业务的战略。

[案例二]

1998年,金帝建设的董事会选举中,持公司20.7%股份的第二大股东通过收集委托投票权等手段占据了董事会全部席位,而占公司26.48%股份的第一大股东上海新绿企业公司无一人进入董事会,从而使上海新绿企业对金帝建设的控制权彻底旁落。

[案例三]

山东胜利股份有限公司自1999年7月1日我国《证券法》实施以来首次大规模使用"公开征集股东授权委托书"竞争表决代理权的形式。山东胜利股份有限公司(以下简称"胜利股份")是由山东省胜利集团公司(以下简称"胜利集团")为发起人,将集团核心企业"山东省胜利物资总公司"的经营性资产折为国家股,并以定向募集方式向法人及内部职工募集股份设立的,主营塑料管道、精细化工、进出口贸易、油器等业务。胜利股份于1994年5月正式设立,1996年6月在深交所挂牌上市。截至1999年年底,公司总股本21 780万元,前五大股东持股情况为:胜利集团24.17%、国泰君安8.40%、胜邦企业6.98%、山东省资产管理公司3.5%、润华集团3.36%。广州通百惠公司主营企业服务网、社区服务网和网上企业孵化器,并拥有一系列网站,正欲借助资本市场谋求快速发展。2000年1月10日,通百惠公司以每股1.06元的价格竞买成功,购入胜利股份3 000万法人股,占总股本的13.77%,在1月28日交割后,成为胜利股份第一大股东,并于次日予以公告。

成为胜利股份第一大股东后,通百惠公司向胜利股份董事会提交了董监事会提名人选,被董事会拒绝。3月4日,胜利股份再次公告,指出因通百惠对董事会关于董监事推荐程序、方式和数额持有异议,决定对其推荐的两名董事、一名监事不予提名,并提出了自己的董监事人选方案,从而引发双方的人事争端。胜邦和通百惠分别公告,继续增持股份。最终,胜邦、通百惠持股比例分别达到17.35%和16.66%,胜邦仅以0.69%的微弱优势居于第一。

2000年3月17日,通百惠在各大媒体上打出"你神圣的一票决定胜利股份的明天"大型广告,并在证券和网络媒体上公开征集代理委托书,开始了对中小股东表决权代理的征集。胜利股份的流通股超过50%,大量散户的立场将对控制权的转移起决定性作用。3月27—29日,通百惠再次大规模地公开征集股东授权委托书。通百惠以为民请命的姿态公开征集中小股东的投票委托书,引起中小股东的共鸣,三天之内共征集有效委托2 625.7781万股,占总股本的10.96%和与会代表股份的15.197%。加上3月16日所持有的胜利股份法人股3 630万股,共持有6 255.7781万股,占胜利股份总股本23 958.8758万股的26.11%,占出席本次股东大会代表股份17 267.744万股的36.21%。2000年4月4日,公司对股东大会决议予以公告,至此通百惠与胜邦的表决代理权之争告一段落。虽然结局是胜邦继续掌握胜利股份控制权,但值得强调的是,委托书授权大大增加了通百惠参与控制权之争的筹码。

资料来源:作者根据《中国证券报》2000年1月29日至4月4日关于胜利股份(000407)的相关公告和报道整理。

从上述几例事件来看,代理权竞争实际上建立了中小股东参与公司治理的一条新途径,对上市公司管理层和大股东形成制约,有利于公平对待公司各利益相关主体的利益。作为公司的一种外部控制机制,代理权竞争在中国证券市场上已有数例实践。从效果上看,其在加强公司管理人员的监督和约束、调整公司发展战略、促进中小股东参与公司治理等方面均起了一定作用。但从我国发生的几家代理权竞争的公司来看,都是股权较为分散的公司,而我国绝大部分上市公司的股权结构还呈现出一股独大的特征,这不利于代理权竞争的发生,也难以充分发挥代理权竞争对公司治理的积极作用。

3. 资产剥离

通过并购可以实现企业扩张,与并购相对的另一种资本重组方式是资产剥离(assets stripping),它是企业收缩的一种方式。资产剥离是指上市公司把一部分资产通过出售而达到分离出去的目的。四川路桥建设集团股份有限公司于2020年4月在公司控股子公司四川巴河水电开发有限公司(以下简称"巴河公司")完成分立后仅保留房地产业务的情况下,将所持巴河公司的78%股权转让给公司控股股东四川省铁路产业投资集团有限责任公司的全资子公司四川省川瑞发展投资有限公司,转让价格为3 090.52万元,从而完成巴河公司房地产业务的剥离。资产剥离是资本重组的一种具体操作方式,同时也是控制权市场的运作机制,因为在资产剥离的过程中伴随着控制权的转移和交易。资产剥离主要有三种方式:一是出售上市公司的实物资产;二是分立;三是股权切离。

(1) 资产出售

资产出售(sell-offs)是指公司将一部分资产或业务出售给其他公司。资产出售的意义在于以下三个方面:第一,公司通过出售部分资产或业务,可以将核心资产和核心业务保持下来,从而增强本公司在行业中的竞争力;第二,公司通过出售部分资产或业务,可以获得一定的现金收入,从而改善公司的财务状况;第三,对于买方公司而言,通过购买自己需要的资产,可以扩大经营规模,达到扩张的目的。

(2) 分立

分立(spin-offs)是指母公司设立新的子公司,子公司作为独立的法律实体,有自己的董事会和经理层,进行独立自主的运作。此时,公司的股权一部分被分割到新的子公司中,从而发生控制权的分离,但母公司并没有得到现金回报。分立的另一种情况是,母公司会被分立成多个新的子公司,母公司的控制权便分散到各个子公司中去,而母公司不复存在。分立后的各个子公司将作为独立的法人实体从事经营活动。

(3) 股权切离

股权切离(equity carve-cuts)是指把上市公司的股权出售给外部人士,让他们拥有现有公司的一部分所有权,例如,使母公司下属的一家子公司上市并对外公开发行子公司的股票就是股权切离的一种方式。股权切离不同于分立的地方在于:一是母公司通过把一部分股权出售给外部大众而获得现金收入,但分立只是将股权分割到子公司,而母公司并没有得到现金回报;二是股权切离后,母公司仍然持有子公司的股权并可以控制它,母公司对子公司的控制地位并没有丧失,而分立后,母公司和子公司之间相互独立,各自决策,不存在控制与被控制关系。

资产剥离作为控制权市场的一种运作方式,对公司治理的影响主要体现在以下方面:

第一,资产剥离可以减轻管理层的过度投资倾向。通过分拆等行为,管理层对子公司的控制权会大大降低,子公司自主性得到增强,从而使母公司管理层的过度投资倾向得到抑制。

第二,资产剥离可以改善公司的财务状况,提高公司的核心竞争力。公司通过把业绩较差的业务或运作不善的资产剥离出去,而保留自己的核心业务,从而增强在行业中的竞争力。同时,通过出售一部分资产或股权可以获得相应的现金收入,这部分现金收入投入公司核心业务的经营中,在提高公司的核心竞争力的同时,使公司的财务状况得以改善。

第三,资产剥离也是公司反并购的一种手段。当面临被收购的威胁时,公司通过把最具吸引力的部门或业务从公司剥离出去,从而使并购者对公司失去兴趣,以致放弃并购计划。这方面的一个典型例子就是当布鲁斯威克(Brunswick Corp.)公司受到韦塔克(Whittaker)公司的收购威胁时,在1982年把医疗业务出售给了美国家用(American Home Products)公司。出售此部分业务给布鲁斯威克公司带来的收入比韦塔克对整个公司的报价还高出1亿美元。具有讽刺意义的是,韦塔克公司也因在1989年面临相似的威胁而将化工和技术业务出售。①

4. 托管运营

托管运营,即委托经营管理,一般分资产托管和股权托管两种形式。资产托管是指企业所有者将企业的经营管理权委托给具有较强经营管理能力的法人或自然人有偿经营,并明确相关各方产权关系的一种经营方式。资产托管又可以进一步分为内部托管和外部托管。内部托管是我国证券市场独有的模式,指业绩不良且丧失了再融资资格的上市公司托管集团内部另一个资产和业绩优良的经营实体的方式。由此,上市公司可获得托管资产带来的好处,达到争取市场要求再融资的条件;同时,上市公司一般会利用再融资的资金收购被托管的资产,获得其优质资产的所有权,此时,集团也相应可以完成资产注入,达到"借壳上市"的目的。外部托管是指上市公司和被托管企业及其母公司签订托管协议,合理配置托管企业和上市公司的资源,完成被托管企业的资产重组,然后由上市公司出资收购被托管企业,最后,上市公司进行配股融资,补充收购所耗费的资金。

股权托管是指股权持有者将其持有的股权委托给他人管理的一种经济行为。公司的股东与托管公司签订合同,委托托管公司代表股东,在合同的授权范围内实施该股份的管理监督权利,进行高效资本运作。接管人并不取得股权,只是受托行使相应股权的表决权,并接管控制权,这属于一种"善意的接管"。

股权托管和股权转让在法律关系上有着本质区别。区分二者的关键在于股份的所有权是否发生了转移。发生了转移,则为股权转让;反之,则为股权托管。股权转让为买卖关系,股权托管为委托代理关系。

5. 其他形式

(1)一致行动。一致行动是指两个或两个以上的人(包括自然人和法人)在收购过

---

① 〔美〕威斯通等.接管、重组与公司治理(第二版)[M].李秉祥等译,大连:东北财经大学出版社,2000.

程中,相互配合以获取或巩固某公司控制权的行动。由于现代公司的规模很大,单独一人想争夺或保持对某一公司的相对或绝对控股地位非常困难,因此联合起来采取"一致行动",有助于实现共同的目标。

(2)无偿划拨。无偿划拨指政府(中央或地方)直接将国有股在国有投资主体之间进行划拨的行为。这种股权转让方式简便、快捷,但行政性、政府色彩过于浓厚。

(3)司法裁定,也称诉讼裁定。法院裁定转让已成为近年来上市公司控制权转让的重要形式。通常,当上市公司原股东无法清偿债权人债务时,债权人会向法院申请将其持有的股票资产冻结、拍卖、抵债,战略投资者可通过竞拍的方式取得这部分股权,或由法院直接裁定将这部分股权转给债权人作为抵偿。

(三)反收购策略

反收购是指目标公司旨在防止或挫败收购人的收购而采取的一系列行为措施。20世纪80年代,欧美的收购浪潮促使许多公司的经营者寻求相应的防御策略以避免被其他公司恶意并购。美国的反收购策略比较丰富,而英国对目标公司管理部门的反收购行为原则上是禁止的,它把反收购措施的决策权赋予了目标公司的股东。总的来看,反收购策略主要包括以下几种:

1. "毒丸"防御

所谓"毒丸"是指在收购发生之前,目标公司在公司章程中设定一系列的规定(如许多美国公司采用的"股东权利计划"),当公司正常运营的时候,这些"毒丸"不会发生作用,但当公司遭遇敌意收购时,这些"毒丸"就会发作。"毒丸"计划分为"投入"毒丸和"放上"毒丸两种。前者是允许目标公司的股东以优惠的价格购买目标公司的股票或以很高的价格向目标公司出售自己的股份;后者是允许目标公司的股东以优惠的价格购买收购方的股票或以很高的价格向收购方出售自己的股份。"毒丸"一旦发作,收购者就会发现自己手中的股份被稀释了,从而增加了并购的成本。董事会可以不经股东大会的许可,自行制订"毒丸"防御计划。

2015年8月31日,体检巨头爱康国宾打算私有化以谋求更大发展,董事长张黎刚和方源资本组成的买方集团,宣布以溢价10%左右的幅度回购——这个报价较8月30日及过去一个月的成交量加权平均收盘价分别溢价9.7%和18%。2015年11月29日,私有化计划却遭到美年大健康产业集团的壳公司江苏三友的突袭,江苏三友宣布与平安、红杉、凯辉私募等多个公司组建买方团,向爱康国宾董事会及其特别委员会提交私有化要约,价格为每股美国存托股(ADS)22美元或每股普通股44美元,较之张黎刚的报价上升约23.6%。这意味着,如果张黎刚要想抗拒,就必须多花钱来回购股份,多花的钱肯定不止23.6%。而如果不接招,最终被美年入局"摘桃",美年将整合行业并成为巨大的体检公司,因为此前美年刚刚收购了慈铭体检。2015年12月2日,爱康国宾启动"毒丸"计划——股东权益协议,授权就每一股已发行的A类和C类普通股发放一份股份认购权,将保证独立委员会和董事会能够获得充足的时间来妥当地考察和进一步发掘符合公司及其股东的最佳利益的其他战略选择。爱康国宾通过"毒丸"计划防止江苏三友从二级市场收购或买入爱康国宾股份，从而获得爱康国宾控股权。此外，爱康国宾还引入了阿里、中国人寿、新华保险等巨头的加盟。

2. "金降落伞"

从严格意义上来说，"金降落伞"防御也是"毒丸"计划的一种，"金降落伞"是目标公司针对管理层提出的权利计划。金降落伞是指目标公司在并购发生前就作了如下规定：一旦公司被并购，董事会成员和高层管理者面临被解雇的风险的时候，他们可以领到一笔价值可观的补偿金。金降落伞策略使董事和经理层不用考虑并购给个人带来的风险，而是将从公司的利益出发，考虑面临的并购是否符合公司未来的发展和股东的利益。与此类似的还有"灰降落伞"和"锡降落伞"策略，"灰降落伞"策略主要是向级别较低的管理人员提供较为逊色的同类保证。这类管理人员根据工龄长短领取数周至数月的工资。"锡降落伞"策略是指目标公司的员工若在公司被收购后两年内被解雇，则可领取员工遣散费。通过"金降落伞"策略可以加大并购方的并购成本从而挫败其并购计划。

目前我国已有部分上市公司采用了此种反收购措施，如中国宝安在2016年6月29日股东大会通过的公司章程中加入了"当公司被并购接管，在公司董事、监事、总裁和其他高级管理人员任期未届满前如确需终止或解除职务，必须得到本人的认可，且公司须一次性支付其相当于其年薪及福利待遇总和十倍以上的经济补偿，上述董事、总裁和其他高级管理人员已与公司签订合同的，在被解除劳动合同时，公司还应按照《中华人民共和国劳动合同法》支付经济补偿金或赔偿金"。再如海印股份在2017年11月发布的公司章程中规定"当发生公司被并购接管的情形时，在公司董事、监事、总裁和其他高级管理人员任期未届满前如确需终止或解除服务，必须得到本人的认可，且公司须一次性支付其相当于前一年年薪及福利待遇总和十倍以上的经济补偿（正常的工作变动或解聘情况除外）"。

3. "绿色勒索"

"绿色勒索"是指当持有目标公司股份的收购者表示要收购目标公司时，经营者为了防止并购的发生，会以较高的价格出资购买收购方的股票，使收购者获得巨额利润。这种反并购措施常被认为是经营者为保全自己在公司的地位，以其他股东的利益为代价来避免公司被并购，因此会招来股东的不满。

4. "白衣骑士"

"白衣骑士"策略是指收购方向目标公司发出收购要约时，目标公司的经理层会主动寻找友善的第三方提供帮助。这个友善的第三方必须有相当的经济实力，并且与目标公司关系密切，愿意在目标公司面临收购威胁时挺身而出，以更高的价格收购目标公司。而这个友善的第三方就被称作"白衣骑士"。面对"白衣骑士"，收购方要么放弃收购，要么以更高的收购成本进行收购，而当收购方出资更高的时候，"白衣骑士"又会抬高收购价格，使收购陷入了竞价的局面，以此来挫败收购方的收购行为。

我国已有部分公司采取了"白衣骑士"策略。如2002年,丽珠集团管理层与第一大股东光大集团在经营战略上产生分歧,光大集团有意将全部股份转让给其合作伙伴东盛科技。为了避免这一情况的发生,丽珠集团管理层引入太太药业以"协议转让＋二级市场收购"的方式获得丽珠集团19.34%的股权。太太药业作为丽珠集团管理层的"白衣骑士"被成功引入。再比如2015年,胡波、胡彪在二级市场上收购西藏旅游9.59%的股权,公司原实际控制人欧阳旭引入蓝色光标创始人赵文权、拉卡拉创始人孙陶然作为"白衣骑士",最终击退胡波、胡彪的收购,巩固了欧阳旭对西藏旅游的控制权。

5. 帕克曼式防御

帕克曼式防御是一种先发制人的反并购策略。它是指当目标公司面临即将被收购的局面时,能够通过自身的经济实力或通过寻找"白衣骑士",变防御为进攻,购买收购方的股票,使对方从进攻者变成防御者,以扭转不利的局面。实施帕克曼式防御要求目标公司本身具有很强的经济实力或者外部融资能力很强,否则很难成功。

帕克曼式防御的一个著名案例就是邦迪克斯公司和玛丽埃塔公司之间的并购之争。1982年,邦迪克斯公司宣称要购买玛丽埃塔公司,而玛丽埃塔公司则以收购邦迪克斯公司的股权作为回应。几个月后,联合科技公司也加入了这场收购之争,计划以高出玛丽埃塔公司的出价购买邦迪克斯公司。最后,这两家公司都被联合科技公司收购了。

6. 焦土策略

焦土策略是公司在遇到收购袭击而无力反击时,所采取的一种两败俱伤的做法。例如,将公司中引起收购者兴趣的资产出售,使收购者的意图难以实现;或是增加大量与经营无关的资产,大大提高公司的负债,使收购者因考虑收购后严重的负债问题而放弃收购。

百思买是1996年成立于美国明尼苏达州的企业,2006年耗资1.8亿元控股江苏五星宣告抢滩中国。国美和永乐联合宣布,即日起在北京发动不间断攻势,以焦土政策抬高北京家电市场门槛,最终使得百思买知难而退,最后彻底放弃了北京市场。

7. 在章程中设置反收购条款

出于反收购的目的,公司可以在章程中设置一些条款,并以此作为收购的障碍。这些条款有以下几种:① 分期分级董事会制度,此制度又称董事会轮选制,即公司章程规定董事的更换每年只能改选1/4或1/3等。这样,收购者即使收购到了"足量"的股权,也无法对董事会作出实质性改组,即无法很快地入主董事会并控制公司。② 限制董事的资格,在公司章程中规定公司董事的任职条件,非具备某些特定条件者不得担任公司董事,这会增加收购方选送合适人选出任公司董事的难度。③ 限制董事的提名方式,在公司章程中规定提名公司董事的股东的持股时间和比例限制。④ 多数条款,即由公司规定涉及重大事项(如公司合并、分立、任命董事长等)的决议须经过绝大多数持有表决权者同意方可通过。更改公司章程中的反收购条款也需经过绝大多数股东或董事同意。这就增加了收购者接管、改组目标公司的难度和成本。

8. 我国《上市公司收购管理办法》对反收购的规定

我国《上市公司收购管理办法》(以下简称《管理办法》)第八条规定:"被收购公司的董事、监事、高级管理人员对公司负有忠实义务和勤勉义务,应当公平对待收购本公司的所有收购人。被收购公司董事会针对收购所作出的决策及采取的措施,应当有利于维护公司及其股东的利益,不得滥用职权对收购设置不适当的障碍,不得利用公司资源向收购人提供任何形式的财务资助,不得损害公司及其股东的合法权益。"《管理办法》第三十三条规定:"收购人作出提示性公告后至要约收购完成前,被收购公司除继续从事正常的经营活动或者执行股东大会已经作出的决议外,未经股东大会批准,被收购公司董事会不得通过处置公司资产、对外投资、调整公司主要业务、担保、贷款等方式,对公司的资产、负债、权益或者经营成果造成重大影响。"《管理办法》第八十条规定:"上市公司董事未履行忠实义务或勤勉义务,利用收购谋取不当利益的,中国证监会采取监管谈话、出具警示函等监管措施,可以认定为不适当人选。上市公司章程中涉及公司控制权的条款违反法律、行政法规和本办法规定的,中国证监会责令改正。"

【案例 9-5】

微软与雅虎并购之争

2008 年 2 月 1 日,微软公司宣布已经向雅虎公司董事会提交了收购要约,微软计划耗资 446 亿美元收购雅虎公司。微软公司在致雅虎董事会的信件中说,微软将收购雅虎公司的全部普通股,收购价格是每股 31 美元,比雅虎 1 月 31 日 19.18 美元的收盘价溢价 62%。微软将以一半现金、一半微软普通股股票的方式进行支付,即雅虎股东可以选择将普通股换成现金还是微软普通股。微软收购要约的价值达到了 446 亿美元。这一消息引发了华尔街的连锁反应。周五(当天)盘前交易中(截至搜狐 IT 发稿时),Google 公司的股价大跌了 6.7%,微软公司的股价下跌了 4.36%,雅虎公司的股价则暴涨了 52%。

美国当地时间 2 月 11 日,雅虎宣布正式拒绝微软提出的 446 亿美元的收购计划。雅虎当天发表的声明称,公司董事会认为微软的这一出价"严重低估"了雅虎的价值。微软 12 日则回应称,将不会放弃收购雅虎的计划,公司仍保留"寻求所有必要方式"以确保此项交易的进行。微软表示不会提高收购报价。业界人士分析,微软可能广泛接触雅虎公司的大股东,希望他们能够向雅虎公司董事会施加压力。微软也可能直接向股东提出报价,这同样会对雅虎公司董事会造成巨大压力,迫使其同意与微软进行谈判。微软同时还暗示,由于雅虎的很多股东同时也是微软的股东,他们不一定会希望微软出更高的价格。微软还可以为报价协商设定最后期限。此外,如果微软不介意背上恶意收购的名声,还可以采用代理人战,来挤压雅虎公司董事会。

值得注意的是,与其他许多公司不同,雅虎没有设置董事会分批改选机制,也就是说,在即将召开的股东大会上,该公司董事会将会被全体改选。这样一来就更加利于微软提名一批董事候选人,通过一次改选就控制整个雅虎公司董事会。

与微软针锋相对的是,首先,雅虎对微软要约的回应是无休无止的拖拉;其次,董事会批准了一项"毒丸"计划(股权摊薄反收购),使微软的任何收购活动都将付出更加昂贵的代价。分析机构指出,雅虎的"毒丸"计划几乎可以阻挡任何发出收购要约的企图。因为据这份于2001年就被雅虎采取的计划规定,一旦微软通过收购要约直接获取的雅虎股份达到了雅虎已发行股的15%,雅虎就有权限制微软的股权收购。这至少可以为雅虎寻求更多的选择赢得时间。

5月4日,微软发言人宣布,因价格未达成一致,正式放弃收购雅虎。据外电报道,微软CEO鲍尔默在周六致雅虎的信中表示,愿意将收购报价提高至475亿美元,相当于每股33美元。但雅虎仍坚持至少530亿美元的报价,相当于每股37美元。鲍尔默在信中表示,没有理由发动一场耗时长久的代理权争夺战,因此微软放弃了收购雅虎的计划。业内人士表示,三大原因促使微软最后放弃收购。第一,据了解,微软公司上周末有意将收购报价提高至475亿美元,相当于每股33美元。但雅虎CEO杨致远和联合创始人大卫·费罗称其目标价格为38美元,且董事会授权他们最多只能退让到37美元。

第二,微软CEO鲍尔默在写给杨致远的信中提到,在双方谈判期间,雅虎高层甚至都已经准备好了应付微软可能发动恶意收购的计划,就是不惜和竞争对手Google合作,因此鲍尔默认为微软和雅虎很难进行成功、友好的业务整合。

第三,微软宣布放弃收购可能是希望市场期望能降温,如果雅虎不能迅速重新振作起来,雅虎投资者就有可能对雅虎公司董事会不满,微软或可以以退为进。

据国外媒体报道,5月6日,在微软宣布放弃收购雅虎两天之后,雅虎多名大股东的不满情绪加剧。一些激进投资者正在考虑通过代理权争夺驱逐雅虎公司董事会。雅虎一些最大的股东表示,他们将支持替换董事会的行动,因为他们认为董事会在上周末与微软的谈判中没有考虑到大股东的意见。之前,雅虎一些大股东已经明确向董事会表示能够接受每股34美元的收购报价。由于微软的出价已经到每股33美元,因此大股东预期收购能够完成。

5月6日,雅虎股价下跌了15%,跌幅小于华尔街预期。市场人士对于微软二度展开收购的预期以及雅虎和Google的广告合作计划使得雅虎股价呈一个上行走势。

资料来源:作者根据相关资料整理。

二、产品市场竞争与破产机制

产品市场的竞争结果是对经理人员最直观的评价,也是最直接的约束,同时也是检验企业治理效率的标准。产品市场所提供的信息——产品的价格、销售量、市场占有率、利润等可以对企业治理效率和经理人员的经营能力、努力程度作出一个基本的判断,并反映企业生产方面的信息,这既为控制权争夺提供了信息基础,更隐含着破产清算的威胁。Hart(1983)曾经分析了产品市场竞争对公司治理的影响。公司治理的内在结构的最终结果反映在公司产品的市场竞争力上,破产清算的威胁强制公司不断完善内部治理过程,破产清算程序的实施是最极端的外部约束机制。充分的产品市场竞争至少能够起到三方面的作用:一是改善治理机制,提高治理效率;二是对经理人员形成巨大的压力,迫使其改变管理方式和调整经营方式;三是区分经理素质,通过声誉机制迫使在职经理努力工作,驱逐劣质经理,提高经理整体素质。

在市场经济条件下,市场评判是监督和约束经理层的主要依据,竞争机制为对经理层进行监督和约束提供了基础。在一个高度开放、自由进出的充分竞争的产品市场上,不同的产品在由各自的供求关系决定的市场价格的引导下,会在不同的企业和产业之间自由流动,由此在不同的企业之间、行业之间、产业之间直至整个社会范围内就会形成一个平均的成本水平和利润水平。这样,各个企业的利润水平就会成为一个能够反映企业经营状况的充分信息指标。而企业的经营状况在竞争的市场条件下,又是由管理层的能力、责任心和经营行为决定的,出资者只要把单个企业的盈利水平与这个行业的平均利润水平相比照,就可以判断管理层是否称职和尽责。可见,充分竞争的产品市场的存在,有助于克服所有权和控制权分离下的信息不对称,从而为解决代理人问题提供可靠的信息支持。

三、经理人市场竞争与声誉机制

经理人是直接对企业的经营效果负责的高级经营管理人员,经理人市场是从外部监督公司经理层的重要治理机制。经理人市场对经营者的激励约束作用主要表现在以下两个方面:一是激励现任经理努力工作,以避免因经营不善而被辞退。由于一个活跃的经理人才市场的存在,一旦现任的经理层不能有效地经营公司,导致公司业绩下降,股东和董事会就会通过经理人市场,聘请能力更强、更勤勉尽力的人才取代现任的经理层,以改善公司经营业绩。这种压力的存在,导致现任的经理层必须勤奋努力地工作,以实现公司及股东利益最大化。二是经理人的人力资本往往与公司业绩挂钩,从而激励经理人不断创新,注重为公司创造价值。通过公司价值的提升,经理人的人力资本也得以升值,从而在经理人市场具有更高的价值和竞争力。这样,经理人的努力会在提升公司价值的同时提高其人力资本价值,从而具有重要的激励作用。

竞争的经理人市场意味着经理人员能够在不同企业间和企业的不同岗位上根据自身的条件自由流动,并且由市场决定他们的价格,即他们的报酬水平。在这样的市场上,经理是否被雇用就不会由行政命令来决定;经理的提升或降职也就能由他们的经营能力和业绩来决定,而不是由上级主管部门来决定。在市场竞争中被证明有能力和对出资者负责任的经理人员,就会被高薪雇用,且在经理人市场上建立很好的声誉,提高他们人力资本的价值;相反,那些经营不好的经理人员的薪金会被降低,甚至会被替换以致失业,他们在经理人市场上的声誉也会降低甚至留下臭名,他们的人力资本就会贬值。由于经理人员所经营企业的业绩好坏决定了他们在经理人市场上的价格和就业机会,因而经理人员会追求对出资者有利的经营和管理,以提高企业的获利水平和企业价值;同时,对卓越经营和管理的追求,使得经理人员在两权分离下与出资者之间激励相容,有利于解决代理人问题。

【案例 9-6】

京基要约收购成功,康达尔硬撑三年最终易主

深圳京基集团初创于 1994 年,总部位于深圳,辐射环渤海、珠三角及粤港澳大湾区等地区,做旧改起家,目前在深圳拥有多个旧改项目,深圳地标建筑京基 100 即由该集团打造。历经二十多年的稳健发展,京基集团已发展成为一家集地产开发、商业运营、金融投资、科技智能、文化教育、现代农业六大核心业务板块并进的规模化、多元化、集团化的综合性企业。

京基集团早在 2016 年就曾开始谋划逐步收购深圳市康达尔(集团)股份有限公司,并与康达尔实际控制人罗爱华为代表的管理层展开了多年的股权争夺,却以失败告终。而 2018 年 8 月初,京基集团再次对康达尔发起要约收购,8 月 3 日,*ST 康达披露京基发出的要约收购报告书摘要,但直到 10 月 19 日《深圳市康达尔(集团)股份有限公司要约收购报告书》才发出,使得公司的股权之争再掀波澜。京基以部分要约方式,自 2018 年 10 月 22 日起收购 *ST 康达除京基外的其他股东所持有的无限售流通股 39 076 867 股,占公司股份总数的 10%,要约价格为 24 元/股,总代价约为 9.38 亿元。本次要约收购的生效条件为,在要约收购期限届满前最后一个交易日即 11 月 20 日 15:00 时,预受要约的上市公司股份申报数量达到或超过 1 953.8 万股(占上市公司股份总数的 5%)。

结果如中国证券登记结算有限责任公司深圳分公司提供的数据所示,在 2018 年 10 月 22 日至 2018 年 11 月 20 日要约收购期间,最终有 453 个账户共计 64 575 753 股股份接受收购人发出的要约,超过 39 076 867 股,收购人京基按同等比例收购预受要约的股份。本次要约收购股份的过户手续已于 11 月 23 日办理完毕,京基持有康达尔 162 754 238 股股份,占公司股份总数的 41.65%。2018 年 11 月,康达尔宣布,深圳京基集团要约收购公司股份成功,公司控股股东由深圳华超变更为京基,实际控制人由罗爱华变更为陈华,一段持续三年的股权大战终于尘埃落定。

资料来源:作者根据《第一财经》2018 年 11 月 24 日报道整理。

第二节 银行相机治理机制

20 世纪 90 年代以来,随着股东单边治理缺陷的逐步显现以及公司社会责任的日益

强化,利益相关者在公司治理中的地位越来越多地得到重视。利益相关者共同参与治理是公司治理的必然趋势,网络经济的兴起使各利益相关者能够更方便地参与公司治理。银行、政府、中介机构及社会公众等外部利益相关者日益关注并积极参与作为公众公司的上市公司的治理,成为市场监控的必要补充及外部治理的重要组成部分。

一、银行参与公司治理的理论基础

债权契约是解决代理人问题的一个重要机制。债权虽然只是资本流动的一个特殊形式,但它实际上是一种控制能力。债权契约的基本特征是:如果债务人违反契约或不能支付,企业资产的部分控制权将由债务人转向债权人。债权人的权利相对股权来说更加清晰,对债权的违反在法庭上也容易证实。与股权不同,债权即使不被集中也比较刚性化。而股权分散时,个体分散股东不能得到任何偿还股本的承诺。如果被大债权持有,并且债务人拖欠债务,与这些债权人重新谈判极其困难,那么企业可能被迫破产。因此,债权人治理是一种刚性治理机制。债权人治理的主要机构是银行。主银行能够对企业的银行账户采取实质性控制来保证债权的实现。银行在其债务偿还之前拥有巨大的控制权。在不同国家,银行基于债权、股权等权利关系和法律法规的规定而具有不同的治理功能和参与方式。就债权控制而言,银行对企业的控制主要有两种:距离型控制与相机性控制。距离型控制主要是英美银行采取的控制机制,而相机性控制则是日德银行采取的控制机制。

20世纪60年代以前是传统公司治理理念的主导时期,即认为股东是公司的唯一所有者和成员,是公司最重要或唯一的利益主体,公司存在的目的和经营目标就是追求股东利益最大化,公司经营管理者只需考虑股东利益并只向股东负责,因此,股东成为公司治理的唯一主体,股东以外的其他公司利益相关者,如以银行为主的债权人、职工等无权参与公司治理,即所谓的"股东单边治理模式"。20世纪60年代开始,随着公司社会责任、经济民主、利益相关者等治理理念的冲击,单边治理的狭隘视角和内在缺陷逐渐受到理论界与实务界的批判,"共同治理"这种新型公司治理理念应运而生。该理念认为,股东、债权人、职工等公司所有的利益相关者都是平等独立的公司利益主体,公司存在的目的和经营目标是公司全体利益相关者利益最大化,公司经营管理者必须考虑全体利益相关者的利益并对他们负责,股东不是公司治理的唯一主体,还应包括以银行为主的债权人和其他利益相关者。那么,银行作为公司重要的利益相关者之一,应如何参与公司治理已成为当前"共同治理"理念的一个重要问题。

公司治理的外延应是委托人和代理人、所有者与经营者、债权人与债务人、管理者与被管理者之间的互动与博弈,其运行不仅要通过内部权力机关(股东大会、董事会和监事会)之间的制衡与监控,而且还需要诸如资本市场、产品市场、经理人市场等发挥作用。公司治理的主体不应仅局限于股东层面,还应包括银行在内的债权人、政府、职工、供应商、社区等相关利益集团。《上市公司治理准则》第八十一条规定上市公司应尊重银行及其他债权人、职工、消费者、供应商、社区等利益相关者的合法权利。第八十二条规定上市公司应与利益相关者积极合作,共同推动公司持续、健康地发展。

二、银行参与公司治理的模式比较

不同国家的制度文化背景、资本市场发展水平和股权结构等存在巨大差异,导致了世界范围内多样化的公司治理模式。相应地,作为债权人,不同国家的银行在参与公司治理的方式和途径上也存在显著差异。

(一) 德国银行在公司治理中的作用机制

基于其特定的制度,德国的公司治理机制有两方面的特点:第一,与美英等国不同,德国银行在公司治理结构中具有重要作用,对经理层有较强的监控能力。第二,与其他国家不同,职工广泛参与公司治理。德国法律规定,监事会和理事会中必须有职工代表。在德国,一个对公司持股最大的银行被称为主持银行(类似于日本的主银行)。

德国的主持银行参与公司治理主要是通过控制公司股权而对公司实施控制。主持银行持有公司的投票权比例较高。德国对银行持有公司股票没有限制,银行除直接持股外,还接受委托为中小股东投票,这进一步增强了银行在公司治理中的作用。主持银行还通过向公司提供短、中、长期贷款,对公司进行监督,并保持与公司的长期业务关系。德国的主持银行在公司治理中的作用是十分显著的,它主要通过以下三种机制来实现对公司的控制。

1. 基于债权关系的治理

基于银行与企业间的借贷关系,银行作为企业最大债权人可以对企业实行监控。通常情况下,若将内部融资计算在内,银行贷款所占企业融资比例不大,Wenger 和 Wenger(1990)指出,大的德国股份公司已经在逐渐减小其对银行贷款的依赖。但单从外部融资比较,银行贷款是企业最大的外部融资来源。据此,银行凭借其企业的最大债权人身份,可以获得企业的内部信息,成为"代理监督者"(delegated monitor),对企业实施代理监督。特别是当企业陷入财务危机或战略转变发生困难时,银行可利用其最大债权人地位,中止经理人员的自主权,行使更直接的临时控制。不过,德国银行在公司治理中的重要作用并不是主要通过债权控制来实现的。

德国银行可利用其作为公司最大债权人或大股东的地位来获取监事会席位从而实施对公司的控制,这是银行发挥其公司治理作用的又一重要力量。德国监事会(类似美英等国的公司董事会)通常由9—21名监事组成,根据法律,其中半数由雇员代表选举(必须至少有一人是公司经理人员);另一半由股东选举,成员不是公司的专职雇员。监事会主席必须是股东代表,当出现赞成与反对票数相等的情况时,其享有决定性的一票权。德国监事会中由股东选举的半数成员相当于美国公司中的外部董事或英国公司中的非执行董事。德国公司中的"外部董事"多来自大银行、保险公司或与公司有重大利害关系的其他公司的主管阶层。按照德国的传统做法和有关的法律,拥有公司10%股权的股东有权在公司监事会中占有一个席位。银行可通过其直接持股和拥有的代理投票权的份额,来获得监事会中的席位,进而实现对公司的控制。

据 Danziger 和 Gottschalk(1988)的研究,银行在其有投票权的公司中获取了多达 27% 的监事会席位。Baums(1992)的研究指出,1990 年,在德国最大的 100 家公司中,德意志银行、德雷斯顿银行和商业银行分别在其中 35 家、19 家和 16 家中拥有至少一个席位。

德国监事会成员在法律上有责任代表股东和利益相关者的利益从而对公司实施监控,这在银行作为监事时更是如此。银行集股东和债权人于一身,其作为监事会成员,更能反映债权人、供应商、雇员、消费者等利益相关者的利益。当主持银行集债权人、大股东、监事会成员(甚至监事会主席)于一身时,更能有效地对企业实施监控。因此,德国银行在公司治理中发挥重要作用的权力基础主要来自股权,即通过直接持股和拥有代理投票权来获得在监事会的席位,进而对公司实施控制。

2. 基于所持股份的股东治理

在德国,银行可直接持有企业股票,而且法律对其持股比例没有严格限制。少数银行在一家企业持股比例较高。一般情况下,银行持有一家企业的股份大多在 10% 以下。银行是企业的大股东,但不是最大的。银行作为企业股东,其持股比较稳定,并可以以股东的身份参与到公司治理中去。通常,银行不会因企业经营的暂时困难而出售股票,愿意保持同企业的长期持股关系。如戴姆勒-奔驰公司在重构公司时,公司利润出现滑坡,但其主持银行德意志银行并未出售股票。

3. 银行的代理投票权机制

作为股东,银行所获得的控制权远远超出其通过持股所能直接达到的权力,这种权力的获得来自银行的代理投票权。银行代理投票机制是德国公司治理最富特色之处。在德国,许多商业银行,尤其是那些大银行,一般都充当其他股东的股票托管人,特别是一些小股东更愿意将股票存放在银行,他们在寄存股票的同时,也把其所拥有的投票权"寄存"给了银行。根据德国代理权法律,银行实际上能代表这些股份进行投票,这就使银行具有了代理投票权。银行通过这种代理投票机制,获得了大大超过其持股所能直接得到的控制权。

委托银行托管股票的股东有政府、金融机构、保险公司、投资公司、非金融实业公司、私人家庭和外国人,其中非金融实业公司和私人家庭要求托管的量最大。

大多数德国股票是未注册的不记名股票,出于安全原因,它们往往被存放在银行。持有此类股份的银行可能能够行使所附的投票权。具体来说,存款股东可授予银行对这些股份的 15 个月的代理投票权。拥有代理投票权的银行必须告知股东其打算如何在特定会议上投票,并就应如何行使代理投票权征求指示。如果没有得到指示,银行可以根据其声明的意图行使代理投票权(Edwards 和 Nibler,2000)。

图 9-1 显示了德国主要银行在主要非金融公司中的投票权数据。从中可以看出,银行在多数非金融公司中的投票权超过了 50%,甚至在 13 家公司中的投票权超过了 90%。以西门子为例,大型银行不直接持有西门子的股份,但是大型银行的下属或关联子公司合计持有西门子 9.87% 的股份,与此同时,银行还是西门子持股占比 85.81% 的小股东的受托人,从而使银行的总投票权达到 95.68%。这种安排赋予了大银行对许多大公司在

公司治理上的巨大影响和事实上的主权。

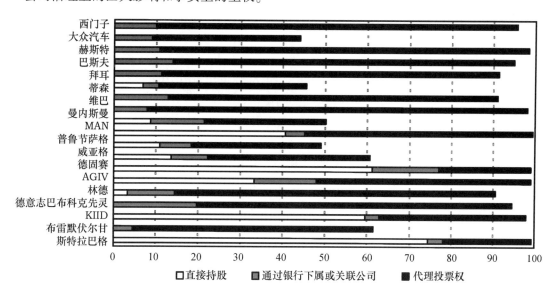

图 9-1 德国主要银行在主要非金融公司中的投票权

注：银行在股东大会上的投票权包括其直接持有的股份、银行子公司或关联公司的股份以及银行对大多数公众投资者股份的代理投票权。

资料来源：Morck, R. and B. Yeung. Never waste a good crisis：An historical perspective on comparative corporate governance. *Annual Review of Financial Economics*, 2009, 1(1): 145-179.

（二）日本银行在公司治理中的作用机制

在日本,银行在公司治理中发挥的重要作用主要通过主银行制来实现。日本的公司治理表现为两个明显的特征：一是共同治理,即由股东、银行、员工和其他利益相关者组成共同治理结构；二是主银行相机治理。所谓主银行是指在日本公司中拥有最大贷款份额并通常持有公司较大比例股份的银行。主银行在日本间接融资中扮演中心角色,作为主要债权人对公司实施事前、事中、事后的一体化监督。在银行财务状况良好时,主银行与公司保持距离,当公司财务状况恶化时,主银行进行干预,解聘管理层或重组公司。主银行对企业的监控主要通过以下四种机制来实现：

1. 基于债权关系的治理

在日本,银行贷款是企业外部资金的主要来源。主银行提供的短期和长期贷款约占总贷款的15%,而主银行一般是该企业最大的贷款人,它承担着对企业的监督责任。这样,主银行作为"代理监督者"对企业进行事前、事中和事后监督。

日本主银行在公司治理中发挥重要作用,其权力主要来自作为控制权基础的债权。可以说,在日本,银行的作用超过了其作为债权人代表的作用。这表现在：第一,主银行向企业提供各种有价值的信息和投资信贷服务,如获得或清偿公司资产和不动产或者介绍潜在的业务伙伴以及所需的贷款安排。第二,支付结算账户。企业的支付结算账户没有利息,用于管理现金的流进和支付,一个企业往往指定它的主银行来负责支付结算账户。主银行通过观察企业每天进行的支付和结算活动,掌握企业经营状况的变化轨迹,这使主银行在信息方面具有其他金融机构所没有的优势,这也为主银行控制和监督企业提供了条件。第三,日本主银行深深涉足于其客户公司的事务之中,要求公司经常地(通常是按季度)公开详细的公司战略和投资计划。对主银行而言,要求修改这些计划以作为继续提供稀缺资本条件的情况经常可见。虽然20世纪80年代日本公司融资的证券化大大削弱了主银行对大型的、经营良好的、高度流动性的公司的影响,但是,主银行仍然是其较大型客户的较小附属企业的重要资本提供者。

2. 基于所持股份的股东治理

日本第二次世界大战后建立起来的银行体制在日本企业的公司治理结构中发挥了不可替代的作用。日本的大企业一般都会与某个大银行保持密切的关系,这些银行可以直接持有企业股份,同时提供各类金融服务,如一般贷款与其他信贷、担保,甚至包括有关投资银行业务,必要时还可以向企业提供管理资源、派遣管理人员。日本的各类银行(包括城市银行、信托银行、地方银行和其他一些专业性较强的金融机构)可以持有非金融企业不超过5%的股份,因此,日本上市公司中大约40%的股份被银行和保险公司等金融机构持有。

在日本,主银行一般持有5%或接近5%的单个企业股份,同时还是该企业的主要债权人。尽管如此,主银行在平时只是主要扮演消极投资者的角色,对企业的日常事务并不过多干预。特别是当企业经营活动和财务状况良好的情况下,主银行既不会干涉企业管理层的人事决定,也不会影响企业的经营决策。在这些企业中,经理人员享有高度的自治权。

3. 进入董事会

日本董事会主要由在职的经理人员组成(公司的支薪企管人员),经理人员分为两类,一类是"内部人董事",即从公司内部提拔上来的终身雇员,他们通常在任职期间进入公司的董事会;一类是"外部人董事",真正的外来人,即在任职董事的同时,还兼任其他公司的职务,通常担任审计。银行一直是"外部人董事"的供应者,主银行常常把自己的管理人员安排进对象企业的董事会或指派审计。通常做法是将这些管理人员的所属关系都转到企业,使其能倾注全部工作时间行使监控,保证信息收集的效率。

不过,日本通产省1985年的一项研究表明,在东京股票交易所第一节上市的日本公司中有43.5%没有"外部人董事"。Kaplan在1991年研究发现,在其研究样本的119个日本企业中有65.5%没有"外部人董事"。1992年,日本上市公司中40 045名董事的1/4(约24.4%)来自公司外部,这些外部董事的1/5来自银行。构成主银行制核心的银行——最大的六七家城市银行和日本产业银行是银行董事的主要来源。可见,主银行作为公司董事会中的代表对公司的监管有一定的作用,不过不是银行权力的主要来源。

4. 相机治理

主银行对陷入财务困境的企业的救助,是主银行在公司治理中发挥作用的一个重要方面。这一作用也源自主银行作为企业最大债权人的身份。当企业陷入财务困境时,集最大债权人、主要股东、债券信托人为一体的主银行,拥有决定企业命运的强大权力。在这种情况下,主银行可以有三种选择,或者放弃主银行的地位,催收有可能变为呆账的贷款;或者重新注资,解救企业;或者拒绝注入新的资金而宣布企业破产。第一种选择可能会使银行的声誉受损而失去未来盈利的贷款机会。因为未来的融资机会不一定来自同一个借款人,可能还包括其他借款人。第二种选择银行通常会取代企业的管理,不过代价较高。第三种选择即破产,往往会受到在职管理人员的激烈反对,也会受到其他信贷人的反对。

从日本主银行实施情况看,大多采用的是第二种方案,即主银行采取代价高昂的增资行动(救助行动),向陷入困境的借款人提供应急贷款,或帮助其进行重组,条件是确保部分或全部的剩余控制权(例如替换或接管管理层)。剩余权的转让将根据借款人的财务状况而定。等到企业经营恢复正常后,管理权又回到内部经理层手中。

20世纪80年代中期前,主银行制的公司治理显示出良好的效果,主银行能够恰当地监督经理人员的行为,对经理人员能够产生足够的压力,使之有效经营。特别是在借款企业陷入财务困境时,主银行能够向这一困难企业派出官员,密切干预公司经理人员的重组过程等,可以说对战后日本经济的高速发展起到了巨大的推动作用。其后,外部制度性因素的变化和主银行制的内在缺陷(主银行道德风险等),使得企业对主银行的依赖减弱,主银行的监督作用也有所降低,从而使得主银行在公司治理中的作用有所下降,20世纪末日本所出现的经济低迷状况,也引起了人们对主银行制的重新思考。

第二次世界大战后,日本市场的主要股东类型从个人投资者转变为机构投资者,外

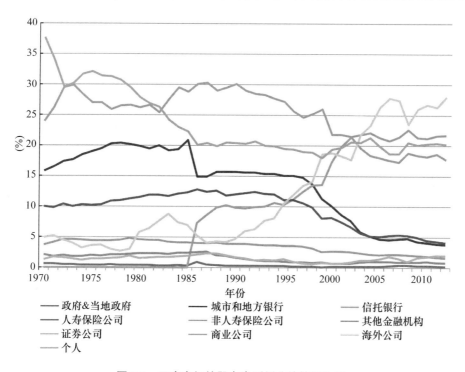

图9-2 日本市场按股东类型划分的持股比例

资料来源：Ryoko Ueda. How is corporate governance in Japan changing? Developments in listed companies and roles of institutional investors. OECD Corporate Governance Working Papers No.17.

国投资者的比例急剧上升。图 9-2 显示了自 1970 年以来日本证券市场股权结构的变化。直到 1985 年,个人、商业公司、主要商业银行(又名城市银行)和地方银行是主要的市场参与者。然而,自 1985 年以来,国内外机构投资者的比例有所上升,自 2003 年以来,超过 40% 的股票市场由此类投资者持有。2012 年年底,日本市场持股比例如下:个人/其他 26.2%,海外公司等 24.3%,商业公司 23.3%,信托银行 15.7%。信托银行、保险公司等境内机构投资者持股比例为 20.9%。如果包括外国机构投资者,这个百分比是 45.2%。

主银行持有公司较多股份时,对日本的公司治理产生了相当大的影响。从图 9-2 可以看出,城市银行和地方银行(承担主银行角色)在 1975—1985 年期间持有日本股票市场的 20% 以上,此后一直到 2000 年都超过 10%。从 2000 年开始,银行迅速出售其股份,因此 2012 年它们仅持有 2.9% 的股份。这仅与证券公司为交易目的而持有的股票大致相同(截至 2013 年为 2.3%)。主银行制在日本上市公司的治理角色日渐式微。

(三) 美国银行在公司治理中的作用

与日、德模式不同,美国对商业银行持有非金融公司的股份有严格限制。美国银行与公司的关系主要体现在贷款等债务关系和作为信托财产的个人股份财产管理两个方面。美国银行对公司的贷款一般以短期为主,往往要求抵押、担保,当公司出现财力困难而不能履行债务时,银行就可以通过破产程序接管公司,从而公司的控制权发生转移。银行作为信托财产的个人股份管理者,是以信托者的利益为有限目标的,与以取得公司控制权为目标的持股具有本质区别。因此,美国银行与公司的治理关系是一种消极的距离型治理。

美国商业银行对公司的控制主要是基于债权。《帕特曼报告》以及 Mintz 和 Schwartz(1983)的研究都有力地论证了,在美国银行对公司有较强的控制力。美国银行在公司治理中具有重要作用,但这种作用的发挥是在严格的法律限制下进行的。这种法律限制可从两方面看:

(1) 对银行持股的限制。1933 年的《格拉斯-斯蒂格尔法案》禁止商业银行从事投资银行业务,特别是证券承销业务和自营买卖证券业务;禁止商业银行同任何主要从事股票、债券、信用公司债、票据或其他有价证券的发行、展期、承销、公开销售或分销机构进行联营。这一规定割断了商业银行与公司直接持股的联系。后来,这一法规有所松动,但仍十分严格。1956 年的《银行持股公司法》规定,银行可以组成持股公司(holding companies)的方式持有非银行公司的股份,但比例受到严格限制,规定持有一家非银行公司的股份的上限不能超过该公司有投票权股票的 5%,而且是一个被动的投资者(passive investors)。虽允许商业银行信托部以信托名义代客买卖股票,但美国的税收法鼓励银行管理的信托持股(trustholdings)分散化,银行的信托基金在任何一家公司的投资额不能超过其资产的 10%,而且银行要在其贷款活动与其信托部门投资活动之间建立"中国墙"(Chinese wall)以防止内幕交易。这些规定限制了作为银行控制权基础的股权控制,使美国银行不能像德、日银行那样利用股权进行监控。

(2) 对银行作为债权人干预的限制。美国法律有所谓"公平的从属"(equitable subordination)原则,指积极地参与过企业经营的债权人,当该企业破产时,其债权的优先权就会丧失。也就是说,如果银行对其借款企业有过多干预,那么一旦该借款企业不能偿还债务,宣布破产,那么银行在索取赔偿时将丧失优先权。这一原则使得银行在提供贷款后,公司如果经营管理正常,使用贷款得当,能够按期偿还本息,银行一般不对公司的日常决策进行干预;而当公司经营管理不善,出现亏损,到期不能偿还全部或一部分贷款时,银行才进行干预。

总的来说,美国银行在公司治理中有重要的作用,主要是通过其作为企业的债权人来体现,这种债权干预相对于控制权市场的干预,其影响程度远不及后者,使得美国银行在公司治理中的作用不太明显,相对较弱。美国银行在公司治理中的这种地位与美国整体的制度安排有关。美国公司的股权结构的特点是股权极为分散,持有股份的主要是个人股东和机构股东,这一股东结构状况可以说一定程度上决定了美国公司治理结构的特点。一方面,拥有极少量股权的小股东由于监督成本太高而无监督的动力,即使有心监督,也无力影响经理层,所以,小股东都有"搭便车"的倾向;另一方面,机构投资者并不是真正的所有者,而是机构性的代理人,代理本基金的受益人运用资金。由于机构基金进入市场较晚,大多数机构基金只拥有大中型公司的小额股本,而且法律的限制也使其不能拥有一家公司大量的股份,一般将其资金分散投资到多家股票上。这样,它们作为"消极的投资者"(passive investors),主要关心公司能付给它们多高的红利,而不是企业经营的好坏和实力的强弱,它们所持有的股份具有较强的流动性,一旦发现所持股票收益率不高,就会迅速抛出手中的股票,而无意插手改组公司领导班子或帮助公司改善经营。此外,美国法律规定任何一个非银行金融机构持有的股份不允许超过发行公司总股份的5%,而银行对公司的控制和干预又受到法律的限制。

在这种情况下,美国的公司治理主要是通过股票市场、控制权市场等途径,对公司经理人员进行监控。这种机制也使得美国股票市场的敌意接管行为比其他任何国家都多。可以说在美国通过股票市场对经理人员进行控制,主要是采用敌意接管方式来实现的,即当公司绩效不高、股价下降到远远低于资产价值时,多数股权被一些投资者收购,当收购者手中持有大量股票后,就会凭借股权优势,召开股东大会,撤换公司现有领导层,进行整顿和改组。

(四) 银行在公司治理中作用的比较与启示

从以上三种模式我们可以看出,影响银行在公司治理中作用的因素主要有几个方面:一是资本市场的发达程度。日本和德国的资本市场均不发达,公司无法从股票市场进行充分的直接融资,转而依赖银行进行大规模的信贷,从而形成了银行与公司的密切关系,银行在公司治理中发挥重要作用。而在英美国家,公司可以在高度发达的资本市场通过各种融资渠道进行融资,因而公司对银行资金的依赖程度较低,银行对公司治理参与持消极态度。二是公司控制权市场的发达程度。公司控制权市场是指通过买卖股票、接管、并购等手段争夺公司控制权的市场。日本只有20%—30%的股票可以在市场上自由交易,大多数股票处于稳定的非流通状态。由于股票不能自由进出股票市场,股东很难通过"用脚投票"方式转让股票。另外,银行与公司间存在交叉持股现象。因此兼并、收购等行为往往很少发生。德国的情况也大体如此,双层董事会制度、共同决定制度、股权集中持有等有效阻止了接管。兼并与收购在德国公司并不经常发生,甚至呈下降趋势。外部投资者很难通过公司控制权市场接管公司,进而动摇全能银行在公司治理中的作用。英美公司的最大特点是所有权高度分散,并且流动性强。公司治理依赖于公司运作的高度透明和相应完善的立法及执法机制。由于股权分散,股东在公司决策中所能发挥的作用十分有限,不足以对公司管理产生影响,有一个庞大、发达的资本市场可以依托,英美模式中的持股人——无论是机构持股人还是个人持股者——通常不直接干预公司运营,而更关心股票市场的涨落,通过买卖的形式来"参与"公司重大问题的决策,也被称为"用脚投票"。持股的短期性使股票交易活跃,公司接管或兼并事件频繁发生,市场上股票价格对公司管理者形成间接约束。对公司管理者的选择、监控和激励主要依赖于外部市场,特别是资本市场。因而英美国家银行对参与公司治理一般持消极的态度。三是国家对债权的保护体系。债权保护体系的不同,直接导致了银行对企业的控制机制的不同。例如,不同国家对银行持股设有不同的规定,并且对银行的债权控制机制也有不同的规定。这一方面直接影响了银行基于债权的控制机制,也形成了其他治理机制(如基于股权)。可见,银行参与公司治理的形式需与本国的整体环境和法律制度相适应,各国应根据本国的具体情况来规范银行参与公司治理的方式和途径。

第三节　政府及监管部门的监管

作为公司治理宏观主体的一国政府承担着双重使命,一方面要建立起现代公司治理运行的基础体系,包括法律、制度、市场体系等,为完善公司治理提供制度框架和运作规范;另一方面又要通过加强监管保障和完善这些体系的正常运行,通过给予违法行为相应的惩罚来促进良好公司治理的实现。尤其在发展中国家和经济转轨国家,政府的作用会更加突出。如果没有政府的直接参与,很难建立起有效的公司治理。

一、法律制度环境与监管规则约束

公司治理与公司生存离不开社会这个大环境。法律制度、政治因素和社会文化因素等变量对公司治理产生了越来越大的影响。这些法律法规和监管制度体系一方面为公司治理的建立和运作提供了基本的框架和参考;另一方面通过对违规行为的惩罚而保证了良好公司治理的实现。法律法规通过对中小股东的保护、股权结构、对债权人的保护来影响公司治理,其中《公司法》《证券法》和《破产法》对公司治理的影响相对要大一些。法律法规体系主要包括股东诉讼制度、信息披露制度、董事及高级管理人员民事赔偿制度等一系列从公司立法到公司章程的有关法律法规。完善的法律法规和执行体系将对公司治理中出现的违法违规行为形成有力和直接的威慑。

实践中,不同国家的公司治理存在显著差异,这些差异可以体现在公司股权的集中与分散程度、资本市场的发育程度、投票权的价值以及公司对外部融资的依赖程度等上,而这些差异被认为与一个国家对中小投资者利益的法律保护程度密切相关(La Porta 等,1997,1998,1999)。即使在同一国家,不同地域的法律制度差异也会影响到公司治理的状况(Daines,2001)。

我国公司治理的法律和监管环境建设取得重大进展。近年来,中国上市公司治理水准随着证券市场的迅猛发展而取得了进步,证券监管部门先后出台了多部法规条文。其中,《上市公司治理准则》《上市公司章程指引》《股东大会规范意见》《建立独立董事制度的指导意见》等一系列重要法规的出台,对提升上市公司治理水平起到了重要的推动作用。但是从中国的实际情况看,对小股东和债权人的保护仍不够充分,法律法规的完备性和可操作性都有待进一步提高。

监管主要是指对证券机构、上市公司以及与它们发生关联的其他服务机构的监管,包括会计和审计机构等。总体来说,这种监管具有某些行业约束的特征,监管的机制主要有两种,一是规则监管,二是道义监管,其中最主要的是规则监管。

从美国的经验来看,监管的过程往往是事后的,Rowland(2002)分析了美国证券交易委员会针对大量出现的管理者修改控制会计信息而作出反应的过程。公司财务信息被操纵的丑闻很早就存在了,直到1998年美国证券交易委员会主席列维特的一个演说,才揭开了美国证券交易委员会对财务信息披露过程的强化监管过程。美国证券交易委员会期望在公司董事会中建立独立审计委员会,以发挥其对公司财务信息真实性的监督和保证作用,这一点与公司治理理论中强调董事会作用的强化是一致的,但是在改变公司财务信用危机方面显然没有起到关键作用。而在《萨班斯-奥克斯利法案》中,这种对公司财务信息真实性的保证的职责,从公司董事会成员(独立审计委员会)身上,进一步延伸到公司管理者身上。新法案规定,CEO/CFO 要在书面认证报告中承认:第一,他们审查了报告。就他们所知而言,报告不存在有关重要事实的虚假陈述、遗漏或者误导。第二,报告所含财务陈述和信息均为公允表述。如果知道报告不合法定要求而仍然作出书面认证,可并处不超过100万美元的罚款和不超过10年的监禁;如果蓄意违犯,可并处不超过500万美元的罚款和不超过20年的监禁。另外还有了对公司外部审计机构行为规则的新规定。

二、美国的监管改革与启示

1934年,美国证券交易委员会成立。作为美国议会授权的监管机构,它的主要职责是监管上市公司和证券市场的运行情况,并制定相关的公司治理准则。而1933年《证券法》和1934年《证券交易法》是美国政府对公司治理和证券市场实施监管的法律依据。美国的监管法律和机构一向是美国人的骄傲,然而自2001年起,美国爆发出一系列的财务丑闻,许多大公司,如安然、世通等相继破产,这引起了人们对美国监管法律和制度的质疑。为此,美国证券交易委员会对监管法律和机构都作出了相应的改革,以加强监管力度。

(一) 监管法律的变化——《SOX法案》

2002年7月,美国总统布什正式签署了2002年《萨班斯-奥克斯利法案》(简称《SOX法案》),其内容主要是加强审计独立性、完善公司治理、强化信息披露、防止欺诈行为等,它被认为是自1934年以来最具影响力的一部监管法律。它对公司内部治理结构安排作出了详细的规定:

第一,对审计委员会的规定。《SOX法案》要求上市公司审计委员会的成员必须全部由独立董事组成;审计委员会成员不得与公司有其他关联关系;审计委员会成员不得接受公司给予的咨询费等津贴之外的报酬。会计师事务所向上市公司提供审计服务必须经过公司审计委员会的批准。

第二,对管理层的监管。《SOX法案》明确要求公司的CEO和CFO证实向美国证券交易委员会申报的定期报告中不存在虚假、遗漏或者误导。如果发现公司公布的定期报告有重大违规而被要求重新编制并申报,CEO和CFO将把所有奖金、红利等奖励性报酬以及通过买卖该公司证券获得的收益返还给公司。

同时,要求管理层加强信息披露,包括对定期报告中资产负债表外部分的披露;对涉及主要股东和高级管理者交易的披露;对审计委员会财务专家的披露;管理当局要对公司内部控制有效性进行评估,并且要求公司的审计师对管理层的评估报告予以鉴定,评估报告和鉴定报告需要被披露。

(二) 监管机构的调整

美国对监管机构的调整包括公众公司会计监督委员会(Public Company Accounting Oversight Board, PCAOB)的建立和对注册会计师事务所的监管调整两个方面。

第一,在《SOX法案》实施之前,美国注册会计师协会(AICPA)负责制定公认审计准则(GAAS),并且对上市公司的审计情况以及注册会计师事务所的运行情况进行监管。但是2001年之后的财务丑闻使投资者对美国注册会计师协会失去信心,为此,根据《SOX法案》,美国证券交易委员会建立了公众公司会计监督委员会来执行美国注册会计师协会的主要职责,它受到美国证券交易委员会的直接监督。

《SOX法案》规定公众公司会计监督委员会的职责主要包括:负责会计师事务所的注册,只有在该委员会注册并通过检查的会计师事务所才有资格向公众公司提供审计业务;调查会计师事务所的审计情况,对违规的会计师事务所进行惩罚;对注册会计师的独立性、职业道德和工作质量进行审查;制定审计准则;等等。

公众公司会计监督委员会的成员有5人,都是由美国证券交易委员会任命,其中,只有2名可以是注册会计师。《SOX法案》规定公众公司会计监督委员会的成员不得参加职责之外的商业活动,如通过向公众公司提供咨询服务获取报酬等。同时,《SOX 法案》还规定,公众公司会计监督委员会是一个非营利机构,其资金主要来自公开发行证券的公司和因负责会计师事务所的注册和审核而由会计师事务所提供的资金。

第二,对注册会计师事务所的监管调整。在过去,一些注册会计师事务所会为审计客户提供咨询等非审计服务,这些咨询费用的数目常常很大,甚至高于审计费用。安然、安达信的财务丑闻被披露之后,为增强注册会计师事务所的审计独立性,《SOX 法案》规定:禁止审计师为审计客户提供评估或估价服务、精算服务、法律服务等非审计服务,会计师事务所的非审计服务收入不得超过事务所总收入的 5%;所有审计服务和非审计服务都必须得到事先批准;要求审计合伙人轮换,即主管审计合伙人和复核审计合伙人为同一审计客户连续提供审计服务不得超过 5 年;建立注册会计师审计回避制度,避免利益冲突等。

(三) 美国监管改革的启示

美国通过《SOX 法案》的实施对公司内部治理结构和监管机构进行了更加严格的监管,使内部治理结构更加完善,有利于提升信息披露的真实性,加强对经营者的监督,同时也使监管机构能更好地发挥监督企业的作用,对我国的公司治理改革具有很大启示。

第一,加强审计委员会的作用,完善公司内部监管体系。审计委员会作为董事会的下设机构,对公司内部治理起着重要作用,它负责监督公司的内部审计制度及运行情况、审核公司的财务报表、提议聘请或更换外部审计机构、审查公司的内控制度等。为此,当美国出现财务丑闻后,《SOX 法案》对加强审计委员会的独立性作了特别规定:要求上市公司审计委员会的成员必须全部由独立董事组成;审计委员会成员不得与公司有其他关联关系;审计委员会成员不得接受公司给予的咨询费等津贴之外的报酬。在我国,2001 年《关于在上市公司建立独立董事制度的指导意见》和 2002 年《上市公司治理准则》对审计委员会作了规定:上市公司董事会可以按照股东大会的有关决议,设立战略、审计、提名、薪酬与考核等专业委员会。专业委员会成员全部由董事组成,其中审计委员会、提名委员会、薪酬与考核委员会中独立董事应占多数并担任召集人,审计委员会中至少应有一名独立董事是会计专业人士。但是对审计委员会的设立只是上市公司的自愿行为,并未强制执行,而且在新《公司法》中也没有对审计委员会的特别规定,这使得我国的许多上市公司没有重视审计委员会的作用,使公司的内部监管体系得不到进一步的完善。

第二,加强对会计师事务所的监管。会计师事务所作为公司的外审机构,对公司财务报表和信息披露的审核起着重要的作用。安达信的垮台使人们对美国会计师事务所丧失信心,为此,《SOX 法案》规定:禁止审计师为审计客户提供评估或估价服务、精算服务、法律服务等非审计服务;要求审计合伙人轮换,即主管审计合伙人和复核审计合伙人为同一审计客户连续提供审计服务不得超过 5 年;建立注册会计师审计回避制度,避免利益冲突等。其中,审计合伙人轮换制对提高审计工作的独立性、防止公司和审计人员之间联合造假起了重要的作用。不仅要通过制定相关的法律和法规来加强对会计师事务所的监管,同时相关机构对会计师事务所的监管也非常重要。根据《SOX 法案》,美国证券交易委员会建立了公众公司会计监督委员会,对会计师事务所具有审批注册权、调查权、惩罚权和监督权。

第三,加强法律监管力度。政府通过制定法律对公司进行外部监管,但管理者也有自己的权衡机制。当他们因自己的机会主义行为给公司和股东带来损害而负经济责任和法律责任时,管理者会衡量这种机会主义行为的收益与法律和经济制裁两者孰轻孰重。如果收益大于制裁带来的损失,则他们会漠视法律,践踏公司和股东的利益。为此,有力的监管法律是外部监管的必要手段。《SOX 法案》加重了对高级管理人员违法行为的惩罚力度,例如其规定,如果公司 CEO 或 CFO 对明知财务报告没有满足要求却蓄意签署证明,最高可处 500 万美元的罚款或者 20 年的监禁等。这些都表明了美国自安然等重大财务丑闻之后,制定的法律更具震慑力,使高级管理者不敢轻易以身试法。

三、《COSO 报告》对公司治理的影响

美国安然等系列财务舞弊案的爆发,使人们更深刻地认识到公司治理中内部控制的重要性。在公司治理体系中,内部审计是必不可少的组成部分。早在 1992 年,美国全美反舞弊性财务报告委员会(The Committee of Sponsoring Organization,又称 COSO 委员会)就发布了《内部控制——整体框架》(The National Commission of Frandulent Financial Reporting,以下称《COSO 报告》),以加强公司内部控制。COSO 报告为企事业单位构建起一个三维立体的全面风险防范体系。它们给企业以立体、全方位、多层次的内部审计和风险防范,这对于企业的内部控制和风险管理具有重要的意义,也为在公司治理框架下加强企业的内部控制提供了方向。

(一) COSO 内部控制体系

《COSO 报告》将内部控制定义为:内部控制是一个过程,它受到董事会、管理人员和其他职员的影响,以期为实现经营的效果和效率、财务报告的可靠性及遵守相关的法律法规提供合理保证。

《COSO 报告》提出,内部控制由五个要素组成,即控制环境、风险评估、控制活动、信息传递和监督。五个要素中,各个要素有其不同的功能,内部控制并非五个要素的简单相加,而是由这些相互联系、相互制约、相辅相成的要素,按照一定的结构组成的完整的、能对变化的环境作出反应的系统。控制环境是整个内控系统的基石,支撑和决定着风险评估、控制活动、信息传递和监督,是建立所有事项的基础;实施风险评估进而管理风险是建立控制活动的重点;控制活动是内部控制的主要组成部分;信息传递贯穿上下,将整个内控结构凝聚在一起,是内部控制的实质;监督位于顶端的重要位置,是内控系统的特殊构成要素,它独立于各项生产经营活动之外,是对其他内部控制的一种再控制。

《COSO 报告》认为,企业内部每一成员在实施内部控制方面都扮演着一定的角色,对内部控制也都负有一定的责任,报告也对企业中各层次人员的控制职责作出如下具体设计:

(1) 管理层。CEO 对整个控制系统负责。

(2) 董事会。管理层对董事会负责,由董事会设计治理结构,指导监管的进行。

(3) 内部审计师。内部审计师对评价控制系统的有效性具有重要作用,对公司的治理结构行使着监管的职责。

(4) 内部其他人员。明确各自的职责,积极主动参与、配合内部控制制度的实施。

(5) 外部人员。公司的外部人员也有助于控制目标的实现,而且由于其相对独立于企业的身份,更具有可靠性。

(二) 内部控制与公司治理

从主要功能上来说,公司治理的范围可以包括:股东、董事会——决策者;管理阶层——执行者;审计人员(包括内部审计人员及外部审计人员)——监督者;其他利益相关者(例如顾客、供应商、债权人及员工等)——影响者;等等。从这个角度来讲,内部审计人员应该在公司治理中占有一席之地。因为沟通公司治理各功能主体的重要工具就是会计信息系统。因此,会计信息系统本身是公司治理结构的组成部分,而且会计信息系统更严重地制约和影响着公司治理结构中其他制度安排效用的大小。会计信息系统提供的会计信息的真实可靠是内外部激励机制正常运行的前提条件,而有效的审计监督制度是确保这一前提条件实现的关键。外部审计对公司财务报表进行审计,并对其公允性发表审计意见,从而起到增强会计信息可信性的作用。而内部审计处于公司内部,对于公司内部控制、管理经营活动、风险管理都有透彻深入的了解,与外部审计人员相比,内部审计对公司治理发挥的作用在层面上更为深入,在范围上更为广泛。

(三) 《COSO 报告》对公司治理的启示

鉴于内部审计在确保公司内部控制制度有效运转及管理和控制风险等方面的独特作用,内部审计理应成为公司治理的关键一环。结合《COSO 报告》提出的内部控制框架,公司治理应作出相应的制度安排。[①]

第一,公司治理规范必须对内部控制机制的构建提出基本要求。为保证多级委托代理链组成的公司运行能够维护所有股东的平等地位和权利,承担对股东的诚信义务,公司治理规范中必须提出对内部控制构建的基本要求,从而保证内部控制目标与公司治理目标的高度一致性。没有公司治理做后盾,内部控制系统的不断完善将失去动力。因此,公司治理理应涵盖内部控制系统。事实上,各国有关公司治理的法规和准则中都对内部控制作出了基本要求。例如,美国内部控制从制度发展到三要素构成的结构和五要

---

① 杨有红,胡燕.试论公司治理与内部控制的对接[J].会计研究,2004,10:14—18.

素构成的框架,与美国《反海外腐败法》(Foreign Corrupt Practices Act,FCPA)的颁布与完善是分不开的。该法除了禁止各种形式的行贿和具有可疑行贿的行为,还要求在证券交易委员会管辖下的每一家公司都建立内部控制制度,并详细规定:美国公司有责任保证其海外下属公司妥善保存财务报表和记录,并建立和实施内部监控制度,不得非法向外国政府公职人员或国际公共组织官员支付财物,即使海外下属公司在母公司不知情的情况下发生与上述行为有关的不适当行为,母公司也不能免责。2002年1月,中国证监会颁布了《上市公司治理准则》,从六个方面作出了公司治理的规范:平等对待所有股东,保护股东合法权益;强化董事的诚信与勤勉义务;发挥监事会的监督作用;建立健全绩效评价与激励约束机制;保障利益相关者的合法权利;强化信息披露,增加公司透明度。上述六个方面的要求需要通过科学严密的内部控制系统来保障,否则相应的要求就难以落到实处。

第二,保证董事会在内控中的核心地位。公司的董事会是联结出资者和经营者的桥梁,为股权资本出资者和经理人员的职业合同提供了合理的保障。尽管在契约未预见的事项发生的情况下,出资者可以利用剩余控制权作出决策,但由于基于股权分散的事实产生的投资者行使剩余控制权的高额成本以及信息不对称,行使控制权的重心客观上要求落在董事会身上。内部控制是董事会抑制管理人员机会主义倾向,保证法律、公司政策及董事会决议切实贯彻实施的措施;内部控制以及涉及内部控制的信息流动构成解决信息不对称、保证会计信息真实可靠的重要手段;而确保信息质量是董事会不可推卸的责任。董事会在内部控制中的核心地位是通过公司治理结构和机制的安排来实现的。因此,应通过优化董事提名机制、董事会形成机制以及董事责任追究与免责机制,强化董事会专业委员会建设,确保董事会的独立勤勉,从而保证其在内部控制中发挥核心作用。

第三,强化监事会的监督职能。内部控制框架的五大要素之一是"监督与纠偏",在"控制环境"这一要素中,也要求建立与内控相应的监督机构。在以董事会为核心的内部控制框架中,董事会下包括审计委员会在内的专业委员会的建立,以及经理层下属的审计部在对内部控制制度运行过程的监督和效果评价方面的作用越来越明显。但是,监事会对处于内部控制核心地位的董事会的监督却长期弱化。在完善的内部控制体系中,监事会的监督作用是重要一环。

第四,建立有效的反向制衡机制。决策与执行相互分离是内部控制框架中不相容职务分离的五大内容之一。这种分离不仅包含了当事人间的相互制约,而且还包括反向制衡。在《COSO报告》的信息传递部分和监督部分,要求各内控执行主体在经营中要相互监督,有权拒绝明显违法的事项并通过信息沟通反映经营管理中的不适当行为。在解决了董事会成员和经理层的高度重合、董事长与总经理交叉任职的基础上,在治理机制设计上启用反向制衡程序对杜绝大股东侵占中小股东合法利益、实际控制人通过牺牲公司利益来实现个人利益显得十分必要。国家有关公司治理的法规和企业的公司章程中应明确规定总经理有权抵制股东大会或董事会(股东或董事)抽逃资本、利用关联交易侵犯中小股东利益等违法行为。已颁布的有关公司治理的规定已在反向制衡机制构建方面进行了有益的尝试,例如,中国证监会2004年3月颁布的《期货经纪公司治理准则(试行)》第五章"经理层"中明确规定了经理对股东大会、董事会违规违法行为的抵制权以及经理层之间的制约措施。

四、我国政府监管的内容和作用

我国政府通过制定法律,如《公司法》《证券法》等,对公司治理的有关问题作了明确的规定,如股东大会、董事会、监事会的职权和运作方式,公司合并、分立等问题;同时,相关的监管机构,如证监会也出台了一些重要的法规和准则,包括《上市公司治理准则》《关于在上市公司建立独立董事制度的指导意见》《上市公司收购管理办法》等,更加详细地对公司治理过程中的相关问题作出了说明,如经理人员激励机制的建立、独立董事的职责等问题;而且中国证监会还通过审核上市公司的定期报告和临时报告直接对公司进行监管,对上市公司分派或者配售新股的情况进行监督,对上市公司控股股东和信息披露义务人的行为进行监督。例如,以要约收购方式进行上市公司收购的,收购人应当向中国证监会报送要约收购报告书,同时抄报上市公司所在地的中国证监会派出机构,抄送证券交易所,通知被收购公司,并对要约收购报告书摘要作出提示性公告,接受中国证监会的监管。下面具体地介绍一下相关的内容。

(一) 对公司内部治理结构的规定

《中华人民共和国公司法》(以下简称《公司法》)已由第十三届全国人民代表大会常务委员会第六次会议于2018年10月26日修订通过。《公司法》中对公司董事、监事、高级管理人员的资格和义务作了规定,包括董事、监事、高级管理人员应当遵守法律、行政法规和公司章程,对公司负有忠实义务和勤勉义务。在一些情形下,当事人没有资格担任董事、监事或高级管理人员,如因贪污、贿赂、侵占财产、挪用财产或者破坏社会主义市场经济秩序,被判处刑罚,执行期满未逾五年,或者因犯罪被剥夺政治权利,执行期满未逾五年等。

对董事、监事、高级管理人员行为的管制包括以下方面:董事、监事、高级管理人员不得利用职权收受贿赂或者其他非法收入,不得侵占公司的财产。如因挪用公司资金或违反公司章程的规定或者未经股东会、股东大会同意,与本公司订立合同或者进行交易等行为给公司造成损失的,应当承担赔偿责任,并且所得的收入应当归公司所有;董事、高级管理人员违反法律、行政法规或者公司章程的规定,损害股东利益的,股东可以向人民法院提起诉讼;股东会或者股东大会要求董事、监事、高级管理人员列席会议的,董事、监事、高级管理人员应当列席并接受股东的质询;上市公司董事、监事、高级管理人员应当保证上市公司所披露的信息真实、准确、完整。

此外,《公司法》还对股东大会、董事会和监事会的职权和运作作了规定。《公司法》指出,股东大会是公司的权力机构,其职权包括决定公司的经营方针和投资计划,选举和更换非由职工代表担任的董事、监事,审议批准董事会、监事会的报告,审议批准公司的年度财务预算方案、决算方案等;董事会对股东会负责,其职权包括召集股东会会议,并向股东会报告工作,执行股东会的决议,制订公司的年度财务预算方案和利润分配方案,决定公司内部管理机构的设置,决定聘任或者解聘公司经理及其报酬事项等。监事会的职权主要包括检查公司财务,向股东大会提出提案,对董事、高级管理人员执行公司职务的行为进行监督,对违反法律、行政法规、公司章程或者股东会决议的董事、高级管理人员提出罢免的建议。经理的职权包括主持公司的生产经营管理工作,组织实施董事会决议;组织实施公司年度经营计划和投资方案,拟订公司内部管理机构设置方案和公司的基本管理制度等。关于股东大会、董事会和监事会的运作,《公司法》对会议的召开周期、出席会议的人员构成、决策方式、主持者的身份、临时会议的组织等都作了明确的规定。

2018年9月30日,中国证监会修订并正式发布了《上市公司治理准则》,自发布之日起实施。该准则对董事会专业委员会作了规定,指出上市公司董事会应当设立审计委员会,并可以根据需要,设立战略、提名、薪酬与考核等专业委员会。专业委员会成员全部由董事组成,其中审计委员会、提名委员会、薪酬与考核委员会中的独立董事应当占多数并担任召集人,审计委员会的召集人应当为会计专业人士,此外对各委员会的职责作了规定。

(二) 对独立董事制度的规定

中国证监会为进一步完善上市公司治理结构,促进上市公司规范运作,制定了《关于在上市公司建立独立董事制度的指导意见》(以下简称《指导意见》),并于2001年8月16日予以发布。《指导意见》的内容主要包括以下几个方面:① 上市公司应当建立独立董事制度,上市公司董事会成员中应当至少包括三分之一独立董事,独立董事对上市公司及全体股东负有诚信与勤勉义务,尤其要关注中小股东的合法权益不受损害。② 独立董事必须具有独立性,并对独立董事的任职条件作了相关说明。③ 上市公司董事会、监事会、单独或者合并持有上市公司已发行股份1%以上的股东可以提出独立董事候选人,并经股东大会选举决定。为了加强证监会的监管力度,在选举独立董事的股东大会召开前,上市公司应将所有被提名人的有关材料同时报送中国证监会、公司所在地中国证监会派出机构和公司股票挂牌交易的证券交易所。独立董事可以连任,但是连任时间不得超过六年。④ 独立董事具有重大关联交易的知情权、决议权以及独立聘请外部审计机构和咨询机构、向董事会提议聘用或解聘会计师事务所、在股东大会召开前公开向股东征集投票权等职权。⑤ 为了保证独立董事有效行使职权,上市公司应当为独立董事提供必要的条件。上市公司可以建立必要的独立董事责任保险制度,以降低独立董事正常履行职责可能引致的风险。

(三) 对公司股票发行方面的监管

《中华人民共和国证券法》(以下简称《证券法》)已由第十三届全国人大常委会第十五次会议于2019年12月28日修订通过,已于2020年3月1日起施行。

新《证券法》对证券发行条件、向监管机构报送的申请文件等作了详细的规定，以规范股票发行和上市，加强对上市公司的监管。新《证券法》第九条规定："公开发行证券，必须符合法律、行政法规规定的条件，并依法报经国务院证券监督管理机构或者国务院授权的部门注册。未经依法注册，任何单位和个人不得公开发行证券。证券发行注册制的具体范围、实施步骤，由国务院规定。"此外，新《证券法》还确立了上市保荐人制度和预先披露制度。新《证券法》第十条规定："发行人申请公开发行股票、可转换为股票的公司债券，依法采取承销方式的，或者公开发行法律、行政法规规定实行保荐制度的其他证券的，应当聘请证券公司担任保荐人。保荐人应当遵守业务规则和行业规范，诚实守信，勤勉尽责，对发行人的申请文件和信息披露资料进行审慎核查，督导发行人规范运作。"发行人申请首次公开发行股票的，在提交申请文件后，应当按照国务院证券监督管理机构的规定预先披露有关申请文件。

（四）有关加强信息披露的规定

政府通过制定法律和证监会制定的准则，强制公司进行信息披露，保证公司治理的透明度。证监会颁布的《上市公司治理准则》对于信息披露透明度进行了以下的规定："持续信息披露是上市公司的责任。上市公司应严格按照法律、法规和公司章程的规定，真实、准确、完整、及时地披露信息。上市公司除按照强制性规定披露信息外，应主动、及时地披露所有可能对股东和其他利益相关者决策产生实质性影响的信息，并保证所有股东有平等的机会获得信息。上市公司披露的信息应当便于理解。上市公司应保证使用者能够通过经济、便捷的方式(如互联网)获得信息。上市公司董事会秘书负责信息披露事项，包括建立信息披露制度、接待来访、回答咨询、联系股东，向投资者提供公司公开披露的资料等。董事会及经理人员应对董事会秘书的工作予以积极支持。任何机构及个人不得干预董事会秘书的工作。"

中国证监会为了规范发行人、上市公司及其他信息披露义务人的信息披露行为，于2006年12月13日首次审议通过了《上市公司信息披露管理办法》，并于2007年1月30日起开始施行。其主要内容包括：凡是对投资者作出投资决策有重大影响的信息，均应当在招股说明书中披露；上市公司应当披露的定期报告包括年度报告、中期报告和季度报告；上市公司应当制定信息披露事务管理制度，建立信息披露事务管理部门并明确负责人在信息披露中的职责；等等。为了进一步落实2020年3月1日起施行的新《证券法》，证监会在2020年7月24日发布了《上市公司信息披露管理办法（修订稿）》（征求意见稿），主要修改了以下三方面的内容：一是完善信息披露原则规定，二是完善临时报告事项，三是进一步强调董监高等相关主体的责任。

（五）对关联交易的管制

新《公司法》规定，公司的控股股东、实际控制人、董事、监事、高级管理人员不得利用其关联关系损害公司利益。违反规定，给公司造成损失的，应当承担赔偿责任。

《上市公司治理准则》对关联交易作了详细的规定,包括:① 上市公司应当与关联方就关联交易签订书面协议。协议的签订应当遵循平等、自愿、等价、有偿的原则,协议内容应当明确、具体、可执行。② 上市公司应当采取有效措施防止关联方以垄断采购或者销售渠道等方式干预公司的经营,损害公司利益。关联交易应当具有商业实质,价格应当公允,原则上不偏离市场独立第三方的价格或者收费标准等交易条件。③ 上市公司及其关联方不得利用关联交易输送利益或者调节利润,不得以任何方式隐瞒关联关系。

(六) 对投资者利益的保护

《证券法》第一百二十六条规定:"国家设立证券投资者保护基金。证券投资者保护基金由证券公司缴纳的资金及其他依法筹集的资金组成,其规模以及筹集、管理和使用的具体办法由国务院规定。"

《证券法》还确立了投资者损害赔偿制度,第八十五条规定:"信息披露义务人未按照规定披露信息,或者公告的证券发行文件、定期报告、临时报告及其他信息披露资料存在虚假记载、误导性陈述或者重大遗漏,致使投资者在证券交易中遭受损失的,信息披露义务人应当承担赔偿责任。"第五十三条规定:"证券交易内幕信息的知情人和非法获取内幕信息的人,在内幕信息公开前,不得买卖该公司的证券,或者泄露该信息,或者建议他人买卖该证券。内幕交易行为给投资者造成损失的,应当依法承担赔偿责任。"第五十四条规定投资咨询机构及其从业人员从事证券服务业务买卖本咨询机构提供服务的上市公司股票等行为,给投资者造成损失的,依法承担赔偿责任。

2004年12月7日,中国证监会发布了《关于加强社会公众股股东权益保护的若干规定》。它主要是通过建立社会公众股股东表决制度、完善独立董事制度、加强投资者关系管理、提高信息披露质量、实施积极的利润分配办法和加强对上市公司和高级管理人员的监督来加强对社会公众股股东权益的保护。其主要内容包括:① 在股权分置情形下,上市公司应建立和完善社会公众股股东对重大事项的表决制度。② 切实保障社会公众股股东参与股东大会的权利,董事会、独立董事和符合一定条件的股东可以向上市公司股东征集其在股东大会上的投票权。③ 在股东大会选举董事、监事的过程中,应充分反映社会公众股股东的意见,积极推行累积投票制。④ 上市公司应建立健全投资者关系管理工作制度,通过多种形式主动加强与投资者特别是社会公众投资者的沟通和交流。⑤ 上市公司的利润分配应重视对投资者的合理投资回报,上市公司董事会未作出现金利润分配预案的,应当在定期报告中披露原因。⑥ 上市公司高级管理人员未能忠实履行职务,违背诚信义务的,其行为将被记入诚信档案,并适时向社会公布;违规情节严重的,将实施市场禁入;给上市公司和社会公众股股东的利益造成损害的,应当依法承担赔偿责任。

（七）保护员工的相关规定

员工是公司的基层力量，但其权益常常遭到忽视。政府为保障员工的权益，在新《公司法》中作了相应的规定，内容主要包括员工的经济利益、职业发展和参与治理三个层面。在保障员工的经济利益方面，增加公司依法与职工签订劳动合同的规定，规定公司必须保护职工的合法权益，依法与职工签订劳动合同，参加社会保险，加强劳动保护，实现安全生产，并且由公司工会代表职工就职工的劳动报酬、工作时间、福利、保险和劳动安全卫生等事项依法与公司签订集体合同；关于保障员工的职业发展，公司应当采用多种形式，加强公司员工的职业教育和岗位培训，提高职工素质；在保障员工参与治理的方面，公司研究决定改制以及经营方面的重大问题、制定重要的规章制度时，应当听取公司工会的意见，并通过职工代表大会或者其他形式听取职工的意见和建议。公司职工通过职工代表大会、职工大会或者其他形式民主选举产生职工董事。监事会应当包括适当比例的公司职工代表，其中职工代表的比例不得低于三分之一，具体比例由公司章程规定。监事会中的职工代表由公司职工通过职工代表大会、职工大会或者其他形式民主选举产生。

【案例 9-7】

在现代化中奋进的香港公司治理

根据亚洲公司治理协会的《公司治理观察》2020年的调查结果，中国香港的得分从2018年的55%提高到2020年的59%，排名仍然在第7位。综合结果显示，在51个问题中，大公司只有25个表现良好，15个表现一般，11个表现不佳。虽然香港的《政府事务守则》既包括强制性规定，也包括最佳实务建议，但上市公司大多只遵从强制性规定，只有少数公司会主动推行最佳实务建议。此外，一些强制性要求经常被忽视。

做得好的方面

上市公司会及时公布公司活动，包括收购、合并、撤资以及股东大会等活动，这些公告会在公司网站及港交所网站上公布。

与其他市场相比，财务报告做得比较好，特别是在报告关键的财务指标和项目方面，如贸易应收账款和应付账款以及贷款等。上市公司通常会提供有用的"管理层讨论和分析"报告。但财务报告中有一个持续薄弱的领域——运营费用的细节。

在董事会治理方面，我们发现，上市公司披露了详细的出勤统计数据，对大多数董事提供了基本培训，每个董事的薪酬根据上市规则按姓名和类型（费用、工资、养老金、其他福利）上报。另一个积极因素是，多数独立董事没有获得股票期权，但腾讯和阿里巴巴是最大的例外。发行人提供了审计费用和非审计费用的数字，不过如果能更详细地说明后者将会更有所帮助。我们调查的大公司中,大部分都有举报政策。

表现一般的地方

尽管香港上市公司是该地区首批被要求在一天内完整公布股东大会股东投票结果的,但在另一个新领域即公布股东大会问答方面,却未能跟上该地区的最佳实践。这里的限制因素之一,是香港的小股东通常比其他地方的小股东更安静。例如,港交所在其2020年度股东大会报告中就没有收到来自场内的提问。

我们还发现了审计委员会主席独立性的不足之处。15家大公司中仅有1个审计委员会主席与审计师有联系(他是一个前审计事务所合伙人),有5个则与公司关系非常密切(他们已经担任了12年的董事,或者作为独立董事在另一家集团公司的董事会任职)。与此同时,许多公司的董事会活动的报告质量仍是公式化的,这是一个长期存在的问题,连港交所似乎也厌倦了这种做法。

尽管公司治理规则强调在设置薪酬过程中需要透明度,香港上市公司一般不会明确披露独立董事的费用产生的政策。同时,缺乏对高管薪酬的全面披露(5名薪酬最高的管理层人员)。虽然所要求披露的资料仅限于合计数字和一定级别,但公司管理守则建议:上市公司应在年报中披露支付给高管的酬金详情,且须按个人姓名披露。然而,在15家大型上市公司中,只有港交所和香港地铁(MTR Corporation)两家公司对5位薪酬最高的个人做了详细薪酬披露。

表现不佳之处

在有关是否按功能和性质提供运营费用的详细科目或者是否有大量无法解释的其他费用的问题上,香港的许多上市公司(15家中有8家)得分很低。好在15家大公司中有6家在这方面得分不错,但15家大型企业的总得分被表现不佳企业的负分拉了下来。

在董事会治理创新方面,报告质量继续令人失望。以董事会评估为例,尽管公司治理规则仅将其作为推荐的最佳做法,但任何治理良好的上市公司都应该每年进行评估,且每两到三年请顾问进行独立评估。

随着时间流逝,上市企业改善董事技能和董事会构成方面没有进展。理想情况下,公司应该提供一份技能矩阵,说明每位董事可以向董事会提供的广泛技能,并与当前的业务运营和未来的挑战联系起来。然而,香港的上市公司通常只披露个别董事的履历,只有港交所在其年报中有一份技能矩阵。这应该是提名委员会定期进行的工作,并要体现在报告中,以解释董事会的组成。

我们相信,为了减少腐败,香港上市公司必须改善政策。上市公司应披露一项公开的检举政策,包括明确的投诉程序,以及一套公开的行为准则,该准则的范围应超越公司成员,包括供应商。在接受调查的15家公司中,许多公司没有详细公开他们的举报政策细节,其中一家企业根本没有提及这项政策,而另外8家公司只是在年度报告或网站中简要提及这类政策。在这15家公司中有5家没有公布公共行为准则。

上市公司在与股东接触方面提供的信息不足。大多数公司透露了这种接触的频率和类型,但没有透露与股东讨论了什么问题。

此外,尽管上市公司出具ESG或可持续发展报告,但在披露的广度和深度方面,香港仍低于所在地区的最佳做法。与可持续性会计准则委员会(SASB)确定的不同部门的重要性指标相比,重要性披露是不完整的,如何确定什么对公司是重要的,报告中鲜见其讨论过程。此外,我们调查的上市公司很少讨论如何处理它们发现的重大问题,这些重大问题要么是难以处理的,要么是没有设定目标的。

进一步改革的建议

短期举措。上市公司与股东分享年度股东大会会议记录或录音;明确披露有关独立非执行董事的费用政策;按个人姓名披露5名薪酬最高的高管情况;董事会和专业委员会的报告应具体提到该年度所进行的活动,而不仅仅是套话;详细披露个别董事的培训情况;详细披露有关非审计费用性质;更好地披露运营成本,减少"其他花费"的合并(如有合并,则应予以说明);明确董事会的技能矩阵,以确保适当的与技能组合相关的业务。

中长期挑战。由独立董事担任审计委员会主席,要求其与审计部门或公司没有任何联系;定期/年度董事会评估和使用外部顾问;更好地公开披露减少腐败的政策(举报政策和行为准则);股东以及利益相关者积极参与,而且必须有据可查;ESG或可持续性报告,包括确实重要事项的实质性讨论、公司如何处理这些问题以及如何设定有意义的目标等。

资料来源:艾哲明.在现代化中奋进的香港公司治理[J].董事会,2022,4:47—51。

第四节 中介机构与社会舆论监督

中介机构与社会舆论监督是实现良好公司治理的必要补充,而社会伦理道德则是公司治理赖以运作的基础。多方健全的监控有利于约束上市公司的行为,有利于上市公司董事会、监事会和总经理很好地履行职责,促进上市公司健康发展。因此,要充分发挥社会中介机构和新闻媒体等的监督作用,即由合法成立的会计师事务所、审计事务所依法对公司报告的真实性、公正性进行审计,以便有关方面对其财务状况、经营绩效和风险程度等作出正确判断,并对其存在的问题进行审计监督。社会舆论会从外部对上市公司形成强大的约束,而积极的社会伦理道德则会从更深层次促进上市公司治理水平的提高。

一、中介机构

在一个健康发展的资本市场上,中介机构的地位和作用是毋庸置疑的。尽管投资银行的证券分析师、会计师事务所的独立审计师、注册会计师的本意并不是为了监督企业的经营而是为了猎取最新的公司信息,为投资者提供最佳服务,但其如同投资者或企业所有者的眼睛,间接地起到了对上市公司的监督作用,充当了证券市场中"经济警察"的角色。因为公司的业绩、高级主管的各种行为、经营决策、投资决策及融资决策等都很快反映在股票价格上,如果公布的公司业绩比预期的更好,该公司的股票价格就会上升;反之就会下跌。

独立审计又称外部审计,是指由公司所有者和经营者以外的独立第三方——会计师事务所对公司的经营情况进行的审计,审计的对象以财务报表为主,审计的目的是财务报表的合法性、合规性。独立审计在公司治理中的作用主要体现在提高企业财务会计信息的真实性和可信性方面。首先,独立审计使公司产权主体的基本权力——监督权得到进一步落实。独立性是注册会计师审计的灵魂与生命,是其能否发挥防范财务报告粉饰作用的关键所在。审计职业的产生及走向法定化是以股份制的推行为制度基础的。在所有权和经营权相分离的股份公司,股东出于对自己投资的安全性的考虑,他必须对经营者的经营行为进行制约,对经营者的受托经营责任进行监督。其次,独立审计在确保披露的会计信息可信性方面起着关键作用。公司披露的信息一般包括公司的经营绩效,主要股东董事会成员和经理人员以及他们的报酬,可预见的主要风险因素、治理结构、公司目标和政策等。信息披露的程度以及质量如何,在很大程度上取决于独立审计的程度。如果外部审计师不能保持应有的独立性,与管理者合谋,提供虚假的会计信息,必将导致投资者作出错误的决策,从而导致资源配置的无效,严重的还将导致整个公司治理结构的混乱。因此,独立审计师必须客观、公正地披露会计信息,对企业的经营状况作出正确的评价,这是资本市场发挥积极作用的前提,也是公司治理良性运作的一个重要环节。

证券分析师作为资本市场中的重要成员,具有降低信息不对称和提高公司治理的作用。一方面,证券分析师具有提高公司治理的作用。上市公司违法违规不仅是剥夺了投资者自身的权益,更是破坏了证券市场的规则。并且,当公司违规的负面信息被曝光后,其声誉将会受到严重的损害,并通过证券市场中的联系对其他关系网络实体造成负面影响,产生连锁反应,甚至导致系统性金融风险。另一方面,证券分析师具有降低信息不对称的作用。证券分析师通过收集、吸收各种公开及非公开的信息,利用专业的分析和加工能力处理数据,促进信息的传递,降低信息不对称性,进而对经济产生重要的影响。证券分析师具有较强的专业知识储备和较强的信息收集和处理能力,能够对公开信息和非公开信息进行吸收、加工,对公司经营水平和财务状况进行评价并予以推荐,进而对公司盈余进行预测并对发行的股票进行评级、给出投资建议,从而降低资本市场上的各种投资者之间、投资者与上市公司之间的信息差异,提高资本市场运行质量。

这样,通过资本市场中的中介机构就能形成一种强大的监督机制,从而对促进公司治理的完善和保护投资者利益具有重要作用。

二、社会舆论监督

新闻媒体、社会公众的监督作用在公司治理中的地位日益突出。近年来,国内外上市公司对一些重大违规违法事件的查处,如美国的安然,国内的银广夏、蓝田股份等,很大程度上就是这两种力量参与监督的结果。事实上,相对于监事会的监督、法律法规的监督,新闻媒体及社会公众对上市公司的监督更直接、发现问题更及时、成本更低。

社会公众的监督方式主要有三种:一是通过阅读所公开的文件和资料,对公司进行分析和比较,以决定是否购买证券,借助货币选票进行间接监督;二是作为普通股股东,通过参加股东大会参与公司的管理监督,还可检查公司账簿记录进行财务监督;三是利用网络、报刊等新闻媒体公开发表意见,进行评价和监督。透明度和信息披露标准是公司治理框架内代表公司治理整体水平的一项重要指标。透明度涉及有关公司运作、财务状况以及公司治理信息充分、及时的披露。具有高度信息披露水平的公司可以使其股东、债权人和董事对公司的管理、运作以及财务进行有效监督。信息披露也有助于帮助公众了解企业组织结构和经营活动,以及公司在环境问题、商业道德与社区关系方面的政策和绩效。因此,建立完善的信息披露制度,确保公开信息的准确、及时和完整,尽量减少经营者与所有者之间的信息不对称,保障外部投资者公平获取信息的权利,才能使股东和其他利益相关者有效监督公司治理和运行。

为了明确必须公布的信息内容,许多国家使用"实质性"这一概念。实质性信息指的是如果遗漏或谎报,将影响信息使用者的经济决策的信息。具体包括:公司的财务状况及经营成果;公司目标;主要股份所有权和投票权;董事与主要执行官员及其报酬;重要可预见的风险因素;与雇员和其他利益相关者有关的重要问题;治理结构和政策等。财务透明涉及及时披露适当的关于公司运营、财务表现和公司治理方面的信息。除了财务信息,非财务信息也很重要,比如公司运营、公司竞争地位、公司章程、决议等。公开披露是内部透明性和有效内控制度的反映,因此,公司章程、决议和文件应该清晰制作和容易提供给股东。公司应该建立一个网址,用当地语言和英语两种文字披露公司报告、报告摘要和其他投资者关心的信息。审计师应该和公司董事、管理层、公司业绩和公司目标保持独立,也应该拥有较高的声誉。通过分析审计师合同,财务和控制制度,审计委员会的程序、章程及有关条款,审计报告等,可以衡量审计师的独立性。

随着独立董事制度的完善,独立董事拥有独立发言权,对上市公司的信息披露具有监督与促进作用;信息披露与中介机构的"联动制",如承销商公布对上市公司募集资金使用情况的回访报告,会计师事务所对上市公司资产置换出具财务报告,律师事务所对上市公司行为出具法律意见书等。信息披露增强了监督方的力量,多角度地对上市公司信息披露质量进行把关,为社会公众和新闻媒体实施有效监督提供了准确客观的依据。

三、社会伦理道德

社会伦理道德的外部约束是指一个国家或者社会主流的价值准则、伦理观念等对公司利益相关者态度、行为等的影响及约束,它不是通过相关的法律制度体现出来,而是通过根植于一个社会文化之中的、具有广泛社会认同和潜在约束力的道德准则体现出来。它与监管和法律约束的不同在于其约束力是潜在的和无强制力的。有关这方面的认识包括:企业社会责任(social responsibility)、专业机构和自治团体的道义说服、社会诚信与经理人员道德等。

(1)按照 Wartick 和 Cochran(1985)的研究,企业的社会责任理论以下面两个假设为前提:第一,企业要实现生存,其经济活动必须满足社会的要求,其行为和经营过程必须遵循已有的一系列社会规则,或者说企业与社会有一个契约,这个社会契约暗含着一系列的权利和义务。第二,企业在社会中扮演着一个类似道德机构的角色,其行为最终体现为对某种社会认同价值的遵循或者强化。从这两个前提出发,企业的社会责任可以包括企业的经济责任(economic responsibility)、公共责任(public responsibility)、社会反应(social responsiveness)三个方面,企业的经济责任类似于古典经济学中对企业理性的认识,认为企业只是要满足其所有者利润实现的需要;企业的公共责任是指企业除了要满足利润最大化要求外,还要体现出对社会公共政策过程的参与,这些公共政策可以包括公平的就业机会、劳动者的安全保障与健康、环境的保护等;企业的社会反应是强调企业对社会责任的态度从被动的遵从向积极响应的转变,企业主动响应的行动产生了对某些社会认同价值准则的强化。

(2)专业机构和自治团体的道义说服。英美国家的一些专业机构和自治团体、行业协会等都有对该团体内各成员的行为进行规范和指导的准则,这些准则虽然没有强制意义,但是其约束力是明显的,如美国商业圆桌会议(Business Roundtable)、蓝带委员会(Blue Ribbon Commission)、美国会计师协会等对有关公司治理规则的建议和对《公司法》内容的修改以解决公司治理过程中出现的新问题的建议等。美国商业圆桌会议是一个大公司 CEO 组织的专业协会,从 1978 年到现在发布了一系列有关公司治理准则方面的文件,表现出各专业协会从规则上对 CEO 行为的约束。有学者研究了英国存在的由机构投资者建立的各种组织对各种投资基金管理者行为的自我约束或者自我管制问题,如英国保险业协会(The Association of British Insurers)、基金管理者协会(The Institutional Fund Managers Association)、国家退休基金委员会(The Natural Association of Pension Funds)等,这些机构的主要职责是协调基金管理者与所有者之间、基金与该基金投资所在公司的管理者之间的关系,制定行业准则等,甚至有时直接参与到处于经营危机状态的公司经营过程中。在英国,机构投资者拥有的上市公司的股权超过 60%,因此他们的行为以及他们倡导的行为准则对公司治理具有重大影响。中国上市公司协会于 2012 年 2 月 15 日在北京正式成立。中国上市公司协会的组织宗旨是以"服务、自律、规范、提高"为基本职责,致力于促进提高上市公司质量,促进完善上市公司治理,推动建立良好的公司文化,竭诚打造上市公司高端服务平台,进而促进整个资本市场质量的提高。

(3) 社会诚信也可以说是社会信用,是指单个自然人或者法人与其他自然人或者法人在社会经济交往中发生守信履约行为。在这里,社会经济交往主要是指产品和资金交易过程。良好的社会信用意味着交易过程的有效率或者交易成本的减少。因此社会信用体系的发育程度,对公司治理产生外部的约束作用,这种外部约束体现在公司之间的交易过程中,也体现在管理者与所有者、所有者之间等的交易过程中。一个有效率的社会信用体系,应当包括以下一些内容:对经济主体完整的信用记录,信用数据的开放和信用管理行业的发展;信用管理的立法和执法,即信用使用的规范以及失信惩罚机制的建立和完善;政府对信用交易的监管,以及信用管理的民间机构的建立;信用管理的研究与发展;等等。

(4) 管理人员道德主要是指管理者的职业道德,与此有关的理论主要是有关声誉的研究,也被称为声誉理论,传统的激励理论主要着重解决委托代理合同关系中出现的道德风险与逆向选择问题。随着激励理论的不断发展,学者们将博弈理论引入到委托代理关系中,证明了声誉作为激励代理人的一种隐性激励机制的作用。Fama(1980)认为,即使市场上不存在显性激励合同,管理者也会积极努力工作。因为经理人的市场价值决定于过去的经营绩效,管理者只有持续努力工作才可以改进其在经理人劳动力市场上的声誉,从而提高其未来的报酬。KMRW 声誉理论(Kreps 等,1982)指出,声誉可以为关注长期利益的参与人提供一种隐性激励以确保其短期承诺行动。Holmstrom(1999)将 Fama 的隐性激励思想用模型进行了阐述,并通过更加严谨的数理模型严格地证明发现,经济学是基于"理性人"追求自身效用最大化的假设来进行声誉机制的分析,他指出声誉机制对管理者的行为具有显著约束激励作用。管理者声誉受损可能会导致其被辞退,而高的声誉则会带给管理者在经理人劳动力市场上更多的就业筹码。前者对管理者的道德风险等进行约束,而后者则起到了激励的作用。声誉机制并不能确保管理者代理人采取最优的努力水平,但为增加长期效用,声誉机制会成为代理人避免短期行为的有效机制。譬如,Jian 和 Lee(2011)对 CEO 声誉与公司资本投资之间的关系进行研究后发现,股票市场中的投资者多倾向于投资具有较高声誉的 CEO 所管理的公司。CEO 声誉可以减弱股票市场对于成长前景较弱的公司的负面反应。Sohn 和 Lariscy(2012)为 CEO 声誉作为一种战略资源在公司危机处理中与处理后的积极作用提供了经验证据:较好的 CEO 声誉可以减轻在危机发生后利益相关者对公司的负面认知。Park 等(2014)以战略领导力等级的权力演变为基础,实证检验了 CEO 声誉在管理者被解雇事件中的作用。

另外,国有企业是国家、社会、企业多重角色的复合载体,国有企业管理者的职业生涯追求的不仅仅是薪酬收入,而更多的可能是更大的晋升和社会地位的提升。市场经济中社会对声誉都给予高度的重视,许多人把声誉看得比实际的物质奖励更重。因此,声誉激励在为高管晋升提供加成作用、实现自我价值的同时,往往会为高管带来良好的精神激励效果。

【本章思考题】

1. 外部治理与内部治理有何关系?

2. 并购主要有哪些方式？收购成功的要素是什么？
3. 企业防止敌意收购的策略有哪些？
4. 决定银行参与治理的具体方式和途径的因素是什么？
5. 政府及媒体对公司治理有何影响？

【综合案例】

京东的控制权保卫战

2014年5月22日，京东商城正式在美国纳斯达克证券交易所挂牌上市，股票代码为"JD"，收盘价报20.90美元，较发行价19美元上涨10%，募集到17.8亿美元资金，市值达到约285.72亿美元，成为继腾讯、百度之后中国第三大互联网上市公司。近三年间，京东的销售收入从2011年的211亿元增长到2013年的上千亿元，可谓发展迅猛，这与近年来电子商务的快速崛起有关，当然也与京东的科学化决策紧密相连。那么，这家发展迅猛的互联网公司到底是谁在掌舵？其资本构成又呈现出什么样的特点？其发展历程有哪些值得我们关注的亮点？其上市之后又将面临何种挑战？

根据第三方市场研究公司艾瑞咨询的数据，京东是中国最大的自营式电商企业，2013年在中国自营式电商市场的占有率为46.5%。2004年1月，创始人刘强东建构了在线销售网站，随后在当年开创了京东业务，自此一直带领着公司不断发展壮大。京东2006—2012年陆续成立上海子公司、华南分公司，并陆续拓展自身的业务线和物流体系。2012年10月，京东海外站（英文网站）正式上线公测，显示了其发展海外业务的野心。2013年京东发布首份企业社会责任报告。2014年京东在业务拓展、资本市场运作方面都发展迅猛。

控制权方面，自2007年3月以来京东共进行9次私募融资，先后引进今日资本、老虎环球基金、DST全球基金、红杉资本、沙特王国投资公司等PE投资机构，募资额总计达18.77亿美元。其后，京东规模越做越大，2013年实现年销量千亿元目标，但也付出代价：在完成18.77亿美元私募融资后，京东股权结构呈现出分散、多元格局，刘强东持股比例被大幅稀释。

一、私募融资：股权稀释，控制权不稀释

在IPO前，刘强东通过两家控股公司Max Smart Limited和Fortune Rising Holdings Limited共持有23.67%股权，仍为京东第一大股东，但刘强东的第一大股东地位已岌岌可危，第二大股东老虎环球基金持股比例达22.1%，五家主要PE合计的持股比例更高达65.6%。

在股份被稀释的情况下，如何保证控制权？这就要追溯到京东股东在2012年2月通过的同意公司设立双层投票结构的议案。京东上市前股票分为A类股（class A common stock）和B类股（class B common stock），刘强东掌控的两家公司Max Smart Limited和Fortune Rising Holdings Limited 直接持有 B 类股,其 1 股拥有 20 票的投票权。包括老虎环球基金、高瓴资本、DST 全球基金、今日资本、沙特王国投资公司、红杉资本在内的股东均持有京东 A 类普通股,其 1 股仅拥有 1 票的投票权。如果将京东 IPO 前的总股本视为 100,刘强东仍然拥有高达 86.13% 的投票权。

董事会运行方面,京东的董事会为 9 人,老虎环球基金、Best Alliance、Strong Desire 以及 DCM 分别有权任命 1 名董事,而刘强东及管理团队则有权任命 5 名董事,并且有权任命董事会主席。刘强东及其管理团队与其他股东在董事会的投票权为 5∶4,刘强东在董事会中投票权过半数,在董事会重大问题上应是刘强东及其管理团队说了算。这样,刘强东及其管理团队在董事会与股东会都有绝对的发言权,从而牢牢地把握了公司的控制权。

因此,即便未来京东继续融资,刘强东股份再度稀释,刘强东要想保持超过半数的投票权也并非难事,刘强东只需要保持 4.75% 的股权比例就可以保持超过半数的投票权。

二、双赢合作:腾讯入股

2014 年 3 月 10 日,腾讯在港交所发布公告称,公司将购买 351 678 637 股京东普通股,占京东上市前在外流通普通股的 15%。在此交易中,腾讯将向京东支付 2.14 亿美元现金以及腾讯 B2C 平台 QQ 网购和 C2C 平台拍拍网的 100% 权益、物流人员和资产,同时还获得购买易迅网的少数股权和购买易迅网剩余股权的权利。双方还将签署战略合作协议,其中,腾讯将向京东提供微信和手机 QQ 客户端的一级入口位置及其他主要平台的支持,以助力京东在实物电商领域的发展;双方还将在在线支付服务方面进行合作,以提升顾客的网购体验。

这意味着,尽管谈判过程屡有波折,但在和腾讯"密会"大半年后,京东最终用 15% 的股权和 5% 上市股份的认购权,换来了腾讯电商资产、现金资源、一个竞争对手的消失,以及移动互联网上最大的一张船票——微信。据腾讯公告,易迅的资产总价值为 -6.22 亿元,而并入京东的 QQ 网购、拍拍网、易迅物流等资产总价为 3.98 亿元。

出于对董事会的掌控以及 A 类股和 B 类股的设定,京东"掌门人"刘强东不存在腾讯入股后对公司失控的问题。

刘强东之所以可以操控京东,是因为其有很多创业企业很难复制的具体情景,包括刘强东一贯的强势硬派风格、京东在电商领域的业绩表现,以及包括 DST 全球基金、红杉资本与 KPCB 投资公司在内的 11 家投资人将投票权委托给了刘强东(通过 Max Smart Limited)行使,抱团全力支持刘强东。有了腾讯的入股,华尔街对京东的估值从上市前三个月的不到 75 亿美元骤升到比上市时翻了两番的市值。

虽然刘强东和京东的这些特质很难复制,但是创业者却可以通过学习资本市场的游戏规则,并通过既理解创业投资又懂治理的专业人士的协助,为创业企业设计合理的控制权制度,以实现对企业的相对控制。

三、IPO 之路

更新后的财报显示,刘强东拥有 18.8% 的股权。IPO 之后,刘强东持有京东 20.5%

的股份,全部为B类股,根据京东A、B股投票权1比20的设置,刘强东将拥有京东83.7%的投票权,仍然牢牢地掌握着京东的发展方向。另外,其他几大股东的股份比例也发生了些许变化。老虎环球基金持股18.1%,拥有3.2%投票权;腾讯持股14.3%,拥有3.7%投票权;高瓴资本旗下HHGL 360Buy Holding. ltd 持股13%,拥有2.3%投票权;DST全球基金持股9.2%,拥有1.6%投票权;今日资本旗下Best Alliance International Holdings Limited 持股7.8%,拥有1.4%投票权;雄牛资本旗下基金Strong Desire Limited 持股2.2%,拥有0.4%投票权;红杉资本持股1.6%,拥有0.3%投票权。

京东将在此次IPO交易中发售9370万股美国存托凭证,其中6900万股由该公司自身提供、2470万股由献售股东提供。美银美林和瑞士银行担任本次发行的联席全球协调人和联席牵头账簿管理人。招股说明书显示,京东2014年第一季度净营收226.57亿元,较去年同期的137.25亿元同比增长65%。净利润方面亏损37.95亿元,而去年同期为净利润1300万元,第一季度净利润率为-16.7%。不过,大幅亏损是源于对刘强东的股权激励,并非京东自身业务出现问题。招股书显示,这笔股权补偿开支为36.70亿元,主要是赠予京东CEO刘强东9378.097万股限制股。按照这一增长速度,京东在2014年的营收有望超过2000亿元。而在利润上,京东也有望在2014年实现盈亏平衡,其CEO刘强东身家有望超过30亿美元。

四、未来方向:公司治理的优化

京东上市之后,所面临的不仅是机遇,更多的是挑战。上市不仅仅是募集资金,更是企业优化公司治理平台的大好时机,在更开放、公正的平台中如何自处,成为企业上市后面临的头等问题。已有几十家在美上市中国公司的审计师提出辞职或曝光财务问题,部分在美上市的中国公司遭停牌或摘牌,中国公司的海外声誉大幅滑坡。从海外上市的第一天起,诸如股东诉讼等问题就始终伴随着中国公司。这也再次警示人们,在上市尤其是海外上市的过程中必须切实防范治理风险累积。否则,一旦治理风险被引爆,带给公司的必然是灭顶之灾。

在近年我国企业纷纷赴海外上市的背景下,中国公司的当务之急,就是要练好公司治理内功,熟悉并遵守相关国际规则,防范治理风险累积甚至蔓延到企业身上,在转型的背景下防止负效应放大可能引发的地震。否则,后果将不堪设想。以京东为例,上市的动力诱因将会促使其向现代公司治理转型。为此,在转型的过程中,需要处理好下列问题:随着企业的发展,如何进行控制权与股权结构的重组;股权结构中人力资本与货币资本的关系如何处理;如何设置合理的创始人减持和退出机制,做到既不伤"人情"又能保证企业控制权的稳定;如何实现经营权和所有权分离,做到一方逐渐退出,另一方以合理的价格受让,或者双方采用分割而治的方式;职业经理人的引入与控制权的合理配置;企业中利益相关者的利益如何体现;如何处理高度集权与"家长式"管理问题;等等。只有从制度上改善股权结构,规范治理机制,确保控制权稳定,企业才能走得更远。

上市之后,京东面临着外部治理环境的改善、治理风险的变化、股权结构优化等问题。在未来的发展道路上,京东需要注意以下几点:首先,外部治理环境的持续改善为公司治理优化提供了权利保障、程序公平、理性博弈的制度环境;其次,企业应警惕隐性的公司治理风险;再次,企业股权结构优化的重要性再次凸显;最后,企业应着力构建和谐的治理文化。总之,要更加注重通过制度的完善来提升治理机制的系统效能,通过治理结构的再优化推进公司治理向经济型治理转型。

资料来源:作者根据公开资料整理。

【案例讨论】

1. 刘强东的控制权保卫战对其他创始人有何启示?
2. 在双层投票结构下,如何保护中小投资者的利益?
3. 京东在上市后可能会面临什么样的治理风险?你对此有何防范建议?

第十章　股东与利益相关者

【篇首语】

近几年来,关于股东和利益相关者到底谁才是治理主体的争论不断。公司治理的目的到底是应该最大化谁的利益,以及利益实现形式如控制权如何分配等议题越来越受到人们的关注。本章阐述了股东权益的概念及其与债权人权益的差异、股东会的职能、中小股东维护机制,区分普通股权、优先股权及其他特殊股东的权益。了解股东利益至上理论和利益相关者理论的主要主张,以及在企业实践中如何有效处理这些不同利益相关者之间可能存在的利益冲突。

【引导案例】

2019年8月19日,代表苹果、百事可乐、摩根大通与沃尔玛等上市大企业的美国工商团体"企业圆桌会议"(Business Roundtable)发表了名为《公司的目的》(Statement on the Purpose of a Corporation)的宣言。该宣言强调企业将更重视履行对社会的责任,不再独尊股东利益,并希望重新界定企业在当今美国社会中的角色。这项宣言已获得美国188家大型企业的首席执行官的联合签署,以示共同负责。以下为《公司的目的》宣言内容:

《公司的目的》宣言

美国人的经济,应该允许每个人通过努力和创造力获得成功,并过上有意义和有尊严的生活。我们相信自由市场是为所有人带来优质工作、强大且可持续的经济、创新、健康环境和经济机会的最佳手段。

商业通过创造就业、促进创新和提供基本商品和服务,在经济中发挥着至关重要的作用。企业制造和销售消费产品,生产设备和车辆,支持国防建设,种植和加工食物,提供卫生保健,生产和输送能源,并为经济增长提供金融、通信和其他服务。

虽然每个公司都有各自的目标,但我们对所有利益相关者有一个重要的共同承诺。我们承诺:

为客户提供价值。我们将继续发扬美国企业在满足甚至超越客户期望方面的传统。

投资于员工。我们首先要给员工提供公平的薪资和良好的待遇,还应支持员工通过培训和教育获取新的技能,以适应快速变化的世界。我们要促进多样性、包容性、个人尊严和彼此尊重。

与供应商进行公平及合乎道德的交易。我们致力于与帮助我们实现使命的公司成为好伙伴,无论其规模大小。

支持我们所在的社区。我们尊重社区里的所有人,并将业务变得更加可持续以保护社区环境。

为股东创造长期价值。股东为公司投资、成长和创新提供资本,我们承诺会提升企业运营的透明度,并确保与股东高效互动。

每个利益相关者都是至关重要的。我们承诺为他们提供价值,为我们的公司、我们的社区和我们的国家未来的成功作出贡献。

【案例讨论】

1. 这份宣言的主要目的是什么?
2. 根据这份宣言,当不同的利益相关者的利益发生冲突时,公司应该如何处理?
3. 这份宣言会对公司的治理产生什么影响?

第一节 股东权益及其特征

股东权益是股东基于其对公司的投资依法享有的权利。公司股东依法享有资产收益、参与重大决策和选择管理者等权利。本节首先阐述了股东权益的概念和种类,随后又分析了股东权益与债权人权益都有哪些不同。

一、股东权益的概念

从法律的角度来讲,权益是指当事人依法享有的权利和利益,表示当事人由于付出某种代价,可对关系自身利益的行为施加影响,并且依法从该项行为的结果中取得利益。股东是指依法持有公司股份的人,股东按其所持有股份的种类和数量享有权利、承担义务。持有同一种类股份的股东,享有同等权利,承担同种义务。中国《公司法》规定,公司股东依法享有资产收益、参与重大决策和选择管理者等权利。公司则享有由股东投资形成的全部法人财产权,依法享有民事权利,承担民事责任,依法自主经营、自负盈亏。这样,股东权益就是股东基于其对公司投资的那部分财产而享有的权益。

股东权益的存在要以向公司提供资产为基础。股东一旦将自己的资产投入公司,这部分资产就与公司原有的资本融为一体,共同形成公司的法人资本,由公司占有和使用。也就是说,投资者将资产投入公司之后,他就成了公司的股东,随之也就不再拥有原来意义上的财产所有权,而代之以不能将资本撤回的投资者所有权——股东权益。某些人之所以被称为权益持有人,是因为他们向公司提供了资产,于是就在公司里有利益可以分享,有权力可以施加。股东权益的性质由法律和公司章程规定,不受股东投入公司资产的形态和用途的影响。

二、股东权益的种类

(一) 普通股股东的权益

普通股是股份公司发行的无特别权利的股份,也是最基本的、最标准的股份。一般情况下,股份公司只发行一种普通股,所有的普通股股东都享有同样的权利和义务。普通股股票的票面价值是股票票面标明的金额,其大小通常由公司章程规定。票面价值的主要作用是确定每股股票占公司股本总额的比例。我国法律规定,股票必须有票面金额,不允许公司发行无面额股票。

普通股股东享有的权益可以概述如下:

1. 剩余收益请求权和剩余财产清偿权

在公司持续经营的条件下,作为公司的投资者,普通股股东有权按照其出资比例从公司获得投资收益。但是他们的收益请求权只有在所有其他生产要素提供者(包括公司的供应商、债权人、员工、经营者等)的收益请求权以及国家的税收要求得到满足之后才能实现,即他们的投资收益是公司经营收益这块大蛋糕被所有其他利益相关者分割完毕后剩余的部分,故被称为剩余收益请求权。

在公司因故解散清算的条件下,普通股股东有权按照其出资比例分得公司的剩余财产。同样,这种清偿权也是要在所有其他有关人员的清偿要求得到满足之后才能实现,故被称为剩余财产清偿权。

由于普通股股东的剩余收益请求权和剩余财产清偿权的特征加大了投资的风险,普通股股东必然要求较高的报酬率。所以,普通股的资本成本一般是最高的。

2. 监督决策权

由于普通股股东享有公司剩余收益请求权,其投资收益的高低完全取决于公司经营业绩的好坏,是公司经营风险的主要承担者,因此他们必然要拥有对公司重大经济行为的监督权和决策参与权。这种监督权和决策参与权是多方面的,包括对选举公司董事、公司利润分配、公司合并分立等重大事项依其持有的股份行使表决权,这些权利是普通股股东"用手投票"的途径和体现。

3. 优先认股权

这方面的权益主要体现为在公司增发新股时,普通股股东有权按其持股比例优先认购一定比例的新股。普通股股东的这种优先认股权,主要是为了在公司扩股时使他们有机会保持自己对公司的控股比例不受侵害,即不稀释控制权。当然,普通股股东可以根据自己的意愿转让甚至放弃这一权益。

4. 股票转让权

公司的股东有权按照自己的意愿随时转让手中的公司股票。其中,上市公司的普通股股东可以在证券交易所进行转让,而非上市公司的股东只能在场外交易市场上转让手中的股票。转让股票是普通股股东"用脚投票"的途径和体现。

(二) 优先股股东的权益

我国绝大多数公司发行的都是不可赎回的、记名的、有面值的普通股，只有少数公司按照当时规定发行了一些优先股。[①] 优先股这种融资工具在我国证券市场上还有很大的发展空间。

优先股是不同于普通股的一种股票类型。优先股制度是有关优先股的一系列规范安排。优先股的根本特征在于优先股股东在公司收益分配和财产清算方面比普通股股东享有优先权。与这种优先权相伴随的是，优先股股东一般不享有股东会投票权。

从公司资本结构上看，优先股属于公司的权益资本，是介于公司债和普通股之间的一种筹资工具。优先股股东对公司的投资在公司成立后不得抽回，其投资收益从公司的税后利润中提取，在公司清算时其对公司财产的要求权也排在公司债权人之后，这些都表现出了优先股的股票性质。

不过，优先股股东在利润分配和财产清算方面又优于普通股股东。在利润分配方面，公司要在支付了优先股股利之后才能向普通股股东支付股利。当公司因故解散清算时，在偿清全部债务和清算费用之后，优先股股东按照股票面值先于普通股股东分配公司的剩余财产。这些优于普通股的权益使优先股又具有一定的公司债的性质。

优先股股东的权益主要包括以下几个方面：

1. 利润分配权

优先股股东在利润分配上有优于普通股股东的权利。在利润分配方面，公司要在支付了优先股股利之后才向普通股股东支付股利。其中，优先股股利通常是按照面值的固定比例支付的，无特殊情况，不随公司的经营业绩的波动而波动。一些国家的股份公司章程规定，在公司未发放优先股股利之前，不得发放普通股股利。有时，为了保护优先股股东的权利，公司还规定某些特殊情况下不得发放普通股股利。例如，有些公司规定，当流动比率低于某一临界水平时，不得发放普通股股利，以使公司保留较多的经营资金。

2. 剩余财产清偿权

当公司因经营不善而破产时，在偿还全部债务和清理费用之后，如有剩余财产，优先股股东有权按票面价值优先于普通股股东得到清偿。

3. 管理权

优先股股东的管理权是有严格限制的。通常，在公司的股东会上，优先股股东没有表决权。但是，当公司研究与优先股有关的问题时，优先股股东有权参加表决。当然，有表决权的优先股股东有权参与公司的管理，能够参加股东会并选举董事，但是这种优先

[①] 中国政府网 2013 年 11 月 30 日发布《国务院关于开展优先股试点的指导意见》（以下简称《指导意见》）。《指导意见》指出，为贯彻落实党的十八大、十八届三中全会精神，深化金融体制改革，支持实体经济发展，依照《公司法》《证券法》相关规定，国务院决定开展优先股试点。同一天，负责优先股制度设计和落实的中国证监会也在下午紧急召开的新闻发布会上明确了优先股落地的时间表。中国证监会新闻发言人表示，证监会将按照《指导意见》制定优先股试点管理的部门规章，并于近期向社会公开征求意见，进一步完善后正式发布实施。证券交易所、全国股份转让系统公司等市场自律组织也将制定或修订有关配套业务规则，确保优先股试点工作稳妥推进。

股在实践中并不多见。

(三) 我国上市公司的股权结构及其权益特征

我国上市公司的股权,按投资主体的不同可分为国有股、法人股和公众股。

1. 国有股

国有股是指有权代表国家投资的部门或机构以国有资产向公司投资形成的股份,包括以公司现有国有资产折算成的股份。由于我国大部分股份制企业都是由原国有大中型企业改制而来的,因此,国有股在公司股权中占有较大的比重。

2. 法人股

法人股是指企业法人或具有法人资格的事业单位和社会团体以其依法可经营的资产向公司投资所形成的股份,可细分为国有法人股和非国有法人股。目前,在我国上市公司的股权结构中,法人股平均占20%左右。根据法人股认购对象不同,可以将法人股进一步分为境内发起人股、外资法人股和募集法人股三部分。

3. 公众股

公众股是指社会个人或股份公司内部职工以个人合法财产投入公司形成的股份。公众股有两种基本形式:公司职工股和社会公众股。公司职工股是本公司职工在公司公开向社会发行股票时按发行价格所认购的股份,社会公众股是指股份公司采用募集设立方式设立时向社会公众(非公司内部职工)募集的股份。目前,我国已取消上市公司发行内部职工股的规定。股份有限公司申请股票上市时,公司股本总额不少于人民币3 000万元;公开发行的股份不得少于公司股份总数的25%,公司股本总额超过人民币4亿元的,公开发行股份的比例不少于10%。

(四) AB型股票特征及其发展现状

我国《公司法》第一百零三条规定,股东出席股东会会议,所持每一股份有一表决权,即同股同权。同时,第四十二条规定:"股东会会议由股东按照出资比例行使表决权;但是,公司章程另有规定的除外。"一种常见的同股不同权的形式为AB型股票模式,即将股票分为A、B两类,其中A类股票每股有1投票权,而B类股票每股附着数倍于A类股票的投票权(譬如10倍),收益权每股相同。两类股票的持有人不同,持有A类股票的一般是公众投资者,B类股票则一般被公司创始人、高管、早期投资人所持有。此外,AB型股票结构下的B类股票通常不允许自由转让,这类股票需要先转化为A类股票才能自由转让。这种架构安排能够确保公司创始人团队和高管通过拥有较高的投票权对股东会的决策产生决定性影响,从而确保对公司的绝对控制权。

美国资本市场对AB型股票的接受程度也是最高的。亚洲地区在公司表决制度上的发展普遍晚于欧美国家。2005年,日本修改《公司法》,使得股份公司可以设置多重股权结构。新加坡的新交所在2017年2月开始就特殊表决权制度向市场征求意见。我国的香港联交所于2018年修改上市规则,首次允许新申请上市公司采取差异化表决权架构。

中国证监会于 2018 年 3 月 30 日发布的《关于开展创新企业境内发行股票或存托凭证试点的若干意见》鼓励满足条件的试点企业以发行股票或存托凭证的方式在国内上市,并允许试点红筹企业保留特殊股权结构。这为拥有 AB 型股权结构选择在境外上市的企业回归 A 股提供了新的路径。2020 年 1 月,优刻得作为中国内地首家"同股不同权"公司登陆 A 股科创板,优刻得实际控制人季昕华、莫显峰和华琨三位创始人持有 B 类股份,其每股拥有的表决权数量为其他股东所持有的 A 类股份的 5 倍,三位创始人合计持有的发行人股份和表决权比例分别为 23.12% 和 60.06%。

三、股东权益与债权人权益的比较

公司在经营过程中的全部资产有两个来源,一是自有资金,即所有者权益;二是借入资金,即债权人权益。所有者权益和债权人权益都是公司资金来源的途径,它们都是公司资金的所有者,目的都是希望能够从与公司的交易中获得收益。但是公司债权人和公司股东又是两种性质不同、权利义务有别、法律地位迥异的利益主体。公司股东依法享有资产收益、参与重大决策和选择管理者等权利。公司债权人则被《公司法》看作契约法上的一种请求权人,他们除了享有与公司的契约上所规定的权利之外,对于公司的事务不得享有更多的权利。① 具体而言,股东权益和债权人权益的差别主要体现在以下三方面:

(一) 股东权益与债权人权益在公司经营中所处的地位不同

债权人与公司之间只是存在债权债务关系,他们无权参与公司的日常经营活动,我们可以将债权人权益称为"不参与权益"。而股东凭借其所拥有的权益可以直接参与公司的经营管理,也可以委托他人间接进行经营管理,我们可以将股东权益称为"参与权益"。

(二) 股东权益和债权人权益各自承担的风险不同

从财产求偿权来看,债权人权益优先于股东权益。债权人权益是以公司全部资产为要求对象的,而股东权益是对全部资产扣除负债后的净资产的所有权,是一种剩余权益。另外,在公司的解散清算过程中,债权人权益也排在所有者权益之前。与风险承担相吻合,债权人权益要求的报酬率一般低于股东权益要求的报酬率。不管公司经营状况如何,债权人的权益报酬率是相对稳定的,除非公司资不抵债。而所有者权益的报酬率则

---

① 公司股东责任有限性原则的确立使得债权人不能对股东的个人财产提出请求,因此现代公司法一直十分注重对公司债权人的权益保护。我国《公司法》关于公司债权人利益保护的基本方式有三种:公司重大事项公开性原则、公司资本保全原则以及公司清算规则。

随着公司经营业绩的变化而变化:当公司经营业绩好时,所有者权益的报酬率就高,反之则低或者为零,甚至会损失初始的投入资本。

(三) 股东权益和债权人权益的偿还期限不同

股东权益在公司经营期内除依法转让外不得抽回资金,股东权益只有在清算后尚存剩余财产时才有可能补偿投入资本。而债权人权益有确定的偿付日期,公司到期必须足额偿付利息和本金,否则将面临破产清算的风险。

第二节 股东会及中小股东权益保护

一、股东会的基本形式及其运作机制

股东会的基本形式和运作机制在公司间存在着一定的差别,但是从总体上看却存在着很多共性。另外也要看到,《公司法》作为一部约束企业运行机制的根本大法,其间包含着各个企业都必须遵守的基本规则,因而,不论公司的组织形式表现有何区别,其股东会的形式和运作机制存在着很多共性。①

《公司法》规定:公司实行权责明确、管理科学、激励和约束相结合的内部管理体制。公司设立由股东组成的股东会,股东会是公司的权力机构,行使决定公司重大问题的权力,决定公司关于合并、分立、解散、年度决算、利润分配、董事会成员等重大事项。股东会按照股东持有的股份进行表决。公司设立的董事会是公司的决策机构。

股东会是权力机构,因此,如果法律没有保护小股东的特别条款,拥有绝对控制权的大股东便可以在任何时候任何条件下绝对地控制公司。即在大股东的绝对控制之下,董事会与股东会的效果是完全等价的,董事会完全按照大股东的意愿履行决策职能,小股东通常只能听之任之,股东会自然成为大股东履行法定手续的"橡皮图章"。因此,在股权集中的公司,大股东通过董事会直接对公司进行监管,股东会只是其可以利用的法律工具。在资本市场不完善的状况下,为了保护小股东的利益,并维护市场的健康成长,国家需要借助法律的手段。在小股东无法通过股东会表达意愿的情况下,市场的有效性无法维护小股东的利益,当小股东利益受到大股东侵害时,小股东可以借助法律来维护其合法权益。因此,在不健全的法律制度下(包括立法和司法制度),对于小股东而言,股东会没有经济上的实际意义,而只有法律手续上的意义。

定期召开的普通股东会议与不定期召开的临时股东会议有所区别。定期召开,且通常是每年举行一次的股东会议称为普通股东会议,也称为股东年会。非定期的、因临时

---

① 李维安,武立东.公司治理教程[M].上海:上海人民出版社,2002:79—83.

急需而召开的股东会议称为临时股东会议,或称特殊股东会议。对公开招股的股份公司而言,还存在第三种类型的股东会议,即法定股东会议或法定会议。法定会议是指当一个初建公司邀请公众认购股份时,所举行的第一次会议,该会议必须在公司开业后一至三个月内召开。在上述三种类型的股东会议中,法定会议通常比较少见,原因是:对非公开招股的公司来说,没有举行法定会议的必要;即便对公开招股的股份公司来说,在公司的寿命期内此类会议只举行一次;再者,公开招股的股份公司大多由非公开公司转化而来,此类会议通常可以免除。所以,股东会议的形式主要有两种——普通股东会议和临时股东会议。

(一) 普通股东会议

普通股东会议每一个日历年度举行一次,正因为如此该会又被称为股东年会。股东年会的间隔期虽然以一个日历年度为单位,但也有一定的弹性,不过通常不得超过15个月。

股东年会所要议定的议题,一要取决于章程中所规定的股东会议的权限,二要取决于股东会议应履行的这些权限在多大程度上是以一个日历年度为单位周而复始地循环发生。股东年会所要议定的议题主要有公司的年度财务预算、决算;公布股息;听取和审议董事、监事的年度报告;重新任命监事,讨论决定监事的年薪;补充或罢免董事等。

股东年会是股东会议或股东们行使权力的具体空间形式。只有在这个场合股东们才有机会与董事们见面,听取董事们的报告,向董事们咨询他们所关心的问题,请董事们介绍公司当前的运营态势以及发展远景规划等。每过一段时期就有一些董事离任退休而需要增补,也有一些董事因为履职不得力而遭罢免,股东年会是股东们通过重新选举董事以控制董事会,进而真正实现对公司实施终极控制的具体所在。只有在这个场合才能真正体现出股东会议是公司的最高权力机构。此外,股东年会也为股东们对公司发展提出建议提供了一个良好的机会。当然,股东们的妙计良策也可以通过临时股东会议的形式来表达,但是,中小股东受股权数量的限制,其召开临时股东会议的请求往往难以实现。股东年会是一种法定会议,不管董事们和管理者们是否愿意都必须如期召开,因而对股东们尤其是中小股东们来说,显得越发有价值和值得珍视。

应当指出的是,股东年会议定的议题并非仅仅局限于以上陈述的几方面。股东年会是股东会议的一种表现形式,任何在股东会议上可以讨论的问题都可以在股东年会上讨论。临时股东会议也是股东会议的一种表现形式,所以,任何可以在临时股东会议上讨论的问题也都可以在股东年会上议定。

(二) 临时股东会议

临时股东会议指除普通股东会议以外的、非定期或因临时急需而召开的股东会议。按这一定义要求,公开招股股份公司所举行的法定会议也可以视为临时股东会议。按照历史顺序,召开临时股东会议的条件大致分为以下几种情况:

第一种,也是公司史上最早的临时股东会议,大多由董事视公司的具体经营状况决定是否召开。这种做法有很多弊端:临时股东会议是股东会议的一种表现形式,股东会议是公司的最高权力机构,对董事会具有约束力,但最高权力机构召开会议与否却要由董事来决定,这显然颠倒了权力配置关系,会导致股东会议对董事会的约束作用无从发挥。事实上,在多数情况下董事都不愿意召开临时股东会议,如果由董事决定召开临时股东会议,则会使董事逃避约束合法化;董事乐于召开临时股东会议之日,往往正是他们极力摆脱经营责任之时。

第二种,由某些股东、董事或监事会倡议召开临时股东会议,且附议的有表决权的股本超过某一比例时,则董事会必须通知全体股东召开此类会议。《公司法》第三十九条规定:"代表十分之一以上表决权的股东,三分之一以上的董事,监事会或者不设监事会的公司的监事提议召开临时会议的,应当召开临时会议。"当附议股本超过法定比例而董事会未能召集非常股东会议时,如果附议股本的比例较高,倡议者可以自行召开此类会议。会议的费用或由公司支付,或从渎职董事的工资中扣除。这种做法的弊端是,如果股本或股东比较分散,倡议者要想召集到足够多的附议者以使股本达到法定比例以上,就是一件艰难的事情,而且召集成本也很高。所以,股东意欲召开临时股东会议的愿望常常落空。召开临时股东会议的倡议书上应当清楚地陈述召开会议的目的;会议通知书上应当明确地列举拟讨论和表决的议题,除非章程另有规定,未列入会议通知书上的议题不得在临时股东会议上进行讨论和表决。

第三种,由法院主持召开或介入的临时股东会议。法院主要在两种情况下介入公司的临时股东会议:一是董事渎职未能按期举行普通股东会议;二是莅会的股东人数低于法定人数。

第四种,当公开招股股份公司的净资产等于或低于公司全部股本金的一半时,董事应当在知情后的一个月内召开临时股东会议,讨论和议定应采取的紧急措施。

(三) 股东会议的表决制度

股东会议的决议是通过一定的表决制度形成的,所以,某种决议能否获得通过以及通过的决议是否科学、正确,关键取决于股东会议表决制度的选择与安排。股东会议的表决制度通常有三种。

第一种是举手表决。股东会议议案的表决在多数情况下是采用一人一票的举手表决制,获多数票的议案得以通过。举手表决制又称按人头表决,与股权的占有状态没有联系,就是说不论股本的持有量是多少,一律一人一票。采用这一表决制度,委托投票的受托人不论其受托的票数有多少,也只能投一票。举手表决制将股权的多少与议案的表决割裂开来,弱化了大股东的表决权限,加之受从众心理的影响,其表决结果一方面有悖于公平、公正、公开的投资原则,另一方面也未必能够准确地反映广大股东的真正意向。举手表决制的优点是操作简便、节省时间,所以,只适用于那些无关宏旨的象征性表决,或比较琐碎、不大容易引起争议的议案。但是,有些议案看似简单,在付诸表决时却极易引起争议。有争议的举手表决议案经某些股东提议后,可以通过投票表决方式重新审议。如果董事会所提议案被举手表决制否决,董事会成员或会议执行主席可以要求以投票表决方式重新议定。采用举手表决制值得注意的一个倾向是,在多数情况下,对某项议案持反对意见的股东往往容易亲身莅会,因而采用举手表决制议案被否决的可能性不可低估。所以,随举手表决制而来的另一个很重要的问题,就是如何确定以投票表决方式复议已被举手表决通过或否决的议案。

一般说来,会议执行主席所提出的复议要求是具备法律效力的。这主要是突出董事会在股东会议决策过程中的作用,使董事能有更多的机会按自己的意愿以投票表决的方式,充分行使投票表决权。一般股东提出的复议要求,一方面要求复议的人数(仅限于有表决权的股东)不能太少,另一方面要求复议的股东股本比例不能太低。这样做一方面是为了保护少数持不同意见股东的投资权益,使他们有机会充分行使投票表决权;另一方面也会遏制大股东的控股位势。为简化起见,举例来说,假设某公司只有 5 个股东,采用举手表决制表决时,4 个持股量仅为 1 股的股东纷纷举手附议,唯有持股量为 96 股的绝对控股的大股东持反对意见,因此,尽管大股东持不同意见并提出以投票表决重新复议的要求,但是,他的复议要求(因为附议股东只有一人)是无效的,而举手通过的决议仍然是有效的。

复议要求生效后由会议执行主席决定在何时、何地再进行投票表决。在某些情况下投票复议是当即进行,但投票结果的统计和验证要占用一些时间,因而会期会略有延长;在某些情况下,会议执行主席也可以宣布投票表决向后顺延进行;在多数情况下是投票表决如期进行,但投票结果却在休会后的某一日公布于众。

第二种是投票表决。投票表决可细分为两种,一种是法定表决制度,另一种是累加表决制度。法定表决制度是指当股东行使投票表决权时,必须将与持股数目相对应的表决票数等额地投向他所同意或否决的议案。譬如某股东的持股量为 100 股,表决的议题是选举五个董事。法定表决制度规定,一股股票享有一票表决权,有效表决票数等于持股数目与法定董事人选的乘积,这样,该股东的有效表决票数就等于 500(100×5),该股东必须将有效表决总票数分成五份等额地投向他所选定的每一董事,即他所选定的每一董事都从他那里获得 100 张选票。这种表决制度对控股的大股东绝对有利。头号股东的持股比例一旦达到 50% 以上,便可绝对操纵董事人选,便可绝对控制某项议案的通过或否决,其他股东不论其持股比例高低都只能任由头号股东摆布。

当然,在股本分散的条件下,持股比例低于 50% 的第一大股东也可形成控股位势。正是因为这一点,有人提出,我国在构造现代股份公司过程中可适当降低国有资产构成比重。这虽然在实践中具有一定的可行性,而且在我国目前的股份公司改造中也不乏可操作的实例,但是在理论上将立足点建立在法定表决制度基础之上,却会产生许多问题。第一,国有资产构成比重反映的是所有制性质,而控股位势反映的是参与管理的程度。二者不能混为一谈。第二,随股权易手,各产权主体的持股比例必将发生变化,持股位势必如水上浮萍。当然,解决这一问题也可采取限制持股比例或交易的措施,但随之而来的问题是,股票市场竞争不充分,股价扭曲,以致影响证券市场的正常运作。第三,法定表决制度对大股东有利,对中小股东不利,因而以此为立足点试图降低国有资产构成比重只会强化国家对股份公司的控制作用,越发难以实现"政企分离"和"两权分离"。

累加表决制度与法定表决制度既有相同之处,也有不同之处。相同之处在于,二者都规定:一股股票享有一票表决权,有效表决总票数等于持股数目与法定董事人选的乘积。不同之处在于,在累加表决制度中,股东可以将有效表决总票数以任何组合方式投向他所同意或否决的议案。仍以在法定表决制度中选举董事的数据为例,在累加表决制度中,该股东的有效表决总票数也是500,但他可以用任何组合方式将有效表决总票数投向他所选定的董事,譬如将500票一并投在一个董事的名下,以400票和100票的组合方式投在两个董事的名下,以300、50、50、50、50票的组合方式投在五个董事的名下,等等。与法定表决制度相比,累加表决制度既可以充分调动中小股东行使投票表决权的积极性,并在董事会中谋得一个或几个董事席位,借以提高自己在公司决策过程中的参与和影响力,提高公司决策民主化的程度,同时也可以降低大股东的控股位势,弱化其在股东会议决策过程中的控制和干预作用。

在欧洲,法定表决制度占主导地位。在北美,法定表决制度和累加表决制度并存,但大公司多半采取累加表决制度,累加表决制度呈渐次流行的趋势;有些股票交易所甚至规定,采用法定表决制度公司的股票不得公开上市交易。我国股份公司的股东会议应采用累加表决制度,因为一方面,累加表决制度确有许多长处,代表着股东会议表决制度未来的发展方向;另一方面,在我国的股份公司中个人股所占比重低、股本比较分散,而国有股比例高,呈绝对控股的位势。

第三种是代理投票制。代理投票制是现代股份公司会议表决的一个重要组成部分。按常规,参加会议或投票表决必须股东本人亲自完成,但是,由股东委托代理人代为投票,长期以来在全世界范围内一直是各公司所认定和遵从的投票表决习惯。早期的代理投票大多是股东间相互委托,而且许多公司的章程中都规定,这种委托只能发生在本公司的股东间,就是说代理人也必须是本公司的股东。股东间的相互委托有两个局限性:第一,早期的公司股本比较集中,股东人数少,加之股本的分布带有明显的地域色彩,所以就活动空间范围而言并不存在相互间的委托障碍。但是,随着生产集中程度的不断提高,公司的规模越来越大,股本越来越分散,股东也越来越多,股东间的相互委托已经越来越困难。第二,当大多数股东对会议议案持赞同态度时,少数持反对意见的股东很难找到"志同道合"的代理人。所以,股东间的相互委托不再符合时代的要求,而董事会却逐渐成为不愿莅会的股东行使投票表决权的委托代理人。股东委托董事会行使表决权的凭证是委托书。委托书通常由董事会连同会议通知书一并寄出,上面附有回复的地址并加盖邮资已付的邮戳,其费用由公司支付。西欧国家召开股东会议的日期刚性较强,委托书必须于会议召开之前寄回,以便确认委托书的有效性。而在美国,召开股东会议的日期具有一定的弹性,在很多情形下董事会为了获得足够多的委托书,常常将股东会议拖延几日召开。

代理投票制貌似民主、公允,但在实际操作过程中一方面存在着许多欺诈现象,另一方面也会强化董事会的独裁作用。有鉴于此,英国许多股票交易所规定,上市公司寄发的委托书必须采取双项选择制。所谓双项选择制是指股东既可以委托董事会对某项议案投赞成票,也可以委托董事会对该项议案投反对票;而不是像最初的代理投票制那样实行"单项选择",即只有当股东附议董事会的提议时才委托董事会行使投票表决权。双项选择制限制了董事会在股东会议决议形成过程中的控制作用,使股东会议的终极控制权限有所加强,对于调动中小股东积极行使投票表决权具有重要作用。

但是,双项选择制对于削弱董事会的控制局势只能起到部分作用。原因是会议通知、会议说明等准备文件均出自董事之手,他们处于"先发制人"的有利地位。尽管委托书采用双项选择制,但股东都是在看了会议准备文件,即接受了董事的影响甚至是蛊惑以后,才确定选择意向和填写委托书的,因而,往往是附议董事提议的人多,反对董事提议的人少。另外,先入为主容易形成一种定势,持反对意见的股东即使观点正确,但由于孤掌难鸣也难成"大器"。

二、中小股东及其权益

中小股东一般是指在公司中持股较少、不享有控股权、处于弱势地位的股东,其相对的概念是大股东或控股股东。在上市公司中,中小股东主要指社会公众股股东。

中小股东权益是上市公司股东权益的重要组成部分,上市公司的中小股东往往也是证券市场上的中小投资者。我国《公司法》规定了"同股同权、同股同利"的股份平等原则,每一股份所享有的权利和义务是相等的。因此,中小股东与大股东同为公司的股东,在法律地位上是一致的,都享有内容相同的股东权,其权益本质也是一致的。

但是,由于中国证券市场是从计划经济环境中产生的,因而从其诞生的那一天起,在制度设计方面就存在某些局限性,导致大股东和社会公众股股东客观上存在利益矛盾和冲突,社会公众股股东利益的保护难以真正落到实处。如上市公司再融资时,"大股东举手,小股东掏钱"的现象还较为普遍。大股东对小股东侵害行为的根源主要在于"一股独大"和法律制度的欠缺。一方面,国有股(或法人股)一股独大,对控股股东行为缺少有效制约,中小股东的权益得不到有效保护,投资者和经营管理层之间的有效约束机制难以建立。国家所有权的代理行使缺乏妥善措施,上市公司往往出现内部人控制的现象。内部人控制下的一股独大是形成大股东对中小股东侵害行为的直接原因。另一方面,我国《公司法》对表决权的规定比较简单,基本原则为股东所持每一股份有一表决权,股东可以委托代理人行使表决权。一股一票表决权在使大股东意志上升为公司意志的同时,却使小股东的意志对公司决策变得毫无意义,使股东会流于形式,从而出现小股东意志与其财产权益相分离的状态,这在一定程度上破坏了股东之间实质上的平等关系。

为了促进我国证券市场的良性发展,切实保护中小股东的权益,我们应该切实解决上述两个根源性问题。

三、中小股东权益的维护

纵观世界各国,维护中小股东合法权益的举措大致有以下几种:

(一) 累积投票权制度

累积投票权制度作为股东选择公司管理者的一种表决权制度,最早起源于美国《伊利诺伊州宪法》(以下简称《州宪法》)的规定。19世纪60年代,美国伊利诺伊州报界披露了该州某些铁路经营者欺诈小股东的行为,因此该州1870年的《州宪法》第3章第11条规定,任何股东在法人公司选举董事或经理人的场合,均得亲自或通过代理人行使累积投票权,而且此类董事或经理不得以任何其他方式选举。该州随后即在其《公司法》第28条规定了累积投票权制度。随后,美国各州也纷纷步其后尘,在《州宪法》或《公司法》或者兼在《州宪法》和《公司法》中规定了累积投票权制度。到1955年,美国有20个州在其《州宪法》或《制定法》中规定了累积投票权制度。最初,美国的《公司法》对累积投票权采取的是强制主义态度,1955年后改为两种平行的可选择性的立法:一是强制主义累积投票制;二是许可主义累积投票制。

日本1950年修改的《日本商法典》赋予小股东累积投票权制度,其第256条第3款规定:"① 为选任2人以上的董事而召集股东会时,除章程另有规定外,股东可以向公司提出累积投票的请求。② 前款请求,应于开会日5日前以书面提出。③ 有第1款请求时,对于选任董事的决议,各股东每股有与应选董事数相同的表决权。遇此情形,各股东可以只向1人或向2人以上投票而行使其表决权。"我国台湾地区也规定了累积投票权制度。

按照适用的效力不同,累积投票权制度可以分为两种:一是强制性累积投票权制度,即公司必须采用累积投票权制度,否则属于违法,如美国阿肯色、加利福尼亚、夏威夷、伊利诺伊等州和我国台湾地区所采用的模式。二是许可性累积投票权制度。许可性累积投票权制度又分为选出式和选入式两种。选出式是指,除非公司章程作出相反的规定,否则就应实行累积投票权制度,如美国阿拉斯加、北卡罗来纳、华盛顿等州以及1974年修订后的《日本商法典》规定的模式。选入式是指,除非公司章程有明确的规定,否则就不实行累积投票权制度,如美国密歇根、新泽西、纽约等州所采用的模式。尽管目前美国有些州仍然对累积投票权制度实行强制主义,但其大多数州的现行公司法已趋向许可主义。1950年和1974年《日本商法典》的两次修订也反映出由强制主义向许可主义的转变。这表明累积投票权制度的立法政策随着现代企业制度的成熟与公司治理结构的完善而呈现渐趋宽松的发展趋势。

2018年中国证监会颁布的《上市公司治理准则》第十七条规定:"董事、监事的选举,应当充分反映中小股东意见。股东大会在董事、监事选举中应当积极推行累积投票制。单一股东及其一致行动人拥有权益的股份比例在30%及以上的上市公司,应当采用累积投票制。采用累积投票制的上市公司应当在公司章程中规定实施细则。"中国证监会以规章的形式肯定了累积投票制,是对这方面法律空白的填补。目前我国已有许多上市公司在公司章程中添加了该细则。

【案例 10-1】

格力的累积投票制

2012年5月,格力空调创始人、格力集团兼格力电器董事长朱江洪年近七旬,即将退出格力电器。在格力电器召开的第八届董事会上,除董明珠、鲁君四和黄辉三名原已就职于格力电器的管理层,格力集团还提名了周少强。格力集团意欲将此次格力电器的董事会换届作为他进入格力电器高层的机会,并将其作为格力电器的下一代接班人培养。

但换届选举的结果显示,周少强的支持率仅为36.60%,由于董事会选举采用了累积投票制度,董明珠以及由耶鲁大学和鹏华基金共同推荐的董事候选人冯继勇得票率均超过100%,周少强没有被选入公司董事会。

格力电器此次董事会换届选举结果至少有两点出乎人们的意料:一是作为持股比例约20%的格力电器第一大股东所推荐的格力电器董事候选人周少强在公司股东会上落选。周少强曾就职于珠海市建设银行和深圳发展银行珠海支行,之后历任珠海市国资委改革重组科科长、副主任兼党委委员等职,2012年5月调任格力集团总裁兼党委书记。集国资委派遣和集团总裁双重身份于一身的董事候选人竟然会落选,人们普遍觉得不可思议。二是由耶鲁大学和鹏华基金推荐的董事候选人冯继勇成功进入公司董事会。冯继勇是北京中伦文德律师事务所合伙人、中华全国律师协会会员、北京律师协会会员,同时兼任北京律师协会私募与风险投资委员会副主任、中国人民大学律师学院客座教授等职。在此之前的国内公司治理实践中,还没有出现过机构投资者通过累积投票制将推荐的董事候选人成功派驻到公司董事会的情形,这同样让人感到意外。

面对社会各界对格力电器董事会换届选举结果的热议,格力电器实际控制人——珠海市国资委在5月31日对媒体表示:"格力集团按照团队搭配原则推荐了格力电器第九届董事会成员候选人,新一届董事会由格力电器2011年度股东会依法选举产生,我们尊重本次股东会的决议。格力电器董事会一经选举产生,代表的是全体股东的利益,我们相信格力电器董事会会正确履行权利义务。"

周少强在股东会上的落选表明了中小股东对其"空降"格力电器管理层的不满,而机构投资者提名的董事候选人以超过100%的支持率当选董事。这一出人意料的董事会换届选举结果成为机构投资者参与公司治理的成功事例。因此,以机构投资者为代表的小股东联合起来可以发挥积极的治理作用,从而保护小股东的利益。此外,机构投资者积极行为的成功受到上市公司相应制度及其实施、股权结构、股东结构、公司环境和大股东的态度等各种因素的影响。

资料来源:作者根据相关资料整理。

(二) 类别股东表决制度

类别股是指在公司的股权设置中,存在两个以上的不同种类、不同权利的股份。具体区分包括发起人股、非发起人股;普通股、优先股;普通表决权股份、无表决权股份、特殊表决权(如双倍表决权)股份;不同交易场所的股份,如在上海证券交易所、香港交易所、伦敦交易所、纽约交易所等地上市的股份;关联股东股份、非关联股东股份等。进行股东类别区分的实质是限制优势股东的优势,保护弱势股东的利益。类别股在我国尚未有明确的规定,但实际上已存在国有股、法人股、个人股或从主体角度划分的发起人股和社会公众股。

类别股东表决制度,是指一项涉及不同类别股东权益的议案,需要各类别股东分别审议,并获得各自的绝对多数同意才能通过。

但是,我们应该清醒地看到,"类别股东投票"也有其自身的局限性,不能过分强化股东的分类,不能过度使用,否则会造成各类股东代表过分追求自身利益的最大化,致使冲突升级,从而影响公司的稳定发展。为了稳定有效地推行"类别股东表决制度",我们认为:① 类别股东表决制度要逐步推行。实施类别股东投票制度是有成本的,同时还需要相关配套条件作支撑,这会带来治理成本的增加。并且虽然从长期来看,这种投资是适宜的,但在目前流通股东参与较少、网上投票和征集投票权尚未实行的现实情况下,公司实行这种制度时还应量力而行。② 平衡各类股东的利益是成功实施这一制度的关键。在股改前,我国国有非流通股"一股独大",流通股股东的合法权益难以保障。完善并推广类别股东表决机制无疑也是治"病"的一剂良药。但是,采用类别股东投票机制来保护中小股东利益,并不是要削弱或否定非流通股股东的控制权,减弱或影响他们正常的决策权力,干预公司高层的日常管理,而是要在大股东单独作出决定之前,给中小流通股股东代表自身利益说话的机会,尊重他们的意见,即兼顾和平衡非流通股股东和流通股股东的权益,实现公司价值的最大化。③ 完善配套制度是制度保障。关于"类别股东表决制度"的具体实施,还需要一系列配套制度的支持。类别股东会的召开形式无非有三种:传统的现场形式、通信形式、网上投票。专家指出,通信形式的方式较难控制,选票的有效性容易引起纠纷,建议不予采用。目前应该大力推出网上投票,让更多的流通股股东参与投票。流通股股东网上投票机制可以极大弥补分散在各地的流通股股东不能及时到达会场参加股东会的缺陷,尽可能促使更多的中小股东关心自身的利益。④ 加强投资者关系管理是基础。公众股东要有效地参与表决,首先要对将要表决的事项有较准确、详细的了解,这些都需要公司大力加强与公众股东的沟通与交流,即加强投资者关系管理,这是类别股东表决机制成功实施的基础。

我国实质上已采取了与国际上通常的类别股东划分相同的理论,并设置了因利润和财产分配权利差异而产生的类别股东以及因表决权利差异而产生的类别股东两个类型类别股东的划分标准。《科创板首次公开发行股票注册管理办法(试行)》第四十一条规定:"存在特别表决权股份的境内科技创新企业申请首次公开发行股票并在科创板上市的,发行人应当在招股说明书等公开发行文件中,披露并特别提示差异化表决安排的主要内容、相关风险和对公司治理的影响,以及依法落实保护投资者合法权益的各项措施"。《上海证券交易所科创板股票上市规则》2.1.4条款规定:"发行人具有表决权差异安排的,市值及财务指标应当至少符合下列标准中的一项:(一)预计市值不低于人民币100亿元;(二)预计市值不低于人民币50亿元,且最近一年营业收入不低于人民币5亿元。"同时,《上海证券交易所科创板股票上市规则》在第二章设置了"第五节 表决权差异安排"的专门章节,对特殊表决权的安排等作出了具体的规定。《创业板首次公开发行股票注册管理办法(试行)》第四十二条规定:"符合相关规定、存在特别表决权股份的企业申请首次公开发行股票并在创业板上市的,发行人应当在招股说明书等公开发行文件中,披露并特别提示差异化表决安排的主要内容、相关风险和对公司治理的影响,以及依法落实保护投资者合法权益的各项措施"。

(三)建立有效的股东民事赔偿制度

我国现行法律为股东民事赔偿提供了实体权利根据,只是程序法上的诉权领域尚有空白。《公司法》第二十条规定:"公司股东滥用股东权利给公司或其他股东造成损失的,应当依法承担赔偿责任。"《公司法》第一百一十二条规定:"董事会的决议违反法律、行政法规或者公司章程、股东会决议,致使公司遭受严重损失的,参与决议的董事对公司负赔偿责任。但经证明在表决时曾表明异议并记载于会议记录的,该董事可免除责任。"根据上述规定,一旦我国建立了股东代表诉讼制度和投资者集体诉讼制度,完全可以将蓄意侵犯股东利益特别是中小股东利益的公司董事、监事、经理及其他管理人员告上法庭,那些以身试法者必将为此付出沉重的代价。

(四)建立表决权排除制度

表决权排除制度也被称为表决权回避制度,是指当某一股东与股东会讨论的决议事项有特别的利害关系时,该股东或其代理人均不得就其持有的股份行使表决权的制度。这一制度在德国、意大利等大陆法系国家和地区得到了广泛的应用,如韩国《商法》规定:与股东会的决议有利害关系的股东不能行使其表决权。我国台湾地区和香港地区也采纳了表决权排除制度。确立表决权排除制度实际上是对利害关系和控股股东表决权的限制和剥夺,因为有条件、有机会进行关联交易或者在关联交易中有利害关系的往往都是大股东。这样就相对地扩大了中小股东的表决权,在客观上保护了中小股东的利益。通常认为,在涉及利益分配或自我交易的情况下,股东个人利益与公司利益存在冲突,因此实施表决权排除制度是必要的。

我国《公司法》没有规定股东表决权排除制度。证监会在2000年5月18日修订的《上市公司股东大会规范意见》中确立了关联交易股东表决权排除制度,其中规定:"股东大会就关联交易进行表决时,涉及关联交易的各股东,应当回避表决。上述股东所持表决权不应计入出席股东大会有表决权的股份总数。"《公司法》第十六条规定了公司为股东提供担保时,被担保股东的表决回避或表决权排除,即"公司为公司股东或者实际控人提供担保的,必须经股东会或者股东大会决议。前款规定的股东或者受前款规定的实际控制人支配的股东,不得参加前款规定事项的表决。该项表决由出席会议的其他股东所持表决权的过半数通过。"

(五) 完善小股东的委托投票制度

委托投票制是指股东委托代理人参加股东会并代行投票权的法律制度。在委托投票制度中,代理人以被代理人的名义,按自己的意志行使表决权。我国《公司法》规定:股东可以委托代理人出席股东会议,代理人应当向公司提交股东授权委托书,并在授权范围内行使表决权。《上市公司治理准则》规定:股东既可以亲自到股东会现场投票,也可以委托代理人代为投票,两者具有同样的法律效力。但在我国的现实中,委托代理制成为大股东用作对付小股东的手段,发生了异化。各国公司法立法的宗旨是为了保护小股东,国际上近来对此采取了比较严格的限制措施。如意大利公司法规定,董事、审计人员、公司及其子公司雇员、银行和其他团体不得成为代理人。

(六) 引入异议股东股份价值评估权制度

异议股东股份价值评估权具有若干不同的称谓,如公司异议者权利、异议股东司法估价权、异议股东股份买取请求权、解约补偿权或退出权等。它是指对于提交股东会表决的公司重大交易事项持有异议的股东,在该事项经股东会资本多数表决通过时,有权依法定程序要求对其所持有的公司股份的"公平价值"进行评估并由公司以此价格买回股票,从而实现自身退出公司的目的。该制度的实质是一种中小股东在特定条件下的解约退出权。它是股东从公司契约中的直接退出机制,导致了股权资本与公司契约的直接分离。

各国公司法对异议股东股份价值评估权制度适用范围的规定各不相同,但一般都适用于公司并购、资产出售、章程修改等重大交易事项,并允许公司章程就该制度的适用范围作出各自的规定,从而使中小股东对于在何种情况下自身享有异议者权利有明确的预期,并作出是否行使异议者权利的选择。

目前,我国异议股东股份价值评估权制度的引入尚处于萌芽阶段,《公司法》《上市公司章程指引》以及《到境外上市公司章程必备条款》中有泛泛的规定。结合目前我国公司立法与公司治理结构的现状,以下几方面的配套改革对于发挥异议股东股份价值评估权制度及中小股东利益保护的功能有着重要的现实意义。① 网络股东会与股东电子投票权技术的实施。近年来股东对于电子文件传输、在线授权代理投票权以及在线参与股东会的需求成倍增长,这充分说明网络股东会与电子投票权的实施不仅可以降低股东会的会议成本,而且可以唤醒个人投资者积极参与公司治理的热情。② 公司资本制度向授权资本制度的改革。异议股东股份价值评估权制度的本质是中小股东在利益受到潜在侵害情况下的退出权,异议股东收回资本的退出行为以及公司为维持正常运营而补充资本的需求,必将导致公司资本的增减变化,这就要求公司适用灵活的资本制度。英美法系国家实行的授权资本制度适应了这一要求,从而为异议股东股份价值评估权制度的实施奠定了基础。而我国目前实行的是以法定资本制度为主的混合资本制度,即内资企业实施法定资本制度、外资企业实行授权资本制度。法定资本制度中"资本三原则"对于公司资本要求过于僵化、缺乏弹性,客观上不能适应《公司法》引入异议股东股份价值评估权制度后公司资本灵活调整的需要。在国际范围内,公司资本制度由法定资本制度向授权资本制度的变化是各国公司立法改革的普遍趋势。我国目前的《公司法》修改应顺应这一改革趋势,尽快实施公司资本制度由法定资本制度向授权资本制度的改革,为异议股东股份价值评估权制度的真正实施创造必要的前提条件。

(七) 股东网络投票

网络投票最先起源于美国,1996 年,美国贝巧灵 (Bell&Howell) 公司第一次在股东会上进行网络投票表决。其一出现便在一些发达国家迅速得到推广,日本与英国相继通过相关法案,为股东会网络投票制度提供了法律依据。

2004 年 12 月 7 日中国证监会发布的《关于加强社会公众股股东权益保护的若干规定》中首次提出上市公司股东会可以采用网络投票的方式进行表决。规定上市公司股东会就增发新股、发行可转换公司债券、向原有股东配售股份、重大资产重组、股东以其持有的上市公司股权偿还其所欠该公司的债务、境外上市等事项进行表决时,应当向股东提供网络投票平台,并经参加表决的社会公众股股东所持表决权的半数以上通过。2004 年 12 月 10 日中国证监会发布了《关于上市公司股东大会网络投票工作指引(试行)》,对上市公司实施网络投票表决方式进行了统一规定。深沪两大证券交易所也于 2004 年 12 月 28 日各自颁布了《上市公司股东大会网络投票实施细则》,并进行多次修订。2006 年 3 月 16 日,证监会发布《上市公司股东大会规则》对网络投票表决方式的相关问题作出了进一步的规范。2018 年 9 月 30 日,证监会发布的《上市公司治理准则》第 15 条指出股东大会会议应当以现场会议与网络投票相结合的方式召开,并对上市公司股东大会采用网络投票表决方式作出了明确的要求。

上市公司股东会网络投票表决制度的实施对于上市公司中小股东行使表决权、维护其合法权益具有重大意义。网络投票降低了股东亲自出席会议带来的时间和金钱成本,克服了委托代理投票中可能会侵害股东权益,进而引起一系列的法律责任和相关问题的风险。随着股东会网络投票制度的实施和不断完善,广大中小股东利用网络投票渠道参与上市公司股东会并行使相关权利的意识不断增强,减少了其"用脚投票"的行为,提升了中小股东参与公司治理的积极性。

(八) 建立中小股东维权组织

建立专门的维护中小股东和中小投资者权益的组织、机构或者协会,为中小股东维护合法权益提供后盾和保障。中小股东的权益受到侵害时,往往由于其持股比例不高、损害不大而且自身力量弱小、分散的特点而怠于寻求救济和保护。在这方面,我们可以借鉴德国、荷兰等国家和地区的股东协会制度或中小投资者保护协会制度,由协会代表或组织中小股东行使权利。这样可以降低中小股东行使股东权利的成本,减少中小股东因放弃行使权利而导致大股东更方便控制股东会、董事会及公司经营的情况。应该说,我国现在有越来越多的小股东有维权意识,但是还没有一个组织能够提供有效的帮助。

【案例10-2】

聚美优品遭遇集体诉讼

聚美优品是一家化妆品在线零售商,从2010年成立到之后上市,聚美优品仅用了4年的时间;而拥有海外留学背景、具有明星气质的80后CEO陈欧亲自上阵"为自己代言",一举在网络蹿红,也为资本市场留下了巨大的想象空间。

但上市仅仅半年后,聚美优品就遭到律师事务所的集体诉讼,指控理由是:其发布了虚假的误导性声明以及未披露相关信息。据2014年12月16日来自美国的消息显示,Milberg LLP律师事务所宣布,该事务所正在对聚美优品展开调查,并已代表2014年5月16日到11月19日之间购买了聚美优品股票的投资者向纽约东区的美国地区法庭发起集体诉讼。该律师事务所指控称,在上述集体诉讼期内,聚美优品及其特定高管违反了美国联邦证券法,向投资大众发表了错误的、误导性的声明。其中就包括,聚美优品正在改变营收模式,从市场服务转向商品销售,这种转变令其此前成功的财务表现面临重大风险,而聚美优品并未如其所称的那样扩大市场服务。其结果是,当这些负面的事实为人所知时,聚美优品股票的价值出现下跌,令投资者受损。

2014年8月19日,聚美优品的股价最高达到每股39.45美元,而截至12月17日,其最低价格跌落至每股12.7美元。仅仅四个月的时间,其股价缩水了近70%。在遭遇律所的集体"围殴"之后,聚美优品作出了回应,表示公司董事会在15日批准一项股票回购计划,宣布将在未来12个月内最多回购1亿美元股票,以提振股价。而陈欧也在12月16日的微博回应称"聚美优品是最干净的电商"。12月17日,在中概股普涨的背景下,借着陈欧的回应,聚美优品的股价也超跌反弹。当日其股价大涨7.96%,最终收于每股13.83美元。

有业内人士表示,聚美优品在美遭遇集体起诉的根本原因正是其业务模式的剧烈调整,以及因此而导致的增速放缓。据了解,仅2013年,聚美优品约有30%的销售额来自第三方商家的非自营业务。而这种第三方业务的增长也成为聚美优品在美上市的巨大推手。在聚美优品招股说明书的目标描述中,第一目标就是"扩大商品的品类",并"继续扩大第三方商家的数量"。但陈欧在微博中表示"前段时间曝出电商第三方平台手表售假事件,无数电商卷入其中。聚美优品的核心业务是自营化妆品,第三方手表完全是边缘业务,在此次事件,却伤得最深"。此后,聚美优品的做法不仅仅是关掉涉事店铺,而且还包括陈欧在微博中所表述的"挥刀自宫",即"砍掉了整个第三方奢侈品的业务线,有授权的都停掉,从根源上去解决这个问题"。据了解,调整之后的聚美优品会将小部分美妆业务也从第三方平台上砍掉,全部转为入库自营,只有服饰和配饰仍在第三方平台运营。聚美优品称,弱化第三方平台,实质是想加强对供应链的管控,提高供应链质量,以此有效规避"假货""水货"风险。服饰和配饰业务属于"非高敏感性品类",仍将在聚美优品的第三方平台下运营。

从聚美优品可以看出,首先,国内企业赴美上市后一定要尽力维持住股价。其次,国际投资者并不关心是否售假,他们只关心自己的利益。最后,聚美优品的业务方向调整值得肯定,这也给其他一些企业敲响了警钟,修正过去的错误要付出代价,时刻不能掉以轻心。

资料来源:作者根据相关资料整理。

第三节 公司治理主体的选择

一、股东利益至上理论及其局限性

(一)股东利益至上理论

根据古典的资本雇佣劳动理论,资本家出资购买设备、原材料,雇用工人从事生产经营活动的目的就是实现资本增值,因此,资本的投入者即是企业的所有者,企业是资本投入者的企业,企业经营以股东的利益最大化为目标,即股东利益至上。科普兰认为:一群人在面临稀有资源竞争的情况下完成某一项任务时,有些人会选择企业经营某项专门业务,相应地获取相对固定的报酬和雇佣契约保护。[①] 有些人会向企业投入临时资本,保留资本所有权,让渡资本使用权,享有企业现金流量优先权,并受到限制企业行为的法律的保护。有些人需要向企业注入资本,资本转化为企业大量的厂房、设备等专用性资产,这些资产一旦挪为他用,就会遭受价值损失;并且这些资产又可作为企业债务危机的抵押资产,企业经营的风险由拥有这些专用资产的资本提供者承担,因此,资本投入者被赋予经营控制权和收益分配权,并承担剩余风险,即企业所有者的权益。以上过程涉及了雇员、债权人、股东三组利益主体,前两者都是通过契约获取相对固定的收益和自身利益保护,而只有股东承担剩余风险,因而被赋予最终控制权。

从企业是所有者(股东)的企业角度出发,公司治理的主要问题是解决所有者(股东)与经营者(经理层)之间的委托代理关系。股东利益至上理论的基本理念是管理者服务于股东,股东是公司剩余风险的承担者,股东拥有使用、处置、转让其产权的权力,管理

[①] Copeland, T., T. Koller, and J. Murrin. *Valuation: Measuring and Managing the Value of Companies*. Wiley, 1994.

者的目标就是追求股东利益最大化。

（二）股东利益至上理论的局限性

从理论上看，股东利益至上理论中关于企业所有者权益及相应的制度安排的内容，在工业化时代是合理的。但在现代经济环境中，随着企业股权结构的变化、企业之间相互参股的增加、企业战略合作伙伴关系的发展，以及知识资本对于企业经营的日益重要，企业仅是资本所有者的企业以及股东是公司剩余风险的唯一承担者的理论假设存在着一定的局限性，这主要表现在以下几方面[①]：

（1）企业价值增值的来源不仅仅是股东最初投入的物质资本要素，企业的非物质要素，如企业的商誉、各种专利技术、劳动者的技能、组织的运营效率等也日益构成企业价值增值的重要因素。在现代企业中，有形资产与无形资产的相对比例发生了变化，无形资产占公司总资产的份额日益提高，知识资本发挥着重要的价值增值作用。

（2）人力资本是企业价值增值的重要资源，企业职工也与股东一样承担了与企业经营效益相关的风险。以股东利益为导向的代理理论认为，企业职工劳动获取事先约定的工资，企业经营失败时可以转移其劳动力资源，职工不承担剩余风险。然而，在现代经济环境下，职工的劳动技能从过去的普适性演变为较强的专属性和知识性，其投入时间、精力、资金而形成的劳动力价值与企业价值密切相关。

（3）股权的分散和流动降低了股东承担的风险，其关注企业的积极性减弱。资本市场的发展使股东可以通过投资组合来分散风险，股东与企业之间的利益纽带关系逐渐弱化。

（4）经营环境的变化使越来越多的个人和群体的利益受到企业业绩的影响，企业越来越演变为"社会的企业"。受企业经营状况的影响，承担剩余收益和风险的不仅仅是股东，还涉及了更为广泛的社会层面。

在20世纪80年代，美国曾经兴起一股公司之间的恶意收购浪潮。在"股东利益至上"逻辑的指导下，恶意收购者高价购买被收购公司的股票，然后重组公司高层管理人员，改变公司经营方向，并解雇大量工人，被收购公司的股东大多获得超额收益。这种短期获利行为显然与企业的长期发展相违背，引发了人们对股东利益至上理论的质疑。在这一背景下，美国29个州相继修改了公司法，要求经理人员对企业各利益相关者负责，而不仅仅是对股东负责[②]，从而赋予经理拒绝恶意收购的法律依据。这些修改引发了理论界的激烈争论，也促进了利益相关者理论的完善和发展。

---

① 李苹莉.经营者业绩评价——利益相关者模式[M].杭州:浙江人民出版社,2001:47—49.
② 崔之元.美国二十九个州公司法变革的理论背景[J].经济研究.1996,4:35—40+60.

二、利益相关者理论及其不足

(一) 利益相关者理论

利益相关者理论的基本论点是企业不仅要对股东负责,而且要对与企业有经济利益关系的相关者负责。公司是相互依存的社会体系中的一部分,公司不可能脱离其他个人和团体而存在,因而,公司应该对这些主体负有社会责任。布莱尔认为,企业的目的不能仅限于股东权益最大化,而应该同时考虑企业其他参与人(包括职工、经理、债权人、供应商、用户以及所在社区)的利益。股东利益最大化不等于财富创造的最大化,各利益相关者的利益最大化才是现代企业所追求的目标,它将社会公平和经济效益结合起来。① 根据利益相关者理论,职工、经营者、供应商和用户与股东一样,都对企业进行了专用性资产投资,都承担了风险,所不同的只是股东投入的是物质资本,而职工和经营者投入的是人力资本。随着资本市场的发展,股东变得分散而消极,且更容易在资本市场上通过"用脚投票"来转移风险,对企业承担的责任日益减少;相反,企业利益相关者与企业的利害关系更为密切,企业的倒闭意味着人力资本的损失,企业职工更关心企业的发展。因此,企业各利益相关者都应成为企业的所有者,公司治理不能仅限于协调股东与经理之间的关系,董事会中除了股东代表之外还应有其他利益相关者的代表。

利益相关者的提法最早出现于 1963 年斯坦福大学一个研究小组的内部文稿,是指那些没有支持组织就无法生存的群体,包括股东、职工、顾客、供应商、债权人和社会。20 世纪 70 年代,哈佛大学商学院进行了一项关于公司社会责任的研究,其中的一项成果是公司社会反应模型。该研究提出的问题是公司如何对日益增加的来自社会变革的压力作出积极的反应。通过关注于反应而不是责任,他们将社会因素的分析和传统的战略、组织联系起来,这鼓励利益相关者更多地参与公司治理,在 20 世纪八九十年代引起了理论和实务界的极大反应,对各国公司治理结构的发展、相应法律法规的修正产生了很大影响。

利益相关者理论的要点主要体现在以下几个方面②:

(1) 以布莱尔为代表的学者认为,在现代公司中,所有权是一个复杂的概念,讨论公司治理以所有权为起点"是彻底错误的,是高水平的误导",股东并不是唯一的所有者,他们只能拥有企业的一部分。传统理论把作为所有者的一切权利和责任赋予股东,并非出于社会科学的规律,而仅仅是一种法律和社会惯例而已。

(2) 并不是只有股东承担剩余风险,职工、债权人、供应商都可能是剩余风险的承担者,所有利益相关者的投入都可能是相关专用性资产,这部分资产一旦改作他用,其价值

---

① Margaret, B. Ownership and control: Rethinking corporate governance for the 21st century. Brookings Institution, 1995.
② 李传军. 利益相关者理论共同治理的理论与实践[J]. 管理科学,2003,16(4):84—87.

就会降低。因此,投入公司的这部分资产是处于风险状态的,为激励专用性资产进入公司,需要给予其一定的剩余收益,应该设计一定的契约安排和治理制度来分配给所有的利益相关者一定的企业控制权,即所有的利益相关者都应该参与公司治理。

(3) 该理论还从对企业发展的贡献上说明了重视非股东的其他利益相关者的必要性。在现代经济生活中,绝大多数资本所有者只是小股东,他们只不过是市场上的寻利者,其中大多数只会"用脚投票",而放弃"用手投票"的权利,对企业承担的责任日益减少;真正为企业的生存和发展操心的,是与企业利害关系更为密切的经理人员和广大职工。公司治理结构不能仅仅局限于调节股东与经理之间的关系,董事会等决策机构中除了股东代表还应有其他利益相关者的代表。

(4) 该理论还从产权角度论证了其"新所有权观"的合理性。出资者投资形成的资产、公司经营过程中的财产增值和无形资产共同组成公司的法人财产,法人财产是相对独立的,不同于股东的资产。因此,即使从这一角度来看,忽视股东以外的其他利益相关者对公司财富的创造也是不利的。

我国《上市公司治理准则》第六章专门阐述了上市公司与利益相关者的关系:"上市公司应尊重银行及其他债权人、职工、消费者、供应商、社区等利益相关者的合法权利。上市公司应与利益相关者积极合作,共同推动公司持续、健康地发展。上市公司应为维护利益相关者的权益提供必要的条件,当其合法权益受到侵害时,利益相关者应有机会和途径获得赔偿。上市公司应向银行及其他债权人提供必要的信息,以便其对公司的经营状况和财务状况作出判断和进行决策。上市公司应鼓励职工通过与董事会、监事会和经理人员的直接沟通和交流,反映职工对公司经营、财务状况以及涉及职工利益的重大决策的意见。上市公司在保持公司持续发展、实现股东利益最大化的同时,应关注所在社区的福利、环境保护、公益事业等问题,重视公司的社会责任。"这些准则为规范和提升我国上市公司的利益相关者关系管理具有重要意义。

(二) 利益相关者理论的不足

然而,利益相关者理论也不是完美无缺的,企业代理理论的奠基人之一詹森对利益相关者理论提出如下质疑[1]:

(1) 利益相关者理论将股东利益至上的企业单一目标转向服务于满足相关利益主体的多目标,实际上将导致公司无目标。多重目标也就等于没有目标。当管理者被告知需要同时满足最大化公司利润、股票价格、职工工资、社会福利及任何相关利益主体提出的要求时,公司经理不可能制定出合理的决策,这导致公司管理者无目标可循。

(2) 企业的所有利益相关者都参与公司治理的成本高,决策效率低。由于利益相关者之间存在利益差异和利益冲突,例如,增加工资满足职工的利益,必然影响股东的剩余收益,加之各利益相关者之间信息的极不对称,各利益相关者参与企业治理必然导致大

---

[1] Jensen, M. C. Value maximization, stakeholder theory, and the corporate objective function. *Journal of Applied Corporate Finance*. 2001, 14(3): 8-21.

量的协商和讨论,极大地影响公司决策的正确制定,贻误商机。

(3) 强调满足各利益相关者的利益,要求企业管理者对所有的利益相关者都负责任,相当于让他们对谁都不负责任。没有给企业管理者提供用于判断决策优劣的经营目标和业绩评价标准,利益相关者的多目标会使政府所追求的目标和所关心的问题与企业所追求的目标和所关心的问题相混淆,会为管理者完不成企业目标、逃脱经济管理责任和政府部门干预经济提供借口。这也是利益相关者理论得到公司经理层和政府部门青睐的重要原因。

詹森进一步强调,200年来的经典经济学和财务学理论研究证实,只有当经济总体中每一个企业都能实现自身价值最大化时,整个经济才能最有效运行,利益相关者理论所言及的社会福利才能最大化。

在如此复杂的系统中,没有具体的标准来判断利益相关者各自的利益标准是什么,就不知道如何把这些标准融入模型中;而且很难把代表模型含义的联立方程组全部构建出来;此外,同时实现多个目标的最大化在事实上是不可能的。因此,利益相关者理论所确定的"平衡利益相关者的利益"目标只是提出了一种美好的梦想,但却没有告诉人们如何去实现它。缺乏可操作性是利益相关者理论的致命缺陷。

近年来,由于劳动力成本上升和国际竞争的压力,以利益相关者利益为主导的德国公司也开始裁减雇员、在美国上市,从而使利润目标优于其他目标,兼顾各方利益的政策正在被放弃;同时,银行也开始出售长期持有的公司股份,使单一主银行—股东模式发生转变。同样,在日本,以三菱为首的一些大的贸易公司已把注意力转移到股本的收益上,终身雇佣制被运用于关键雇员,"提升和离开"的制度被引进企业。这些现象都表明,德国和日本的企业似乎也看到了股本资本主义的价值。

三、公司治理的主体

(一) 公司治理主体的选择原则

公司治理主体的选择是指谁参与公司的治理,是股东还是包括股东在内的所有的利益相关者。根据股东利益至上理论,股东是公司理所当然的所有者,股东的所有者地位受到各国的法律保护,公司存在的目的就是追求股东利益最大化。然而,根据利益相关者理论,现代经济是物质资本与人力资本并重的社会经济,包括管理者、职工在内的企业利益相关者都是企业的所有者,公司应以满足各利益相关者的利益为目标。那么,公司治理主体如何在股东利益至上和利益相关者利益至上之间作出选择呢?这里首先要明确公司治理主体选择的原则。

(1) 公司长期市场价值最大化原则。公司治理主体的选择应该确保公司的长期市场价值最大化,这样才能避免股东和管理者的短期行为,既满足了股东的利益,又满足了各利益相关者的利益,这样的公司治理主体才是最优的配置。

(2) 公司治理结构有效运营原则。公司治理主体的选择应该保证公司的决策层能够有能力和激励作出有利于提高公司经营效率的正确决策,单纯股东或者要求所有的利益相关者参与的公司治理都是有成本的。

（二）公司治理主体的选择方向

近20年的实践表明,股东利益至上的英国和美国实际上与利益相关者主导的日本和欧洲大陆之间的经济差距逐渐在减小。美国公司治理模式越来越倾向于关系投资模式,越来越重视股东以外的其他利益相关者,强调经营者对全体利益相关者而不仅仅是对股东的责任;与此相对应,德、日公司越来越重视股权多元化和资本市场的作用,推崇股东利益导向。这是否意味着股东利益至上理论与利益相关者理论的融合？因此,单纯的股东利益至上或者利益相关者利益至上的公司治理恐怕都不是最优的选择。

从公司治理主体选择的原则导向,我们认为,设计一套融合的公司治理模式,即以股东利益为主导、利益相关者利益协调的公司治理主体模式应该是未来的发展方向。

【本章思考题】

1. 如何理解股东权益的概念及其构成？
2. 股东权益与债权人权益有什么不同？
3. 股东利益至上理论的主张及其不足是什么？
4. 利益相关者理论的主张及其不足是什么？
5. 你认为谁是公司治理的主体？

【综合案例】

雷士公司控制权争夺

1998年11月,吴长江联合两个高中同学胡永宏和杜刚凑齐100万元,成立了惠州雷士照明有限公司。2010年5月20日,雷士照明在香港联交所主板上市。2011年7月21日,雷士照明引进法国施耐德电气作为战略性股东。

2012年5月25日,雷士照明发布公告,称公司创始人吴长江因个人原因已辞任董事长、执行董事兼首席执行官、董事会等所有职务,并辞任现时于公司全部附属公司所任一切职务。接任者为公司的非执行董事、赛富亚洲基金创始合伙人阎焱,此外,公告还宣布,委任张开鹏为首席执行官职务。

2012年6月22日,吴长江要求回董事会但未如愿。7月12日,雷士照明前董事长吴长江在微博上连续发出声明,表示不接受阎焱指责,也坦承当初不该让外行进董事会。就在同日,集团成员向董事会提交书面请求,主要是要求吴长江重返董事会,以及要求经销商进董事会、更换现有管理层等;否则将采取一些对公司不利的行动,即员工罢工和经销商中止订单等。

2012年7月24日,雷士经销商宣称将注册新品牌,目的可能是想转移公司核心资源。2012年7月26日,员工要求吴长江回归董事会以及施莱德的管理层成员辞职等。8月12日,部分雷士核心供应商停止供货,雷士工厂将面临"断炊",可能在2—3日内陷入停工。这些供应商在发给雷士的联络函中声称,由于雷士董事会逾期未回复其关于吴长江重返雷士的诉求,因此严重质疑雷士诚信,决定停止供货。

2012年9月4日,吴长江重返雷士任临时运营委员会负责人。这是雷士照明风波持续近4个月以来,董事会首次任命吴长江为公司管理者。9月29日,吴长江、阎焱、施耐德的朱海首次共同公开亮相,称已经达成和解。阎焱先生于2013年4月3日辞去公司董事长、非执行董事以及董事会委员会的一切职务。吴长江于2013年1月11日再次出任首席执行官。2013年6月4日,雷士公告称,公司将于2013年6月21日举行的股东周年大会上审议委任吴长江先生和王冬明先生出任公司的执行董事及吴玲女士出任公司的独立非执行董事之决议案。至此,雷士的控制权风波也告一段落。

风波过后,吴长江引进德豪润达(国内最大的LED芯片产能企业之一)为雷士的单一大股东,并通过签署附生效条件的股权转让协议,实现间接控制雷士,曲线进驻雷士董事会。近年来,德豪润达由于行业的产能过剩,业绩下滑。而此时吴长江找到德豪润达的董事长王冬雷合作,向其转让自己持有的雷士照明的股权。雷士的庞大销售渠道吸引了德豪润达,于是欣然同意合作,随即签署股权转让协议。德豪润达通过对雷士照明的股权收购,成为其单一最大股东,并进入其董事会。

雷士吴长江与其他股东之间的博弈,包括原始股东胡永宏、杜刚以及后来的机构投资者股东之间的博弈,导致员工、经销商,甚至供应商等利益相关者都介入其中,并最终影响了公司控制权的配置。2005年吴长江第一次和两位原始股东发生冲突时,经销商表决留下了吴长江,让其他两位股东走人。2012年吴长江和机构投资者之间发生冲突,员工、供应商和经销商都介入其中,力挺吴长江,风波期间董事会一直在处理与这些经销商的关系,专门成立管理委员会来与他们协商,施耐德派出的部分高管就是迫于他们的压力退出了雷士公司的管理层。可见,利益相关者的治理力量在雷士公司控制权争夺中发挥了重要作用。

雷士公司股东冲突的解决给我们的启示就是:兼顾各利益相关者的利益,完善公司治理制度才能最终实现公司利益和股东利益。吴长江虽然发起了一系列挑战雷士董事会的行动,但在给公司造成极大损失的情况下也未能如愿回归董事会,最终还是只有回到公司治理制度上,通过与德豪润达联手,曲线回归董事会。如果雷士的公司治理制度完善并能有效贯彻,也许就没有冲突带给雷士的动荡和损失。

资料来源:邓莉,冯仁德.雷士照明:股东主导与利益相关者权力的博弈.中国管理案例共享中心,2013。

参 考 文 献

Afzali, M., H. Silvola, and S. Terjesen. Social capital and board gender diversity. *Corporate Governance: An International Review*, 2022, 30(4):461-481.

Alchian, A. A., and H. Demsetz. Production, information costs, and economic organization. *The American Economic Review*, 1972, 62(5): 777-795.

Bae, K., J. Baek, and J. Kang. Do controlling shareholders' expropriation incentives imply a link between corporate governance and firm value? Theory and evidence. *Journal of Financial Economics*, 2012, 105(2):412-435.

Baums, T. Corporate governance in Germany: The role of the banks. *The American Journal of Comparative Law*, 1992, 40(2):503-526.

Bebchuk, L. A., K. M. Cremers, and U. C. Peyer. The CEO pay slice. *Journal of Financial Economics*, 2011, 102(1):199-221.

Bebchuk, L., A. Cohen, and A. Ferrell. What matters in corporate governance? *The Review of Financial Studies*, 2009, 22(2):783-827.

Becht, M., P. Bolton, and A. Röell. Corporate governance and control, In *Handbook of the Economics of Finance*, North Holland, 2003: 1-109.

Bhagat, S., and B. Black. The uncertain relationship between board composition and firm performance. *The Business Lawyer*, 1999, 54(3): 921-963.

Borokhovich, K. A., R. Parrino, and T. Trapani. Outside directors and CEO selection. *Journal of Financial and Quantitative Analysis*, 1996, 31(3):337-355.

Bradley, M. Interfirm tender offers and the market for corporate control. *Journal of Business*, 1980, 53(4): 345-376.

Byrd, J. W., and K. A. Hickman. Do outside directors monitor managers: Evidence from tender offer bids. *Journal of Financial Economics*, 1992, 32(2):195-221.

Chen, S., Y. Chen, and J. Kang. Board structure, director expertise, and advisory role of outside directors. *Journal of Financial Economics*, 2020, 138(2):483-503.

Churchill, N. C., and Lewis, V. L. The five stages of small business growth. *Harvard Business Review*, 1983, 61: 30-50.

Coles, J. L., M. L. Lemmon, and J. F. Meschke. Structural models and endogeneity in corporate finance: The link between managerial ownership and corporate performance. *Journal of Financial Economics*, 2012, 103(1):149-168.

Core, J. E., R. W. Holthausen, and D. F. Larcker. Corporate governance, chief executive officer compensation, and firm performance. *Journal of Financial Economics*, 1999, 51(3):371-406.

Craven, B. M., and C. L. Marston. Investor relations and corporate governance in large UK companies. *Corporate Governance: An International Review*, 1997, 5(3):137-151.

Dahya, J., O. Dimitrov, and J. J. Mcconnell. Dominant shareholders, corporate boards, and corporate value: A cross-country analysis. *Journal of Financial Economics*, 2008, 87(1):73-100.

Danziger, S., and P. Gottschalk. Increasing inequality in the United States: What we know and what we don't. *Journal of Post Keynesian Economics*, 1988, 11(2): 174-195.

Daines, R. Does delaware law improve firm value? *Journal of Financial Economies*, 2001, 62:525-558.

Davidson III, W. N., S. Rosenstein, and S. Sundaram. An empirical analysis of cancelled mergers, board composition and ownership structure. *Applied Financial Economics*, 2002, 12(7): 485-491.

Di Giuli, A., and L. Kostovetsky. Are red or blue companies more likely to go green? Politics and corporate social responsibility. *Journal of Financial Economics*, 2014, 111(1): 158-180.

Dodd, P. Merger proposals, management discretion and stockholder wealth. *Journal of Financial Economics*, 1980, 8(2): 105-137.

Dodd, P., and J. B. Warner. On corporate governance: A study of proxy contests. *Journal of Financial Economics*, 1983, 11(1-4):401-438.

Dodd, P., and R. Ruback. Tender offers and stockholder returns: An empirical analysis. *Journal of Financial Economics*, 1977, 5(3): 351-373.

Dolphin, R. R. The strategic role of investor relations. *Corporate Communications: An International Journal*, 2004, 9(1): 25-42.

Donaldson, L., and J. H. Davis. Stewardship theory or agency theory: CEO governance and shareholder returns. *Australian Journal of Management*, 1991, 16(1): 49-64.

Duchin, R., J. G. Matsusaka, and O. Ozbas. When are outside directors effective? *Journal of Financial Economics*, 2010, 96(2):195-214.

Edwards, J., et al. Corporate governance in Germany: The role of banks and ownership concentration[J]. *Economic Policy*, 2000, 15(31): 239-267.

Edwards, J., and M. Nibler. Corporate governance in Germany: The role of banks and ownership concentration. *Economic Policy*, 2000, 15(31):238-267.

Fama, E. F. Agency problems and the theory of the firm. *Journal of Political Economy*, 1980, 88(2): 288-307.

Favara, G. Agency problems and endogenous investment fluctuations. *The Review of Financial Studies*, 2012, 25(7):2301-2342.

Ferreira, D., G. Manso, and A. C. Silva. Incentives to innovate and the decision to go public or private. *The Review of Financial Studies*, 2014, 27(1):256-300.

Field, L., M. Lowry, and A. Mkrtchyan. Are busy boards detrimental? *Journal of Financial Economics*, 2013, 109(1):63-82.

Freeman, R. E., and D. L. Reed. Stockholders and stakeholders: A new perspective on corporate governance. *California Management Review*, 1983, 25(3):88-106.

Goodstein, J., K. Gautam, W. Boeker. The effects of board size and diversity on strategic change. *Strategic Management Journal*, 1994, 15(3):241-250.

Grossman, S. J., and O. D. Hart. The costs and benefits of ownership: A theory of vertical and lateral integration. *Journal of Political Economy*, 1986, 94(4): 691-719.

Hart, O. D. The market mechanism as an incentive scheme. *Bell Journal of Economics*, 1983, 14(2):366-382.

Hart, O., and J. Moore. Property rights and the nature of the firm. *Journal of Political Economy*, 1990, 98(6):1119-1158.

Hermalin, B. E., and M. S. Weisbach. The effects of board composition and direct incentives on firm performance. *Financial Management*, 1991, 20(4): 101-112.

Higgins, H. N. Conflicts of interest between banks and firms: Evidence from Japanese mergers. *Pacific-Basin Finance Journal*, 2013, 24: 156-178.

Holmstro, B. Managerial incentive problems: A dynamic perspective. *The Review of Economic Studies*, 1999, 66(1):169-182.

Hurwicz, L. On informationally decentralized systems, In McGuire, C. B., and R. Radner (Eds.), *Decision and Organization*, Amsterdam: North-Holland Publishing Company, 1972.

Jarrell, G. A., and A. B. Poulsen. Dual-class recapitalizations as antitakeover mechanisms: The recent evidence. *Journal of Financial Economics*, 1988, 20: 129-152.

Jensen, M. C., and W. H. Meckling. Theory of the firm: Managerial behavior, agency costs and ownership structure. *Journal of Financial Economics*, 1976, 3(4): 305-360.

Jensen, M. C., and R. S. Ruback. The market for corporate control: The scientific evidence. *Journal of Financial Economics*, 1983 11(1-4): 5-50.

Jian, M., and K. W. Lee. Does CEO reputation matter for capital investments?. *Journal of Corporate Finance*, 2011, 17(4): 929-946.

Jiang, F., and K. A. Kim. Corporate governance in China: A modern perspective. *Journal of Corporate Finance*, 2015, 32:190-216.

Jiang, F., and K. A. Kim. Corporate governance in China: A survey. *Review of Finance*, 2020, 24(4):733-772.

Karpoff, J. M., P. H. Malatesta, and R. A. Walkling. Corporate governance and shareholder initiatives: Empirical evidence. *Journal of Financial Economics*, 1996, 42 (3): 365-395.

Kilz, W., and A. Wenger. The changing face of German politics: An interview with Werner Kilz[J]. *Harvard International Review*, 1990, 12(2): 27-33.

Klapper, L. F., and I. Love. Corporate governance, investor protection and performance in emerging markets. *Journal of Corporate Finance*, 2004, 10(5): 703-728.

Kosnik, R. D. Coordination and control in multi-hospital systems: The role of boards of directors. Academy of Management Annual Meeting Proceedings, 1987, 1987(1):91-95.

Koenig, T., and R. Gogel. Interlocking corporate directorships as a social network. *American Journal of Economics and Sociology*, 1981, 40(1):37-50.

Koenig, T., R. Gogel, and J. Sonquist. Models of significance of interlocking corporate directorates. *American Journal of Economics and Sociology*, 1979, 38(2): 173-186.

Kreps, D., P. Milgrom, J. Roberts, and R. Wilson. Rational cooperation in the finitely repeated prisoners dilemma. *Journal of Economic Theory*, 1982, 27: 245-252.

Kroll, M., B. A. Walters, and P. Wright. Board vigilance, director experience, and corporate outcomes. *Strategic Management Journal*, 2008, 29(4):363-382.

La Porta, L., F. Lopez-de-Silanes, A. Shleifer, and R. W. Vishny. Legal determinants of external finance. *The Journal of Finance*, 1997, 52(3):1131-1150.

La Porta, L., F. Lopez-de-Silanes, A. Shleifer, and R. W. Vishny. Law and finance. *Journal of Political Economy*, 1998, 106(6): 1113-1155.

La Porta, L., F. Lopez-de-Silanes, and A. Shleifer. Corporate ownership around the world. *The Journal of Finance*, 1999, 54(2): 471-517.

Larcker, D. F., and E. M. Watts. Where's the greenium? *Journal of Accounting and Economics*, 2020, 69(2-3):101312.

Lau, C., Y. Lu, and Q. Liang. Corporate social responsibility in China: A corporate governance approach. *Journal of Business Ethics*, 2016, 136(1):73-87.

Leech, D., and J. Leahy. Ownership structure, control type classifications and the performance of large British companies. *The Economic Journal*, 1991, 101(409): 1418-1437.

Li, S., S. H. Park, and R. S. Bao. The transition from relation-based to rule-based governance in East Asia: Theories, evidence, and challenges. *International Journal of Emerging Markets*, 2019, 14 (1): 171-186.

Li, W., Y. Xu, J. Niu, and A. Qiu. A survey of corporate governance: International trends and China's mode. *Nankai Business Review International*, 2012, 3(1):4-30.

Licht, A. N., C. Goldschmidt, and S. H. Schwartz. Culture, law, and corporate governance. *International Review of Law and Economics*, 2005, 25(2):229-255.

Luo, Y. Corporate governance and accountability in multinational enterprises: Concepts and agenda. *Journal of International Management*, 2005, 11(1):1-18.

Marston, C., and M. Straker. Investor relations: A European survey. *Corporate Communications: An International Journal*, 2001, 6(2): 82-93.

Masulis, R. W., C. Wang, and F. Xie. Agency problems at dual-class companies. *The*

Mace, M. L. *Directors: Myth and Reality*. 1971, Boston, Division of Research, Graduate School of Business Administration, Harvard University.

Milosevic, D., S. Andrei, and R. W. Vishny. A survey of corporate governance. *The Journal of Finance*, 2015, 52:737-783.

Mintz, B., and M. Schwartz. Financial interest groups and interlocking directorates[J]. *Social Science History*, 1983, 7(2): 183-204.

Monks, R. A., and N. Minow. *Corporate Governance*, John Wiley & Sons, 2011.

Morck, R., and B. Yeung. Never waste a good crisis: An historical perspective on comparative corporate governance. *Annual Review of Financial Economics*, 2009, 1(1):145-179.

Newell, R., and G. Wilson. A premium for good governance. *McKinsey Quarterly*, 2002, 3(2): 20-23.

Park, J. H., C. Kim, and Y. D. Sung. Whom to dismiss? CEO celebrity and management dismissal. *Journal of Business Research*, 2014, 67(11): 2346-2355.

Pearce, J. A., and S. A. Zahra. The relative power of CEOs and boards of directors: Associations with corporate performance. *Strategic Management Journal*, 1991, 12(2): 135-153.

Pfeffer, J., and G. R. Salancik. *The External Control of Organizations: A Resource Dependence Perspective*. New York: Harper & Row, 1978.

Rajgopal, S. Has European corporatism delivered? A survey with preliminary evidence. *European Financial Management*, 2022, 28(1):3-58.

Rowland, G. S. Earnings management, the SEC, and corporate governance: Director liability arising from the audit committee report[J]. *Columbia Law Review*, 2002, 102(1): 168-207.

Seo, H. Peer effects in corporate disclosure decisions. *Journal of Accounting and Economics*, 2021, 71(1):101364.

Shleifer, A., and R. W. Vishny. A survey of corporate governance. *The Journal of Finance*, 1997, 52(2):737-783.

Smith, A. J. Corporate ownership structure and performance: The case of management buyouts. *Journal of Financial Economics*, 1990, 27(1): 143-164.

Sohn, Y. J., and R. Lariscy. Resource-based crisis management: The important role of the CEO's reputation. *Journal of Public Relations Research*, 2012, 24(4): 318-337.

Tuschke, A., W. G. Sanders, and E. Hernandez. Whose experience matters in the boardroom? The effects of experiential and vicarious learning on emerging market entry. *Strategic Management Journal*, 2014, 35(3):398-418.

Ueda, R. How is corporate governance in Japan changing?: Developments in listed companies and roles of institutional investors. *OECD Corporate Governance Working Papers*, 2015, No. 17.

Vafeas, N. Board meeting frequency and firm performance. *Journal of Financial Economics*, 1999, 53(1):113-142.

Vance, S. C. *Corporate Leadership: Boards, Directors, and Strategy*. New York: McGraw-Hill, 1983.

Williamson, O. E. *The Economic Institutions of Capitalism*. Free Press, 1998.

Yermack, D. Do corporations award CEO stock options effectively? *Journal of Financial Economics*, 1995, 39(2-3):237-269.

Yermack, D. Corporate governance and blockchains. *Review of Finance*, 2017, 21(1):7-31.

Yermack, D. Higher market valuation of companies with a small board of directors. *Journal of Financial Economics*, 1996, 40(2):185-211.

艾哲明. 在现代化中奋进的香港公司治理[J]. 董事会, 2022, 4:47—51.

艾哲明. 追赶中的韩国公司治理[J]. 董事会, 2021, 12:42—48.

艾哲明, 吴丽莎. 日本公司治理:支离破碎的改革[J]. 董事会, 2022, 3:52—59.

陈德球. 公司治理研究重点文献导读[M]. 北京:中国人民大学出版社, 2021.

陈德球, 胡晴. 数字经济时代下的公司治理研究:范式创新与实践前沿[J]. 管理世界, 2022, 6:213—240.

陈仕华, 王雅茹. 企业并购依赖的缘由和后果:基于知识基础理论和成长压力理论的研究[J]. 管理世界, 2022, 5:156—175.

陈仕华, 张瑞彬. 董事会非正式层级对董事异议的影响[J]. 管理世界, 2020, 10:95—111.

郝项超, 梁琪. 非高管股权激励与企业创新:公平理论视角[J]. 金融研究, 2022, 3:171—188.

何浚. 加快对上市公司治理结构的改革[J]. 金融信息参考, 1998, 8:16.

贺小刚, 贾植涵, 彭屹, 等. 财富预期与企业家冒险行为:进取还是越轨[J]. 管理世界, 2022, 10:226—243.

姜广省, 卢建词, 李维安. 绿色投资者发挥作用吗?——来自企业参与绿色治理的经验研究[J]. 金融研究, 2021, 5:117—134.

李维安. 中国公司治理原则与国际比较[M]. 北京:中国财政经济出版社, 2001.

李维安. 中国公司治理自主概念体系探索[J]. 公共管理与政策评论, 2022, 6:20.

李维安. 新时期中国公司治理转型发展的趋势与应对[J]. 董事会, 2022, 9:21—33.

李维安, 郝臣, 崔光耀, 等. 公司治理研究40年:脉络与展望[J]. 外国经济与管理, 2019, 12:161—185.

李维安, 侯文涤, 柳志南. 国有企业金字塔层级与并购绩效——基于行政经济型治理视角的研究[J]. 经济管理, 2021, 9:16—30.

李维安, 李勇建, 石丹. 供应链治理理论研究:概念、内涵与规范性分析框架[J]. 南开管理评论, 2016, 1:4—15.

李维安, 李元祯. 中国公司治理改革逻辑与趋势[J]. 董事会, 2020, Z1:31—35.

李维安,牛建波,宋笑扬. 董事会治理研究的理论根源及研究脉络评析[J]. 南开管理评论,2009,1:130—145.

李维安,邱艾超,牛建波,等. 公司治理研究的新进展:国际趋势与中国模式[J]. 南开管理评论,2010,6:13—24.

李维安,王世权. 大学治理[M]. 北京:机械工业出版社,2013.

李维安,武立东. 公司治理教程[M]. 上海:上海人民出版社,2002.

李维安,徐建. 自组织时代公司治理新思考[J]. 北大商业评论,2015,3:80—87.

李维安,徐建,姜广省. 绿色治理准则:实现人与自然的包容性发展[J]. 南开管理评论,2017,5:23—28.

李维安,徐业坤. 政治身份的避税效应[J]. 金融研究,2013,3:114—129.

李维安,张耀伟,郑敏娜,等. 中国上市公司绿色治理及其评价研究[J]. 管理世界,2019,5:126—133.

李维安等. 2018中国上市公司治理评价研究报告[M]. 北京:商务印书馆,2021.

李维安等. 公司治理[M]. 天津:南开大学出版社,2002.

李维安. 公司治理学(第四版)[M]. 北京:高等教育出版社,2020.

李新春,贺小刚,邹立凯. 家族企业研究:理论进展与未来展望[J]. 管理世界,2020,11:207—229.

李云鹤,吴文锋,胡悦. 双层股权与企业创新:科技董事的协同治理功能[J]. 中国工业经济,2022,5:159—176.

卢昌崇. 企业治理结构[M]. 大连:东北财经大学出版社,1999.

卢昌崇,陈仕华,Joachim Schwalbach. 连锁董事理论:来自中国企业的实证检验[J]. 中国工业经济,2006,1:113—119.

马连福,张晓庆. 控股股东股权质押与投资者关系管理[J]. 中国工业经济,2020,11:156—173.

宁向东. 共生的智慧[M]. 北京:中信出版社,2021.

牛建波. 公司治理的冷思考[J]. 董事会,2021,6:62—66.

牛建波,李胜楠,杨育龙,等. 高管薪酬差距、治理模式和企业创新[J]. 管理科学,2019,2:77—93.

牛建波,李维安. 董事会的程序理性、政治行为与企业双元创新[J]. 管理科学,2020,4:3—18.

牛建波,吴超,李胜楠. 机构投资者类型、股权特征和自愿性信息披露[J]. 管理评论,2013,3:48—59.

牛建波,吴岱蔚. 为世界推进ESG理念贡献中国智慧[J]. 董事会,2020,4:48—49.

牛建波,尹雅琪. 通才型独董:制度变革的新方向和新思路[J]. 董事会,2021,8:39—43.

牛建波,尹雅琪. 中国董事胜任力模型的建构[J]. 董事会,2021,11:88—97.

孙永祥,黄祖辉. 上市公司的股权结构与绩效[J]. 经济研究,1999,12:23—30+39.

王世权,牛建波. 利益相关者参与公司治理的途径研究——基于扎根理论的雷士公司控制权之争的案例分析[J]. 科研管理,2009,4:105—114.

吴先明,张雨. 海外并购提升了产业技术创新绩效吗——制度距离的双重调节作用[J]. 南开管理评论,2019,1:4—16.

武立东,薛坤坤,王凯. 非正式层级对董事会决策过程的影响:政治行为还是程序理性[J]. 管理世界,2018,11:80—92.

[英]约翰·哈珀. 董事会运作手册[M]. 李维安,李胜楠,牛建波译,北京:中国财政经济出版社,2006.

赵晶. 公司治理:原理与案例[M]. 北京:中国人民大学出版社,2021.

郑志刚. 股票策略性更名:见不得光的"市值管理"[J]. 董事会,2022,3:65—67.

郑志刚,李邈,雍红艳,等. 中小股东一致行动改善了公司治理水平吗?[J]. 金融研究,2022,5:152—169.

仲继银. 日本公司治理超越"日本模式"[J]. 商业观察,2016,3:81—83.

仲继银. 董事会与公司治理[M]. 北京:企业管理出版社,2018.

周建,罗肖依,张双鹏. 独立董事个体有效监督的形成机理——面向董事会监督有效性的理论构建[J]. 中国工业经济,2016,5:109—126.

教辅申请说明

北京大学出版社本着"教材优先、学术为本"的出版宗旨，竭诚为广大高等院校师生服务。为更有针对性地提供服务，请您按照以下步骤通过**微信**提交教辅申请，我们会在 1~2 个工作日内将配套教辅资料发送到您的邮箱。

◎扫描下方二维码，或直接微信搜索公众号"北京大学经管书苑"，进行关注；

◎点击菜单栏"在线申请"—"教辅申请"，出现如右下界面：

◎将表格上的信息填写准确、完整后，点击提交；

◎信息核对无误后，教辅资源会及时发送给您；如果填写有问题，工作人员会同您联系。

温馨提示：如果您不使用微信，则可以通过以下联系方式（任选其一），将您的姓名、院校、邮箱及教材使用信息反馈给我们，工作人员会同您进一步联系。

联系方式：

北京大学出版社经济与管理图书事业部
通信地址：北京市海淀区成府路 205 号，100871
电子邮箱：em@pup.cn
电　　话：010-62767312 /62757146
微　　信：北京大学经管书苑（pupembook）
网　　址：www.pup.cn